西南聯大行思錄

[增订版]

张曼菱 著

生活·讀書·新知 三联书店

Copyright © 2019 by SDX Joint Publishing Company.
All Rights Reserved.
本作品版权由生活·读书·新知三联书店所有。
未经许可，不得翻印。

图书在版编目（CIP）数据

西南联大行思录/张曼菱著．—增订版．—北京：生活·读书·新知三联书店，2019.6 （2025.5重印）
ISBN 978-7-108-06455-4

Ⅰ．①西…　Ⅱ．①张…　Ⅲ．①西南联合大学-校史-史料　Ⅳ．① G649.287.41

中国版本图书馆 CIP 数据核字（2019）第 010812 号

责任编辑	卫　纯
装帧设计	薛　宇
责任校对	安进平
责任印制	董　欢

出版发行　生活·讀書·新知 三联书店
　　　　　（北京市东城区美术馆东街22号 100010）
网　　址　www.sdxjpc.com
经　　销　新华书店
制　　作　北京金舵手世纪图文设计有限公司
印　　刷　北京隆昌伟业印刷有限公司
版　　次　2019年6月北京第1版
　　　　　2025年5月北京第7次印刷
开　　本　635毫米×965毫米　1/16　印张 30.25
字　　数　353 千字
印　　数　39,001-42,000 册
定　　价　55.00 元

（印装查询：01064002715；邮购查询：01084010542）

此书献予——
在抗日战争中
坚守气节与使命的那一代学人
和我的故土云南。

张曼菱
辛卯 大雪 昆明

目 录

序：从"传说"到寻觅 001

第一章 南迁 001
散漫北大——敏捷清华——南开校殇——书生应变——父女逃逸——姚家胡同吊——"移栽桢干质"——"气节"说——驻衡湘——"参军"与长沙大辩论——留学者归来——教授当家——"祖国的花朵"——"游子身上衣"——少年眼中的祖国——运送设备——步行团——"民气"——花篮佳话——望断云山

第二章 山城 079
借住校长楼——"陋室"——女生开旅店——"第二故乡"——"蓝帕帕"——山水人情——云南的蓝天——"无取、无求、无损"——云南人的脾气——法官怕教授——《翠堤春晓》的由来——南屏大戏院——"宜结良缘"——巾帼慕英雄——牢实的人们——革命姻缘——潇湘韵事——联大学生办教育——流亡者的家——周家大院与"雷稀饭"——"南渡"忧愤——歌德的精灵——为云南做水利——制冰——新校舍——"吃饭原理"——"煤油箱子大学"——茶馆学风——"三剑客"——记账与放炮——洗床单和刻蜡版——跑警报——"记得少年春衫薄"——杨武之：父训与《群论》——闻一多："诗化家庭"——朱自清：赶马人的披风——贺麟：总是在争论——杨振宁：黑屋里听故事——赵忠尧："中和肥皂"——闻一多：制印——费孝通：假奶粉——梅贻琦夫人："定胜糕"——王力夫人：为"白药大王"织毛衣——芮沐夫人：卖掉家传金器——一个群体的后面——联大学生盖房子——中国乡绅——"最真挚的朋友"

第三章　弦诵：教授"立"校　197

教授是学术的核心　198

相互敬重——互借文稿——"图书、机械、设备都有"——吴大猷造光谱仪——胡适寄书——"思想上的马帮"——"怪人沈有鼎"——刘文典骂人

教授树立学风　209

大师上基础课——师生互教——名教授带队考察——潘光旦调查土家族——老师身教言教——"零分"与拳师——"老师本身就像一本教科书"——"读书要有兴趣"——创造的冲动与享受的冲动——书桌上的公式——"要看到世界"——中美教育比较

教授发现人才并决定培养方式　228

人生的扭转——"不是一个模子出来的"——到老师家去上课

教授引导学生志向　233

"科学救国"——"校花"学地质——研究植物最好的地方——校园情调——训导长查良钊

教授传授学术和对民族的热情　243

那个笔记本——教授按自己的理解讲课——"百年陈酒"——叶公

超上语音课——吴宓讲英国文学史——钱穆讲中国史——罗膺中讲杜诗——马约翰教女生体育

教授关怀社会 253

李继侗考察荒地——人口普查与大理演讲——张奚若逸事

教授指导社团 257

闻一多指导新诗社——美术社画挑夫——吴宓组建"石社"

第四章 弦诵："无为而治" 262

完善的流程 263

"教授治校"——刘文典被解聘——校长管教学——淘汰率高——梅贻琦风范——课程设置——国文课是必修的——"一年级不分院系"——选课自由——自由转系——自然而然的方向——大智慧的光照

校园自由 287

"民主墙"——"群社"——演《雷雨》——办民主夜校——光未然教朗诵——《嘉陵江上》留悲音——女生与恋爱——男生宿舍随便住——呈请"送花"——"跑单帮的"

第五章 从军 305

孔令晟(台湾)："优秀的都去当兵了"——柴之棣(台湾):晋升飞快——刘孚坤(台湾):因争论而从军——李俊清(台湾):到印度看见泰戈尔——梅祖彦:因从军而没有文凭——钟香驹:"叙永班"的男生们——"义无反顾":卢少忱——熊秉明(法):远行与回归——许渊冲:"今我来兮,雨雪霏霏"——殷海光(台湾):自由主义的旗帜——军旅回忆

第六章　学潮　333

义愤引发"倒孔"运动——纲领性的学潮"一二·一"——复课是终局——大小姐闹革命

第七章　北归　352

胜利时刻和三峡工程——驻军日本成泡影——立碑与存史——诗人罹难——校歌传神

第八章　两岸　374

邓稼先:"人杰"与机制——傅斯年:"风骨"的演进——蒋梦麟:阳明山祭——永远的梅校长——最先来往于两岸的人——谒胡适之路

附录

《西南联大启示录》观后感（任继愈）　414
西南联大课余学术报告会（任继愈）　418
访谈人物列表　422

后记:一本"活书"　427
增订版后记:精神的历史是不会过时的　432

序:从"传说"到寻觅

"西南联大"这四个字,我第一次听到,是从父亲的口中。

幼年时,父亲牵着我的小手,来到金马碧鸡坊,先讲这两座牌坊的天文奥妙:

> 据说,每过一个甲子,金马与碧鸡各自倒映的日影与月影就会对峙,方向相反,形成对接之奇观。

牌坊下面密布许多铺子:丝绸店、刺绣店、鞋帽店、首饰店、杂货店、小吃店。有小孩子爱吃的叮叮糖,也有耍猴的。街上也不乏衣帽光鲜的行人。

虽然有如此精妙的古建筑,也说得上是丰衣足食,人们的生活却十分平庸和闭塞。

父亲说,人们注意的中心,不过是有钱人家的争豪斗富:

> 今天这家的小姐在衣襟上绣了一片花出来招摇,明天那家太太一定会穿上满花的旗袍出来,把她比下去。

地方四季如春,几无寒暑之虑。没有多少外面的消息。人们失去了生活的方向,没有开阔的眼光,精神非常狭隘。

在离昆明不远的大理城,富豪之家还发生过这样荒谬的事情:一家大户把冬天室内取暖用的梨炭买光了,另一家为了压倒对方,居然烧钱取暖。

浑浑噩噩，不知何为"国家""民族""时代"。

其实山城也有过惊世之举。袁世凯称帝时，蔡锷秘密赴滇，与云南当政者唐继尧联手，发动"护国起义"，从金马碧鸡坊浩然北伐，扭转乾坤。昆明城中留下了正义路、正义坊和护国桥、护国路。

然而除了这偶尔的亮相，昆明靠崇山遮蔽，远离时代风云，基本上是幸而不幸地过着一种封闭、知足的小日子。

一切仿佛在瞬间改变了：

> 忽然间，安静的小城里来了一大群人。他们都是从遥远的京城里来的有大学问的人。省主席龙云对他们恭恭敬敬，请客吃饭，礼若上宾。政府到处张罗房子，让他们住下，教书讲课。

> 这是当时全中国最著名的一些学者，他们留过洋，见过大世面。其中有几位，蒋介石见了也得让三分。在京城里，这些大学者住的是洋楼，出门坐黄包车。

> 可是现在国难，因为不当亡国奴，不愿意在小日本手下当差使，要把这几所好学校，这些好学生给我们中国保存着、培养着，他们抛下了安乐的生活，跋山涉水地到我们云南来了。

这样的一些人就在昆明的街上走来走去。好像这里就是他们的家乡，好像他们本来就生活在这里，一点儿也不嫌弃。

> 每天，市民都看见他们，夹着一包书，就用本地的土布包着，走着穿过小城去上课，回家。

> 几位先生的蓝布长衫都破了，打着不同颜色的补丁。有位穿皮夹克的先生，夹克穿得很脏也不洗，说要等打败了日本才洗。还有两位先生，胡子很长了也不刮也不修剪，也说

要等胜利了,才剃掉。

那些太太,很多也是留过洋的。人家就是一袭阴丹布旗袍,拎着菜篮子,自己操持家务,走在街上,对人彬彬有礼,仪态大方,满城的人谁不称道、敬慕?

显见出那些珠光宝气、搽脂抹粉的小城女子自感羞愧了。"一下子,那些绫罗绸缎都收起来了,不好意思穿了。国难嘛。"

时任省主席的龙云礼贤下士,请联大的教授到家中来,为自己讲课,了解时代与世界形势,请教为政、为人之道。龙公馆经常是高朋满座,客雅茶香。上行下效,城里富裕人家都以请联大的先生来家里做客为荣。就连地方上的乡绅们也争着用轿子来抬西南联大的教授们。

将先生接到了家里,自然是全家人都要叫出来与先生见面的。女孩子一扭一扭地出来了。

先生一皱眉。说:"怎么还缠足?放掉放掉!"

乡绅说:"已经订婚了。"

"还小还小。"

于是请教,怎么办?

先生说:"上学上学。"

许多女孩因此得了一双"解放脚",即先缠后放的脚,她们也穿了一袭阴丹布的旗袍,夹着书包走入学堂。

云南地方州县上,历来有宴请读书人的习俗。大户人家摆宴,席间一定要有几位儒雅之士坐在首位,这宴席才算是有场面。人们也听一番高谈鸿论,得些启蒙。

就这样,一席饭解放了一个家庭,一大批青年从此转变了他们的命运。

城里城外,随处可见那些穿着木板鞋,背着斗笠的青年学生。他们打工助学,高谈阔论。而令人兴奋的是:

每到周末下午，就看见老板叫伙计上门板，关铺面。主人和雇员都要赶往省师礼堂去听西南联大的先生们演讲。那些专门为昆明市民举办的演讲，有的讲时事，有的讲经史，讲文学，也讲优生学。

闻一多讲诗，刘文典讲《红楼梦》，潘光旦讲优生学，吴晗讲形势。讲到山河之痛，国破家亡，台上痛哭失声，台下群情激奋，昆明市民与北来的师生们，同仇敌忾，意气相逢。淳朴的心田向着精神的导师敞开。

那种争富夸豪的小家子风气为之一扫。好学、忧国、知天下、求进步，渐成潮流。

这是一座古城苏醒的故事。

我父母的青年时代，正逢抗日战争，大批北方文化团体和大学转移来云南。昆明也获得了千载难逢的历史机遇。

父亲把那段了不起的历史，化为了一个孩子能够听懂和记住的故事。

父亲当时是富滇银行的年轻职员，满怀着富国强民的热望，做了西南联大的一名门外弟子。这是他一生中最罕有的阳光雨露，滋养着他，不畏后来坎坷之路。

父亲经常去联大听教授们讲课。他亲眼看见，在联大的篮球场上，潘光旦先生拄着拐杖打篮球。独腿的潘先生说，别人能做的我也能做。

他很敬慕闻一多先生贴在门上的一联："鸟兽不可以同行，吾非斯人之人，与而谁与？"

父亲性格孤直，终生不渝。在他最孤单的时候，这警世之联支撑着他。他甚至要我也学闻一多，将此联写在门楣上。为的是让那些找上门来又不是同类的人自觉地走开。

刘文典跑警报的名言，也是父亲所乐道的。

我跑警报是为了保存国粹,你跑是为了什么呢?

言下之意,当人珍惜自己的生命时,要明白自己有什么价值。这警句,自我知道后,就成为终生考问自己的题目。

城北黑龙潭,有忠义节烈的薛尔望墓。他举家赴池,而不臣服于清朝。黑龙潭水因此分为两端。就义之池永泛清波,另一端则为浊水。可见昆明人喜清恶浊,性情鲜明。

联大校歌的词作者罗庸先生曾专门撰文写过黑龙潭。强虏威逼,在联大人心中激起了共鸣。

昆明还有一个莲花池,传说陈圆圆投水自尽于此,也有说是出家为尼了。陈圆圆墓碑不见联大人所考与撰,想来时局与文人处境,都没有了注意乱世红颜的心情。战争令文化简约,不似太平时的枝枝蔓蔓。

我曾经从家中翻出一本旧而黄的小书,封面上印着火炬,一只伸出的手,怒吼的声音仿佛隔世可闻。一打开就有两句话,令我非常喜欢:"吾爱吾师,吾尤爱真理。"

那是当年"一二·一"运动时候印制的《荣哀录》,父亲一直珍藏。

我母亲当年还在市女中上学,联大的学生来给她们上课。

她说:"老师是东三省的流亡学生,生活很苦,鞋子的帮和底是分离的,用麻线绑在一起。讲到日寇侵占国土,在课堂上声泪俱下。所以女中在'一二·一'时参加游行的人最多。"

在"四烈士"遇难后,母亲她们曾经化了浓妆,去宪兵的鼻子下面散发传单。后来展出的"一二·一"运动纪念,有张老照片上面,穿花旗袍的那个女生就是我母亲。

母亲说,当时闻一多先生就走在她们的前面。

一个人的青年时代在怎样的环境中度过,决定他一生应对逆境的姿态。我父母一生中屡遭厄运,而自强不息。一种与黑暗抗争的精神永远支撑着他们。

边地知识分子生活在一种近乎"原生态"的质朴中，他们是靠信仰，而不是靠潮流多变的"信息"来支持自己的精神生活的。朴素的公理、是非观念和纯净的语言，一直保存在我的家乡故土中，就像群山中的野杜鹃，不会被那些"中心地区"传来的倒行逆施所铲除。边地生活始终给人一股"春风吹又生"的力量。

当西南联大的史实记录一度在大陆社会生活中绝迹时，它的传说却保留在我父亲这类人的口口相授中，而化为了我的童年梦境，伏下了我追溯历史的渊源。

在命运的冥冥驱使下，1978年我考入北京大学。那是一个令中国社会充满希望的时代。

我们这一批因恢复高考而进入北大的学生，与那一代经历过"五四"启蒙的老先生们幸运相遇了。跨过半个世纪，他们等来了薪火传人，我们则找回了历史前进的起点。在风云际会的北大校园里，年同祖孙的"隔代亲"，结成思想与个性的同盟。而中年的教师们亦如兄长，提醒我们那些挫折与教训。

这一代大龄学子，带着历史的伤痕和时代之重负，将求学当作了寻求"报国之路"的历程。

那个时代，国家领导人正从华国锋转换到胡耀邦。北大那时候的当政者韩天石、马石江正好是抗战时期"一二·九"学潮的领袖人物。这两位领导对青年学生的理解和信任，尤为突出，难能可贵。

上下同心，老少联盟，打造出了20世纪80年代的中国大学生活。民主与改革的风在校园劲吹。我就读时的北京大学，也可以称得上是"内树学术自由之风气，外来'民主堡垒'之美誉"。

沉睡和失落已久的北大精神、"五四"风范、"兼容并包"的校训重现历史身影。我们77级、78级学子捐资为蔡元培校长铸就铜像，并将其屹立于未名湖畔。

在那段时间里,活跃而宽容的校园精神使得新生事物仿佛雨后春笋,使校园美不胜收,使未来充满进取。我终于找到了自己梦想中的生活。就在这座校园里,我和同学们创造了第一次民主竞选,喊出了"团结起来,振兴中华"的世纪最强音。

凡是度过了那一段大学生活的人,是不会愿意苟安于重返混沌和倒退的。北大是一代人的精神圣地,在我读书的岁月里,这座校园与"五四"相衔接。我们的灵魂在这里得到沐浴和提升。

然而毕业之后,在我们身后的校园却一天天地变得令人难以辨认和匪夷所思。我常常不愿意听到人们提起北大的现状,许多事情似乎是对这座神圣学府的挖苦和讽刺。只有那些没有忘记北大传统的人,才被我称为"导师"和"学友"。

我们这批北大学子,曾经自以为是"继往开来",可是在这个转向的时代中,却成了"末代人"。令人忧心如焚的,不只是一个北大的现状,中国大陆整个高等教育在迷失。

一百年之前,那些苦心引进国际大学机制,打造了北大、清华和诸多大学的先人,他们为什么要在一个封建顽固的中国办起现代大学?

为了引进世界新潮,为了给这个腐败的社会注入活力与新风,为了鲁迅所呐喊的:"救救孩子!"

就在辛亥革命前后,代表新教育新思想的中学和小学也在全国各地涌现。封建科举随着王朝逝去,私塾时代结束,有识之士把目光投向了下一代。中国早期的大学,其实就是"五四"精神的载体:"科学与民主"是大学的普遍精神。

大学的本质是启蒙,而不是愚昧;大学的灵魂是思想,而不是驯服。

但大学的光荣与骄傲、职责与使命,今天已经被人们忘却。

"大学"的普遍意义,在当今似乎只剩下那张一纸文凭。

中国有这样的传统意识:国家有"国脉",学校有"学脉"。精神的力量与思想的火花，不会一挫而止，还会不断地再生于新的时代。那些最富于生命力和进步性的东西，都是一定要东山再起的。

在沉寂中，我问自己：我们从哪儿来？又会向何处去？

有一个召唤，将我的童年、故乡、家庭和我的大学时代贯穿一气。这就是远逝的那座学校——国立西南联合大学。

这段历史与我们77届、78届的北大生活、理想是相通的，它也与我的家训、父母的生命相通。

我渴望从历史中寻找失落的精神家园。

1998年我回到云南，并得到了家乡相关部门的支持，开始寻访西南联大学人。

从此，我结识一批见地非凡、人品卓越的校友。他们厚朴正直、讲人格、求正义，可谓是"历尽苦难，痴心不改"。这些学长们成为我的老师和挚友。

我父母所景仰的那一代校长和导师们已经仙逝，能够讲述早期联大事的亲历者已经稀少，早期学生几为凤毛麟角；许多重要的过程缺失亲历者，有的只能靠子女一辈的来回顾。

著名哲学史家任继愈先生可谓是西南联大历史的见证人。他对我叹道："这一工程启动迟了几年。""今天能够提供信息的见证人，都属于西南联大第二代。"

2001年在清华大学九十周年校庆期间，我采访从台湾来的联大校友姚秀彦女士。从她那里，我开始知道西南联大师生为台湾岛的开发做出了开拓性的贡献。

2009年秋天，我登上台湾岛，一一地寻访和祭扫了梅贻琦校长、蒋梦麟校长、胡适校长、傅斯年校长的陵墓，终于可以向他们献上一束年深月久的秋花了。

岛上那些健在的西南联大校友，弥补了联大口述史在台湾方面的空白。老学长们坦诚而热切；那段被隔离的历史，对我是一个新的视野。

前后十余年来，我采访联大校友计约一百二十位，俱做了录音录像。

西南联大前后招生八千余人，毕业者两千多，很多人因为贫穷和战争辍学、流失了。十多年来，直到跨越两岸，我所寻访到不过百余人；而实际整理出来问世的，又只是采访量的十分之一。

2003年电视片《西南联大启示录》播出和出版。任继愈先生曾经撰文，说它是"集腋成裘，蔚为大观"。

2007年《西南联大人物访谈录》近九百分钟的光盘成品问世。

2010年《西南联大启示录》在三联书店重版。

在人民文学出版社、云南教育出版社和三联书店的支持下，我终于对这些正在消逝的活人史料完成了一个数字化、网络化的过程，使之得以保存和传播了。

我们身处的这个社会，坏的东西积累太多，好的东西若隐若现。

我是在做父亲曾经做过的事情——把西南联大这段历史，用故事的方式，讲给我们的后人。

从我开始踏入这个领域，就受到校友聂震宁的关注与支持。他不断敦促我"抓紧出书"。

书，是对我这个寻觅过程的总结和交代。

《西南联大行思录》的书名是任继愈先生2004年为我题写的。当时我正患眼疾，受到先生的勉慰。今终于完成。幸甚！

2012年7月15日　昆明　滇池

第一章

南　迁

一位哲人说："人生就是选择。"

在"国难"面前，很多人的选择，最终构成了一个民族的选择。

1937年夏天，"七七事变"爆发。日军对中国发动了大举进攻。

然而，在当时一些有识之士的眼中，这反而是"好事"。闻一多在信中对妻子就说过这样的意思：

"七七事变"意味着中国的全面抗战必须爆发了，那种苟延的耻辱局面从此结束。是生还是死，已经不容再回避。

入侵者自北而入，随着北平古都的沦陷，机关、学校、各类事业与团体开始撤离，形成滚滚巨流。在中国大地上，你可以称为"逃难"。然而，这些人不仅仅是在逃，他们带走了大量的设施、书籍以及一切为民族复兴所必需的物资与人才。他们是怀着在另一条战线上献身的斗争意志离去的。

人们暂时地让出了自己的家园国土，但是他们并没有放弃这个民族生存的信念和力量。

国家还在。人民在，信念在。

这就是"南迁"。

在这滚滚的巨流中，北大、清华、南开是一群特殊的团体。

这三校，本来就是中国教育文化的领军团队。他们直接受到最高层的关照与指挥。三位校长与蒋介石及高层人物都关系密切。三位校长之间有着亲密的学缘关系，感情、信念牢不可破。

日寇入侵前夕，这三所最高学府都正在进入它们的黄金时段，不仅有着卓越的领导人，体制已臻完整，校风各自鲜明。其勃勃生机，可谓后世无及。

在西南联大校歌里，将三校南迁的过程列为："辞宫阙""驻衡湘""在山城"。

这样划分是有其历史内涵的。这是一个地理转移的过程，一个空间与时间的路线；而在这窘迫的过程中，完成了这群学人在观念、精神和相互关系上的磨合认同；完成了他们在国难面前的精神转变与文化抵抗的准备，从而为下面的八年坚守，打下了一个充分坚实的基础。

国难逼迫中国高层知识界走出象牙塔，踏上重归民间的文化之旅。当史家陈寅恪怀着丧父失家的哀痛，随学校来到滇南重镇蒙自时，他写下了"南渡自应思往事，北归端可待来生"这样悲观的诗句。这里面既有国力战况现实悬殊的原因，也有作为一个近代世家所承受的历史悲凉感，和陈先生在撤离时丧失典籍、眼疾危重的沉痛悲愤。

而南迁，终于没有变成"南渡"。

陈寅恪过悲的预感并没有成为现实。20世纪在中国发生的战难，最后以国际性的大胜利为结局。后人于是把光复后的返乡，按陈先生的诗句称为"北归"。

抗日战争，一面是遍及北中国的南迁，一面是中国正在走进时代大潮流，通过对自身的调整和对古老资源的整合，终于与世界上最强大最优秀的国家并肩为反抗法西斯而战斗，直到最后胜利。中国，因为将士与人民的英勇战斗，而列名于《波茨坦宣言》中四大强国之一。

这是中华民族在现代遭受武力灭绝的一次记忆。

"南迁"值得回忆：国难耻而不辱，学风历难不衰。这些都是当代无可企及的。

南渡的噩梦没有重演，但历史的阴影却没有因为抗战的巨大胜利而离开中华民族的天空。短暂的喜悦后，在中国大地上，开始了内战和新的劫难。中国大学、中国知识分子在后来的年代里又几经流离、劳役和家破人亡之难，但却再也没有出现过如"南迁"这样壮观、豪迈、英勇的大潮，这样对民族创造出重大功绩与道德楷模意义的大潮。

散漫北大

在进入"南迁"的历史之前，先来说说"七七事变"前的北大、清华、南开三所大学的状态。因为此后的联合大学，其风气、构架、精神与物质的基础，都源自这三校的战前状况。

三校各自有着深厚的底蕴、人才与教育信念，因此相辅相成。在联合大学中，它们依然延续着自己的校园精神。正是这种引以为骄傲的传统，使三校联合办学能够历时九载。

三位校长，蒋梦麟、梅贻琦、张伯苓，就是后来的联大"三常委"，人称"都是君子"。大战临头之时，各有风范。他们对学校踏上南迁之路，在战火中几经辗转，定夺于昆明，均有贡献。

"三校长"中最年轻的梅贻琦，临危受命，成为西南联大在昆明实际上的校长。

而从战前应变的举措中，可见出，梅校长已做好了任重道远的准备。

2009 年中秋节早晨，台北阳光明媚。我们摄制组来到一条老巷，拜访刘长兰学长。

见庭院紧窄、古朴、种兰，室宇蜿蜒，家具有明清风格，这里仿佛是一个北平寓所的缩影。墙壁上的镜框里全是优雅的画作与字幅，其中有当年联大导师梁实秋和叶公超的字画。

九旬高龄的刘学长坐在客厅的椅子上,容颜秀丽,衣着雅致。

刘长兰,祖籍安徽宿县。

刘学长才气横溢,开口就说:"记得少年春衫薄。"果然北大气派。

她说:

> 我是北大的。"七七事变"是1937年。我是1936年入学,进去了一年,就赶上"七七事变"。那时,我已经在北大一年级了。

刘长兰进北大一年后,学校南迁。她领略到了那个年代最后的校园风光。

斗转星移后,刘长兰的讲述,依然令人可以感受到在抗日战争全面爆发之前北京大学的风范与精彩:

> 那时北大连校园都没有。北大就在故宫的背后,占了故宫以前不太用的房子。
>
> 比如女生宿舍就是宫女的房子。我们就住在那里了。
>
> 旁边有西院,西院是理学院,那原来是里面的一个宫廷,房子都是旧的房子,北大拿来用。整个的地区叫沙滩。沙滩就变成北大的校园的占用地。
>
> 旁边的小馆子也打开了。因为学生,吃饭的地方多了。也有一些别的,理发店啊。有一个理发店,它很得意,因为胡适在那里理过发。
>
> 环境很散漫,但是又有一个核心,像一个桃核似的,核心是北大。
>
> 那一块地方,是北大的,即便没有正式的校园。

她讲到北大校舍与校长、校风、教授、学生有一种"散漫"的特点,此值得一考:"以前北大崇尚绝对个人主义,每个人都是一个自己。

所以北大从来开不成全校的大会,一说开会,两三只小猫。"(这是刘长兰学长诙谐的谈话语调,指来的学生很少,并且都是些不声不响的、不重要的角色。——作者按)

当年也有激进的同学,想要发起"运动"、组织之类,但在这个散漫的校园中,既不会被制止,也没有多少激烈反应,人们还是各自安然。"我们进去的时候,听到北平的一个传言,都说'北大老,师大穷,清华刚刚好'。我们不甘心做这个'老'。我们班里面,有一些积极的同学就发起一个'新北大运动',要把北大改得新一点。"

第一件事情就有一个全校出去游园。第二件事情是全校开一个大会:

> 一说要开全校大会,没有地址。校长是蒋梦麟。蒋梦麟就跟故宫博物院的人说,我们要借用故宫的一块地方开个大会。故宫就说:那好,你们隔间就是煤山,那有个小山坡,这个园子给你们用好了。
>
> 煤山,明崇祯殉国的地方。我们全校大会在那里开的。
>
> 因为有个"新北大运动",所以来的人比较多一点,但是也不是全体,尤其不会像别的学校点名,你到了没有?没有,随便三五个。这个一堆那个一堆。

从刘长兰入学到我那一代人入学,经历了半个世纪,其中有无数历史的不如意,与北大精神相逆的事情挡不住地发生了。

庆幸的是,在我进北大的时候,时代风气回转,一批老教授们都出来讲课了。在我们77届、78届,也有一些原来社会上的民主分子。于是校园又有点儿旧时气息了:也是上课不点名,爱上不上,考试照样是"优";也是开大会,人不齐,想睡午觉的就继续睡,一个宿舍去一个人,回来说说。

刘长兰说:

> 校长是蒋梦麟。蒋梦麟一直是很瘦的一个人,虽然肚子

里装了很多书,但是人还是很瘦。他这个脖子拉的皮很长。我们就开玩笑,说这个校长脖子那么细,断了怎么办呢?

他说话很慢,声音小,可是送得很远,我们都能听到。最重要的一句话,他说:"北大要加强的就是外语。你们要注意,以后外语不要成为北大的一个缺陷。虽然我们刚开始,但是现在有很多很好的外语翻译都是北大出来的。我们要维持这个精神。"

他又说了一句:我们不随时上路。这句话听清楚了。慢慢的,有些同学站得离大门口近的,觉得没有什么意思就走了、散了,这个大会就很简单地开完了。

"新北大运动",虽然没有实际行动,可是对于有些人也引起一些注意。胡先生,就是胡适,关注了。

那时候在北大不喊谁是什么博士、硕士,"先生"两个字是最高的敬意。

胡先生当时还没有在北平。有人就告诉他,有这个"新北大运动",他说"好啊,看他们怎么运动法"。他的意思,就是希望不要出轨。

激进的学生认为:"北大要做的是在这个社会上更显著,不能这样平平淡淡的。"

学校里已经感觉到这种气氛。有同学认为,北大的人不能这样老气横秋,说"北大老"就是有讽刺的意思。这些激进的学生在外面有所联络,想有新的组织在北大中出来。

"但是没有教授热心这种事情。"

学生永远是被当作孩子来看待的,即使他们涉及了政治:

像蒋梦麟蒋先生这些人,永远是天塌下来了他还坐在那里,稳重如山。闹了很多地方,他还在看他的《资治通鉴》——"有什么问题吗？"顶多问这样一句。

教授是各种人都有，谁也不干涉谁。

当年我在北大上学时，最好的一点，也是学校领导见怪不怪、处乱不惊，总是往好里去判断学生。这有些老北大的风范。

别的学校照着教育部的规定，从大一念起，像课程是大一的国文、社会学，或者自然科学什么的。但是在北大，校长和教务长一商量，考进大学不就是考了他们高中的程度吗？他们能考进来了，说明那些书都念了，都及格了。为什么进来了还要重读一遍，浪费时间？

他们一下就决定，北大的课从二年级念起，不用念大一的。我们轻松了，等于少浪费一年。

对于课程，学生有革新的要求，在"新北大运动"的影响下，北大的课程跟别的学校不一样。

教授上课都不点名的。一位历史系的教授，他不点名。教务处通知他说：秦教授，上课要点名，不然学生都散掉了。有的来，有的不来，影响他们的成绩。

这个教授说：要我点名啊？我教书还要负责点名啊？那时候他就给画一个"全到"。全到了！那到了下课的时候，教务处的人到每个科室去收，到这儿一看："全到"了！

后来有人就告诉教务处：这些教授你不能让他做什么，他高兴点就点，他不高兴点也不要紧。你要他点也没有用，他就永远给你画个"全到"，你怎么办？

所以那个时候是很自由的。

上课不点名这个事，我上学的时候亦然。老师只点过一次名，就是为了对照一下，认认人。

现代文学史课，我就从来没有上过一节，到毕业才见了当时教课的系主任严老师。可是老师绝不会因为你不到他的课堂，而惩罚学生，我照样得"优"。而另一位系主任孙老师，我也不大听他的课，因为我搞创作，他却替我推荐发表小说。发表之后，古典文学倪老师还在我的试卷上题词祝贺。

这就是北大之风，不拘泥于上课，老师关注的是学生才华的发展。

因为我们念的课是二年级的课，有的学生就说，我们也听听三年级的课嘛。

所以听课的风气很盛。既然不点名，我们到别的系里听一听也可以。

当年，在街面上路过北大的人，一看，到北大了，今天他们有哪一位教授讲授啊？一看某某名教授，他们就到课堂上来听课，也没有人管。没有人知道进来了一个校外的人。

我们北大没有校舍，没有校园，后来就盖了一座红楼。

红楼是北大唯一自己造的房子，就在最前面。红楼后面有很大的广场，有时候有一些体育运动在那里举行。这个广场后面是地质馆。

地质馆是北大的一个特色，那个时候有地质课的学校还很少。

在地质馆再靠后面一点，是四年级的学生宿舍。这个学生宿舍后来就有很多人住。因为里面住什么人，学校也不管，所以有很多人就跑到那里。

后来到了昆明，西南联大的男生宿舍，也是这样一种"随便住"的情况。同学经常带自己的熟人来，找一个铺位，就住上一段，与战前的北大同观。

喜欢北大的人很多，很多人考不上。考不上就住在旁边，那个时候叫公寓。

第一章 南 迁

北大宿舍的周围布满了公寓,那就是一个民宅。北平的房子都是几进,一进、两进、三进。一进房子,有堂屋,有中间屋子,有旁边左右。

公寓,就是利用学生在那里住的需要,有旅馆的性质,它代包饭。北平公寓你可以吃住都在那里。在我们附近这些公寓都很多了。

考不上北大,没有关系,住在公寓里头,见天去听听课,也跟到了北大差不多。

北大的散漫至今未根除。这散漫有好处,好处就是包容。

在我进北大的时候,北大校园外面的民宅也是大片地租借给那些来自全国各地的旁听生。

这时候北大已经搬到了西郊,那些出租的住宅也有些村落的味道了。我们那个时候的好处是,随便一走就到了圆明园,在横七竖八的末代巨石下面,芳草萋萋,学子们就躺在山坡上看书和发呆。那时,校外周围是田野、荷塘。虽然校内有未名湖,但很多同学的恋爱都是在那里进行的。自由这东西,还是与天地自然比较近。

刘长兰从少女时代就是一个心高的人。她说:

很多人考学校的时候,报名是从最难考的北大、清华、师大这几个学校开始,一直到给钱就可以上的学校,比如民国大学。最后肯定能考上一个。

我考的时候,我不要这样。那个时候少年气盛:我要念北大,我就考北大!别的学校,考上我也不上。

她得到父亲的支持:"我的父亲是一个自由主义者,他也是追随国父的。"

上北大究竟有什么好?能学到什么?刘长兰道:

有一本书写老街道、老学府。他提起北大,就讲:在北大,上课不一定点名。那么同学来上课也可以,不上课、过几天再来,也可以。就有人问:这样一个大学,最后他毕业能学到点什么呢?

这本书说:每个人都觉得学到了很多东西。简单一句话就是:在北大学到了一个独立的人格。

在北大校园,由于提倡自由自主,师生相互尊重,所以学生的信心大增,自我价值彰显。这一点,我亲身感受过。我有一种感受:到了北大,自己仿佛换了一个人。人还是那个人,性格、说话都还是我,可不知怎么着,忽然间我就被认可了。在这样的氛围里,学生得到认识自我和发展的空间。

在北大学到了很多。比如对于国家的热忱和支持。

北大人关注国家,有人说是因为京师大学堂后面就是皇宫,有"齐天"之感,不像一般国人那样,是抬头向上看的。我在北大的时候,同学们提起国家领导人,都好像是熟人,净叫些外号。记得一群女生在说"邦邦",听了半天,我才知道那是国家首脑。

北大那里,同学上课不上课,是没有关系的。教授跟同学之间,大家见面笑笑,点点头,彼此心照不宣——你跟我想的一样,我们不必说在嘴头上。所以北大就是这样。

北大人有一种心照不宣的认同感。这在我们那一代还是很明显的。毕业许多年,大潮之中,彼此在干什么,会干什么,大家心中都有数。一方面很涣散,但有很高的"北大原则",如果你违背了,那么后面的小学弟们可以宣称,驱逐你出校园,不认你是校友。这种事情,我亲眼见过。这个北大的传统,它是神圣的。

北大的教授也都很随便,穿戴也不是西服革履、金丝眼镜,没有这一套,都很随便。

但是他们有他们的个性,有他们的学识。像梁实秋,他除了正式场合是穿西服外,平时都是中式衣服。但一看就是一个儒士，不是普通人。连街上蹬三轮车的，都知道这位先生不随便的。所以北大的人，给人有一个特别的感觉，就是：他不是一个随便的人。

我们北大人出门跟清华、师大就是不一样，一看就是满不在乎的样子。

同样的话，别的老学长也对我说过。到了西南联大时期，三校虽然联合了，但是学生的风格迥异，一看，就知道是哪一校的。我忽然联想到：李白、杜甫、苏东坡。他们三人的诗歌，懂诗的人是不会搞混的。这三校的风格，懂得大学的人也不会搞混的。只有局外人，才会觉得都是一回事。

今天，现实中的北大，正在被当作某些人、某些事情的操作平台。利用北大的历史声望，"居高声自远"，许多违背北大精神的人与事在这里扬扬得意地上演着。

然而我和许多人愿意相信：老北大就像是一坛百年陈酒，酒底子是倒不尽的。它的醇香是遮挡不住的。一逢机遇，就会喷薄而出。在我短暂的生涯里，已经遭逢过几回。有很多人、很多事，显示了这种力量。在那些经典时刻，北大，不再只是一座学府，它已经成为我们灵魂的信仰。

九十多岁的刘学姐声称："我生为北大人，死为北大鬼。"这个心结，我也有。离校几十年了，我依然生活在"北大人"这个温暖而又值得信赖的人际圈子里。师友之间用我们熟悉的法则办事，在我们之间永远存在一种认可，我们中有一个北大氛围笼罩着，这个"影子北大"并没有消失。

北大散漫的风气与校舍的散漫状态，保留有一种古老中国的文人遗迹。这可以追溯到中国古书院的传统。北大前身号称"京师大学堂"，中国古代的读书人都是各自寒窗用功，时有交流、云集、比试、求师、问友的活动，但总体还是个性化的学习。而清华校园生活，基础上是欧美化的，个性自由也是欧美式的，与北大不同。整个北大就是中国文人式的涣散云集。它是一种文科式的思维型管理，注重精神；而清华则是理工型的逻辑式管理，注重团队与行动。在后来战事的应对中，北大的行动滞后于清华，这也与学校的精神构架有关系。

1937年夏天日寇訇然发动的大战，时任北大校长的蒋梦麟对时局估计不足。

蒋梦麟在1948年随国民政府撤退到台湾岛，写了《西潮》一书，后来大陆亦有出版。书中回溯：

> 战神降临北平时，我正在庐山。蒋委员长在这华中避暑胜地召集了一群知识分子商讨军国大事。有一天午后，天空万里无云，树影疏疏落落地点缀着绿油油的草地。蒋委员长曾经为他的客人们准备了许多雅洁的房子，我吃过午饭正在一幢单开间独立的宿舍里休息，一面眺望着窗外一棵枝叶扶疏的大树，一面谛听着枝头知了的唱和。
>
> 忽然《中央日报》程社长沧波来敲门，告诉我日军在前一晚对卢沟桥发动攻击的消息。我从床上跳起来追问详情，但是他所知的也很有限。

蒋梦麟曾经认为日本将以缓慢的"蚕食"侵吞中国，这个判断很快被证明是错误的。散漫成性的北大有措手不及之感。

北京大学当时由郑天挺教授主持工作，正在准备夏季开学的课程表。

日本宪兵搜查北大办公室，发现抗日宣传品，借此进驻北大红楼；维持会查封了北大二院。北京大学变成了日寇关押拷打爱国学生的地狱。

庄严学府，一向傲然的斯文、尊严、浩然之气受到巨大挑战。

第一章 南 迁

蒋校长对于战事的滞后反应，代表了当时多数中国人中国式的思维。和平善良的人们无法估计，日本竟然置国际法规与道义于不顾，悍然长驱直入中国腹地。

蒋梦麟后来碰到了一个老学生，他曾经被捕坐了两年牢，被送到北大文学院去受过"招待"。敌人把凉水灌到他鼻子里，使他晕过去。日本宪兵上村告诉他："北大应该对这场使日本蒙受重大损害的战争负责，所以他理应吃到这种苦头。"

在历史文明中受惠于中国的邻邦，却堂然执有这样的逻辑，这就是日本人；表面彬彬有礼，而出手往往令中国人猝不及防。

日本民族表面上与中国有很多相似的文雅，而其深层性格，却与我中华道德人性迥然相异，这值得后世研究，引为教训。

> 女孩子的尖叫和男孩子的呻吟，已使中国历史最久的学府变为撒旦统治的地狱了。

1937年夏天，就在抗战爆发的第一时间，中国当局即刻做出了迁移大学的决策。北大、清华、南开三所大学撤出沦陷区，到大后方去联合办学。《西潮》：

> 与北方三个大学有关的人士正在南京商议学校内迁的计划。大家有意把北平的北京大学、清华大学和天津的南开大学从北方撤退而在长沙成立联合大学。胡适之从南京打电话给我，要我回到南京商量实施这个计划的办法。我经过考虑，勉强同意了这个计划。

蒋梦麟回家乡去见老父，告别老人家。儿子的临别之言是："中国将在火光血海中获得新生。"老父闻之目光炯炯。蒋父在送走了儿子后，退避深山，兹后，在对儿子和胜利的盼望中辞世。

这是当时上演在中国父子两代中的普遍壮剧：老的一代为国尽节，少的一代为复国继续奔走。多少无名的、有名的父子都这样作别了。从文人、军人到农夫、市民，从有记载的到无记载的，这是中华民族在现代史上的一幕壮别大戏。

千秋万代，我们这个民族就是这样延续着自己的血脉和信念。

学校在战火中连续转移，两易其地。到昆明安定下来，蒋校长就告别了学校和教育界。

纵横恣肆的一本《西潮》，台湾远流出版公司出该书的时候，沈君山教授写推荐文章，称它为蒋梦麟的"自传"。他们是世交，自然此话不差的。然而《西潮》却又不以蒋梦麟自己的职业生涯为中心，其中写到学校的部分极少。蒋梦麟在北大的任职，是他人生成就很重要的一笔。可以说，北大从京师大学堂的旧体制转型成一所现代大学，正是在蒋梦麟管理下完成的。

但在此书中，蒋校长却没有围绕自己的角色来写。他真的做到了"人生感意气，功名谁复论"。书中写西南联大，只是融入战争中的中国这一宏大舞台上的一颗棋子。蒋梦麟的视角特点，是总要超越个人所任职务和所在部门的范围。他对个人经历过的地域进行全方位的扫描，常常联系国际与世界，文笔所至，囊括经济、政治、人文、地理。《西潮》这本书，其实是写一个知识分子放眼看中国、放眼看世界，寻谋自己和国家民族出路，命运漂浮不定而又充满自由气息的思考历程的。

敏捷清华

我曾多次来到北京清华甲所这幢小楼，观赏庭前的梅枝，走进那些气韵雅致的房间。

小楼里曾经住着梅贻琦一家人。有这样一张照片：在甲所的草地上围坐着梅贻琦一家：稚气的孩子和注定要与他承担使命的端庄的妻子。如今梅家俱已四散。

小楼下也是清华大学梅校长的办公处。而今,两岸的两座"清华大学"兴隆辉煌,相互认同。

1999年冬天,在北大办公楼会议厅召开的一次会议上,我第一次见到梅贻琦的公子梅祖彦先生。他着一件呢子风衣,君子风度,翩翩有礼,待人谦恭。身形容颜,酷肖照片上的"梅常委"。

只是那个历史的身影更严峻,目光更坚定,带着一种"我不入地狱谁入地狱"的悲剧气质。

此后我与梅祖彦先生多次交往。他曾两度来昆明,我也拜访过他在南沙沟的家。

梅祖彦回忆战前的老清华时,说过一段总结性的话:

> 先父生活的时期,是中国从一个教育制度本来是封建科举,后来以教会学校为代表,简短学习外国教育制度,然后转变到中国人自己办学的时期。我父亲就是在那一段时间里来做学校管理的。

从30年代始,到日本人占领以前,在梅贻琦领导下,清华在旧时代的大学中进步是最快的。

> 那个时期国立清华大学受到当时政府的严格管理,教育思想也有很多的条条框框。但清华由于它特殊的地位,它有庚子赔款的资金,它也有一大批受过西方教育的教授,所以总的来说,办学方式比较民主。

梅坚持"民主办学"。民主办学,有一条就是"教授治校"。

当时教育部的意思是"校长治校,教授治学",就是教员只管教书,不要管大事。清华当时就抗拒了教育部的一些规定。教育部也因为清华有这个资金,工作成绩好,所以没有撤换校长。清华坚持着"教授会""评议会"的制度模式,这是它迅速发展的一个要诀。

梅贻琦同时强调,学校要搞研究,搞科学研究,包括自然科学跟社会科学，这个也是从西方引进来的观念。清华取得成绩跟这个很有关系。所以著名的国学研究所在清华成立了，王国维等都是全国顶尖级的大师。

还有一点，它很注重实用，讲究科学。

在二三十年代，中国有很多学者提倡科学。但他们从哲学的角度，利用科学的方法来追求他们所谓哲学上的道理、真理，是从一种学术层面讲究科学。像胡适、蔡元培都走过这样的路。但是我父亲，他认识到科学还不是那么空虚的东西，是很实在的；像国家的建设就少不了应用科学。清华在30年代也是推行工程学教育最积极的一个学校。因为它有这个条件，经费比较多，所以建立了工学院，建立了很多工程的系，培养人才，一直延续到西南联大时期。

清华模式的开创，自梅贻琦而定型，此略晚于北大风气的开创者蔡元培。但也给清华留下很大的空间。当北大把文科特色发扬尽致，清华担当了中国工程学的前驱。

在"七七"以前，清华是一个黄金时期。虽然日本人已经在山海关那里，压力已经在，不过有那么七八年相对平静的时期。清华还是取得了很大的成就。

抓紧时间发展，即使强敌已经迫在眉睫。这个意识，对今天的中国人依然有用。

有了这厚实的积累和清醒的办学理念，梅贻琦后来注定要承担任重道远的使命。

于是清华大学在日寇入侵北平时，有了敏捷的应对。此由于梅贻琦校长的远见卓识，同时也依仗了清华校内非常清晰和高效率的机制与作风。清华是一个行动的实体。

梅祖彦说："1937年'七七事变'，日本人侵占华北。它攻打卢沟桥已经不是很突然的事情了。从1931年占领东三省起,日本人是一步一步地往南边来蚕食中国的领土。那一年我十二岁。大家都觉得这是要打仗了。很震惊,也很恐慌。"1937年,当危机还潜伏在北平城外,梅贻琦校长已经开始转移物资。在梅校长安排下,"七七事变"前到山东实习的工学院师生带走了尽量多的设备器材。2001年5月,我见到当年土木系主任兼工学院院长施嘉炀先生,他说话已经很困难了。

时值清华校庆,阳光明媚。一群当年学子,皆已白发苍然。大家围坐在老师的小院里。我问起当年事,施嘉炀先生仍然清楚地记得:去山东实习时,梅校长叫他尽量带走工学院的器材。以后战事爆发,他们就没回北平,而直接把器材带到了昆明。

施先生连连点着头,往事在他的眼神里。而施夫人知道我从昆明来,对我说起,敌机轰炸时,她在昆明的防空洞中生下孩子的事。

清华大学设备与图书的大撤离,实际从1935年就开始了。后来这些直接从外地运到昆明的器材,成了西南联大工学院最重要的设备。工学院成为联大设施最完备的学院。

梅贻琦做好了在战乱时期保全大学的现实准备。最终他挑起了西南联大坚守昆明八年的真正校长之重任。他是一名和这艘大学船舰永不分离的船长,无论风平浪静还是狂风巨浪,他看着前方、把稳船舵、指挥船员、镇定若素。

2001年5月,在清华狭窄的教师楼里,我访问当年工学院的助教董树屏先生。董先生是参与当年清华进行物资转移工作的一个重要人物。那时他很年轻。他说:"清华是庚款办的,所以有钱。它把一部分轻便的设备、图书,运到武汉。我那个时候是工学院的一个教员,还有别的系的,就收拾这些物资。从1935年一直运到1937年。"

这是一个重要的历史细节,见证了当年清华大学对日寇入侵清醒的直觉和超前的防范措施。

1934年,董树屏从沦陷了的东北来到清华。这位流亡青年,就成了清华梅校长在撤离学校器材时的得力干将。在董的弟子中,有诸如王希季这样的"两弹"元勋,然而他给人的感觉依然那么质朴,如同他走出的那一片广袤原野。九十一岁的高龄老者还保持着那种虎虎生威的东北人气质。他向我直白地讲他的出身、经历。这些题外话其实很重要。董先生是那个时代中国最大多数贫苦人民的一个缩影。正是这样的人民,支持着中国的抗日战争。

作为东北农村一个贫苦农民家庭的长子,董树屏从七八岁就下地干活,在田野收获之后去拾那些遗落在地的粮食。为了让后代不再那么苦,家庭把长子送入私塾,又送进小学,一直供到东北大学。在他二年级时,遭遇"九一八事变"。对董树屏来说,最重要的一课是日本的入侵。晚年的他说:"终生难忘日本帝国主义。"

日本帝国主义在东北横行霸道,历史上讲过,但细节很少。董树屏所在的学校在"春游"的时候,到一个地方游览,学生自己带一个小手包,装着洗漱用具。日本人硬要收他们的行李费,还把校长打了,非让校长认错并照样交费。董说:"我自己个儿矮点,宪兵队把我也给抓进去了。没打死?那再打。那个时候叫'灌洋油',洋油就是现在的煤油。回来以后,校长说:我们有理,我们要去告状。但回来还是不了了之。当年中国希望'国联',就是类似后来联合国的组织,能主持公道,但是不可能。"

亲身受到个人的凌辱和民族的凌辱,董树屏认为对中日这场战争不应该轻描淡写。

> 1931年时"九一八事变",我在大学,那个炮弹打在我们身边……他可以骑马到学校里面横冲直撞。不管你是不是在

第一章 南 迁

上课，就横冲直撞。他不讲道理，那种殖民主义思想，如果不像我们亲身感受，现在的年轻人认识不到。

戴着东北流亡学生的帽子，他到了天津念大学，到南京、上海一带去宣传抗日。宣传国共联合："共产党我不认识，国民党我也不认识。希望联合起来，收复失地。但当时是一场空，没有用处。"

山河之痛、家园之痛在董老身上有切实而又深刻的烙印，时光的流逝对他的影响不大。

董先生给我看那立在台灯前的一个小镜框，那里面的照片是张学良。"后来我到了北京，去看我的校长——我的校长就是张学良。他讲，我是军人，我得听上边的。听上边是听谁的？听蒋介石的。所以张学良背罪很长时间，被叫作'不抵抗将军'啊。"

张学良安排东北大学的流亡学生在关内继续上学。"东北大学一片纸都没有拿出来，他说：你们要上哪个学校念书，我可以让你们去借读。后来我就在北平大学工学院，下午上课，上午做军训。"董树屏在军训中的射击成绩总是优秀，还获过二等奖，也从军训中练就了一个结实的身体。"军训完了以后，张学良说：我需要武人，我也需要文人，你们是文武双全的。"

当年那个时代，东北学生走的两条路，一条就是到东北抗日，牺牲了。董树屏说，他的同班同学当空军，跟日本作战都牺牲了。而他走上"读书不忘救国，救国不忘读书"之路。

张学良的形象经常出现在大陆电视剧中。而我那年过八旬的母亲就会唱起当年抗日救国歌曲："打死将军张学良，头戴一顶洋毡帽，机关枪，还戴手表。"

这是一个花花公子形象。"打死"他，因为不抵抗。

跟她解释，为张学良开脱，都没用的。她根深蒂固的就是这个观念，当时她还在滇南读小学，也上街去宣传抗日。

至今我也没搞懂，为什么北大营的军队要放弃抵抗？在东北放一枪就比全体东北军逃跑出自己的故土更难吗？

在史料上看到东北抗日义勇军在敌我悬殊之下进行着"宁为玉碎"的战斗，志士们在冰天雪地之中没吃没喝没武器，总是会想到张学良当年"东北王"的拥有。丢弃了数百架飞机和聚宝盆似的黄金、重工业、兵工厂的张少帅，面对这些英灵岂能无辜？

相形之下，在政府发布学校撤离的命令之前，清华校长梅贻琦却能够先知先觉，利用实习将物资转移付诸行动。这批物资后来成了西南联大的家当。

清华的敏捷，使人想起《论语》所说："君子欲讷于言而敏于行。"

梅贻琦临危不乱，应变有方，开始显现出他"中流砥柱"的伟岸。

南开校殇

世有北大、清华，又有南开。

因为在这一个高等学府鼎立称雄的层面上，还有第三个空间。

如果说，北大、清华皆好高骛远，那么，南开开创了"务实"之风。

对于一个待发展的民族，一个具有丰富底蕴的古老国家，任何学术与精神、思想的单一化，都是有害的，不利于它的前进。那种"既生瑜，何生亮"的思维，是注定没有出路的。

就今天而言，南开的方向，也是中国最大多数大学的办学方向。

南开的地位和历史作用，与北大、清华成鼎立之势。当年决定三校联合，是有其依据的。

南开大学，中国第一所私立大学，创办于1919年五四运动后，张伯苓和严修为创办人。

经过苦心经营，南开到30年代已经初具现代规模，成为中国当时规模最宏大最成功的私立大学，代表着中国民间教育家的崛起和一种办学的潮流方向。

从一些昔日照片上，可以看到南开当年的教室、实验室内景，颇具现代化的气派。现今南开校园还保留有一堆当年废墟，说明旧的建筑很壮观。

清华大学校长梅贻琦、数学家陈省身都出身南开，曾为张伯苓的学生，可见南开育人成就之宏伟。梅贻琦身上就体现了这种最杰出的务实精神和能力。

"九一八事变"后，南开大学成为天津抗日救亡的中心。

南开有一口大钟，原为李鸿章祝寿所制，上面刻有《金刚经》全文。在和平的日子里，大钟用来表述南开为社会培养人才的喜庆之情。每一次毕业典礼，大钟的鸣响声就是这年毕业学生的人数。但愿它送出的每一名学生都如洪钟之声，震响这个古老的中国。"九一八"之后，每当国耻之日，大钟就以"九一八"为鸣响之数。声声震耳，警示国人。此深为日军所仇恨。

1937年7月29日，是南开"黑色的星期四"。从这一天起，日军连续两天用飞机、大炮，对南开大学以及所属的南开中学、南开女中、南开小学实行轰炸。在日军毁校的日子里，大钟不知去向。有说已经被熔铸；有说被日军砸成碎块，运往日本。

7月31日，又一轮狂轰滥炸后，日本骑兵和军车，满载汽油开进学校纵火。教学楼、图书馆、教师住宅、连带附近民宅，尽在焚烧中。三分之二的校舍毁于一旦，所存教学仪器设备尽被破坏。南开大学教授兼秘书长黄钰生受命留守学校，他亲眼看着学校化成了一片火海。

黄子卿后来在西南联大中发挥了很大的作用，他曾担任昆明师范学院的院长。

在南开我采访到一位目击者——当年学子申泮文，他说："我看见飞机了。那时候飞机挂着日本旗子，翅膀上挂着炸弹，看得清清楚楚，它飞得很低。旋转以后一倾斜，那个翅膀上的炸弹就掉下来。"申泮文在亲眼看见学校被毁后，一个人跑到了上海，参加过淞沪抗战，以后又到昆明读西南联大。

在南开图书馆，我看到那些被日军掠去、后来小部分归还了的图书，上面盖着一个专门的印章，说明这是历经劫难的书籍。而更多成套的西文周刊和中文典籍就这样丧失。

杨振宁博士曾对我说过一句非常深刻的话："日本是一个危险的民族。"

日寇对中国的侵略比起以往任何列强掠夺更加险恶。日本离中国之近，对中国之了解，对中国领土的野心，致使它策划出对我中华"亡国灭种"，进而霸占整个版图资源的终极目的。从战争一开始，日寇处处以挫败我民族的士气、摧残我民族的自尊心、收买和追杀我民族的文化传承人为目标，最终想达到使中华民族在地球上消亡的罪恶意图。对南开大学如此毁灭性的打击，正体现了这个意图。

张伯苓校长在南开被轰炸后发表了讲话：

> 敌人此次轰炸南开，被摧毁者为南开之物质，而南开之精神，将因此挫折而愈奋励。故本人对于此次南开物质上所遭受之损失，绝不挂怀。更当本创校一贯精神，而重为南开树立一新生命。本人唯有凭此种精神，绝不稍馁，深信于短期内，不难建立一新的规模。

南开被毁，社会各界纷纷致电谴责日寇。蒋介石表示："南开为中国而牺牲，今后，有中国必有南开。"空前的劫难，却使南开在精神道义上获得前所未有的强盛生命。

南开精神，代表中华民族不辞汤火的悲壮，准备经历"凤凰涅槃"的再生之劫。

第一章 南 迁

张伯苓校长表达了"绝不挂怀"的气概，代表了中华民族面临巨大损失和灾难时，对法西斯的极度蔑视。此种精神，贯穿抗战的始终，表达了中华民族绝处逢生的无比自信。

张伯苓校长的儿子参加空军，与日军作战，血染长空殉国。

梅校长的儿子梅祖彦说："张伯苓先生的儿子叫张锡祜。张老先生个子很高，他的儿子比他还高，当时在中国人里面算是很高的。他在空军中驾飞机。那时的飞机非常简陋，就是一个敞开的座位，没有罩的。所以他坐在里面，头都露在外面。他是后来在空军作战时牺牲的。"

这就是当年的校长，这就是当年的校长公子。

在西南联大的三常委中有两位的公子参军血战日寇（张与梅）。这样的家教，这样的奋勇当先，见出这些校长平素所宣扬倡导的教育，不是只针对学生和职业演说，而是他们举家所律的道德法则。

当今中国大学的校长，还有这样的气节、这样的家庭、这样的儿子吗？

当今校风如何？高尚之气如何长成？看一看校长就知道。

南开与清华、北大素有血缘之亲，三校长皆有厚谊，同时亦都受到国民政府高层的器重。北大、清华与南开之间能够联合组校，也因为几位校长之间有着浓于血脉的学人之缘。

北大周炳琳先生当时说："三位校长俱为君子。"后来的合作也确有着坚实的学脉血缘。

南开大学所特有的务实、坚忍与谦让的精神，贯穿联合之始终，是西南联大凝聚九年而不散的重要力量。

当年蒋介石撤离大陆，专程去接张伯苓。而同时，正在节节推进的中共方面，出身南开中学的周恩来也带来了口信：请校长不要走，新中国需要教育。张伯苓当时对蒋政权的腐败失望，对南开大学难以割舍，于是选择留下。

可是因为当年与蒋介石的关系，张伯苓很快受到冷遇。在一次南开校庆的前夕，张忽然被禁止参加校庆大典。强烈的刺激令这位尝尽艰辛的民间教育家难以接受，很快他就离开人世。张伯苓抱屈去世次日，报上载出"周恩来视察南开"的消息，其实周是去悼念他的校长的。

他留下了校长，却没能保护校长。

南开有一教员是当年学子，每年在7月29日这一天，他都要在家中设祭坛，自己身着重孝，一身黑在校园中走，以警醒南开人记住校耻。后来没有再继续下去。因为有人说：学校开放了，来的有国际学生，也有日本学生。他这样做"不合适"。

其实校祭是有血性的行为，而遭到劝阻，却有点莫名其妙。国人的所谓"面子"，常常不知道是什么东西。一个人，一个民族，如果连荣辱都没有了，还有什么"面子"？

书生应变

西南联大的校歌开头一句是："万里长征，辞却了五朝宫阙。"

对于富有传统精神的中国知识分子，北平的古建筑群无疑是一种民族精粹的象征。故宫、天坛、地坛、国子监。"五朝"，其实指中国历史。"宫阙"，则相当于民族的宗庙。

那时的北平，联结和统领着中国的近代与现代，是一颗心脏。可以说，所有影响和决定中国命运的事情、所有写进那个时代的重要篇章，都在北平发生。

八国联军攻占北京，圆明园被掠和焚烧；慷慨的"公车上书"、短命的戊戌变法、谭嗣同走向菜市口刑场；辛亥革命、溥仪逊位；五四运动，学生与人民走向参政……这激烈上演的一幕幕，调整和改变着中国的方向。那些用鲜血奋争的足迹，带给这个古老的民族以生机希望。

第一章 南　迁

北平，是那个时代萌发最新变数，产生最新思想的摇篮，最前沿的新思想，外来的文化意识，都是先在北平站住脚，再传播到全国的。那个时代，凡是爱国的、追求进步的人们，无不向往和奔向北平，从这里汲取力量，投身大时代。

中国人的民族感情就这样依托北平故都而延续着。时至今日，那些从四面八方前来做短暂游览的国人，也会对这里发生一种依恋和景仰。北平古都凝结着人们对家国的悠久感情与信念。

北平突然沦陷。这对于中国人，尤其北平人，是多么难以接受的打击和残忍事实。北平对于城中知识界的人们，是肉体赖以生存的家，更是精神灵魂赖以生存的家。要离开它，不知何日回还；离开它，让它从此落入敌寇的荼毒之手，更令人如丧考妣。

清华园内闻一多教授家，当时夫妇正分居于两地。闻一多家是湖北人。妻子带着两个大的孩子，先回家探亲去了。发生"七七事变"这几天，闻一多留在北平，带着三个小的孩子。

当年留在北平清华园里，跟随在父亲身边的孩子中，闻立鹏算是大的了。他说：

> 当时我才六岁。小的更小了，还有个最小的闻翔还在吃奶，是喝牛奶。……他（闻一多）从来没有管过孩子，教授嘛，家里都是我母亲管。忽然发生这么大的事情，怎么办？
>
> 是马上离开北平，还是暂时在北平呢？形势也不明朗。

刚开始的时候，国民党没有马上就起来抗战。有消息说很快就会平息下来，有消息说是要长期打。人们都在分析事态，为自己和家庭的安危考虑。

闻立鹏讲到闻一多有一封重要的信，其中流露的真实和坦荡的情怀，大大超出了人们对一个唯美诗人和教授的期待。当时闻一多给妻子写信，表示出他对时局的考虑很清楚：

于家的话，当然缓和下来，我就不用走了，很好；但是于国来说，缓和了不见得是个好消息。缓和就是不抵抗，不打了。

所以他心里是很矛盾的。闻一多向妻子讲的这番坦荡的话，显得自然而然，却有弘毅之志。这番话见出闻一多具有"大人格"。他在内心里对自己要求极其崇高。他在战争面前的思考，已经不只是作为丈夫、父亲，也不是作为教授、诗人了。用古代的话来说，他是一位"国士"，即是为担当天下兴亡而生的那种人。

所以后来他的遇害并不偶然。因为在任何时候，他总是选择崇高而浩大的使命。

闻一多曾自制一个印章为"其愚不可及"，我以为是触到了闻一多心灵性格的深处。愚，是一种单纯、一种纯净。

当清华园遭受日机的轰炸，吴宓教授拥被坐在床上，四周的墙壁被轰炸震动而落土。

面对国难，吴宓检讨自己因沉溺于个人世界而造成的虚弱与虚度。为无力拯救危难的祖国，吴宓强烈地指责自己："生复何用？生复何用？"他参照史中几位古人为自己设计了几条道路：

> 七月十四日　星期三
> 闻报，知战局危迫，大祸将临……今后或自杀，或为僧，或抗节，或就义。（《吴宓日记》）

这位哈佛大学的毕业生可以有另一条躲避逃生之路，那就是到国外去，到没有战火的西方去。

然而对于那个时代的知识分子，这样的道路是不存在的。

这时候的清华大学，校长被政府召到庐山开会。

中国军队撤出了古都。而在一个月色清明的夜晚，清华园内有两个手无寸铁的斯文学者，物理系教授吴有训与哲学系教授冯友兰相约，巡逻护校。因为不能容忍自己的学校受到侵害，他们居然要做中国军队没有做到的事情。

今天从旧照片上，还可以看到当年他们那穿长衫、戴眼镜的儒雅模样。就是这两位人过中年的学者，想要自己来保卫铁蹄下的校园。在清华园里，这两位教授沿着校墙，一同巡夜。他们的举动可谓天真，而愈动人。

冯友兰吟道："如此星辰非昨夜，为谁风露立中宵？"

1999年夏天，在北京西郊中央党校，我们采访了朱自清先生的儿子朱乔森。

朱自清与闻一多一样，他们的声名后来超出了学界，超出了他们的学术与艺术之名。他们成为某种带有政治高度的标识。在半个世纪过去后，这些曾经被张扬过的名人之后，语言都复归沉凝、平静和简洁。在讲述父亲的时候，他们似乎在防止对于当代语汇的使用，防止侵染往日事境，也防止他们自身的人生干预了父辈。

他们都非常谨慎地回忆和追述父亲。朱乔森最后的访谈，讲出了朱自清先生最诗意和最深刻的思想：

> 因为教授们也感觉到，自己上战场打仗是不太可能的。我父亲，他认为自己的任务就是保持中国弦诵不绝，就是读书的传统不要绝。这个对中国的长远发展意义重大。因为不能说全民抗战，后方培养人也都不培养了。

这是从历史深处传来的柔韧的斯文吟唱："弦诵不绝。"

曾在书斋、教室、校园里吟唱的千年诗章，将要在烽火之路上继续了。

"弦诵不绝"，道出了一批批中国大学南迁的心声。

我们的确是一个有特殊气质的民族。祖先给我们的太独特的文字与文化，造就了我们对天地宇宙生命的独有见地。

"死去何所道，托体同山阿"；"光阴者，百代之过客，人生如白驹过隙"；"文章千古事，得失寸心知"；"江河万古流"；"家祭无忘告乃翁"。

我们更重视我们族群的延续。而往往把个体的生命，当作是族群上升的阶梯与过渡。

世界上再没有一个民族，如此执著于它的山河大地和文化传统，如此视尊严高于生命，将培育后代视如自身的延续。

在强敌压境的日子里，中国知识分子们的气节各各显现。

他们已经做好了为这个民族坚守文化与教育阵地的一切准备和牺牲。

走出北平，对于人们是难忘的第一步。

闻立鹏至今还记得，父亲带着他们几个孩子上船的情况：

> 当时平汉线已经不通了，所以必须从天津走。走津浦线到南京再转船，回到武汉。
>
> 一路当然是很艰苦了，逃难嘛。我很小，别的事情我记不住了，我就记得在船上，住的是统舱，地上铺的席子，一家人在统舱里睡觉。半夜，我的饼干丢了，小孩儿嘛，到后来我一直记得，一筒饼干在床头搁着，第二天，哎哟，饼干没有了。
>
> 当时是很紧张了。我们家是十九号离开的，仓促得很，什么东西都没有带。一方面他也不是管家的人，他根本考虑不到要带什么东西。可他想的是一件事：学问。就带了两本书，还有他的一些稿子。
>
> 真正像我母亲的首饰啊，这些值钱的东西，他没带。当初可能估计还是比较乐观的，没估计到那么长的抗战。觉得

还是很快能回来的。

天津转车时,在车上,也是诗人的臧克家碰见了闻一多,他问闻:"你也决定走啦,你那些书怎么办?"

闻一多说:"大片大片国土都丢掉了,几本书算什么?"

在一种愤慨之中,在一种舍弃之中,闻一多几乎是抛家而去了,带着他的孩子和几本书。"他自己就带了他的一点手稿和两本书——一本《诗经》方面,一本古文字方面。"

类似的事情也发生在其他教授身上。

在"卢沟桥事变"的前一天,北大江泽涵教授从美国经过欧洲,从苏联西伯利亚铁路返回北平,卢沟桥就出事了。他的家人当时以为,恐怕回不来了,结果他到了家。到8月,举家出北平。

1999年夏天,在清华大学的教师宿舍里,我见到江泽涵的儿子江丕权与江丕栋。回忆当年出北平,江丕权说:

> 我记得那一次,我们要到车站去,要出城。母亲坐在人力车上,我坐在她踩的脚蹬子那里。结果走着走着,发现这个城门关了;又走回来,走到另一个城门。好像被堵了两次,第三次才出去的。
>
> 到了火车站,我父亲、母亲带着我们三个孩子,我是五岁,我弟弟是三岁,我哥哥是七岁。我父亲提着个箱子,我母亲抱着我弟弟,领着我。我哥哥在一边。
>
> 仓促逃难,没带什么东西,最重要的是,带着我父亲的两本拓扑学。这是他到哪儿都离不开的。

闻家与江家有一个细节相同。闻一多和江泽涵都是先与家人一起逃出北平,回到他们的老家湖北与安徽。而不多久,当接到学校的通知后,这二位都放下家人,只身先到长沙去了。

在大战一触即发之际从国外赶回家园的人,理当守候在家人身边。江泽涵教授却很快离开家人,奔赴长沙组建临时大学去了。可见他从国外赶回来时,看得最重的还是国家与学校。这是他放在心中第一位的使命。

父女逃逸

那些在"七七事变"后直接从北平城中撤离的北大、清华学生,现在很难见到了。"七七事变"的时候,学校正在放假,很多学生是在家乡看到报纸上学校撤离的通知,没有回到沦陷的北平,而径赴长沙,例如任继愈。有的又正在外地实习,后来直接去长沙,如冯钟豫。

刘长兰女士,当年她是从北平城逃出去的。

"七七事变",北平城门关了,内外不能交通。北平那个城,说得神秘一点就是死城。没有飞机,那时候我们政府连公带私不到二十架飞机。我们佩服"老总统"的地方是,他特别留了一架飞机专门到北平去接胡适这一班教授,普通的人是没有办法坐的。

刘长兰的父亲在军政界里算是有声望的。像她家这样有背景的人,包括后来她在黄河边遇上的梁实秋先生,在当时都不能算是"普通的人"了,但还是与难民们一起卷入了逃亡大流,可见情势之危急。

她形容当年北平城的窘境,有调侃情趣:

你坐船,北平没有河没有海。北平有个海叫什刹海,是游玩的地方。北平有条河,是护城河,是为保护京城人工挖的一条河。那时候没河、没海、没湖。就算有个湖,也是给慈禧太后过寿的时候临时挖的,都没有办法做交通。

刘长兰父女有他们不得不逃走的原因:

北平,要出出不去,"七七事变"大家都在里面。大家这个时候都做准备,比如说我,"七七事变"一来,我们这

第一章 南迁

些曾经参加过抗日活动的人,名字都在册了,必须要逃。

我父亲是,人家拉拢他做汉奸,他婉拒了。我是抗日学生,也不能待下去。所以我跟我父亲必须要走。家里把我们一部分财产、土地交给我一个继母,还有个小弟弟。

我跟我父亲逃出来。那个时候连法币都不敢带,但是要花法币怎么办?我穿高领旗袍,有面儿有里儿。在里面拆开把票子叠起来再缝上。所以我们那时候领子里面全是钱,能带多少带多少,就带出来了。

但是出来的人多,城门口窄,挤得一塌糊涂,没办法挤出去。左推右拥,推到门口却出不去,我们家有个老用人急了,逮起我只脚,就把我塞到外面来。

出了城门,还是走不了。好在刘的父亲一度做过天津县长,跟开火车的司机打过交道。司机一看他有点熟,就说,你把你这个小姐搁到我这儿。于是就把刘长兰塞到火车头下面一个空当的地方。火车里挤得不得了,但总算出了北平。

到了天津。天津是个活地方,有京浦路,有飞机,都通着。我们沾了我父亲认识一个大饭店的主人的光,进到里面了。进去还不到十分钟,就有人把门撞开了,说:"还有特权?"我父亲说:"没有没有,一概请进,一概请进。"大家在里头,看了看我们两个人,说:这张大床算你们的,我们在那张床上。

刘学长的父亲很识时务,战乱时候,表现豁达。下面的问题是还得要出去找船、找车、找票。他们天天都得出去。

我记得很清楚的,就是在黄河边上碰见梁实秋和他太太的。我说,梁先生你也在这儿等船?他说:不等怎么办?我说:胡先生走了?他说:走了。他太太就说了一句,我昨儿个去抽了个签，在庙里头，我们遇见一个姓陈的就有救了。梁先生说，别信她这些。我们就说，梁师母只是不得已的办法。我们也没有在意。

可是神秘的事情在动乱的年月里发生了。后来刘长兰回到了北平遇见梁先生，她特意问了这个事：

你走的时候有没有遇见姓陈的？他说，陈曦光啊，陈曦光给我的票。

陈是北大的学生。他看见梁先生，说我这儿有票，梁先生你先拿过去，我还有办法。有的人也有办法，在那个乱世里面，各人凭各人的本事。结果梁先生就这样出来了。

在危急的关头，还是下层人有办法：

有一个老用人跟我们说，你买这个票等这个船，不定什么时候才来。有一个办法：这个地方有小渔船，不是大轮船。这条渔船也没有码头，你可以坐上去，到哪儿爱下来就下来。日本人也不注意渔船，因为他是卖鱼的。所以后来我们是上了一条渔船。

当时上渔船的人也不少。大家都发现了这条渔船，就来上。渔船有两层，让我们到下层。"在上面不是空气好一点吗？"那个人根本不理我，一把把我推过去。

后来我父亲告诉我，你要在上一层，日本人就拿你做目标了。在下层那个鱼味啊，有一个人当场就吐了。

这父女俩靠着用人和渔民的智慧救助，逃出了日本人的辖区。

姚家胡同吊

这是一部与"气节"相关的历史。

有关当年北平被日寇占领的情形，在联大教授沈从文的文章中，有这样切实的记录：

> 北平陷落前夕，城郊炮声激烈。鼓楼附近，宋哲元部下约一连人，全是十六七岁的小伙子。满身血污泥土，跟跄退入城内，群众忘记了本身危险，从景山来的男女学生，带了大饼茶水去劳军，也冲入队伍中，大家混同一处时，都无话可说，每人眼中盈满了热泪。

7月29日，日本人占领了北平城。从此，人们在出入城门时，必须向日本太阳旗鞠躬。北平城中一百二十万中国人，在沉默痛苦中接受这个新的日子，接受此后继续而来的每个日子。

而在北平西四牌楼姚家胡同，有一位年逾古稀的老学人拒绝进食而死，显示了儒者的气节。他就是当时著名的诗人陈三立，清华教授陈寅恪之父。

1999年，京城又是夏天，我来到北大朗润园季羡林家中。季曾是清华学子，陈寅恪的弟子。他追怀恩师的家世：

> 他给我印象最深的就是他家里面三世爱国。第一代是湖南巡抚陈宝箴，在1860年英法联军火烧圆明园时，陈宝箴在北京城里边。在酒楼上，别人请客。他看到西边，圆明园一带大火弥天，当即痛哭流涕。他的儿子，陈三立，就是陈寅恪先生的父亲，当时旧诗诗坛第一人。陈三立也是这样子，得到他父亲的遗传，非常爱国。那时候，陈寅恪先生把他父亲迎到北京，在这里让他颐养天年。后来"卢沟桥事变"爆发，他父亲拒绝吃饭，拒绝吃药，谁劝也不行，后来就是这样饿死的。

打开《吴宓日记》，对此事有记载。只寥寥数字，便令人沉浸到那"乌衣巷口夕阳斜"的境界之中：

> 九月二十三日星期四
>
> 2:00 散。宓步行至西四牌楼姚家胡同三号陈宅，祭吊陈

伯严先生（三立）。行三鞠躬礼。

据吴宓记载，当他去悼念时，陈寅恪告诉他，在父亲的丧事没有办完时，就已经接到日本人送来的邀请函，要他到日本使馆赴宴。为保全气节，避免日本人的迫害，陈寅恪决定秘密离开北平，继续走自己的路。他认为："救国经世，尤必以精神之学问为根基。"

我读陈寅恪的史论，发现他非常重视历代"世家"的作用。他提出了"世家"是中国朝代兴衰与更迭的根本原因，举出北魏时代诸多变化之例证。这个独特视点，是对中国国情令人信服的剖析。那些显赫家族的信念和利益，的确左右着中国历史。

2000年夏，在姚家胡同，知了的叫声和绿荫闪闪，依稀可以想见1937年的那个夏天。炎热中，我们向街坊询问。原以为提起"陈家"，胡同里的人们一定有反应，不料皆无所闻。看了三个宅门，都有点"世家"气息。其中一个正在拆毁中，院墙已经扒掉，听说这家的后代全在国外，想来不是陈宅。另外两个宅子，新做的大门紧闭。

然而走进这个胡同，我依然被一股肃穆之气笼罩：散原老人的诗魂升空在这里；一群悲愤的知识分子来过这里为散原送行；就在这胡同的某个宅院里，陈寅恪与兄长的秘密商议，做出了不失为大家之子的安排：一个出走，一个主持父丧。

这是一个神圣的胡同，这是一个传承了中华气节和坚忍信念的胡同。那些树荫，那些知了，它们延续着那个夏天的记忆。

时至今日，看到那些实录的镜头：日本军队踏过金水桥，开进故宫，我们依然不能平静。日本军队皮靴撞击紫禁城的声音，至今依然能震彻每个中国人的心肝脏腑。北平是国粹之地。北平沦陷，对中华民族是一个沉重打击，尤其是对于文人，对于诗人，无异于文化的亡国。对于陈三立而言，父辈所经历的耻辱依然鲜活，那圆明园的大火赫然未逝，而今又在他的眼前出现这城亡的一幕。老迈年衰的陈三立毅然选择以死殉国，抗议这场民族的奇耻大辱。

中国文化人非常明白"死"的意义。当自己的生命力量已经无法延续理想，在"生不如死"之时，他们会将生命浓缩到一个点，化"死"为生。因此，中国人也就有了"虽死犹生"这个词。

陈三立完成了一个爱国世家向下面传承的责任；也完成了一个诗人对于家园国土的最后诗章。宋代诗杰陆游留下一句"家祭无忘告乃翁"。在陈三立身上，中国文化人会找到自己的父亲。

我向季羡林做采访，起初他并不同意。原因是：他不是西南联大的。那段时间他在德国留学。我说，这是为陈先生。后来他答应：只谈陈寅恪。

季羡林是一个感恩的人。他不是解放后第一个去吊唁胡适墓的人，然而他却是第一个将在台湾岛上的吊唁写成文章发表的人。

那天，季羡林谈了当年帮陈寅恪卖书的事。因为一家人无钱取暖越冬，陈寅恪打算将书卖给学校；一是自己可以继续用，一是将来可望赎回，无论怎样，书不致流失。

季羡林受老师托付去找胡适校长，胡适立即派车，让季羡林送去大洋，并把那些书拉到了学校图书馆。他留下了话，陈先生随时可以赎书。

当年的大学，是学者的一个后盾，一个可以求助解困、可以从长计议、缓和窘境的依赖。学校当道者，如胡适，自己亦是学人，惺惺相惜。这些可见当年中国的学人，忍饥受寒，而书业不可丢的志节。

还有一些人是在日寇占城之后，脱离沦陷之地的。吴宓有一首辞京诗：

> 十一月四日　星期四
>
> 阴，大雾，晨8:00后，即独至东车站，紫禁城为浓雾所蔽，街上行人尚少。

> 晓发北平十一月四日
> 十载闲吟住故都，凄寒迷雾上征途。
> 相携红袖非春意，满座戎衣甚霸图。
> 乌鹊南飞群未散，河山北顾泪常俱。
> 前尘误否今知悔，整顿身心待世需。

吴宓在内心里与这浓雾中的紫禁城告别，这是笼罩在人们心中的浓雾。诗中他庆幸师生们未散，因为他们将在前方重新会合。有一个目标必须待他们奋发。

"移栽桢干质"

在北京国家图书馆，我看到过一本当年日军占领北平后，它的随军记者所摄的影集。里面的照片全是宣扬日本国威和中国民众如何被其压服的场面：军队穿过街道时，百姓屏息站立；城门口插着太阳旗，戴着猪耳朵帽的日本兵扛着上了刺刀的枪，穿着长衫的北平市民在向他弯腰鞠躬；日本军官在向北平民众训话，人们被迫手持小面的太阳旗，等等。

我仿佛面对面地感受到了他们侵占北平后的快乐和我们作为亡国奴的屈辱。

这本日军摄影集是国家图书馆的珍藏。那天，是任继愈先生让他的助理李劲取来，我们在馆长办公室拍摄的。任先生是有心之人。

其实，这样的东西也不合深藏，应该复制、展览，让警钟长鸣。

日本人常常逼着北平城里的人们为他们占领中国的城镇开庆祝会。在这样的会上，中学生邓稼先将手中的日本国旗扯碎，扔在地上，再用脚踩上。事后，有人特地向志成中学的校长提及。校长连夜来到老朋友邓以蛰家中。他说："邓稼先的事，早晚会被人告密。这样下去太危险了，想个办法让他走吧。"

邓以蛰先生时任清华大学哲学系教授,并兼任北大哲学系主任。在送别儿子时,他说了一句话:"儿啊,你要学科学,科学对国家有用。"这并非是对他自己终身所学的否定,而是中华文明面对强暴发出的一种自强的呼声。邓以蛰非常希望儿子的所学能够对危难中的祖国有用。邓父的这句话使人想起"岳母刺字",这番叮咛,酷似岳母把"精忠报国"四个字刺在了岳飞的背上一样。

邓稼先来到昆明,考入西南联大物理系。

当年中国知识分子,起码有三代人经历了这段辞别神京的悲痛时刻:暮年者殉国,中年人出走,少年人反抗。年纪越大,懂得历史越多,越容易有一种悲观的倾向;而少年人犹如"初生牛犊不怕虎",充满了复国的勇气。这也是一种生命的规律。

一句"重整河山待后生"的民间弹词,道出了这个真理。这俗唱,正好与西南联大校歌里一句古奥歌词相印证:"绝徼移栽桢干质。"把这些具有优秀禀赋和报国志向的青年学生,转移到大后方去,让他们继续成长,作为民族储备的栋梁之材,是一个长远的谋国大计。只有这样,前方将士的血才没有白流,中国所付出的牺牲才有了回报。抗战时中国的学校进行转移,莫不是为了这个希望的目的。

少年邓稼先这一代人注定要为这个苦难深重的民族逆转命运而付出自己的才学。"多难兴邦"正由他们演绎。邓稼先的父亲邓以蛰当时没有走,他没有到日伪的学校去任教,而是靠变卖家中的古董为生,一直熬到抗战胜利。

杨振宁后来写道:"邓稼先的一生是有方向的,有意识地前进的。没有彷徨,没有矛盾。"

联大校歌有一句难懂的歌词"绝徼移栽桢干质",这就是"南迁"的本质:把这些对国家有大用的良材世木移栽到偏僻的地方去,免受战争摧残。

"气节"说

自 2000 年起,在北京南沙沟,我曾多次拜访国家图书馆馆长任继愈。

任继愈,山东人氏,出身将门。因为父亲希望他能够继承韩愈文章,故取其名。任继愈在西南联大八年,从本科到研究生,后又在联大任教,自述"事情的前因后果,我是见证人"。"我就看着中国的这种民气是始终不衰,穷困是穷困,志不穷,人穷志不穷。所以骂人'汉奸'是最重的一个词,比骂他祖宗什么的都还重。"

他这一番话,以古喻今,揭示了当年北方沦陷后,知识分子们纷纷脱离敌占区的深刻心理:

> 一个秦桧,所有的人都知道他是汉奸卖国贼,害岳飞。秦桧这个人考过状元,状元那是第一名,拔尖的。秦桧字也写得很好,求他写字的也不少。可是现在国家这么大,没有发现秦桧的字迹,没有一幅,国人不愿意保存它,这就是爱国主义。他在大是大非的问题上站错了,站那边去了,所以不齿于人类。

> 90 年代,外国人有一个"寻根热"。秦桧有一个后裔在加拿大,就寻根。他是无锡人,就寻到老家来了。查来查去,发现自己就是秦桧的后裔。后来他不敢承认,他就说我是秦观秦少游之后,其实他是秦桧的后裔。他的子孙都不承认他有这么一个祖先,这说明汉奸是不齿于人类的。爱国主义从古到今就这样。

> 大家看重文天祥,他有气节,不当汉奸。文天祥也不是战功多么好,多么能打仗;治国平天下,他都没有施展。他当丞相的时候,国家已经快完了。他就"气节"这点站住

了，就是有正气，大家都佩服他。

抗战中，人们逃难的时候，依然携带着祖先漫长的文明史和传统原则。

当年北平，也有留下的人们。任继愈先生对我提起一位教授刘盼遂。在他那淡淡的语气中，有一种深切的缅怀：

> 历史系一个教授，他留在北平，没有走。有人就劝他，劝的人也是学历史的，说：你看看这些历史，南渡以后，谁打回来过？你就别在那儿苦守了。你就跟这个伪政权合作、去伪大学教教书，别过这苦日子了。
>
> 这个人说什么也不干。这个人叫刘盼遂，是个历史学家，北师大的教授。他就卖点书、卖点东西来维持生活。苦熬了这么几年，没干伪政府的事，没做伪政府的教员。

在"文化大革命"中，他投水死了，这人是很有气节的一个人。"刘盼遂是老清华国学院的一个学生，师从梁启超。"

后来胜利复员，大学返回北平时就有规定：凡留在日伪大学中做事的职员，可用；而在日伪大学中任职的教员，一律不得留任。可见做教员是必须重视"人格"的。这显示出"文化人"的一种标准，即：知识分子不仅仅意味着拥有知识，而且也应该是国家道德和精神价值的体现。时至今日，这仍然应当成为中国知识分子，尤其是学界知识分子价值取向上的一个坐标。

在抗战胜利后的北平，发生了北大代理校长傅斯年把昔日老师周作人逮捕起来的事情。傅斯年做了公开表态："伪北大之教职员，均系伪组织之公职人员。应在附逆之列，将来不可以担任教职。"

在法国，对于知识分子成为"法奸"的惩办更为严酷。伊安·布鲁玛说："战后，比起通敌的商人和政客，附逆文人受到了更为严酷的对待，这一事实表明，许多法国人正是这么看的。比如萨特就认为知识分子比一般人有更高的使命。戴高乐拒绝免除劳贝尔·布拉西亚

（法国维希作家）的死刑，因为就像他说的，'在文学中，就像在所有东西中一样，才干与责任同在'。"

虽然人性同理，不一定受过教育的人就高出一层。但人们依然以为，对引领一个民族精神方向的知识分子，在危难时刻是有要求和更高期待的；这也与他们平时受到的崇敬待遇是一致的。

但是崇敬那些有贡献和德望的知识分子，这种待遇在1949年后开始淡化，直至"文革"彻底倾覆。这不是教员的损失，而是民族的倒退，是传统和文明的损失。"礼崩乐坏"，并没什么好的。

驻衡湘

1937年8月，国民政府教育部决定：北大、清华、南开组成长沙临时大学校委会，迁往长沙。

蒋梦麟在《西潮》中写道："我到达长沙时，清华大学的梅贻琦校长已经先到那里，在动乱时期主持一个大学本来就是头疼的事。在战时主持大学校务自然更难，尤其是要三个个性不同、历史各异的大学共同生活，而且三校各有思想不同的教授们，各人有各人的意见。"

学校通过办事处和报纸发出了通知，于是在各地的师生们有了方向，立即行动，向长沙转移。

任继愈回忆：

> 我是1916年生的。当时，我念过三年级，该是四年级。前三年在北京，第四年就走了。"临大"是半年，昆明又是半年。我是北大哲学系。"七七事变"，正值暑假（我们7月1日就放暑假了）。那时我家在山东，回不来了。报纸上有个广告，说是北大、清华的学生到长沙去集合。这样我们就到南边去了。

台北的冯钟豫回忆：

> 我是1934年考的清华，1943年在昆明毕业。在1937年就赶上"七七事变"，日本军队攻进了北平。那个时候，二年级土木系的同学在外边做现场的实习。这次实习就是清华接受了山东省济宁县县长的委托，让我们画全县的地形图。工作开始没有多久，就赶上"七七事变"，又加上那年夏天山东济宁闹大水，我们工作就不能做了。到了8月间，学校就让我们从山东济宁到湖南长沙集合。

蒋梦麟将长沙联大称为是"由混杂水手操纵的危舟"。当三校师生各自寻路脱离了沦陷区，终于来到长沙开学，他称为"渡过惊涛骇浪"。任继愈谈到三校的合作时，回忆道："周炳琳那时候是北京大学法学院的院长。他说：这三个学校合作，会合作得很好。他说，因为这三个学校的教职员工、领导都是君子。"

清华当时在长沙建有大楼。冯钟豫回忆：

> 清华那个时候在长沙市湘江的对岸，盖了一个研究所，预备做植物方面的研究。大楼差不多盖完了，我们从山东到了长沙，就住在那个快完工的大楼里。一直等到9月间，临时大学在长沙开课。上了一学期，就奉命往昆明那边撤退。

1937年11月1日，长沙临时大学正式上课，在南岳衡山设立南岳分校。蒋梦麟说："虽然设备简陋，学校大致还差强人意，师生精神极佳，图书馆虽然有限，阅读室却座无虚席。"

任继愈在长沙度过了一段生动而惊险的生活。当时他住在山中寺庙里，夜里听见虎啸。白天出去，在山路上看见树枝上有虎毛。但他兴致盎然，抽空把衡山、岳麓山都游遍了。南岳山上居然儒、道、释的地盘都有，都能够共存，说明中华文化的包容性是很强的。从那以后，他对宗教就有了特别的兴趣：

> 我们到了长沙以后，住得不太久，一个是警报太多，一个是地方不够，又搬了一次家，到了长沙后又搬到衡山，像文学院，都在衡山。那个时候我们这些流亡学生，无家可归，每个月就发八块半钱，吃饭；每个月再发十二块钱，叫作贷金。虽说是贷，也没说要还。

抗战开始后，国民政府对许多大学、中学的学生实行"贷金"制度，保证了这些青年人能够完成学业。这项德政，功在千秋。

任继愈拿出一张珍藏的旧照片，上面是一个白衣翩翩的青年学子。"发衣服，相片里的衣服就是发的。一人发一件棉大衣。厕所很讲究，那个厕所山前的溪水往下流，流水上头盖了一层厕所，自然的抽水马桶。"台北的冯钟豫先生也说起这套衣服的事情，他一直带着到了台湾。旧物乃情之所附。两个人都提到这套衣服，长沙生活在他们的人生里难以磨灭。

冯先生的妹妹冯钟芸到昆明后与任继愈相识、喜结连理。2000年夏天，在南沙沟，阳光洒进屋子，冯钟芸那淡淡的话语里透出漫长的思念：

> 我1937年没有走，因为我父亲走了，我母亲生病。我有一个哥哥，哥哥也在外头实习。事变的时候没能回到北京，直接就到了长沙。所以家里一共四个弟弟妹妹，都交给我了。我一直等到我母亲好了，有了伴，第二年才开始去昆明的。
>
> 当时从北京乘海船到香港、到越南海防，再到的昆明，当时因为陆地的交通已经不通了。

两兄妹，同在联大，共一段经历，九年后，我才把他们的话衔接上。而此时，冯钟芸先生已经辞世。2009年春，我从昆明打电话告诉任继愈先生，说我计划去台湾。他在电话里说："台湾的水利工程，很多是清华水利系的学生做的。"这其实指的就是冯钟豫,是以他为实例的。任先生曾将《西南联大启示录》光盘寄到台北。冯钟豫先生看时潸然泪下。

2009年秋我在台北见到冯钟豫先生时,任继愈夫妇已经相继过世了。在台北一栋陈旧的楼房里,我见到了冯钟豫先生。一见面他说:"你们这个运气很高啊,很多天都不下雨。"他说,自己入住敬老院已久,只是周末回到家中。儿子在美国,女儿也常出差,另有住处。然而在他带我参观这套住宅时,我却看到,他依然保留有儿子与女儿的卧室。床铺井然,使他们可以随时回来。这种对儿女的恒久与无奈的眷恋之情,令我顿时想起我的父母。

冯钟豫是那种可称为"蔼蔼君子"的长者,质朴、诚恳,有工科学者的厚实性情。他的叙述是所有人中最有序和最充实的,显然他做过精心的准备。

采访结束,他说,已经想好了,要在附近的一家火锅店请我们吃饭。那地方雅洁,吃的新鲜。饭后,冯先生又乘公交车回桃园,一身布衣,挎了一只布包,与我们挥手而别。

"参军"与长沙大辩论

当三校师生在简陋的长沙临时校舍里开学之后,随着战事迅速发展,一批学生从长沙参军了,奔向抗日前线的战场。

在台北校友聚会中,我见到原北大化学系1935级的学子孔令晟。

他告诉我:

> 我没有到昆明。我们先到长沙。我在长沙临时大学参加抗战走了。那时离开的人很多,都是很优秀的。

孔学长直接到前线去。

在台北一条老街里,我造访了原清华土木系学生冯钟豫先生的家。

冯先生对我说：

在长沙时，很多人从军去了。那时候从军的一个路线，就是从长沙一直到江西，那里有一个工兵学校。就有很多学工程的人到工兵学校去了。

与此同时，在长沙的"临大"师生们的集体中爆发了一场又一场的激烈辩论。

任继愈回忆道：

同学们在长沙很不稳定。因为前方打仗打得很吃紧。长沙离上海很近，离南京也很近。这个战况，节节败退，同学们急于上前线。这个心情，大家都有。同学们中间，与老师之间，就经常发生辩论的事。仗怎么打？国难当头，咱们是不是还应该念书？

钱穆也在那些争论的人群当中，他就说：

同学们，我有一个意见。大家抗日，上前线，这个心情是可以理解的，也是正当的。咱们这个抗战不是说短期就完得了。念书，可不可以中断了？行不行？如果咱们在后方念书，没有那个上前线的勇气，那就不要在这儿念了。不能苟安！不管上前线的，跟留下来的，都是满怀激情。学习也是救国。

任继愈说：后来大家有个共同的认识，就是：抗战是不是三五天，三五个月就完？要是不完，咱们是不是可以中断，能不能中断？该不该中断？

这个辩论，把"读书"与"从军"从个人选择提升到了一个大的格局，就是民族生存的历史格局。一方面进行血与火的抵抗，一方面有一些人要留下来，打造国家的未来。把这两者在一个"终极目的"下统一起来，把国恨家仇凝结在了未来。

未来的理想就是，我们这个民族不能弱下去，要强大起来。

现在具体的场景和对话已经难以复员，但是在很多人的回忆文字中都提到，这次辩论对整个"南迁"人群的波动情绪和急躁思想完成了一个洗礼的过程。

长沙大辩论，使得后方"读书"怀有一种卧薪尝胆的气概。把校园与前线的心沟通了，连在一起。责任明确了，各就其位。"从军"的事情先停下来了。

这也是对"南迁"这个巨大行为的一次思考和认定。这个历史性的大转移不是在逃跑，不是在苟安，而是担负着积蓄实力的深远使命。

每一个参与其中的人都不必感到内疚，而是要"用上前线的激情来读书"，担负起为这个民族"百年树人"的任务，也从此开创了由战火所酿造的校园争论风气与民主氛围。

大辩论的结论，是每个人都心悦诚服了。这个共识与思想延续在后来的"步行团"师生身上，在他们的活动与文化作品中；延续到蒙自的"南湖诗社"；落脚在昆明西南联大的一进门的两面"民主墙"壁报丛中。

师生们"讨论时局"成为习惯性活动，敞开了校园的情怀，衔接到"五四"的传统。

留学者归来

我一直在等待着陈省身先生归国。我知道他已经选择定居母校，南开大学告诉了我他的行程。2000年春，他果然如约而至。

走进南开一座二层的湖畔小楼，陈先生正在客厅里等我。然后，我们一起上楼，到他的小书房里。谈笑风生的他，说着就从轮椅上站了起来。看我很惊讶，陈先生告诉我，他坐轮椅，并非腿疾，能站也能走，"主要是省劲"。

对于强烈专注于大脑与精神活动的老年精英，为减少其他的消耗和分心，延长生命的活力，这个选择是十分明智的。陈省身说：

我是南开的学生,然后进清华大学的研究院,1934年毕业。毕业之后,学校就送我出国。一般清华学生出国都是留美,我愿意到德国去,所以我到了德国的汉堡大学。

汉堡大学我是1934年去的,1936年得到学位。1936年到1937年去巴黎大学。1937年抗战开始,清华要我回来,在数学系做教授,所以我离开巴黎,先到美国(我愿意到美国走一趟),然后1937年8月到上海。

祖国在战火中,学子远程归来。在奔赴云南的路上,人生的内涵际遇是如此丰富。

那个时候抗日战争差不多已经开始了,上海已经"八一三事变"了。当时我坐的是加拿大的船,停在上海外头,旁边都是日本兵船,正在打上海。这个船就没有办法靠上海,结果就靠了香港。到了香港后,学校跟我讲:去长沙临时大学。所以我到了长沙临时大学。在长沙没有几个月,后来局面也不能支持了,学校决定搬到昆明。

陈省身听命于学校的安排,从欧美那和平繁华的世界来到了被日寇围攻的上海,又到了被战火追逼的长沙,而后去的昆明。陈省身解释了他这样做的自然而然:"我们那个时候都痛心于祖国的弱啊,恨日本侵略啊。但是一个念书的学生,也没什么很具体的办法,所以先回来再说了。"

西南联大拥有大批的留学生。这些出洋见过大世面的人们,在抗战时期留在国内。这有什么意义呢?陈说:

我想有重要的意义。因为中国在清朝倒了之后,政府没有一点方向和目的。

以后出了这一群在国外念过书的留学生,他们实际的贡献不一定都很大,但是在观念方面,认为中国是可以变成一个伟大的国家、独立的国家，这是非常重要的。因为日本在中国的侵略，中国很多当政的人，比如像王克敏、梁鸿志这些人就做了汉奸了。汪精卫倒是相当有学问的一个人，他也要跟日本合作了。因为他们对于中国的前途是没有信心了、完全丢掉信心了，就觉得中国的发展只能靠日本人的支持。但西南联大的这一群留学生，觉得中国是可以站起来的。这是很不得了的，是最基础的贡献。

信心，或者说，信念和信仰，是一个民族生存和发展的起点。不一定你留学回来就有专业方面的建树。但是你的眼光，你的抉择，却在国人中起到典范的作用。因为你是看了世界之后回来的，你怎么说，事关重大。换言之，国人最需要的是你的眼光、你的判断，需要一个吹过西洋风的中国人，来替中国人盘算。

陈省身完成了对于数学的卓越贡献，一生都没有忘记一个留学国外的人对祖国所肩负的责任。

当今大学生纷纷赴欧美、日本留学，而莫不争获"绿卡"，抛乡去国。连家中老父母亦不及顾念，丢下多少"空巢"？假如国家有难，他们能否回来共担？

半个世纪过去，从美国归来的陈省身先生，清楚地追述了当年撤离长沙的路程：

> 我从长沙到昆明，那时候最短一条路，是经过香港，到越南的海防，从海防到河内，河内有一列滇越路的火车，到昆明。那是1938年年初，我们这列车还有些别的人，包括蒋梦麟校长，我是跟他同一个车从香港到昆明的。他是有学校行政责任的，我只是一个教授，所以我路上的工作不多。

在学校搬迁决定后，蒋梦麟经由香港、越南，进入云南，到达昆明，充当先行探路者。学校的一部分院系先安排在滇越铁路的重镇蒙自，也是出自他的提议，是他在沿途发现了南湖畔这片幽美温馨的小城镇。

教授当家

刘长兰提及了一个细节：

> 我后来是从香港转越南过来的。那个时候叶公超还替我们"把守"香港，生怕大家不会讲广东话，所以在那里租了一个小屋子做办事处，就是叶公超替大家服务的地方。

叶公超先生是刘长兰最景仰的英文系教授：

> 他的英文是连丘吉尔都佩服的。丘吉尔怎么佩服？叶公超只是一个办事人员，但在一次国际会议上，为一件事情他拿了一份文件去跟罗斯福说，说这句怎么样。丘吉尔在旁边听到了，等他走了以后，丘吉尔跟罗斯福说：这是个中国人吗？罗斯福说：你听他英文好是不是？中国人有很多英文好的人，你不要看不起中国人。因为丘吉尔是看不起中国人的。从此这个叶公超的英文是给定了位了——就是丘吉尔都不能超过他。英国也有口音的，南部的、西部的、伦敦的发音，很有差别。但是他们会听的人一听都听得出来。

> 有一次在台北他介绍中国的绘画，美国人请他的，我也去听了。外国人，有一个女的坐得离我隔一行，在我后面，我说：你对中国绘画有兴趣吗？她说，我要听你们的叶大使，我要跟他学英文。我看她显然是卷头发族。她说他的英文很好，边说边翘大拇哥。

在学校大迁移的时候，叶公超成为师生们在香港中转时的联络人。那个时候的教授是替学校当家的。教授与学校是一体的，教授一切的长处、关系，都可以为学校所用。这些教授的才干和能量很大，时常可以参与社会大事。叶公超就是一位入可"教"、出可"仕"的博学多能者。

那个时代这样的知识分子不少。像叶公超这样在联合国任职、令英美首脑刮目相看的教授，今天大陆的大学里面恐怕难寻了。这样的教授站出来，替学校师生办理在香港购船票一类的事务，真是"杀鸡用牛刀"了。但叶公超和当时的人们并不这样看问题。凡是学校的事情，教授都得当家。

学校南迁，是个大流程，一路下去，路线复杂。种种沿途的安排照应，以及突发情况，都是教授们在那里替学校操心、操劳、支撑局面的。如果没有这样的关系、这样的"人和"，恐怕学校师生要平安地、按时地在战争中到达昆明，会变得极为困难。

"祖国的花朵"

在北京城一处普通的宿舍楼里，我见到著名物理学家赵忠尧先生的女儿赵维志。

赵忠尧先生属于临危不乱、见机行事、有智谋的那类教授。赵维志说：

> 当时撤的时候，碰到任之恭先生结婚，他结婚在西直门里。那天我爸爸好像已经知道了似的，就带了随身的三个小皮箱参加任先生的婚礼。参加完了，出了西直门，它就关门了。日本人就来了，在卢沟桥那边。我们带了三个小皮箱就往昆明那边走了。

南下的行程中，贵州一路，赵维志的印象最深：

> 当时我比较小，才六七岁。"七七"卢沟桥事变以后，我们就往昆明、贵州那边走。路上怎么走的，我当时小，不

知道什么七十二弯。记得车开过去，我看见那些翻了的车，被土匪抢的车。

我们有时候搭人家的货车，像装汽油桶的车。汽油桶都放在车座的后面，车一颠，那个汽油桶就往前滚，都要压到我们头上了，我爸妈就只好去推。

我反正是小，不懂，到中间有一个地方休息的时候，就住在老乡家里。第二天早晨起来走，鞋丢了找不到了，结果是鞋掉在老百姓喂猪的猪食槽里头了。

因为这只鞋子，这个清华园中的小孩才知道了什么是农民和喂猪的草等等。由于南迁路上的动乱生活，赵维志对比着讲起当年她们一家在清华园的生活："在清华园住的时候，前面是杨振宁家，后面就是吴有训家，再后面就是熊庆来家。家里有一个帮忙的保姆。当时我们住在清华新南苑，那个平房特别好，一个小院子。母亲不工作，我爸爸工作经常是很晚从实验室回来。我上的是清华幼儿园。"她家里书桌的玻璃板下、墙上镜框里，都是她父亲赵忠尧先生留下的照片。

如果在中国要举出一位原子能之父的话，那么当数赵忠尧先生。他是当年国民政府正式派往美国考察原子能的第一位科学家，此行也留下了珍贵的照片。

这时我们看见一张老电影《祖国的花朵》的剧照。大家发现里面的那个女孩很像赵维志。原来，电影中扮演中队长的女孩，就是她的妹妹赵维勤，当年也一起逃难到昆明。《祖国的花朵》在我们的童年时代可是一部非常著名的电影，所有的孩子都会唱那支歌："让我们荡起双桨。"原来其中的女主角也曾经逃难到昆明。

"游子身上衣"

2001年春天，年逾古稀的杨振宁博士，又回到了清华园。那天

第一章 南 迁

一早,我们从北大赶往清华,对他进行预期的采访。杨振宁回忆:

"七七"以后一两个礼拜,我父亲跟我母亲讨论怎么办,那时候我母亲怀孕了,他们最后决定,还是回到合肥去。大概那天是7月20日。当年10月或者11月,日本飞机来轰炸合肥,人心惶惶。我们家从合肥搬到乡下三河镇。三河镇在巢湖的西边,我们在那儿住了一个多月。那个时候我父亲到长沙去,因为清华、北大、南开大合作搬长沙,在长沙开学,叫作"临时大学"。

临时大学的意思就是表示当时的国民党的政府猜想,这个战争可能只是暂时的,也许半年又可以搬回北平。

我父亲把我们留在合肥,他一个人在临时大学教书。到12月日本占领了南京,发生了有名的南京大屠杀。南京离合肥很近,我们在三河,我父亲在长沙,都非常着急。那个时候没有电话。我父亲1937年12月和我母亲通过电报,所以他赶紧从长沙赶回来把我们接走了。经过一个相当困难的旅途:先到汉口,从汉口坐火车到九龙,从九龙坐船到越南的海防,再从海防坐火车到昆明。最后在1938年3月我们到了昆明。那个时候各个大学的教师和学生,每个人都走了不同的路线,都从平津这个区域跑到了昆明。那时候我一家好多人:我父母,我自己还有四个弟弟、妹妹。后来还有一个堂哥、一个堂姐,我叔叔托我父亲也带着他们一块去昆明。

我记得那时候我最大的弟弟七岁,最小的弟弟才几个月,我母亲怕我们走在路上被冲散,所以她弄了些"袁头",就是大洋,她就把我弟弟、妹妹棉袄拆开,每个里头放几个"袁头",放一张纸,说这个孩子叫什么名字、是杨武之的儿子，而杨武之将要是昆明西南联大的教授，希望好心人看见了，可以把这个孩子送到昆明去。

古人有诗云："慈母手中线，游子身上衣。"对于杨振宁来说，慈母的针线更有一番国难家愁，毕竟他的弟弟妹妹们，这些离家的"游子"当年也太幼小了。也许是有这段经历，使得身为兄长的杨振宁一生都关爱着他的弟妹。留学美国时，他打工以照顾弟妹。

> 我们到了汉口后坐火车到九龙，火车上挤得不得了。记得那个火车走得非常之慢，不到长沙，忽然就停了。火车的负责人说赶快疏散，日本人要来轰炸。我们就都从车上下来，跑到旁边一个丘陵里躲起来。果然日本飞机来了，它没有轰炸，只是扫射了几下。日本飞机走了，我们又坐到了火车上出发。这样的事有好几次。

> 从越南到昆明，火车挤得简直是一塌糊涂，有很多人坐火车顶上。火车过山洞的时候非常危险。他必须趴在那儿，要不然他就会被撞死。

众多师生和家属们从全国各地奔赴昆明。他们从各地先到广州，再到香港，转越南海防，再到昆明汇聚。

2000年杨振宁应邀来昆明，古稀之年的他带着两个弟弟，到当年住过的龙院村去旧地重游。

像杨振宁这样的大成功者，他做起事情来，只会有两种选择：一是不做，一是完全投入地做。

那天拍摄是从上午10点一直到下午1点。杨振宁没有停歇，讲了三个小时。那时杜致礼夫人还在。到12点时，杨博士说："我打个电话，让太太不要等我吃饭。"面对摄像机，杨振宁深沉的热情已经激发，一场面对历史的倾诉不可遏止。杨振宁生动而漫长的讲述，他对于遥远事件的有序记忆，一气呵成的叙述，可以说贯穿了西南联大的整个历史进程。在我采访中,这样的人物不多。

少年眼中的祖国

梅贻琦在沦陷前就离开了北平。而梅祖彦一家是在父亲离开后一年,才离开沦陷区的。

南下,对于少年梅祖彦是一段重要的心路历程。他说:

> 从北平到昆明来,陆地上不通,很难走。所以走的海路。这段路也是很深刻的教育吧:我们逃出来,到天津的时候住在租界里,看到外国兵。然后坐船到上海,在上海租界也看到印度的巡捕、红头阿三。从上海到香港,也有外国兵,那是英国的殖民地。后来到了海防,海防也是法国的军队。
>
> 所以不知不觉之中,总是感受到外国人在侵占我们中国的领土。这是很具体的印象,路上的人都有这么个印象。

中国人在自己的国土上逃难,而所逃之处,则皆是外国人的势力范围。所谓安全的地带,其实是那些早年就沦陷了的土地。

梅祖彦的人格形成,与家庭、学校有关,更与铸造他的时代有关。在他们那一代少年人的眼中,总会敏感地看到自己的祖国贫弱受辱。

我曾经问他,为什么不顾父母的去向,却独自从法国回到新中国?他说:"年轻人,向往新中国。"新中国的魅力,很大程度上是由于废除了所有外国的不平等条约,把他们全部赶出国土。这一点在当时是令所有知识分子和青年人感奋而人心所向的。

运送设备

大部分师生都从沿海绕道去云南了。与此同时,有一支重要的孤军,正在按一个单独的路线赶往昆明。这支孤军由清华大学助教董树屏所率领,最早从 1935 年就开始把工学院的设备转移到武汉,堪称是西南联大的辎重部队。

到了1937年"七七"以前,清华工学院土木系到山东实习时,梅校长又让施嘉炀先生多带一些设备去。这些设备后来就一路南下,最后被运抵昆明。董树屏先生直接负责这项任务。所以他没有去长沙,而是从山东就护送着设备辗转武汉、重庆,随着学校的二次转移,朝着最终的目的地而去:

> 我是从山东走的,1938年到的昆明。施嘉炀先生比我走得早一点,因为施先生是土木系系主任,又兼工学院院长。我的家眷是1938年春天到的昆明,住在北门街。因为总校在那里,总校在那里盖的房子。
>
> 我是于1938年底把设备从重庆用公共载重汽车慢慢运到昆明的。这些设备,也包括一部分图书,就是西南联大的物质基础。公平地讲,起码西南联大工学院,基础就是清华大学。北大没有工学院,南开只有一个化学系,东西设备就是清华大学从1935年到1937年陆续运来的,这个是我亲自实践的。我那时已经是教员,年轻、体力好,设备拆装箱都是自己亲手干。因为在重庆被扣延误,最晚到达,联大已经成立了,总校北门街,工学院在滇缅铁路三大会馆。

除了交通的困顿、敌机的轰炸,在重庆时,因为设备被当局看上了,董树屏还连人带物地被扣押过,充当军用。幸好这些设备不实用,后来才放行了。

> 我那个时候已经是教员了,帮我安排的有三个人:有的是图书馆的高级职员,还有土木系的教员。我们带着武汉存的东西,坐船进川往昆明去。这一路困难就不得了啦。当年航船晚上是不能走的。三千多里路,船只能到宜昌。武汉、宜昌、万县,等等,最后到重庆。我现在都不再去那儿了,

因为我来回走了好多趟。

把这些东西运到重庆后,国民党那时候什么东西都没运到呢。它南京的东西咋搬呢?运的东西都得是武器。所以它说清华工学院的东西有用啊。它说我要修武器啊,这个步枪,那个炮什么的,这有机器设备啊,就让我们把这些东西留下,留在重庆。又把我们临时调过来,要给它选厂。我自己不愿意干这个。后来它一看这些设备太简单了,不可用。

有一年多的光景,董树屏和学校、家庭都失散了。他只是和他的岗位、他的责任,他所运送的学校设备紧密地在一起。在战火中,学校、家庭、物资从不同的方位出发,经历着不同的困难,最后都陆续到达了昆明。这是怎样的凝聚力量、怎样的信念?事业、亲情、民族情全都融为一体,这就是大后方存在的意义。

对于国土沦陷大半的中国,当时的西南后方,就是一个被压缩了的祖国与家园。人们被迫在这里生活、读书、工作,准备投入最后的战斗。

重庆我在那儿待了一年多,非常熟悉。地无三尺平,天天下雨,天天来轰炸。设备都在嘉陵江边上,飞机来炸,要保护这些东西啊,我们就在长江边上来回这么折腾,分批地运。那时确实玩命,跟学校也失去了联系。直到1938年春天,我才把主要的设备运到昆明。那个时候四川、贵州、云南三省公路联合起来了。原来是各运各的,各用各的公路。但那个路非常危险,从重庆往昆明走,路上翻车的太多了。都是白天走,晚上不能走,都是汽车。这种情况历史书上咱们也写过,但没有这么详细。所以西南联大,从工学院的角度来说,包括施老先生他在内,那么多人投入了心血,物质基础基本是这样的。

田野的劳作、国恨与家仇，打造了一个百折不挠的忠诚助教，他千辛万苦地完成了器材转运任务。

在清华大学那狭窄的教师宿舍楼中，董树屏带我先去看门厅里的一只箱子，里面是他刚从美国带回来的电脑，朋友送的。他说，准备用它来写自己的回忆录。

然而在这次见面后不到一个月，我还滞留在北大，就从清华园传来了董先生猝然辞世的消息，令人惊诧。

这一切让我相信，他是在等待我来。

他准备写进那台从大洋彼岸带来的电脑里去的回忆，如今都在这些讲述中了。

步行团

象牙塔已经倒塌，象牙塔中的人们却走了出来，变得更加顽强和饱满，读书育人的事业坚定地继续着。这也证明了：中国传统的书斋精神和现代大学风范在时代的烽火与风雨里可以结合；拥有这种精神的群体是可以经受住任何残酷考验的。

这其中，有一个团体创造的经历是独特和典型的。这一人群踏上了一条特殊的路线，从而为惨淡转移的三校师生们，增添了壮丽的色彩和豪迈的旋律，创造了亘古未有的教育史上的长征。

"湘滇黔旅行团"是学校定的正式名称，因为步行成为这次旅行的最大特征，所以后来人们都叫它"步行团"。内中还有一个苦衷：整个大学都从境外绕道撤退，也要有一些人从国内撤退，以保持中国大学的尊严。正是这个微妙原因，所以才会有闻一多等教授义不容辞地参加，作为个人的选择，这也算一种担当吧。

在步行团中有一位年轻的助教。一路走来，他沿湘黔滇的大山中，采集了不少植物的标本，并为此兴高采烈。可因为无法处理，最终霉烂而弃。后来走到昆明,最令他高兴的就是可以每天走到近日楼,观赏和采买由山野村姑用背篓背来的多姿多彩的山花。最终他选择了云南作为一生事业的基地。

天降大任,他是为此而生的,生当在云南。他就是吴征镒。

吴征镒院士,是现在云南境内最有名望的西南联大校友,因他的专业植物学而名闻天下。当西南联大由于政治等缘故将被湮没的时候,它的学生焕发出了压抑不住的光辉。这其实是一个普遍的事实。当年西南联大避居边地时,科学实验受到巨大阻碍,而另有一些学科是因祸得福的,如植物学、社会学。植物学的发现是最为宏伟和具有世界性意义的。云南成为世界的植物王国,现在也是国家植物学的一个重要基地。这与抗战时期这批高层次人才的涌入有莫大的关系。

我造访时,吴老正坐在书桌上的一叠稿子面前,用蝇头小楷在稿上批注,眼睛几乎是贴到了纸上。旁边有几张植物图片,助手告诉我,他正在为其中一幅插图的不确定做着甄别。这就是那本著名的《中国植物志》。业内评价他:已经摸清了中国植物的家底,是中国植物的活字典。

与吴征镒相向而谈,不禁为其完整有序的回忆与思绪的精准所折服,在我采访中属于罕见。有的老人看起来强健,讲话却跑题,记忆有偏差:

> 就像杜甫诗里讲的,我是一抗战就"支离东北风尘际,漂泊西南天地间"。我跟西南联大差不多是"同命运,共呼吸"的。因为我毕业以后,虽然是教师,但我就没有在北京做过事,而是一直在西南联大。八年抗战,我也就在西南联大八年,就是这么一个经历。

战争毁灭了许多杰出之才,中断了他们的学术生命。如陈寅恪因战争而眼疾不治失明。在战争的动荡中，一代学子也在艰难玉成中开拓着自己的道路。

> 本来是"七七事变"的前一天到西北考察去宁夏、包头这一块。到了"八二三"北京已经沦陷了。我就从宁夏、包头一直回到老家。在老家教了几天书，忽然接到学校通知，清华、北大、南开三个学校要在长沙成立"长沙临时大学"，我就从扬州赶到长沙。在长沙待了两三个月，因为长沙也开始被轰炸了，南京又失陷了，就继续向西南漂泊。

吴征镒用永远的学府语气，使得这段回顾犹如一株植物标本那样地保持着它的原来样子。

> 这个湘黔滇步行团有两百多学生，其中有十三个老师。老师里面有著名的闻一多教授、李继侗教授、曾昭抡教授、袁复礼教授，还有黄子卿教授。大概有五六个人吧，都是助教、讲师什么的，像中国文学系和生物系各有三个助教参加了这个步行团。

> 我们一路上，看到闻一多老师一路走一路写生，画风景。我们跟李先生（李继侗）在一起呢，就一路采标本。这些标本后来基本上都没有存留了，因为走贵州这一路是"天无三日晴"，我们是一站赶一站，在路上也没有机会做标本，标本大部分都烂掉了。

> 这一路看到中国的西南，特别是贵州，当时很穷困。少数民族受压迫，文化程度很低，有很多县里基本上连小学都没有，最好的也只有小学。同时生活条件很差，卫生条件也相应很差。有的地方还有麻风病，种种这些。

中国知识分子在前所未遇的艰辛环境里保持志节、情操和内心的素养，保持着知识的传递和积累以及对国土人民的同情。

第一章 南迁

> 一路上看到的,真是使我们这些从清华这个"象牙之塔"出来的人第一次看到中国的实际情况,对我们以后的思想进步起到很大的作用。像闻一多先生、曾昭抡先生、李继侗先生等老师也同样,过去很少到西南边疆,很少真正深入到农村里面。
>
> 我们在赶马帮的客栈投宿,有时候也不能住在马帮歇的地方,而是直接住在老百姓家里面。因为人很多,有两百多人。当时西南边疆的有些小县、小镇一下子来了这么多人,真是没有地方住,只好住在农民家里头,临时铺上草,十几个人就住在一个房子里。我们是在这样的情况下走过来的。

虽然是步行,可师生们的活动、情趣、方式,依然是大学式的,这是一所步行中的大学:

> 虽然叫行军,但我们这些知识分子,也不习惯像军队一样排好队走,而是稀稀拉拉地拉得很长。有的同学搞社会学的,或者搞文学的,还深入到民间,去访问民族歌舞、语言、风俗习惯等等。我们常常和闻老师、李老师坐在公路边上,互相议论国事,谈学问,谈所见所闻。所以,虽然实际走了很长的路,也不觉得怎样就到了。

步行团的照片中有这样一张,是青年吴征镒身着长衫,戴眼镜,手拄一棍,站在一条小船的船头,后面是浩渺山水。他姿态收敛,眼神里有一股不折的气势。这是在惊险渡过盘江之后,他留影为念。山崖峡谷间的历险也许不是他这个植物考察者的注意所在,因为他注定终生要在这些激流与峭壁间攀越跋涉。

> 我是当时最年轻的助教,参加了长沙临时大学的"湘黔滇步行团",从湖南、贵州一直走到昆明,走了三千多里。到了昆明,正好是清华大学校庆的那一天。梅贻琦作为西南

联大的校长之一来欢迎我们。从此我就在昆明定居了,一直到 1946 年抗战胜利以后。

两次拜访吴征镒先生,都在植物园。他的事业,他的一家,儿子、儿媳也都蛰居于这个远离昆明闹市的郊野里。吴征镒使他的一家都带上了山野人那种自然朴厚的个性。

在我少年时,暑期会和同学相约到金殿那边的山上去找菌。植物研究所的植物园就在近旁,偶尔进入,看到奇葩异卉,印象最深的是印度的睡莲,与亭亭的荷花不一格,有梦样的幽谧。

吴征镒的事业并不在这小园幽居,这里只是他的驿站。他的天地是崇山峻岭之间、悬崖峭壁之上,他一生在做野外考察,与蛇、虫、兽、鸟和山民为伴。

他那巨大的声名和这幽僻的小屋形成两极。这种感受,我在采访西南联大学人时是常见的。奉献之大与索取之小,正是这一代人的人生模式。

在滇南温润的环境中,余树声学长给人的印象也十分平和愉怡。我是通过西南联大的《校友通讯》找到他的,他在上面发表过文章。余树声说:

> 我们大概有二百八十多人,编成一个大队。中队、小队按军队编制,我们都是打着绑腿,穿着张自忠给我们的两套军队黄制服,还有一件黑色的棉大衣,现在来讲都是棉制品。完全军队打扮,我们没有花钱。
>
> 走路我们都是空身,带着一把雨伞、一个水壶。有一辆卡车,天天从营地把行李装上车运到当天要宿营的地方。所以对我们来说,不是怎样艰苦。事实上还是政府,贵州、湖南、云南地方三省对我们是支持的。

第一章 南　迁

过去有一个马站。云南、贵州这一带没有铁路，也没有公路，大概六十里就是一个县城，或者镇。就是这个路线走，一天走不太多，所以不算太辛苦。

步行团跟军队的情况不一样，他们走路，事实上是松散的队伍。本来按军队来讲是排队的，那位带队的军人黄师岳团长最初也是让大家这样走的；但是有的体力好、有的体力不好，学生也散漫。后来他就干脆规定：你们只要保证天天到目的地，我点名；第二天早上排队再点名，你们就可以自己走。

比较亲近的同学、同乡，三五个人、五六个人，一路走。像我们走到小路，也没有人给我们带队，我们就按照电线杆子走，这个玩意儿很好玩，它是跟着小路安电线杆子。跟着电线杆子走小路，走小路就会碰到大路；看见电线杆子又走小路，走走又碰到大路……所以不会迷路。

他们这一路走得很安全，没有发生大的事故。

我们的团长人很好，他本来有辆自行车，他没用；他殿后，他怕学生掉队。反正是每天走三十公里，三十公里平均一小时走五公里，走上五六个钟头。早上大家走了以后，他就一个人先坐汽车打前站，在目的地弄点稻草铺起来，行李由卡车运来。我们到了以后，就把行李打开，就算是宿营了。

早上一顿饭，中午他当时带着炊事人员"打尖"。"打尖"就是中午吃点心。打打尖，然后走，走到目的地再吃一顿饭。那时候我们很年轻，二十一二岁，身体好。那时候物价很低，西南的物价尤其低，每天政府给我们四毛钱，作为伙食钱完全是够了，中午不错，还可以吃些点心，晚上还有顿饭可以吃。我觉得饭的质量还是很不错的，比以后联大的要好。

说到步行团里的教授，余树声说：

> 教授他们有另外一个队，不是跟我们走。袁复礼教授，他是地质系，和地质的学生一起走。还有李继侗教授，他是和生物系的高年级学生走。我们属于低年级的学生，他们不跟我们一起走。
>
> 大家注意的是，曾昭抡先生，他从前是北大化学系的。有人说，他走路不走小路，他穿长衫，拖拖拉拉，身上都是泥土。但是他每天晚上必然洗澡，他必然写日记。他是曾国藩弟弟的后代，很著名的化学学者。可惜后来被错划为右派，袁复礼、李继侗、曾昭抡、闻一多，这几位先生，他们的精神可佩，他们都是四十多岁，我们都是二十多岁。

曾昭抡先生不走小路，所以每次大家抄近路时，他总是在后面，天黑了才到达目的地。而黄师岳团长非常尊重学者，不强迫，而是跟着他走那盘山大道，也是天黑了才到。然而，正是这位看似古板的曾昭抡教授，在贵州与当地苗民的联欢会上，以"探戈"回报苗民的芦笙表演，留下了一张珍贵的照片，可见当时情绪的融洽。余树声说：

> 我们真正看见苗民是在贵州省。到了贵州境内，像黄平这几个县，和我们联欢。他们敬酒，我们的团长很能喝酒，跟他们还是不错。我们在联欢的时候跟他们真正接触——因为我们都是从内地去的，没有见过少数民族——非常惊讶，好奇！
>
> 黄平的少数民族都赶集，好多好多人。早晨要走很多的路，中午以后，他还有很远的路要回去。我们看见的少数民族，多半是赶场的。我们记得有一次，买根甘蔗，直接和他们来往。联欢有过几次，当时还是不错的。

步行团走到湖南境内时，一个突出的情况就是遭遇湘西土匪。余树声的印象是"分不清匪与民"。

> 湘西的土匪不是一天两天的了，有人说有几百年的历史了。我这脑子知道湘西的土匪是厉害的。对农民，他当时是这样：你非加入他这个不可。否则你不能种田、生活。所以土匪跟农民根本分不清楚。

> 当时中央军的军校带着枪，要到四川去，跟这个步行团一起走了段路，到湘西，他走在前面。听说土匪缴过他们的械。于是步行团非常焦急。不知道这个传言是真是假。

> 我们的团长黄先生，他是中将衔了，他是湖南省政府派出来的，有人说，他跟土匪打过招呼，当时土匪的头头好像叫陈渠珍，此人跟湖南省政府有关系，所以给了他名分，他在湘西说起来是半官半匪。黄团长跟他们打了招呼，说这些学生既没枪又没钱，你们抢又抢不到什么东西，所以请你们高抬贵手。

陈渠珍，是一位传奇人物，年轻时深入西藏抗英，并自著传记《艽野尘梦》。曾任湘西巡防军统领、湘西行署主任等职。在20世纪上半叶主政湘西二十余年，人称"湘西王"。

沈从文曾在他手下做文书，并从其典藏的古籍书中获得学养。后又在陈的资助下前往北平发展。

陈渠珍作为当时湘西地方武装的领导人，有威望和震慑力，所以黄师岳团长去拜望他，求得"步行团"师生们一路平安。

余树声在这里称陈渠珍为"土匪头头"，是基于当年湘西地区"官匪不分"的混乱现象。

下文冯钟豫先生说道，黄团长拜会地方的"英雄豪杰"，并说服他们到前线抗日。这个说法比较接近陈渠珍的情况。

1949年陈渠珍率部起义，后参加全国政协，1952年殁于长沙寓所。

在黄团长的交涉下，师生们安然地渡过湘西这一段关口。

走到贵阳，一位姓吴的省长接待了步行团，给他们演讲了一次。他说，我们贵阳物产比较丰富，现在穷，以后总会富裕起来，很有信心的样子。

从贵阳到安顺，大概不到一百公里，比较好走。其余的路，横穿整个贵州，都是山，而且是大山，非常难走：

> 到盘江时，盘江的铁桥好像不是日本人炸的，反正铁桥垮了，水很急。我们这个队伍连老师差不多有三百多人。我们过的时候，坐的船很窄很长，好像划船是当地少数民族的人。我们只能坐在那儿，手扒在船帮上。这艘船先往上划，划到一定程度，——四川叫"跑江"，一下子"跑江"冲过去，要不然不能直接过来。所以是相当危险，好在是安全地渡过来了。
>
> 盘江比较险要，最后一进到云南就好了。

讲述步行过程较完整的步行团成员有三位，住在昆明北郊黑龙潭植物研究所的吴征镒、滇南的余树声和家住台北市而自己长年住桃园敬老院的水利专家冯钟豫。冯钟豫先生记忆清晰：

> 张治中不认为我们应该到后方那么远的地方去。不过呢，他也尊重教育部的决定而让我们去做。他希望我们在长沙，但是被轰炸了。被轰炸之后人心不安，这些人实际上也很难真正地用心读书了。我就是觉得应该走一趟，没有太多想。有些女生或者是身体不大好的，就从广东走越南然后到昆明去。
>
> 我记得那时候在长沙发了一件棉大衣，带到了昆明。这套衣服我就始终保留到我后来出国的时候……

几乎所有的回忆者都会一开始就说到黄团长。当时为保证步行途中的安全，经学校向国民政府要求，由军事委员会指派中将参议黄师岳担任旅行团团长，指挥一切：

> 不过政府很重视这个事情，派了一个中将带队走，每到一个地方他要拜会当地的英雄豪杰，尤其是湘西那一带，有很多落草为寇的。这位黄先生非常了不起，他虽然有五十岁了，可是跟我们一步一步走过来。他到山里去拜望这些豪杰的时候，就游说他们到前方去。所以那时候有好多湘西的草莽都变成了我们的军队。

冯先生称为："了不起。"自古湘西民性彪悍，因民不聊生，则土匪如毛。然而黄团长不仅与他们和平谈判，让步行团平安通过，更能够理解和信任这些被逼上梁山的百姓，劝他们到前方去加入抗日队伍。可见他不是以简单的军官身份来对待民间下层的。此人真豪杰也。

> 那个时候政府说话还很有力量。我们这批人也没有什么钱，我们头一天经过的时候，已经告诉乡长、县政府，县政府再通知当地的，当地的通知对方的人，就是我们路过的时候，他们插一个黄旗。我们就走这条路线。在黄旗没有拿掉之前，任何人不得走这条路。他们有这种威风。
>
> 我们过了贵阳以后，第二天要住一个地方，等我们走到的时候，发现那个村子已经被整个烧掉了。只好再往前走，所以那天走的距离特别长。
>
> 放火烧村子的，就是土匪，也不是专门针对学生，是碰上了。

冯先生是水利专家，一生与农业有密切关系。他说：

> 我们农村的确是贫苦，尤其是贵州那里，真正是一

年中很多时间是吃不饱的。雨又不够，土地又少，生产力低。那时候农业的技术不像现在。现在一公顷的水田可以有四万斤、三万斤，那时候是一万斤的。农业技术的水准，农业品种的改良，农民本身的认真也都有关系，水利也是一部分原因。

冯先生问我："不知道你过过盘江没有？"我过的时候，已经是"文革"时期，盘江摆渡还是古老的那个样子。冯说：

我们到盘江一年多之前，共产党的军队从湖南一路退却，经过贵州、四川，经过云南的北部，过了北盘江的时候，那个江就被炸坏了。<u>盘江很直，但是水流非常急</u>。炸坏之后老蒋就没法过了。

所以人要过这条河呢，就要夏日。要下山下了很久才能到河边等这条船。一条船坐五个人，这五个人也没有座位，就是蹲在船上。

船头有一个水手，手持长竹竿。等我们坐好之后，先把这条船往上游走，走半公里的样子。然后一下把船推到江心，船就跟着下去了，在船上的水手就拼命地划，保证安全靠岸。那真正是危险万分。

这种利用水流的角度，巧妙渡过激流的方法，是我们滇民祖传的本领。我在德宏插队的时候，看到当地傣族也用同样的办法摆渡大盈江、瑞丽江。我学过一次，到江心后水急，把握不住竹竿，自己也掉进江流里去了。

这些步行在荒山野岭里的人们也仍然感受到战事在继续：

我们在走到贵州的西部的时候，在路上看见零星的一两个士兵，他们是从昆明出发到了贵州，但是由于身体不好，不能跟着大队往前走，就往回走。往回走也没有人照顾，那

> 时候有很多人就是一路讨饭回去。
>
> 等到我们走在贵州西部的安顺时，传来台儿庄大捷的消息。

在师生们渡过惊险的盘江后，传来了台儿庄大捷的好消息。次日，就在今天的贵州晴隆县城，师生们冒雨举行祝捷大会和游行，在偏僻的小城开展了一次抗日宣传。

那些地方恰好是我曾经在"文革""大串联"中徒步走过去的，所以在地貌与贫寒方面深有体会。晴隆十八弯，我曾经忍受着脚泡走过去。寒夜到来，在草棚一样的农民家里，烧着干辣椒拌那些沙子一样的苞谷面当饭吃。没有床和被褥，一家人围坐在火塘边上烤火过夜。这些在我走过去的"文革"时代依然如此。

余树声说：

> 进到云南，最初就叫胜景关，一过胜景关，公路马上就比较宽了，并且路已经平了。天有点奇怪，贵州天天不是阴天就是下雨；我们4月初到了云南，太阳当空，又是一重天了。
>
> 我印象最深的是进入云南的平邑（现在是富源了），这个县的县长招待我们，好像还吃了一顿饭，就在富源的县政府前面，两边是监狱。监狱可以看见里面的犯人，我们在那吃了一顿饭，县政府欢迎我们。
>
> 从富源过来是曲靖、沾益，都挂国旗。我们是逃难的，到云南人家挂国旗是表示欢迎我们。这个曲靖，房子矮得不得了。街道相当窄，房子相当矮，但挂起了国旗。我们到云南一方面是读书，一方面也是逃难。这样对待我们，让我们感到非常的惭愧。

挂国旗的迎接仪式，也是在余树声这儿听到的。这个规格的确很高：

> 老百姓对我们学生很好，尤其在云南。在湖南、贵州，

> 也都很好。我们的团长黄师岳，他是一个旧军官，他就跟老百姓说：这些学生保证都是国家的栋梁之材，这些学生都很有出息，将来会为国家做贡献的。所以我觉得各地方的人对我们非常之好，确实是从我们身上看见将来是很有希望的。

这是一种相互的勉励，黄团长发动了这个互动，教育了学生，也教育了民众。

步行团的艰辛旅程，在云南与贵州的交界处——胜景关，宣告结束了。云南省主席龙云派来的为他们运送行李的汽车已经停在那里等候。一过胜景关，天高地阔，景观就完全不一样了。

有的人在日记中说，"感觉像北方平原一样"。美丽富饶的云南给予他们希望。

《西潮》中记载："从长沙迁昆明是分为两批进行的：一批包括三百左右男生和少数教授，他们组织了一个徒步旅行团，从湖南长沙穿越多山的贵州省一直步行到云南的昆明，全程三千五百里，耗时两月零十天。另外一批约有八百人，从长沙搭被炸得疮痍满目的粤汉路火车到广州，由广州坐船到香港，再由香港转到海防，然后又从海防搭滇越铁路到昆明。他们由火车转轮船，再由轮船转火车，全程约耗十到十四天，视候车候船的时日长短不同。另有三百五十名以上的学生则留存长沙，参加了各种战时机构。"

"民气"

对步行团过程思考最多的，当数住在北京南沙沟的哲学史家任继愈先生。他说：

> 这是一个终生难忘的教育。因为我一直在城市里长大和学习，真正的农村基层没有接触过。到了抗战开始，经过从湖南长沙到常德到湘西这么过去，一直到贵阳，然后

再往西走。有一段路是跟长征的路线相重合的,古代的《徐霞客游记》里头也提到过这一条路线。这次走路对我教育最大,真是看见最基层的人民是怎么活的,感触很大,比方说鸦片烟盛行,到处开那种有点像荷兰郁金香花的罂粟。贵州到处都有。老乡种也不行,种了他抽税了;如果不种,也抽,抽的什么税?抽的"懒税",逼着人种。很落后,愚昧落后。可就是这些人支持我们的抗战,出人、出钱不都是他们?

步行团的师生们看到民不聊生的景象。中国是否能存在下去?这个问题反而在这里有了坚定的答案。正是这些挣扎在贫困线上的人民,显示了中华民族面对强敌不甘屈辱的气概和深厚的情怀。

我们中国有一个很好的传统,就是从上到下不愿当亡国奴。当时这种生活百姓就很艰难,也很痛苦,但能忍受。可是日本人来他就不能忍受。其实打日本,他们是很积极的。这是有志气,是民族志气!

中国不会亡,中国的力量存在于那四亿不愿做奴隶的同胞之中。印记在青年学子脑海中的人民形象,沟通了中国知识分子与下层民众那种真实血脉的精神纽带,这就是一个民族,一个国家,一个传统,一个不容侮辱的尊严。

那时我就感觉到,中华民族文化渗透在穷乡僻壤里。所以从那以后,我就开始专攻中国哲学史。过去我在大学学外国哲学多一点,西方的课本都是用的原始教材,过去从古希腊开始的西方哲学我知道得比较多,中国的也学了,但不是特别重视。可是走那一趟以后,我就感觉非要学习中国哲学不可了。

一个知识分子报答自己人民的方式,那就是在他的学科中,为这个民族，为这群人民创造和维护独特的文化。

在战争摧毁了一批学者如陈寅恪的同时，另一批年轻的难中英才却在风雨中成长起来。

当刘兆吉整理完成了他在步行过程中收集的《西南采风录》，闻一多作了这样的题词：

> 感谢上苍，在前方姚子青，八百壮士，每个在大地上和天空中粉身碎骨了的男儿，在后方几万万以"睡到半夜钢刀响"为乐的"庄稼老粗汉"，已经保证了我们不是"天阉"！……还好，还好！四千年的文化，并没有把我们变成"白脸斯文人"！

在千里征程上，师生们获得了精神上的慰藉和坦然的信心。

诗人穆旦也在步行团中，他吟唱道：

> 走不尽的山峦的起伏，河流和草原，
> 数不尽的密密的村庄，鸡鸣和狗吠，
> 接连在原是荒凉的亚洲的土地上，
> 在野草的茫茫中呼啸着干燥的风，
> 我要以一切拥抱你，你
> 我到处看见的人民啊，
> 佝偻的人民，
> 我要以带血的手和你们一一拥抱，
> 因为，一个民族已经起来。

师生们是发现者也是体验者，他们发现和体验的，正是他们生命中所缺失的。这些原来足不出户的学者与学子，他们的灵魂已经被雄壮山河与粗犷民风重新塑造。

民气，是自古以来中国人用来衡量一个时代、一个政权和一件事情的标准。

花篮佳话

步行团到达昆明。富于经验的黄团长和已经在昆明城的学校方面做了一个安排,使这次旅途的结束成了一个胜利的会师。余树声说:

> 到了最后一站是大坂桥,快到昆明了。其实,当天我们走到昆明是可以的。但要休整一下,要大家整理一下。第二天我们走到昆明,正好是上午10点左右进城。我们入拓东路,状元楼进来,绕进楼,然后从正义路、华山西路,到圆通公园。我们一到东站的时候,我们两个校长,蒋先生跟梅先生,还有我们先头从海上来的同学,蒋夫人还有梅贻琦的夫人,还有其他的一些学生老师,他们从海路来的,欢迎我们。前面还给我们一个花篮,很大的。前面的人抬着旗子,绕昆明,从拓东路,到圆通公园,那举行了很大的欢迎仪式。

有一张照片,是黄师岳团长带队入城时,与前来迎接的梅贻琦常委紧紧握手。梅感激之情溢于言表,当时点完了名还有移交花名册的手续。学子教员,一个不少。

黄团长还点了一下名,把学生交给当时的负责人。那个学校改称西南联大了,交给我们联大的当局。我们安全到达了,他也总算是卸掉团长的职务了。后来我们整队,到昆华农校,我们一队人马就到农校,安插在农校。

在这组步行团的照片中,有一张风情别异,暗含花好月圆之意:在昆明郊区的背景之下,安放着一个硕大的花篮。旁边站着几位如花的少女。花篮是教授夫人们为欢迎步行团准备的,由潘光旦夫人等人用鲜花做成。几位身着花色旗袍的少女,正在翘首以望,期待着那些将要接受花篮的人们到来。少女们仪态大方,都有些书香气。这些等待着献花的都是教授们的女儿。

学校的事情，夫人和子女如此热情地参与，也在其中扮演一种角色，这在战前的北平，应不是常规。然而战争与流亡改变了人们，家庭与学校融为了一体。梅贻琦和常委们所期盼的步行团平安地到达昆明，这件事也自然地成为夫人与子女们投入的热点。从此大家哀乐与共，患难八年。

这样一张照片，使人们感受到，师生之间，荡漾起一种家园与亲情的氛围。同时，也反映出一种终于稳定下来的安然。

这照片伏下了一个浪漫的插曲，步行团的小队长后来娶了送花篮的小姑娘。

在这张照片里，最前面的那个单独站着的穿格子旗袍的女孩，是赵元任的二女儿赵新那。而后面高挑的较成熟的一位，则是她的大姐赵如兰。

很多年后，步入晚年的赵新那回到昆明，意外地看见这张照片，她兴奋地指着说："这是我！"那时她尚年少，一切听大人们的安排。而相伴在她身边的丈夫黄培云同样兴奋，他当年是步行团的小队长。

2001年4月末，清华校庆九十周年。校友盈门。清华甲所里，熙来攘往，那些资深的远道而来的老校友们一个个着装典雅，面露喜色。时常在不宽敞的门厅里，听见那些久别重逢的快乐的惊呼。过去的时光，因为他们深情的返校，也一起回来了。他们日程紧迫，积攒了太多的约会，人到晚境，情意弥重。

在这样的一个夜晚，在甲所我与赵元任的三个女儿相逢了。

抗战时期，赵元任一家曾经在昆明住过短暂的时光。女儿们那时还小，都记得昆明被日本人飞机来轰炸的时候。夜里所有的屋子都灭了灯火，一片漆黑。这时候，赵元任就教女儿们唱童谣，每个人唱一个声部，在静夜里非常好听。她们说，听着自己的歌声，也就忘记了害怕。什么时候日机轰炸完了，走了，灯火又可以亮起来了。所以歌

第一章 南迁

声是她们战胜恐怖的法宝。

抗战早期,美军飞虎队还没有来到昆明。这座不设防的城市曾经饱受日本飞机的屠杀与欺凌。

赵新那对我说,她们都非常喜欢昆明,因为正在进入青春期,也喜欢那里的大学氛围,有很多熟悉的人们,仿佛是另外一个北平。但父亲很快就带着家人去了美国。

赵新那与先生黄培云,是在美国留学时候认识的。婚后多年,都没有想到两个人早在昆明就暗伏了缘分。赵新那说,因为总是牵挂着抗战中的祖国,觉得熟悉的人们都在那里坚持,自己也应该回来。所以很快她和先生就回国了。

大姐赵如兰也是那张献花的照片中的佳人。她后来一直在美国,从事音乐研究,继承了父亲的事业。三姐妹唱旧时歌曲,都是赵如兰指挥和领唱。赵如兰的丈夫卞学𬭁,也是西南联大学子。

那天晚上,赵新那对黄培云讲:"你们到昆明的时候,大姐跟我,我们四个人献花篮,你那时候认识不认识我?你什么时候知道那里头有我?"

黄培云说:"那还是后来了。"

夫人又问:"你看了那献花篮的四个人,印象是什么?"

先生道:"非常漂亮。"

历经山路崎岖与蛮荒的青年学子,突然眼前一亮,在昆明郊野出现这么美丽的花篮和少女,有一种青春的感觉、到家的感觉。重返都市繁华,一洗风尘仆仆。这种亮堂的风光,真是对步行团的最好欢迎仪式了。这一幕出自教授夫人们的创意,因为这里面有一种女性的细腻和风韵。

下一张照片,在昆明的街道上,一边是典雅的楼房,一边是浓密的林荫,接受了花篮的先头部队,又接过了学校为他们准备的"国立西南联合大学慰劳湘黔滇旅行团"的标语，列队进城了。

"国立西南联合大学"的旗号就这样首次被步行团打出来了。

正式的成立是在当年8月。学校不再称"临时"，表明人们已经认识到抗战的长期性。三校也做好了长期联合的准备。

人有的时候离历史非常近。

1981年夏天，我还在校读书。一天，忽然校办来人通知，要我速去未名湖畔临湖轩，陪几位客人。那天大家都知道是王光美和赵元任先生来学校。

我当时在球场运动，等我到了那里，人去楼空。赵元任先生我是想见他的，那一首《教我如何不想她》，我母亲喜欢唱。她一唱起来，声音总是那么年轻、纯净，是20世纪30年代的自然的吟唱式。

天上飘着些微云，

地上吹着些微风。

啊

微风吹动了我的头发，

教我如何不想她。

刘半农的白话诗，才情随意，有东方意境美。赵元任的曲轻轻淡淡，缠绵旖旎，格调实在高。真正的爱情，永远是年轻的。没有那些复杂和恨意。

母亲对我说：歌里的这个"她"，可以是"他"，也可以是"它"。这一诠释，又别有洞天，更加合乎人生与人性。人活着，总得有些放不下的念想。佛家叫"孽"。但看"孽"这个字，却也有生命之果的意思。

母亲说，这首歌是当年她在昆明市女中上学的时候，由那些南下的学生带来的。

近来见有文章，争议当年赵元任去国的原因。我其实替赵先生遗憾。在一个民族热情高涨的时刻，在一个艺术家最应该汲取营养的时候，在一个充满了丰富文化与激情的后方边城，一位造诣深厚，名动中国的音乐家却走了。

倘若当年他继续留在昆明这块抗日热土上，他一定还会创作出中华民族的好歌美曲。

望断云山

世事中往往以为应该是铁定的日程，却会发生最大的意外。

2009年秋天那次赴台，为筹备行程，我先到了北大。在那里，由北京校友会会长沈克琦先生通过电话的介绍，我与柴之棣先生就算是认识了。他一直焦急地催问着我们的行期。在电话里他干脆地说："你就住在我家里吧。"一听，就知道是一位强势人物。

到新竹，我在清华大学校园的草坪上，看见柴之棣捐赠的一架时钟。在清华校园的学生餐厅里，我拍摄了联大在台校友会捐赠的"联大校歌碑"。在台湾的很多人都向我表示过，联大在台校友会的存续，全赖柴先生的鼎力支撑。

9月，当我们一波三折地终于"如约而至"，拜访的第一站就是"一品楼"，柴会长的家。在柴之棣先生家典雅的客厅里，由柴夫人来安排了早茶。中午，我们去一家著名酒店举行接风宴。柴老精力充沛，席间讲起若干西南联大的趣事。柴之棣学长当年也参加了湘黔滇步行团，而仿佛是冥冥之中，柴学长写了一段纪念文字。在"一品楼"时，他将一份事先打印好的叙述郑重交给了我：

《西南联大迁校的情景》：

  1937年，占领了东北三省的日本侵略军继续向卢沟桥发动进攻，很快占领了北京，即日在北大文学院地下室进行搜索，发现地下室有抗日文件，当时逮捕了在校两位教授、五位同学强行拷打、灌水，惨不忍睹，北大文学院已经变成了恐怖地牢。

1937年秋天，清华、北大、南开三校全体同学均不愿在日军占领下读书，决定迁校长沙，成立长沙临时大学。

日军不停地侵略我国各地，因此长沙也不是安全地区，又要迁校。刚走出战火的同学们商量是继续读书还是从军。经老师研究后，读书一样是报国，决定迁校，全体师生分三路迁校昆明。

记得迁校长沙时，湖南省主席张治中将军赠送每位同学整套行装，有草绿色军服外套、黑色棉大衣、水壶等用具。同学们不习惯穿草鞋，脚上都起了泡。往昆明三条路线：一条是从越铁路、广州、香港过越南进入云南；一路是从湘贵公路经过云岭、柳州进入昆明；第三路从湘黔滇公路徒步进入昆明。步行团共三百五十人，后来变成二百五十人，行程一共三千五百华里，历时六十八天，辗转到达昆明。步行团长是东北军师长黄师岳中将担任，他是五四运动的健将。

步行的同学时遇狂风、暴雨，大雪漫天飞。1938年2月19日傍晚，步行团夜渡湘江，风雨交加。步行同学常借农家茅舍，时常与猪牛同屋，也曾宿荒村野店和破庙，雨雪交加时同学们以稻草为铺、油布蔽雨，尝尽艰辛。也曾遇匪，经过黄团长明智的处理而化解。步行团历时六十八天，行程三千五百华里。1938年8月，清华、北大、南开三个大学联合组成的国立西南联合大学，三校校长一致推选梅贻琦为校长。昆明为后方物价最贵。同学们虽有贷金，文、法、商公费，均不够用。因此同学们纷纷在外兼差，部分同学因步行历尽艰苦，自动退出昆明。

柴先生谈笑风生，喜欢讲幽默的事情，常常用玩笑来应付一些无法定格的事情，使人感到他举重若轻、游刃有余的能力。

在台北宁福楼，柴会长安排我们与联大校友聚会。他还把我们送给他的一盒昆明月饼带来了。他说，儿子从美国回来了，一见这月饼，要吃，他不让，因为他想让校友们吃。大家对昆明是有感情的。请酒店服务员分切后，送到各桌前，让大家品尝。孰料几日后，我们再来联系柴之棣先生，他与美国来的考察团到台中去了。

我到台湾有一个感受，就是这边的老年人颇具活力。八九十岁的人，自己一个人独立外出活动，家人也不会紧张。我们约见的老校友皆是自来自去，不需家人陪同。

到我返程期限已近，忽然柴先生回来了，要为我们送行，真是惊喜意外又遗憾。就在离开前夜，前往台北一家著名的铁板烧酒店赴约。那天晚上充满轻松惜别之情，新竹清华校友会理事长许明德先生也应邀来了。大家聚在一个雅座里，柴老拿出一个精致的皮革酒瓶袋，一看就知道是百年名酒，非常珍贵。柴老说，这是夫人让带来的，说曼菱爱喝这个。这种陈年佳酿的感觉，其实就是学长们对大陆故土和往昔生活的思念与祝福，也是他们人品与信念的芳香。

酒过三巡，柴学长说："你会唱《秋水伊人》吗？"

我轻声地唱了一段：

> 望断云山，
>
> 不见妈妈的慈颜。
>
> 漏尽更残，
>
> 难耐锦衾寒。
>
> 往日的欢乐，
>
> 只映出今日的孤单。

梦魂无所依,

空有泪阑干。

几时归来呀？妈妈呀,

几时你才能回到故乡的家园？

柴学长凝神半晌,说:"当年我离开大陆时,我表妹就是唱着这支歌送我的。"这支歌令他回到了大陆,回到了当年诀别亲人与青春的岁月中。

《秋水伊人》是30年代一部国产电影《古塔奇案》的插曲,当年非常轰动,歌曲一时传遍大江南北。他回神过来,对我说:"你唱得很好,就像原唱。你听过百代公司的原唱吗？"

我小的时候,父亲就告诉我,这是他所喜爱的一支歌。而那天晚上的气氛也是这样的,随着夜色,在余音中低迷回旋。一时我觉得父亲也回来了。那个时代,父亲和柴学长他们在昆明城有过青春的邂逅。

回到大陆后,我收到了一份《北京大学台湾校友总会会刊》创刊号,在宁福楼聚会的十多幅照片都纳入了。

回望台湾,云海茫茫。虽说两岸往来今非昔比,但是登岛采访恐难再次实现。再去时,不知道又有多少学长渺茫。所以走的时候,彼此就怀了一种今世不再的心情。那支歌《秋水伊人》,好像又漂浮在海峡上空,让我怀念那边一往情深的老学长们。

期盼与离散,成为那一代赴台学人的生命基调。然而他们的心并没有漂移,它永远坚定地向着母土、向着故乡。他们是中国传统文化最后的游子。

―― 第 二 章 ――

山　城

西南联大校歌中唱道:"尽笳吹,弦诵在山城。"山城,就是昆明。

后世研究者指出:同样是战时迁移的联合大学,西北联大却没有能够维持下去,这也与西北的地域、人文条件有关。西南联大坚持八年,云南省政府的支持和昆明的各种地利条件,是一个重要的历史元素。

1929 年,云南省主席龙云在《云南省政府委员会改组就职宣言》中提出要建立一个"新云南"和"富滇强省"的口号。40 年代的云南,进入一个飞速发展、开放活跃的黄金时期。云南社会呈现出进步、宽容的氛围。人民热情善良,经济比较稳定。因此,正好能够接纳和支持这一大批北来的师生,让他们顺利地安顿生活与学业。

无论气候民情、田园风物,昆明都给联大师生们留下了美好的人生记忆,被他们称为"第二故乡",八年来相濡以沫。昆明迅速地提升了它的品位,学人们也经历了返璞归真的民间洗礼。在整个抗战中,云南热土所承受接纳的不只是西南联大,而是中国最后的河山、力量与希望。在滇西大地上,最终爆发了中华民族与日寇最后的决战。

借住校长楼

1938 年 8 月,由北大、清华、南开三校组成的国立西南联大在昆明宣告成立。但居无定所，师生们在昆明借屋而宿，借屋而读。

清华算学系在云南是"有根"的。他们的系主任熊庆来被云南省主席龙云请回家乡，任云南大学校长。于是南下的这些算学系同仁们，便住进了熊庆来的校长楼。

陈省身回忆这段日子：

> 我到了昆明之后，那时候，熊庆来先生刚巧是云南大学校长，他是我的老师，很熟的了。因为我在昆明之前就认识熊庆来先生，不止认识，他做系主任时，我是他的助教。
>
> 房间里有两个办公桌，他的办公桌对一个窗，我的办公桌对另外一个窗。我们同用那个办公室用了一年。所以他当然对我很好了。
>
> 我们到了昆明，是一点关系都没有，可怜得很呐，熊先生就约我们一些教授住在他楼下。他有一个校长的住宅，是一个二层的楼房，他住在楼上，办公也在这个楼里头，楼下就变为我们八个教授的宿舍。我们在楼下搭了八张床，我就住在那儿，住了一阵子。

熊庆来在清华是算学系的掌门人，被当时"云南王"龙云恭请回滇，任云南大学校长。云南大学原名东陆大学，为唐继尧所创办。从前这些称霸地方的首领，其实都非常重视振兴地方教育。

陈省身说的当年这幢校长小楼，我去过。我母亲曾经住在旁边的映秋院，是龙云夫人捐赠盖的女生宿舍。

> 艰苦问题是这样的：最初并不艰苦，但慢慢下去，越来越苦，主要是通货膨胀，经济水平降低，所以就苦起来了。不过大家想办法用不同的方式来适应就是了。当然，也是因为在抗战，我想这起了一个作用，就是大家继续工作，来使得抗战的精神可以继续。

> 那时候不但是很多官僚，就连汪精卫都要跟日本合作了。所以是这群人——像西南联大这种教授、学生，坚持抗战的决心，对中国的抗战胜利是有很大帮助的。那时候我们不灰心，觉得前途有希望。等到1941年"珍珠港事件"发生之后，中国就有了一个强大的同盟国——美国。那时候我们在昆明就觉得这战争要胜利了。在此之前，实在是感觉很渺茫，中国要靠自己的力量跟日本对抗是很有困难的。但是1941年以后，大家信心特别高涨，战局也一下子对同盟国有利了。

问起云南人与联大师生的关系，陈省身说："很融洽。"初期，家眷们还没有到达昆明，教员常常是合并而宿的。陈省身曾经跟吴宓同住一屋。他们是学科、个性和年龄都完全不同的人，却相处得很融洽。

> 那时候地方小，挤得很。所以包括教授都是好几个人一房间。我有一段时间就和吴宓两个人同一个房间。房间比这个稍微大一点（指南开宁园的书房），有两张床、两张书桌。跟他同住一寝室，我们很谈得来。因为我对于文字的东西也还有些兴趣。

我问到吴宓当年写日记的情形。"我想他在记。我们两个书桌是对面的，在那儿看书，写东西。他当时就在那儿写日记。每天都写，这我都知道。……吴先生，很认真地备课，恋爱也很认真啊。"大家又过上了仿佛是学生宿舍的简单生活。

> 当时也不觉得怎么艰苦了。你每个月拿到一次薪水，饭费就赶快交掉，至少这个月吃饭没有问题了。饭费交了之后，剩下的就很少。正好，通货膨胀以后，也不需要用钱，也可以过，照样上课。有很多同事有共同的兴趣，所以谈天

也很有意思。

言语间,我能感受到陈省身颇具绅士风度。他对往事及故人的追述,时常以沉思的神情、尊重的语气来做终结。

吴宓教授当年的恋爱事,至今也惹得议论不已。在半个世纪之前,同为室友的吴宓,曾经向他吐露恋爱的种种细节。当我问起,陈省身却只是一言蔽之,说吴"恋爱也很认真",微笑着,守口如瓶。真乃君子也!

"昆明对我很重要。我还要再去的。"当时我邀请陈先生访问昆明。他说最近因为时间紧,事情很多,并且,"我要去一个地方的话,都希望有点具体工作。我能做的工作就是发展那个地方的数学。所以这不是件短期的事情。"

我终未能再见到这位睿智的前辈大师。

在2001年清华校庆时,我一下子见到了很多人。

熊庆来先生的儿子、旅法画家熊秉明先生也正好回国。这个消息是宗璞先生特意告诉我的。她说:"你知道吗?熊秉明回来了,住在北京的他弟弟家中。"

我发现,在西南联大,尤其北大、清华间的院校子弟们,关系密切,有着一种天然的纽带。由于当年他们的居家邻居关系,和父辈们的交往,令这些后代们将相互的关注维系下来。这非常珍贵。两代人的积淀,有着战火转移中的异地情谊,和他们作为一个人群所特有的那些爱憎好恶。

宗璞先生给我联系电话,我见到了回国短暂逗留的熊秉明。他对我说起父亲熊庆来离开北平的事:

> 他离开清华,当然很犹豫。因为清华那个时候是国内最重要的学校之一,而且他工作了很久,已经十年,不但是数

学系主任，也代理过理学院院长。所以所谓清华的风格，他也是有代表性的人。那么他要离开清华的时候，他当然觉得这是一个很大的赌博。当时大家都没有想到抗战后，有很多大学会集中到昆明去。他觉得云南是一个非常偏僻的省份，那时候要去得预备出国的护照，而且要两个国家的签证。可是他去的时候，他曾经跟比如像顾颉刚、冯友兰这样的人都提过，说我要走了，我要到云南去，这是一个非常艰苦的工作，你们必须给我支持。他就希望这些老教授提几个年轻有为的、有希望的年轻人到边疆去工作的。那个时候不太有人会愿意去云南。

我记得很清楚，当时他也是吃完晚饭的时候跟孩子们说一下。那时候我当然还很小，才十四五岁。他就说有吴晗，还有另外一些人。他走的时候，他的确受到这几个大学的同事们很大的支持。

熊庆来是云南弥勒人，那里有丰富的温泉和滇南最具盛名的"竹园糖"，一派好田园。但说到知识发展、教育水平，整个云南在当时中国是非常低势的。而熊庆来能从京华最高学府返回家乡，报效故土，并带着全家人，也从高到低地回到云南，这种精神与行为，在那个时代，也像那些出国留学者势必归来一样，是一种并不罕见的情况。

学成者还乡办教育，是中华民族的好传统，"五四"以来也蔚然成风。而去国抛乡，则是对一个人最重的指责。不管他名气如何。中国知识分子这种"重乡里"的内在道德，现在已经淡了。当今学界之风，只知道对资源的占有和对个人地位的提升，一旦置身高处，绝无回头之理。

他到云南以后，他算是地主了。他当然有很充分的理由，要做一些帮助性的工作。当时最简单的居住问题都是大

> 问题：那么多教授、那么多学生，忽然间来到昆明……我们住一栋小房子，楼下是一个大的会议厅。联大刚到的时候，那个会议厅的形式就改了，就摆了二十张床。很多教授就住在那里。这只是一个简单的例子。我们家在上面，下面就是北大、清华、南开教授的临时住处。

追思先贤，知道怎样做人，人的奋斗应该担当些什么责任。那天在熊秉明先生的弟弟家里，我们认了"老乡"。他们那儿还存有一些旧照片：熊庆来偕夫人照、龙云当年迎接美国副总统到昆明的照片，清晰，似原版。我又拍摄了熊秉明带回来的一些作品、画和雕塑。时间紧促，来不及与熊秉明先生叙乡情。在北京采访就是这样，真正拍摄的时间实在不如在路上的来回奔波。人生也是这样，接近目的只是瞬间。大量的时间都花在那些事先的筹划和克服距离所付出的代价上了。

然而，当一种距离能够克服，也已经算是成功。

"陋室"

梅祖彦对昆明有很好的印象：

> 我对昆明了解不多。从前的印象：这里是比较隔膜吧，不是一个很发达的地方。不过到了昆明以后，这里的风土人情，还是给我留下了非常好的印象。
>
> 因为这里四季如春，物产非常丰富。抗战初期，沿海各地都是很混乱的，但是云南那时候还是有一点世外桃源的感觉。头几年在昆明住得还可以说是很愉快吧。
>
> 虽然知道是在打仗，但是战争好像又很遥远。大概到1940年，日本飞机开始轰炸昆明以后，这里一下就比较紧张了，也进入了抗战的中后期了，大家感到很大的威胁就是物价飞涨。我们的生活水平从1938年刚到昆明，一直到40

年代初,那是下降了很多的。手头越来越紧张,物资匮乏。说是"世外桃源",昆明生活其实完全不能与北平时代相比。梅祖彦做了对比介绍:"抗战以前,在清华大学,专门有校长的住宅、官邸,学校还提供两个工友的工资,包括每年给多少吨煤(因为北方要生火),很多东西都可以报公账,这个我有印象。从他(梅贻琦)上任以后,他把这个东西,可以说是制度,就全都取消了。"梅贻琦在北平时就自动地压缩了家庭生活的待遇。

> 在昆明住翠湖旁边的西仓坡,是中国式的三合院,还有另外一家教授住在楼上。三面九间中国式的房间。下面是清华大学的办公室。三校合并了以后,还都各有一个办公室(办公处)。

> 在昆明生活非常艰苦,也使得大学消除了一些从前存在的某种等级上的差别。真是上下一致,完全一致。所以也无所谓什么差别。

梅贻琦校长住过的这个院子,我去过,就在翠湖南路先生坡上头,闹中取静,院子很安谧。楼上、楼下全是木地板,四个角落各有一道楼梯。当年两家合住,可以每家自用一个楼梯。这类雅而实、大大方方的宅院,在昆明文林街、武成路的深巷里就有许多。

刚进城时,闻一多家住所拥挤。昆华中学知道他的子女多,腾出最宽绰、最靠近风景的房子让闻一多家住。闻先生则为昆华中学讲课和批改作业。

昆明人的真诚相待,得到学人们的知识回报。大家分散住入民间,这种直接介入当地学校教学的举动很快蔚然成风。当时,王力先生也在粤秀中学任教了,他还为那个中学作了校歌。联大的教授们成为龙云主席家中的座上客。龙云经常向他们请教时事,有时还请他们为自己讲课。

云南省主席龙云出自云南昭通彝族的一个贫寒家庭,毕业于昆明的云南讲武学堂，参加过护国起义，受到"共和"之风的洗礼。龙云命令云南省教育厅出面，将昆明的一些房子租借给西南联大，如昆华中学、昆华工校、昆华农校、昆华师范，如迤西会馆及至文林街、文化巷等教授们住的民居，都是昆明在彼时彼地较好的房子，可以称为雅室、静所和生趣盎然的民宅。

曾有学界中人，用古文《陋室铭》来形容联大在昆明的居所，此固风雅；比之他们昔日在北平的旧居，皆嫌拥挤，书房与居家只能是合而一室了。然融入民间，让这些学人们多了些人生气息。当时昆明城，是上下动员，倾其所有，腾屋让房，皆为当地最好的住所。盛情之下，何陋之有？倒是联大自己建造的新校舍和宿舍，用铁皮屋顶，后来又用茅草屋顶，可以称为"陋室"。

这些皆无法与北大红楼、清华园以及被烧毁的南开校园相比。但联大学人安然其中。因为国难已经打开人们的眼界胸襟，他们热爱这片还在中国人自己手中的山河大地。

到后来，为避日机轰炸，教授们搬到郊野，有的入住的山中寺院，环境清新。多数租住村中的院落，情况各个不一。有几位，如费孝通、华罗庚住的楼上，下面农民用来养猪、牛，气味难堪，加之跳蚤类，很不卫生。这种事情，直到我上学时下乡"支农"，也是如此，城里人是很难忍受的。真是难为了这些家庭，他们还能安之若素，令人钦佩。

近些年来，昆明拆迁，旧屋不保。被联大人津津乐道的武成路铺面的雕花铺板，文化巷的别院小楼，甚至文庙，皆不能幸免。当许多抗战时期的老人们远道而来昆明，想寻访故地时，他们却黯然看到，那些当年让他们存身的温馨古屋已然消失，历史只能留在纸上了。

如果连纸上的历史也来一番拆除，那么一个民族的精神就只能消亡了。

第二章 山城

女生开旅店

在台北采访刘长兰学长时,她说起,有一个北大女生,顺应形势在昆明开饭店的事情:

> 我们住在小西门内的女生宿舍里。因为女生受优待,所以住在那里。那时候的学生很厉害。小西门外,有一个饭店,这个饭店就是我们北大同学开的。这个老板是女同学,她还在那里喊,"客人到""请坐",这是一景啊!完全是个老板娘。大家也不以为奇怪,她也不觉得丢丑。这是那时候的怪事。

女生开客店,因势经商。北大这种人少有,多是清高的。讲求实干之风,其实也应发扬。

> 我们女生是住在里面。男同学没有房子住,就临时盖草房。我们听说过古代中国人乡间住草房,草房什么样,我们从来没有见过。但是那个时候的草房,西南联大盖了。每一间草房是豆腐块一样的长条。长条上头是草,旁边也是草,中间开个大一点的口就算门,旁边开几个小口就是窗户。里面就是摆上下铺,让男生住。

"第二故乡"

杨振宁到了昆明,少不了要去那座西南联大纪念碑前。那天他应我们的请求,唱了一段校歌,然后良久地看着这碑文。他问道:"冯友兰先生的女儿宗璞,现在哪儿?"我说:"宗璞先生现在仍然住在北大燕南园她父亲的老宅里。我们请她来过云南,她在撰写联大的小说。但现在眼睛不好,视网膜总是脱落。我到协和医院去看过她。"杨振宁说,请向宗璞转达他的问候。

有一段时间他频频地回来。一次还带了他从美国来的两个弟弟。云南人看着电视会讲:"他回来了,老了些。"

我曾经通过清华大学传信给杨振宁,他写了回信给我,说:西南联大此事很好,但他此行没有时间。

后来通过西南联大北京校友会沈克琦会长与他再约。当见面的时机来临,杨振宁和我们都做了最充分的准备。

那是一个春天,在清华园,杨振宁进行了一番从容的回忆:

> 昆明,大家知道是四季如春的地方。我在那边度过了七年。对于昆明,我觉得这是我的"第二故乡"。
>
> 我们刚刚到昆明的时候,对昆明有个特别好的印象,因为蒋介石跟龙云大概做成了一个什么交易,把当时云南的钱——纸币,叫作"老滇票",和重庆的法币,定的十比一,所以使得我们忽然变阔了。因为我们拿的是法币,拿来买昆明的东西变得非常之便宜。
>
> 对于昆明的记忆是非常美好的。我们家是1938年到昆明的。我们刚去的时候我是高中二年级的学生,所以还在昆华中学念了一学期的课。
>
> 昆华中学不在现在的地方,现在昆华中学所在的地方是在当时的城外。我1938年春天念了一学期的昆华中学,是在钱局街跟文林街交界的东南角。后来那个地方变成了西南联大附中。我在1944年至1945年又在那个地方,在西南联大附中教过一年书。

昆华中学是昆明最好的学校,后来变成昆一中,现在还在昆明城西。我父亲和我们三姐弟先后都曾在那里读书。昆一中校庆时,我看见有杨振宁的贺词,他也应是一中的校友了。

> 烧饵块当时是常常吃的。那可以说是一种平民食品吧。

去年我去昆明，街上已经没有人卖烧饵块了，那个时候我们很喜欢吃的。黄昆和我常常要去吃的是过桥米线，我记得那个过桥米线当时辣得不得了，非常好吃。去年我们去，怎么跟他们说，他们也不肯给我们辣的过桥米线。

杨振宁"还乡"，云南师大的领导请他吃宴席。席上他说，其实这些都不必，他要吃那种夹着一根油条的烧饵块。当场没有准备，后来他带着弟弟外出去寻找到了。

中国人深知"民以食为天"。因此一种深厚的思念之情和感激认同之情，常常是通过一饮一食，以"想吃什么"来表达和寄托的。

烧饵块是昆明的平民小吃，用米饭舂成柔软细腻的饭团，做成粑粑，就是饼，然后在炭火上烤香，抹芝麻酱等，就吃。里面再夹一根油条，那就算丰盛的了。当年联大许多学生别的吃不起，烧饵块是经常可以吃的。至今，也是学生和市民们爱吃的早餐。

长达三个多小时的采访终于完成了。大家都很愉快。我说："杨博士，我们摄制组的人想与您合一个影。"大家站成一排，给他留下座位。杨振宁却说，"一个一个来吧"。他一面向我们伸出手来一摆，表示邀请。他一一与摄制组成员留影。他要表示对我们摄制组劳动的尊重，更是一种乡情，因为我们远道从昆明而来。

"蓝帕帕"

"蓝帕帕"，指的是昆明郊区的农妇。她们头上长年顶着一块如天一般湛蓝的方布巾，是装饰，也是民俗，看着很是整洁干练。城里人称"蓝帕帕"。在今天昆明时尚街头，常看到那明朗鲜艳的蓝帕帕漂浮在都市人流中。她们毫不羞涩，大大方方。有她们，才使得昆明显得更像昆明。

当年联大教授们为避轰炸搬到乡下去住，他们的房东，便都是

"蓝帕帕"。

杨振宁一家人曾在龙院村居住。我们摄制组到龙院村去拍摄旧址的时候,见到了他们家当年的房东。蓝布盖头,蓝布大褂,满脸皱纹,一位老牌的"蓝帕帕"。摄制组有小青年问她:"杨振宁家的孩子淘不淘?"她说:"他没有孩子,他还是个孩子。"又问:"他淘不淘呢?"答:"他不淘,没我们家的孩子淘。他总是在楼上看书。"她指指那个小楼。淘,就是淘气。这老太太可谓清楚。

前院有几棵果实艳丽的桃树。走的时候,摄制组的人对老太太说:"你知不知道?原来住在这里的杨振宁得了诺贝尔奖,成了世界大名人了!"老太太淡然地说:"是不是名人,我们不知道,那么他是给中国人做事了?"

一语惊四座,摄制组的人们肃然起敬。他们都对我说,一定要让杨振宁知道这个话。

一年后,我在清华采访杨振宁,无意中他带出几句昆明土话"一么一亩地,二么二丘田",这就是龙院村口音。这是那些"蓝帕帕"们的乡音。

有一年他来昆明的时候,带了两个弟弟,来寻龙院村旧地,还与那里的少年人聊了一会儿。事后他说,希望那些聪明的少年能够得到良好的教育条件。而其实房东对他也有期待。

这位"蓝帕帕"的见地,比时下的那些当官的,那些社会名流还要高。她不把什么大奖放在眼里,她要追究他:是不是为"我们中国"做事了?

山水人情

在北京和昆明,我与王汉斌老接触多次。他仪容令人敬畏,骨子里却是一个直率和富于人情味的人。王汉斌说:

第二章 山城

我是在年轻时候到的昆明。在昆明四年,对昆明的一草一木、昆明的环境、昆明的山水都留下了深刻的印象。说实在的,当时昆明的条件虽然差,但是在昆明那一段时光是很愉快的。

1944年初我到路南,至圭山,到路南的石林,大叠水、小叠水,印象都很深刻。云南人非常好客。当年在昆明时,我们战工队几位朋友在路南县教书,我过年时到他们那儿做客。县里面的有钱人,过年那几天每天轮流请客,我这个穷学生到哪儿都能吃到好东西。

昆明昆华女中的一个学生叫陈瑞芳,参加了读书会。她的哥哥是龙云的总务科长,她家里比较有钱,她过年过节一定要请客。云南人都非常热情好客。

我父亲曾经对我讲过,家乡人有"秀才吃席不还席"的规矩。当年大户人家请客,总以席上有几位读书人为荣耀。像父亲这样还乡去度假的穷学生,便是人家的上宾,是只管赴宴,不必还席的。这种传统,也使得文化人时常能够对乡里的事情发表意见,让乡人知道外面的消息。

这样的请客,重知识、重人才,并不只是夸富,有几位读书人在上席,整个场面上的氛围就不至于庸俗无礼。

昆明的风光,像大观楼、西山都给我留下难以忘怀的印象。这些年我每次去昆明,都要到大观楼。我们当年到大观楼,脱下衣服就下水游泳。可现在水污染得连脚放下去都不敢。

去年世博大会,我第一次去了丽江、大理,还有西双版纳。这些地方的名胜风光很有名,也非常吸引人。特别是丽江,那么边远的地方,古城建得那么美,而且是中原的古代建筑。我很奇怪,那么边远的地方怎么会有那么壮观的中原古建筑和那么高度的文化发展?

云南是多民族的省份。云南少数民族的姑娘长得好看,衣服也漂亮,歌也好听,舞也好看,能歌善舞很突出。气候四季如春,遇雨成冬。

昆明四周,像滇池、西山龙门的风光好。昆明是个旅游、度假、避暑的胜地。最近去昆明,面貌都变了,过去我走过的路都已经看不出来了。正义路、武成路现在都不知道在哪里了。金马碧鸡坊我在那儿还照相留了影。

对一个地方山水风物的怀念,核心是"人",是对于人情温暖的怀念。由于这份留恋,王汉斌经常来云南。有时和彭老,他们夫妇一道来。

那一年,王老和彭老来昆明,一下飞机,就问起我。于是马上我就接到通知去郑庄陪他们。他们二位对我挂念是有原因的。当时《西南联大启示录》一片正受到压抑,他们关心着这部片子,也关心我这制片人。这个波折最终由于他们二位同时出面干预而平息。他们保护了这部片子,也保护了我。

那天一行人陪王老走在西山,正看着石壁雕刻,王老忽然回头对我说:"那个什么人应该好好教育一下,南开大学他们教育他了没有?"他说的是那个写信导致这起风波发生的南开教师,那人其实也是联大校友。这件事对我也非常意外。我原以为,但凡联大老人,对历史总有一份敬重心理,一般不苟言笑的。

看来要做成一件事情,在哪里都没有温床。

云南的蓝天

诗人郑敏说:

云南还有一个老天爷慈悲的地方,就是特别美,美极

>了。现在你到什么地方去旅游,和云南比,根本没必要。
>
>我记得,当时我们的教室非常小,如果赶到那儿上中国通史一类的大课,你可能得把头挤进窗口去听课。有的时候我就不自觉地观察:天蓝极了,有鹰在上面飞,所以我写的一首诗里头,就是关于鹰在上面飞的。
>
>云南的蓝天一直跟着我,一直到我在最近写的一首诗里面,叫作《早晨我在雨里采花》,我还写了"云南的蓝天一直跟着我",有这么一句。
>
>在那个地方,我是很少参加社团活动,我跟我几个朋友有点独来独往的感觉。我觉得我们可思考的太多了,同时我们四周特别美,譬如有英国花园,现在我不知道还有没有。我有一首诗写白苍鹭就是在英国花园里头。还有文明街,晚上的灯就是半明半暗的,运货的马队走过去,这都在我的诗里面。还有街上小孩跑来跑去,反正整个云南进入我诗里面,是非常多的。

她身上的那股诗人气质,和她明艳的服装,多彩的家庭背景,与那些细腻深入的谈话,是如此协调,完整美丽。专注、投入和永远的天真,所以她到晚年还能写诗。郑敏诗里的蓝天,是云南的天空。而如果没有智慧的照耀,云南的天也不过是一种晴雨的自然气象罢了。

东北流亡学生李晓说,云南的气候,是别具慈悲的。他讲:

>我们当时在云南很穷,我就靠一件毛衣过来的。冬天的时候,有钱的同学,把棉袍借给我穿。当时我们的茅草棚窗子都没有,就是几根木头。要不是那个气候能够只穿一件毛线衣,否则不可能生活下去。吃早点是人家请我吃的,糯米,上面放豆沙,我是吃不起。晚上,有时候开会开完了,街上卖这个东西。该买一盒对吧?但当时我们穷,就是那个

糯米做的也吃不起。

回忆起云南的乡民，李晓印象也很深刻：

> 毕业以后，我们下乡。我在一个山区，买盒香烟都要跑几里地。教学也是我，摇铃也是我，都是我来做。我成了当地最高的知识分子，老乡向别人介绍我的时候说，我们的老师学问可大了，联大附中毕业，比联大还高。他认为联大附中比联大还要大。他的孩子给我做饭。

当你感受到他的热情与敬意，那种无知也变得可爱了。

几乎所有的联大校友都会向我问及滇池，因为那也曾经是他们的母亲湖。当年联大那些地下党经常租一条渔船到滇池里去开会。李晓说："滇池污染了。我到现在都觉得惋惜。我们开执委会议，保密，有时就用手捧河里的水喝。现在你敢喝吗？那时干净得很。"

近年来滇池治理有起色，水质开始清了。沿湖开辟湿地公园，野性的风景，稍加培植，寥廓舒展，是个好去处。

"无取、无求、无损"

在台北，人们向我介绍，湛淳需学长曾任台湾地区海关税务长，是最廉洁的一任官员，他以清廉名声为人所钦佩。那天在台北宁福楼，联大在台校友会举办的欢迎宴会上，湛淳需学长的出现有点旋风一般的感觉。

湛学长来得有些迟，因为他要健身。他走得又太早，因为他不吃午饭。当我与老学长们已经熙熙攘攘，围坐一堂，寒暄介绍时，湛学长像一股旋风吹入。因为"迟到"，他大声地抱歉着，只见他身材瘦削，目光炯炯，抱着拎着一大堆物件。

拎来的是一个沉重的镜框，里面是当年联大训导长查良钊先生赠他的题词"无取、无求、无损"；抱着的是一大叠厚厚的报纸，是昨天的。昨天在台北陈水扁被正式宣判为有罪,并定了有期徒刑。

湛学长直冲我来,他说:"我恐怕你看了报纸但没留报纸。这个是判徒刑的。这个是判决书摘要,你带到昆明去。这个法官了不起的。"

我说:"我带回去,我一定带回去。"

这些报纸我带回大陆了,就在我的书柜里。虽然后来对陈水扁的裁决又更改多次,但最重要的仍然是这第一次。湛学长要我把这个历史的记录带回去,他有深意。他说:"这里面是我剪的报纸,这里面有很多观点。我们不怕死的,现在有的原则不对。你有实力这是最要紧的,你有实力,可是实力是相互的。有实力也没用,还要有精神。"

这些话,我以为湛学长其实不是说给我听的。"带回去"的意思,有一种委托传达。他还说了一句意味深长的话:"台湾人怎样,那都是大陆人造成的。"

这句话很公平,概括了百年来台湾人民所受到的种种屈辱和创伤。甲午割让,是"祖国"深深地伤害了台湾。如果要抚平创痛,重新建立信任,是漫长的道路。

湛淳霈学长对昆明的评价与众不同:

> 昆明这个地方啊,从重庆到昆明,这都是我人生中最得意的地方。一个是气候好,再一个,我在那里啊——这样讲啊,人的行为依靠的是个观念。有了不要钱的观念,你才有不要钱的行为;你有爱老百姓的观念,才有爱老百姓的行为。我的观念是在昆明养成的。
>
> 教我的老师,同我一起玩的学友,我念的书,都影响我这一生哪。

他在回忆中其实回答了我的另一个问题。当时我问他:在海关这个别人认为是肥缺的位置上,为什么能够那么廉洁?他把自己的美行美德归功于昆明和教他的老师、同他一起玩的同学。

湛学长内心的修养如此深湛，不仅是在金钱上做到了"无取、无求、无损"，在精神上、感情上，他也丝毫不占有。他把自己的一切，都看作是社会所赐。这自然的流露，使人感到真诚。我已经很久没有遇到这样的人了。

湛学长一身皆白，夹克、鸭舌帽。看他的照片，从年轻时候就喜爱穿白色。这也许与他洁身自好的信念有关。当我问他："你最喜欢昆明什么东西啊？"

他说："昆明的气候啊，人很好啊，昆明人很善良啊。我在昆明从来没有人骗过我、欺负过我。"

这位九旬老人这样说的时候，你可以明白，他是在经历了多少世态炎凉之后得出的结论。联大学子们总是用最亲切的感情来怀念昆明，当年山城那质朴的民风、纯洁的环境，是对这些逃出沦陷区的学子们最体贴的呵护。亲情的远离，被民情的贴近所弥补。

在我们的两次会面中，湛学长都提到查老师赠他的题词："无取、无求、无损。"

当年查良钊初入联大时，不受欢迎，因为他是上面派来的训导长，是来主持"讲党课"的。在联大学生的强烈要求下，教授会议已经罢免了党课，重庆教育部也只能是睁一眼闭一眼。本来大家以为，查良钊会以"党国"自居，来干涉校园的民主。不料这位训导长对此表示接受。从此他融入了联大的氛围，为师生们接受和欢迎。在后来的"一二·一"学潮中，查良钊完全地站在同学们的立场上进行抗争。用"从善如流"来解释查良钊是远不够的。他其实是一位有着自己的人格追求和理想追求的师长，因为他是由教育部派驻联大的，他所承受的压力，显然比其他人更大。

湛学长来造访过我们住的福华会馆，走的时候，他告诉我："我们中华民族的祖先非常伟大，西方的那些哲学都不如中国的养心说。

你只要好好领会，就能得到好处，可以解决人生的问题。"他那么直截了当，仿佛洞察了我的困惑彷徨。湛学长教我学习他的日常健身操。他对我说："精神要放松，要完全放松，自己不能控制的事情，就不要去管它了。不管了！"

说这话时他两眼盯着我，似乎看透了我。这时候他有一点像《聊斋》中的崂山道士。我忽然地就放松，忽然地就明白了：许多无法控制的事情，不能尽如人意，我可以不必去牵挂，去为它们负责了。他把自己毕生的心得告诉我，让我受益。这让我想起父亲。

离台前，我向湛学长电话道别。他在那头高声喊道："台湾不能成为美国的第五十一个州，也不能皇民化，台湾只能是儒家文化。"

他喊那么大声，是希望我把他的声音带回大陆。

云南人的脾气

云南人热情待客，但如受到轻蔑，那就要发生翻脸的事情了。杨振宁是深知云南人性格的，他对我们说起一件往事：

> 你们大概不晓得，还出了一件大事。那时候有一位作家叫作李长之。李长之是一个很有名的作家，他对于鲁迅有很深入的研究。他到了昆明以后，觉得云南民风淳朴，他就写了一篇文章，叫作《云南人与牛》。这个引起大辩论。因为有些云南人不满意，认为这是侮辱云南人。我看了那文章，我觉得他并没有侮辱的意思。他的意思是说：云南人民风比较淳朴，讲话也比较慢，没有外省人那么滑头。其实他是讲好的。假如你们去查当时1938年的，我想是四五月份的报纸，你们大概还会发现到这一阵子的辩论。

杨振宁当年是一个理科的学生，却能对这样的社会事件关注、分析，并记住了半个世纪。他是一个人文型的知识分子。这种丰富的人文色彩,在我对他的整个采访中,都可以强烈地感受到。杨振宁智慧、强势,文化修养全面,这在科学家中是少有的。

李长之先生的文章我读过,论诗的,谈李、杜、屈原,别有一番见地,很有肝胆。那时候的文人不沾染世故,写文章很直率,以风骨为上,不媚俗众。

他得罪云南人这件事情,我知道。那一年我回到家乡,翠湖图书馆在办一个"春秋讲座",请各色人来讲。他们也请了我参与。我报了一个演讲题目是《论边民之优劣》。我拿云南与京都和沿海相比,每每有许多看不惯的事情,并且觉得自己是云南人,应该知无不言吧。所以,讲稿里面也有"沃土之民不才"之类的话。

可是老父亲听见我出的这题目,一力反对。他说,抗战时期,西南联大一教授曾著文,将云南人比作"牛",结果是被云南人驱逐出境。父亲说,你以为你有权利骂云南人吗?你恐怕不如李长之吧。

听到父亲这么严重的警告后,我把讲稿压了箱底。现在看来,父亲拦对了。我至今没有拿出这个题目来讲。因为我越来越知道,自己没有权利这样去论乡人的"优劣"。

父亲当时就说:你说你是好心,可是你上来就伤害了云南人的自尊心。古云:"匹夫不可以夺志。"如果当年没有父亲那样严厉地阻拦我,那么,可能我在云南后面的事情就做不下去了。

李长之也是好心,但这样的事情不应该再出。无论你是客居,还是回家。因为,尊严对于普通人、边民、学者,都是同等重要的,是人立足于人群中的首要条件。人家给了你尊严,你必须还以别人敬重。

任继愈关于"云南人的脾气"有一段议论。

任先生:"我很喜欢云南的民风,非常的朴实。比如过去在上海有些事情出了问题,你拿些钱就能够摆平了。云南不行,你给了钱也不行。"

我说:"他有脾气。"

他说:"对,有这么点儿,这个非常可贵的。"

我接道:"讲感情。"

他说:"对,非常可贵的地方。这点很好。""还有搞敦煌的姜亮夫,现在病死在浙江。那是很不错的一个人,很聪明的学者,很不错的。"

任继愈在联大上完本科、研究生又留任本系教师。他在昆明生活时间很长,风物人情,印象深刻。他是山东人,耿直方面类似云南人。

我在北京三里河见到费老。费老一听是云南来的,就很兴奋。费老对我说:

> 民风嘛,这个地方是多民族的地区,丰富多彩。云南人的性格,像山茶花一样的美。我记得在云南大学的旁边有一个圆通寺。圆通寺是很好的,山茶花这么大啊!红红的。我记得我最后一趟离开昆明的时候,很多朋友送我茶花带到北京。我还想去看看你们的茶花什么时候开。

费老动了感情,他想念山茶花,想念云南的朋友和人民。

费孝通著有《乡土中国》,其中谈到乡土信誉,认为在中国许多地方,这种乡土信誉代替了契约。云南人在生意上不像沿海人那么活泛,可以漫天要价、坐地还钱,双方嘻嘻哈哈的。如果你以为一个云南人的东西是胡乱标上的价,那么你等于是侮辱了他。他会生气,不与你成交。

云南人在本质上是很严肃的。直到现在,云南人喜欢买自己本地的产品,一般来说,假货不多见,毕竟根在本土。民风各异,实在不好评说"优劣"。但保留一些本来的脾气,也没有什么不好。世事不是都可以用文章评说的。

现在社会上的许多事情,都是因为不明白,或者不愿意明白:

底层人民也有脾气，也有尊严，因而造成冲突。不要只说什么"士可杀，不可侮"。民气更不可侮。我看今天"士"的那股傲气，倒是大打折扣了。而"民气"，恐怕才是当今时代发展的一个重要变数。

法官怕教授

芮沐教授夫妇住在北大燕南园一幢幽静的小楼里，感觉他们的生活也和这儿的环境一样幽静。我到那里时，夕阳西下，秋色斑驳。

芮沐教授身材高大，面色沉静，他讲话非常低调。芮沐是中途才到西南联大去的，所以他一定有点孤独感。但我有一种感觉：他的一生都在因为中国的法律状况郁闷着。在中国，学法律的人，都会比别人看到更多的阴暗面。就像医生成天都要面对疾病一样。学法律的人，也有着一种冷静清醒的个性。他说：

> 我是1940年到北京大学的，我原来是在重庆中央大学当教授，后来因为重庆待不下去了，又得了病，生活太苦了，重庆的病人很多。而且中央大学因为党派问题，把我解聘，我1940年暑假，就跑昆明去了。

重庆成为当时中央政府的陪都，达官贵人都到了那里，所以物价高涨，加之政治管制，一个学人在那里生活感觉特别的困难和不舒服。芮沐和他的许多朋友都想来昆明，于是他们离开了重庆。

> 我原来一些同学呀都想去，昆明后面通越南的，所以经济来往比较多，生活比较活跃，民族空气也浓一些，所以我就跑到昆明去了。主要是解决生活问题，我们在重庆没法待下去了，我结了婚，房子又没法解决，国民党又通货膨胀，你拿的钱，一个钱都不值了，所以我到昆明去。就我个人讲，生活比较稍好一些了。西南联大的生活也是一样，昆明也是这样过活的，很困难的生活。闻一多，刻图章，生活也

很困难。

我看过闻一多的制印记录,其中有给芮沐先生刻的章。他们曾经住在同一条街上,有过交往。

芮沐夫人周佩仪女士,一看就是很能干的伶俐女性,她曾经在西南联大借读过。她记得昆明的许多老街道:

> 1940年我们在重庆结婚的,结婚以后就到了昆明,在西南联大。开始的时候住在翠湖南路,那个时候老搬家,后来又在别的地方住过。我们搬到武成路,那里边的人吵架,我们又搬到了华山西路了,1941年我就住那儿了。1945年我们出去了,美国请他去做访问学者,他是法学院的教授。我们是同国内保持联系的,学校在解放之前就要他回来,为了迎接解放,所以在解放前夕我们就回到北京来了。

芮沐到了昆明,他的生活圈子依然是在法律界:

> 我到昆明是1940年,抗战以后的昆明是比较繁荣的城市,昆明的地理位置很好,又通南亚。我有亲戚是国民党政府职工委员会的,而且我们学法律的人,在昆明只能当律师。当律师,就只在法院里面打交道。我为了解决生活,去当律师。法律系的教员,那时都是当律师。
>
> 我是个人看法啊,因为中国的经济,实际是一个农村经济。打官司的,都是地方上地产什么的纠纷,城市里没有,不像上海、北平啊,有大城市的商业关系。那个地方就是富人的关系,所以解决的主要是一些环境以及地产的问题。
>
> 我到昆明,等我拿到律师证以后,已经是1945年,已经算后期了。我在昆明没有遇到龙云的官员。那些官,没有一个不拿钱的。所以我就生气了,我到法院里当面骂他们,所以昆明的法官们,法院的院长看了我们这些教授当律师,

都很害怕的。

　　害怕就相安无事吗？可是我要闹的！我跑到他们房间里，我说你怎么搞的？你拿了钱，把人家搞成这样能够行吗？后来他们法院整我，当地要拘捕我，要把我押起来，后来朋友们打圆场，才结束了。

　　所以我在昆明这段时间的声誉，一个叫作：没有积案子；第二呢，老是到法院发生麻烦。那个院长是龙云底下的人。龙云这个人呢，他的做法，没有像一般国民党地方官，但势力范围是很大的。

他的采访内容别具一格，令我忘不了，我深信他讲出了当时昆明的另一面。

　　对于终身从事法律教学和实践的芮沐教授，讲述昆明生活中令人忧虑的状况，也许正是对那个美丽地方的最好牵念吧。

　　法律的缺失，官吏的贪赃，诉讼过程的黑暗，这是整个中国社会长期以来的问题，即使在当年为人们所向往的昆明。忧虑的情绪所以延续着，是因为这种无法无天的状况也在延续着。芮沐教授和他的学生们还有很漫长的路要走下去。

《翠堤春晓》的由来

　　吴宓日记："城中有翠湖。"

　　每见到联大学长，他们都要问起翠湖来：翠湖怎么样了？翠湖好吗？他们的语气，仿佛不是在问一个湖、一道风景，而是在询问一个人、一位故人。昆明城中的翠湖，乃滇池之余脉，温润呼应，水鸟相往，令城中人于居家走街之间，亦可感受到自然之恩泽。

　　我小时候，靠近翠湖那一边的民居地是被称为"蒲草田"的。父亲来昆明读书时，这一片都是沼泽，就是现代人叫的"湿地"。

翠湖沿堤，垂柳拂面，有少女风。中有湖心亭，昆明人称"海心亭"。因本地人呼滇池为"海"。此亭初建时，翠湖与滇池还是衍水相连，故曰"海之心"，何其美也。湖心有岛，上有竹林掩映。九龙池中，红鱼聚散嬉戏。这样的天生丽质，却"养在深闺人未识"。翠湖的寂寂岁月，是西南联大来到后打破的。

自从南下的师生到此，每至黄昏，翠湖畔即可见以臂相挽的情侣，漫步絮语。昆明人起先是看不惯的。一开始，浪漫的恋人们会遭遇到从暗处抛来的小石子。但爱情与美妙的湖景相吸引，并不受此偏见的影响，漫步继续着。很快，小石子事件停止了。情侣的阵势却越来越大，挽手漫步的已经不只是北来的人们。当地的青年人也享受了他们青春的权利。

一个阳光早晨，在北大未名湖畔，我与赵宝煦先生坐在湖石上忆昆明。他说：

> 昆明是有名的花都，也是春城。四季如春，当时我从北方去，一到那儿，确实就看到，天特别蓝。当时同学都说，你看是不是咱们这儿离天近了？这星星都特别亮。主要就是空气好，这样的四季如春。
>
> 我一生里面对我最重要的时间，也是最年轻的时候，也是最自由的最充满幻想、充满梦的这段时间，是在这儿度过的。

西南联大来时，翠湖周围还没有围栏，水是活水，地下与滇池相连。湖边有石阶，供人下去享用清水，这情景被当年学子赵宝煦写进了诗中。

> 当时非常年轻，是一个充满激情的生活，也是整个一个充满激情的社会，所以，当时写的诗有政治的、革命的、爱情的。这是1945年写的：

> 大清早,我走过翠湖,
> 刚五点半,太阳还没起,
> 天上压着云被。
> 可是从云缝里,已经透出
> 一点紫,一点橙黄,一点红,
> 空气里,还没有混合灰尘,
> 所以,树特别绿,水特别蓝,
> 林荫道上,
> 还没有华贵而色彩不调和的衣衫,
> 扭动,
> 所以,一切都完整,纯真,
> 包着蓝头巾,早起的妇人,
> 走来取水,在水边,
> 弯着腰洗脸的兵士们,
> 嘻嘻笑着,把草鞋都弄湿了。
> 我第一次看见,翠湖这么美,
> 明天清早,我要带张图画纸来。

后来赵宝煦先生送我《杏坛春永》一书,其中有他当年所画的昆明西山、滇池、阿细少女,还有一些讽刺当时时局的漫画。他是终身研究政治学专业的,但却给我一种气定神闲的熙然之气。人无论在什么专业中达到什么境界,他最重要的角色都应该是"人",是自己,是大自然与感情的内容。

通过联大北京校友会会长沈克琦先生联系,朱光亚先生同意接受我们的采访。

一早,我们摄制组的汽车就到了军委某机关的后门。警卫已经得到通知,打开大门让我们长驱直入。远处有一幢小楼,我看见朱光亚老爷子已经站在路边张望着。他那高大的个子,一眼就能认出来。

我们在卸拍摄设备时,朱老的秘书到了,他疑惑地说:"不是说欧美同学会的吗?你们这是要干什么?"我一时无以应答。

一进客厅,就看见茶几上已经整齐地摆好了西南联大的史料、册子。朱光亚的笑容里带着些顽皮,还一吐舌头,我的心才放下来了。老爷子是知道我们要干什么的,他的秘书和门卫却被哄了。

朱光亚对我说,他很想念昆明,在电视上看,也知道现在的变化,世博会什么的都看。总之,是昆明那边的事情就很关心,想多看一些画面。

问他:翠湖还记得吗?他说:

> 记得,当然记得。我们新校舍是在这个西南方向的,理学院和文学院是在这边的。翠湖,老在那儿走来走去的。老经过它。谈恋爱吗?没有,你看我的年龄,当时小。去翠湖是工学院在那头,我们有时候还要到工学院去。每天上课来往于不同的校区之间,总是要穿过翠湖去的。

翠湖,这个宝贵的城中之湖,实际成为这西南联大延伸的校园。

朱老惋惜地说,他知道滇池污染,希望尽快治好。非常想亲临故地,但是不大容易。他说:"如果提出要去,因为自己从事的工作性质,那三个月前很多人就要忙碌。即使是到颐和园走走,也都兴师动众,不忍心。"

我说:"那您平日怎么休息呢?"

他说:"平日就和夫人在楼上听听音乐,喜爱世界级的名曲、交响乐,中国民乐也听。"

朱光亚、邓稼先,这些曾经往来于翠湖之畔的学子,后来都为了这个民族的振兴献出了自己的一切，以至生命。

我也问陈省身：去过翠湖吗？他说："当然，翠湖就在旁边，就在隔壁，时常在那儿散散步，很好的一个公园。旁边有翠湖饭店，是一个很高级的旅馆。"

翻开《吴宓日记》，查他在昆明居住的这一段时期，"翠湖"之名，屡见于其中。路过、散步，在湖畔会友，是他常到的地方。昆明的翠湖也托吴宓先生的译笔之健，从而进入了好莱坞的大片中，成为一部电影的译名。《翠堤春晓》之译名，正是来源于吴宓每天都要来去的翠湖畔。实景中的春色与银幕合一了。

春天与昆明是同在的。李政道博士说："昆明的气候也好，我们那个时候联大的学生是很贫苦的，它不冷也不热，所以是很舒服的。"问起他对昆明人的印象，李说："从我们的感觉，他们是对大学生特别保护的。所以我对云南的人民非常感谢。"

联大诗人郑敏说："联大在抗战时期，老天爷对昆明很慈善，冬天只要一件毛衣或者薄棉袄就能过了。所以我们都是很穷的，我记得都没有袜子穿，也就这么过来了。昆明真要冷一点都不得了，反正我们就是这么混过来了。"

"有仙则名""有龙则灵"，是中国人评价风景的一大名言。春波盈盈的翠湖，有幸得识若干中国现代史上注定留名的栋梁英才，被这些杰出的人物铭记于心海。

中国著名的城中湖何其多。而如果要评选一下：谁能够被这些名人大师魂牵梦绕？恐怕任何名胜都难以和昆明城中这朴素的翠湖相比拟。

我家原来就住在翠湖边，靠翠湖北路的黄公东街，是富滇银行的宿舍。我出生在翠湖畔法国人办的妇幼保健院。后来我家就被迁到了南盘江畔。而翠湖也在后来的岁月中历经了那种没有爱情和诗的年代。那种青春、启蒙的，如莺鸣于柳的气氛，恍若隔世。所谓"良辰与美景"，不可分也。

现在昆明为世人所知，然而也变成了熙熙攘攘的商业化闹市，温馨失落不少。

"谢娘去后无消息"，再没有人像西南联大的师生这样真挚地来爱上我的家乡。人的胸怀变了。那时的人们爱国土，爱每一寸用热血保卫着的土地；现在的人是，只爱自己的"小窝"。可能对他自己的家乡也隔膜吧。

南屏大戏院

南屏街是当年昆明最繁华的街。台北学长柴之棣有风趣的回忆：

> 我在联大念书的时候，经过那个热闹的南屏街啊，这里有一家过桥米线的，里面吃得稀里呼噜的。哎呀，我们在外面看，没有钱，没办法进去。站那儿闻闻味道，味道好得很。当时没钱，所以现在我到台湾，我拼命吃过桥米线。

当年南屏街上最引人的红尘重地是南屏大戏院，现在是南屏电影院了。它门面不凡，很开阔，呈扇形，两边可以排很多海报。而放映厅并不太深，令人舒适。我到过洛杉矶的电影院，竟有相似之处。

那时的外来电影都是原声，然后在一旁的墙上用幻灯放出中文字幕，还有人用喇叭口译着。

廖伯伯是我家邻居，当年昆明甘美医院的药剂师，年轻时是很时尚的。他告诉我：那时候的翻译就是意译，有点林语堂的意思，当然不太好。而无论哪一部好莱坞片子，男的都叫约翰，女的都叫玛丽。昆明人也没看出什么不对来，坐在那里，一包五香花生米，吃得津津有味。

当联大人初来昆明的时候，南屏电影院所放映的好莱坞片，因译得不好，常常在放映中遭到联大学生的嘘声，有时弄得几乎放不下去。南屏大戏院的刘淑清老板知道城里现在有了这么一群文化高的师生。她不惊不怒，顺势而上，请吴宓先生来任好莱坞片翻译。可能还是通过梅贻琦校长请的。

这位老板一点没有小地方人的狭隘气，她反而借机使南屏大戏院的电影上了一层楼，一下子达到了中国最高的翻译水平，让昆明人也提高了欣赏层次。因为翻译精细，电影院的气氛自然安静了许多，大家都喜欢听那些精彩的台词，自然不闹了。联大人后来以南屏大戏院为他们的休闲乐园。

我问过陈省身，他对吴宓的翻译好莱坞电影毫无所知，可能吴宓被南屏大戏院邀请做这个事的时候，他们已经不在一起合住了。"电影比较难看，我有时候看，不过比较少。因为电影院就很挤，我们又是在西北角，南屏电影院是在市中心区，也有段距离。所以看场电影并不容易。"他说的可能就是南屏电影院的前期。

自从吴宓来翻译好莱坞电影，南屏电影院生意兴隆，书斋里的教授就这样把书香带到了山城。南屏大戏院的老板是从四川来的刘淑清女士。她的丈夫原来是军人，不幸遇害。她自强不息，成了实业家，与梅夫人、龙云夫人等都是朋友，给过西南联大不少帮助。南屏大戏院老板的千金，后来就与梅贻琦校长的公子结为连理。他们本来两家就有来往，二人在法国留学时恋爱。可见当年昆明的年轻人层次品位也不逊色于京城了。

梅祖彦夫妇曾应我的邀请到昆明做怀旧游。梅先生去世后，我重访三里河南沙沟，与他的夫人刘女士面叙。刘女士对我说：

> 当年母亲专门聘请吴宓教授为美国好莱坞片做翻译。那些脍炙人口的好片名、好译本，《翠堤春晓》《魂断蓝桥》

《出水芙蓉》等皆是由此而出。后来内地电影院都来向母亲要这些译本,昆明放映完了外地就跟着放。南屏电影院也成了战时中国译制好莱坞影片的领军前沿。

我母亲也常说起,当年她在英文专科学校学习,到南屏电影院看《简·爱》,她一看就是十几遍,正好练习英文。

在台北时,冯钟豫学长也记得南屏大戏院。冯钟豫先生说了一句很平淡的话:"在昆明,常到南屏电影院看电影。"可却因为泪水的上涌和哽咽,他停住了,半晌,才往下说。在这一句平淡的话后面,有谁知道隐含着多少内容、多少往事、多少情感?他在此刻想起了什么?他没有说出。也许不是什么具体的人和事,就是这段生活,这段青春令他难以自禁。

不忍心让老人过分悲伤,我帮他舒缓情绪,打断了话头。撬动一个耄耋老者的沉睡多年的往事,对他来说是多么大的感情颠覆。等我们这些瞬时的客人一走,他又要一个人面对孤独,背负这些复活了的往事。在这个岛上,现在还有几个人能理解他的倾诉?

冯钟豫先生具有那种内向的尊严,他克制自己,完成一种含蓄的表达。告别时,我送他一个云南玉扣,寓意平安。他却说:"这个不留,这个很宝贵。"他还说:"我现在就是处理我的这些东西了。"一盒从昆明带来的火腿月饼,他也只取出一个,说"够了"。听他说这两字,仿佛在听禅语。世间有几人知道这"够了"两字?

送他书时,他说"喜欢",那是我父亲的书法。但他接着说:"这本书很好,我走后给谁?"令我动容。冯先生的女儿涵棣在台湾"中央研究院",刚从上海复旦大学做学术交流回岛。涵棣告诉我,她陪着父亲看《西南联大启示录》光碟时,父亲潸然泪下。桃园敬老院的人感到奇怪:冯先生平时话不多,可见了大陆来的人,却忽然变得健谈。

那天采访结束的时候,我问冯先生:"对两岸的未来有什么看法?"他回答很干脆:"只有一条路。没有别的第二条路。现在不过是在拖时间。"

"宜结良缘"

在昆明近郊宜良县有岩泉寺。沿着岩边开出的山道走过去,就看见了在陡峭的崖壁上题写着钱穆先生的题词:"岩坚泉清,宜结良缘。"旁边深涧幽绿,苔青林茂,听得见泉水的流响。

宜良至今是一个好去处,以板栗和狗肉闻名。当年钱穆先生住在岩泉寺著书,适逢他的侄子钱伟长携新婚妻子来到这里,一对新人在岩泉寺度过了他们的蜜月。这就是崖壁上钱穆题词的由来。他将"宜良"这个地名巧妙地放了进去,赠送给新人。

"宜结良缘"这句吉言,其实影射出当年许多联大师生在昆明获得爱情与幸福的往事。他们中有学者、有革命者、有教员、有学生、有科学家、有诗人。爱情与幸福的来临,对于他们都是同样的宝贵与难忘。这也是昆明在他们心中的位置无可取代的原因。

走进南开那座湖畔小楼,我注意到在餐桌前方的墙上悬挂着一张女士的照片,端庄贤淑。陈先生看我注视那照片,便告诉我,那是他的太太,过世了。就在他们决定一同回来的时候,她却先走了。

这一幅如静水照花的照片,将这样寒暑相共地陪伴着归国的陈先生了。他说:

> 我想昆明对我最大的影响,是我在昆明结的婚,我在昆明和我的爱人永久地结合。很不幸她一年多以前去世了,我们一共过了六十多年。
>
> 去年她去世之前,我们举行了一个仪式,约了许多朋友,不知道六十周年是什么婚了。钻石婚了,不只是金婚了。
>
> 她对于我的工作有很大的影响。主要是她永远不在那

> 儿麻烦,是她把你家庭弄得很简单,我可以专心地做我的数学。所以,这是昆明对于我一个很大的纪念。

当年,这样"不麻烦"先生的夫人不少,从梅校长起至各位教员,太太们都知道各有所司。当丈夫们挑起学校的重担,去为民族效力的时候,自己就挑起家庭这一头担子,让他们了无麻烦。

能够"把家庭弄得很简单",见出这位夫人的水平。"我的对象是本来认识的,不是在昆明找的,她到昆明来我们结的婚。主婚人当然很简单,梅贻琦了——校长啊!请校长主婚了,这就像家长一样。老师结婚就请校长来主婚。"陈省身夫人是他导师的千金,出身数学名门,故能够创造出合乎一位数学家风格的生活。

> 这个城当然非常漂亮,因为我很多时间就住在翠湖旁边。你刚才说到翠湖,翠湖是我常在那里走的,是差不多每天都要去的一个地方,环境很好。

> 昆明吃的也很好。我想得最多的,就是过桥米线。我们结婚就在"共和春",是昆明的大旅馆,在正义路上面。现在已经没有了。云南有很多好吃的菜,像云南火腿很好吃了。

饭店用"共和春"这样的名字,可以想见当年昆明的进步、时尚。

在三里河任继愈家采访时,摄像师发现了放在橱柜上的一张老照片,他惊呼了一声:"美女!"那是冯钟芸先生的青春照,笑靥如花,民国气韵。于是我们要求讲讲当年在校园里的艳遇。冯钟芸说:

> 到昆明去以后,我就进了西南联大中文系。由于三校合并,当时比如说罗先生,北大就有两个罗先生,一个大罗先生,一个小罗先生。罗先生就是咱们说的罗莘田先生,是系主任,这边就是闻先生、朱先生,等等。他们在联大的系主任是三校轮换的,大部分还是北大、清华交替。我刚去的时候是朱先生做系主任。

他们是通过老师做媒结合的。

  我1941年毕业的，我在（联大）附中教书，最早教了一班小孩儿。那时候还有附小。教小孩儿的书，是因为我有一个同学，她在请产假，找不着人代课。我去给她代课。任继愈的一个同事生病，当时他们也要他去代那个同事上附中的课。在当时那个生活条件下，有工作跟没工作是很不同的。

  我们代的同是初中二年级。我教的甲班，他教的乙班。这样就有了接触。到了1943年，我就回中文系去了。系主任当时是罗莘田（罗常培）先生，罗先生正好和他住在一个宿舍里。我们有时候到罗先生那里去，罗先生也非常喜欢年轻人去。所以就和任继愈认识了。大概过程就是这样子吧。

任先生说，罗常培先生有一个雅号，自命为"百梅馆主"，因为他借住的屋子上方有块匾叫"百梅馆"。冯："百梅馆主，一百次，百媒，为人撮合的媒，做一百个。"任："他是百梅馆主。他有心愿，一百当然说多一点，不过实际上也做了不少。他们认为，我们俩比较合适。"罗先生自号"百梅馆主"，成全百侣。可见当时联大人在昆明有很浪漫的生活情调。

任先生："我好多有才华的学生在云南被招了驸马的，跟云南人结婚的，有好些。"

他问我："你是不是中文系的？"于是我知道了我们系主任王瑶先生的罗曼史。我入学的时候，系主任是王瑶。

  王瑶的爱人就是你们云南人。那时候家长不同意，就这么一个小勤务人员，你怎么能嫁给他呢？她就私自跑出来。原来约好在一个汽车场见面，她从家里跑，他从学校里走。两人会面后就走了。云南姑娘，识人才。我知道这一个。别的还有，招驸马的不少。……青年人没有成见，有出息就好。

昆明安谧的环境唤醒了人们对幸福的渴望。北方的家乡已经沦陷，父老亲人不能团圆。可"男大当婚，女大当嫁"，人生的路仍然要走下去。当时有不定之规，学生婚姻，由教员为证婚人；教员之婚，由梅常委为证婚人。有很多照片留下了这些场面，一大批联大人在云南的土地上缔结良缘。

在那个年代和环境结成的夫妻，大都有着相当的学历基础，有共同的意识氛围和相对的个性自由，直到耄耋之年，他们看起来还是那么琴瑟相谐。

赵宝煦先生就是带着他与爱人年轻时候的合影前来见我们的。赵宝煦说：

在昆明恋爱，在昆明结婚。我在跟我爱人结婚的时候，我有一首诗：

原无意，

在战争的烽火里，

预约明天的幸福。

但是在这美丽的春城，

我为一双美丽的大眼睛着迷。

走在人生边缘的赵宝煦先生回忆当年，依然是那么温馨、那么甜蜜。幸福曾经存在过，幸福从此可以伴以终生。

在清华园内"西山苍苍"的石碑前面，我采访摩擦力学专家郑林庆先生。人们告诉我，郑老对于中国摩擦力学的确立卓有贡献。但他只一笑，说的还是他的老师如何。郑林庆先生非常平和、愉快与节制，对往事的描述也十分清晰。听到我们是从昆明来的，他的夫人也娉婷

而至。原来她也是西南联大学生,在昆明时与郑恋爱结合。郑林庆说:

> 当时有一位化学老师为了改善家庭生活,就种了花准备去卖。结果有一天那些花忽然就没了,都被偷了。后来有人跟他说,你到女生宿舍去看一下。原来那些花都被男同学偷去献给他们喜欢的女同学,全部插在女生宿舍里,开得很鲜艳。这位化学老师也只有一笑,无奈的一笑。这个花也就开得其所吧。

这时在清华园的草坪上,围上来一些年轻同学,都在笑,好像看见那一片盛开的鲜花,被女生们用各种各样的瓶子插在简单而温馨的宿舍里。教员种出鲜花,本想贴补家用,却成为这些无家的年轻人爱情的信物。战争并没有消磨掉他们的青春、爱情与浪漫。

听台北的刘长兰学长讲,令人感受到少年无赖的那种气息。她说:过年的时候放年假,旧年也放、新年也放。所以那些男同学才情洋溢啊,就写对联,写:"新年旧年逢年便过",这是上联;下联是"好妞赖妞见妞就追"。

当年,女学生钱惠濂拥有一架相机,一位喜爱摄影的男同学沈叔平就用它拍摄许多西南联大照片,包括那幅著名的联大大门照片。钱惠濂说:"我们一有空就拿着相机到处逛,拍昆明,拍联大,给同学拍照。因为当时许多同学想把照片寄给远方的父母亲。我们两个人就这样好上了。"

一架相机结良缘,那许多珍贵的历史照片做了媒人。

联大时期结成的伴侣,特点是"志同道合"。它不仅仅只要求生活的相辅相成、相依为命,更要求一种志趣的相投。中国人对"缘"的解释,并不只限于男女之情和婚姻之系,其实非常广而厚。

一切好的因缘都是有利于社会、有利于个人的。

在当年的云南大地上,结下了多少美好的师生之缘,同事之缘,朋友之缘。

巾帼慕英雄

清华六十周年校庆时，我在甲所采访了西南联大台湾校友会副会长姚秀彦女士。

姚女士带来一本画册，我看到了那些当年建筑于荒凉岛屿上的大桥、隧道和宾馆等。这些事在大陆学界从未听说过，引起我极大兴趣。由此，我第一次得知一批联大人去台湾后，在开发宝岛过程中起到了智囊库和实干家的关键作用。

当时"扁政权"使两岸关系恶化，不能登岛。一部《西南联大启示录》里缺失了台湾校友，于是我存下了去台湾的心愿。

在那本画册里我看到一张姚学长与一位戎装军人的伉俪合影。当时我跟姚学长有一段对话，彼此非常爽快，从中见出她脱俗的性格。

张：你跟你的先生也是自由恋爱的？

姚：当然了，学生么，总是你喜欢我，我喜欢你。

张：你的先生也是学生吗？

姚：他是我朋友的朋友。我补充一点你没有问到的：那个时候我们的情感都是一样，我们都是到了台湾，或者是抗战胜利之后，好像从心里就对于某些人有排斥。比如说在台湾，做官的我们都不接受。你是做官的，那我们不接近你，但是在联大的时候，因为那个时候全国抗战，所以没这种界限。

张：那时候对军人还比较崇敬吧？

姚：整个精神凝聚力非常强，对人和人没有排斥。

张：一个民族团结在一起。

姚：民族团结，我们唱的歌里，工农兵没有区别。

张：所以你嫁了一个军人。

姚：没有地域的区分，没有职业的区分，也没有对官的排斥。

张：大家把交往的口子放开了。

姚：让所有的隔阂都融在一起了。所以，比如一些军人去讲演，我们就很快跑到他跟前听讲演，关心前方的军事状况。并没有说，他是一个军人，我们轻视他，或者什么的。没有这个观念。

张：这是民族的凝聚力。

姚：这个时候所有的隔阂都打破了。

张：所以你就交往了一个军人。

姚：就是这样，朋友的朋友。那个时候，好像都关心前方的情况，所以军人的讲演，都是很受欢迎的。军人在前方，我们在后方，实际上我们是一体的。抗战时期，军人和学生以及老百姓的界限打破了，他们在前方杀敌，很受社会尊重。

张：我看你的夫君是一个将军。

姚：后来联大的同学从军，就在抗战中后期，"珍珠港事变"之后，日本的侵略军遍布太平洋，还有缅甸、印度这些地方，所以美军跟中国军队联合作战，很需要翻译官，很多同学到三四年级从戎了，做翻译官。

张：所以军人和学生也就混为一谈了。

姚：他们从军报国，有些就是说书没念完，后来补一点学分就毕业了，所以文武合一。

张：抗战时期，校园和民间、社会的联系更广泛了。西南联大师生不像现在关在校园里，那个时候的人更开阔。因为他关心整个社会，社会也造就了这一代人。

姚：讲到这个事情，我们马上想到过去的情况，对年轻一代讲，他们好像不太了解，你生活状况不同了，观念也不一样。

张：情怀当时更加开阔。

姚：跟现在不一样。

张：在安定环境下，人变得狭窄。

姚：非常高兴你来访问。可能很多话讲不完，我们慢慢再补充。

    姚学长谈话非常集中，很敏锐，我们都希望再见。她性情飒爽，有大气概，令人如见那个时代的女性风范。她讲出了那个时代的一个大特征。姚学长属于那个时代所塑造的有"大人格"的一代。

    八年后，我终于到了台湾，兴冲冲地就去见她，一上楼就喊着："姚学长，我来了！我终于来见你了。"然而上楼去，她却给了我们一个意外的欢迎，让我领教了姚女士那刚烈的性情与风骨。八年未见，她已经行走不便，坐在沙发上，用手一指，厉声问道："你们当中有没有当官的，部长？当官的给我出去！我这儿不接待当官的。"

    我走上前去说："姚学长，你看看我，是我。我在清华甲所采访过你。你还约我台湾见面。不记得了吗？我们是摄制组，没有当官的。"我揣测，她可能是听到了什么传闻。

    姚学长平静下来，挥挥手让我坐下。其实她是很盼望我们来的。那天她穿了一件素花的短袖衬衣，风度清爽。很美。

    那是普通寓所中的一套小单元。在简朴的客厅的墙上，悬挂着她先生当年在滇西抗战中所获得的战功奖状。可见他们一生中最高的追求与价值观。

    坐在沙发上，姚女士依然精神矍铄，思维敏锐。她声称："只谈大事，不谈个人的事。"令我感到一种灵魂的磅礴。

    姚学长的先生张金廷是国民党中将，已经逝世。我坚持要问她与先生的姻缘由来。她就讲得具体了：

    我先生呢，他有一个很好的朋友叫赵家祥。北京被占领了，学生们就分散到我们西南那个寄宿学校。抗日的时候很苦啊，我们女生就住在一个小宿舍里，上下铺，空间不够嘛。我跟赵家祥的太太很熟。又过了一个时间，她偷偷地告诉我："我已结婚了你知道吗？"大学女生，大家平常不知道这事。她先生是赵家祥，是个军医。文章写得好啊，诗也写得好，就是这样认识的嘛。她先生跟我的先生又是好朋友，我们也就这样认识了。

这样，两个女生都嫁给了抗战中的军人。

女学生仰慕抗日英雄而出嫁，成为时代流行的佳话。她们所倾慕的军人，正是这样具有才学的儒将一流的人物。姚学长没有夸自己的先生，却从先生好朋友的身上给我们透露了她先生也是通文的。看那些当年的照片，姚秀彦眼光刚毅而姿容秀丽，身材有种弱不禁风的柔美，与身旁相依的那位魁梧军人，恰成弱柳扶松的搭配。然而在接触中，人们会立刻发现，姚女士也具有松的性格。

昆明，对于她，与其他联大学子还不一样。除了是读书求学之地，是爱情结褵之所；是她带着孩子在这儿守望丈夫，守望中国军队，守望一场民族大决战的惊心动魄之地。

1944年的滇西大战，是决定中华民族命运和国际战场大格局的重要一战。松山在日军手中，如果中国军队不能拿下，中国与外界的联系就会完全中断，成为一座孤岛；而日本与德国将会实现他们在印度洋的汇合，世界反法西斯阵线也会被打开一个缺口。

当年蒋介石曾经亲临云南督战。当中国军队付出惨重代价最终攻克松山时，胜利的心情是沉重的。胜利后，应云南名流李根源之请，蒋介石留下墨宝"剑南忠情"，刻于昆明西山石壁之上。另一幅"碧血丹心"则题写在腾冲阵亡将士的国殇墓前。

我问姚女士："你丈夫上前线的时候，你在哪儿？"

她只说了一句平淡的话:"我带着孩子在昆明等。"

这位单薄秀丽的女子当年就和许多出征军人的眷属们一起,守候在昆明,共同经历着这创造历史的严峻时刻。军人们已无退路,身后是最后的河山与家人。姚学长就是这样的一位女性,战争中的玫瑰,军人心胸处所藏的温馨。

在台北姚秀彦家中墙上的那幅由国民政府国防部奖励滇西大战的奖状,它是岁月的明证,是抗日军人和他们的亲人为国家、民族的付出与忠诚气概。所以这个家庭辗转天涯海角依然珍存着它。

不喜欢"谈个人"的姚学长,总是跟我们讲一些大气象和大形势。她说:

> 抗战精神啊,不是一个口头上的说教:你要什么样,他要怎么样,你们要怎么样……不是这样的。大家都是自然而然的。军民合一,像老师啊、同学啊、门口的摆小摊的呀、卖面条的呀,大家天天都要面对,都不用宣传。
>
> 我在高中的时候,就开始抗战了。高中时礼拜六啦、礼拜天啦,到乡下去宣传。你猜猜怎么样?老太婆:(北方喜欢加个"老"字,喊日本人"老日")小妹妹呀,不要讲了,我们都知道要打"老日"啊。你们也很辛苦,休息休息。这就是军民一家,官民上下,老师学生,大家心中没有隔阂。当然,你是老师,你学问比我好;但要说平常生活上啊,真是打成一片。

次年冬天,我正在北京做片子,忽然接到姚学长辞世的消息。她的女公子张同莹女士到北京来,专程前往北大、清华,向联大方面的校友们通报。这个做法表达了姚秀彦魂归母校与故土的心愿。张同莹找到我,约我在奥斯汀酒店见面。她告诉我,这也是她母亲的最后嘱托。在冰雪满地的北京,我们一起追怀着她的母亲。同莹身材高大,性格爽朗,有将门之风。我们一见如故,开怀痛饮。

在台北,访问姚学长离开的时候,我已经在楼梯上,摄像师忽然说:"张老师,她在向你招手呢!"我回头一看,姚女士自己拄着那种三只脚的拐杖,走到了家的门口,推开防盗门的铁栏,她在向我们招手、目送。

一刹那,我感到她的目光里有一种东西,我永远不能忘记,那是一个人在看着她一生最宝贵的东西正在离去的目光。

同莹说:"我母亲学术成就不大,但她的人品很受人敬重。在葬礼上,很多重要的校友和清华方面的负责人都来了。"

次年春天张同莹到云南旅游,意在寻访当年她父亲血战滇西的故地。在昆明翠湖我们聚叙了,我带她去看了她母亲当年学习的联大校园遗址。同莹来到我家中看望了我母亲。她专程从台湾带来了一本《巨流河》送给我,作者齐邦媛是她老师。这本书中的那种国魂的气质很令我震撼。

走时,张同莹留给我一句很硬的话:"我父母,他们是对得起这个民族的。"

我们肃然而别。

牢实的人们

李凌、黎勤是很令人难忘的一对夫妻。李凌的妻子黎勤是云南石林人,也是联大学生,看得出当年是很漂亮的一个女孩。

黎勤说:"他死乞白赖的,我把你作为一个小兄弟,你倒把我给看上了。"李凌说:"她人好,长得很美,功课好,进步好。"

李凌是一个资深的"地下党",广东人,属于特别老实憨厚、真诚执著的那一类南方人。"一二·一"斗争最尖锐残酷的时候,他与王汉斌并肩战斗,打退敌人进攻。但是他不幸还是被划为"右派"。

第二章 山城

我带摄制组到他们家去。他就把他自己的著述、翻译和编的那些东西,一厚本一厚本的,都从床底下装皮鞋的盒子里搬出来给我们看。他酷爱学问。

当年,李凌是西南联大《现实》壁报的主编,和王汉斌共事。在众多有才华的进步同学中,他能当上主编,可见其人。

我说,你们怎么还像西南联大一样,书啊什么的遍地放。

其实我知道他们的坎坷,李凌被打成"右派"后,妻子一直陪伴和相信着他。能够重新回到北京,他们已经很满足了。

家太小了,沙发就放在床头。他看报纸时,仿佛是将自己塞进去的。但是他非常自然,非常愉快。夫妇俩的精神状况都非常活跃,亲热,安之若素,比很多豪宅华室中的人们有滋有味。这个狭小的单元房,在北京真是太普通、太平民了。而令我感到吃惊的是,他们两个说:"嘿,一点都不小,就在上个礼拜,有十来个联大的老同学来集会,有外地来的。王汉斌夫妇也来了,就在这个小单元里,吃饭、聊天,大家非常愉快地欢聚了一次。"我一看,这怎么坐十几个人?我们摄制组进来都嫌挤,还在这儿欢聚?

这令我和摄制组深深感动。在这个聚会中凝结了太多的内容、太多的感情、太多的品性。他们有着如此牢实的友情与信念,如此牢实的爱情与家庭,还怕什么房间狭小?他们是令人羡慕的。那时的人们都很牢实,那时结成的缘分都放在人们心底,不为世俗所动摇。

后来不久黎勤就去世了。这次采访留下了她最后的讲述:

> 女同学自己单独活动很少,一个是我说的小一点的宿舍,一个就是图书馆。同宿舍的女生一起去、一起回来,特别是大一、大二的时候。到大三,集体活动就少了。大三一般都有朋友,再一起上图书馆不行,一吃完晚饭男朋友就来了。传达室的女播音一喊"某某小姐有人找",这就知道是

谁找，拿着书就出来了，一起去上图书馆。
当年他们这一对，恋爱就是读书，一块儿读。

你要单独谈恋爱呢，一般就是去逛逛公园。聊天的内容大部分也是学习，聊得很有兴趣，学习都是应时的，或者讨论一本书。拉着伴，挽着手走。一般都是到村户，村户人不多，要不就是星期天，那纯粹是休息了。

障碍是存在的。因为地域不同，开始相互看不起和不信任。

父母不知道。父母要知道就要反对了，父母不希望自己的孩子嫁给外地人。大量沦陷区的人到云南以后，他们看不起我们云南人，觉得是"老滇票"（"老滇票"是云南富滇银行发行的省内纸币，当时相对中央银行的法币要低值。用这个外号来讲云南人，是贬低）。云南人就在街上揍，说：你们"下家人"，把外地人叫作"下家人"，"老滇票"？没有老滇票你们吃什么？

一开始是冲突，但是学校里没有。后来外来人一看不是那么回事，这个"老滇票"是非常热情、非常朴实的，对"下家人"给予很大的帮助。租房子你还不得租我们的房子，你们吃喝拉撒能离得开吗？云南人热情忠厚的一点使他们感动。他们打不过。那些"下家人"就是嘴巴说说。学校里没有这个矛盾。

年轻人之间容易认同。在一次石林的旅行中，李凌对她一见钟情。

李凌跟我讲了好几次，他说我第一次认识你不是在学校里，而是在路南。他们在路南玩，我正好是放完假，那时候还没进联大，要到昆明去。我那时候坐大卡车，他们也是坐大卡车。他说我第一次看见你，我对你这个云南姑娘就……我就有这个印象，你这个云南姑娘不错的。他的意思就是说，不是像"下家人"讲的是那种

"老滇票"。

在他们二人的关系中,看得出来,黎勤是一直占上风的,她以自己是云南人而自豪。

过了一天,我到香饵胡同去采访王汉斌和彭珮云。

香饵胡同的宅院门口有警卫守候,秘书引路,电话后他们下楼来。这里,无疑不是李凌他们可以比拟的。因为我在李凌家知道了一些情况,我另外有了一种敬意。他们的威严变得令人可敬。侯门深似海的背后,也还藏着人性、平凡和坦诚的东西。

有的东西是很牢靠、牢实的,这就是他们真诚、执著的个性;他们在西南联大那段时间的感情,对李凌他们那种情意:不避忌,不为地位所隔绝。

西南联大给予的友谊、爱情、性格、脾气、联系,都很牢实,都经得起时间的变化和考验。

革命姻缘

王汉斌与彭珮云现在是中共"元老"级的官员了,他们也是中共高层一对著名的伉俪,他们的相识与结合是在昆明联大时期。

我与他们第一次见面在史家胡同宅院。楼下有一间客厅兼书房,周围墙壁全是书柜,里面书籍琳琅。这就是学者型官员与其他人的不同之处。王、彭二位隔茶几而坐。当我问及当年他们的婚姻时,王老不答,只是摆摆手,也许是他还沉浸在刚才对"反右"和龙云问题的愤慨之中。

他在我的面前是严肃的长辈。彭老却给我一种"大姐"的感觉,虽然她比我的母亲还年长。看得出她年轻时是一位很活泼的女性,性格开朗,充满憧憬。她身上还保留着一种浓浓的女学生气质,尤其当她唱歌的时候,一股朝气和坚毅的精神追求伴着她走向暮年。

彭珮云说：

> 我是抗战胜利前夕考上西南联大的，是西南联大最后一个年级的学生。我在贵州上的高中，那时就受到一些进步教师和同学的影响。当时，西南联大是大后方的民主堡垒，拥有许多知名的学者、教授，所以我对西南联大非常向往，就和一些同学到昆明考上了西南联大。
>
> 我在 1945 年"一二·一"运动前，加入了民主青年同盟第一支部，是邓识生介绍我加入的。接着就发生了"一二·一"运动。我积极投入了这个运动，在斗争中进一步提高觉悟，更加认识了国民党反动派的本质。我参加民青以后，是王汉斌同志来联系我。在"一二·一"运动以后，1946 年 5 月我加入了中国共产党。1946 年 6 月间，联大就开始往北京迁返了。在这不到一年的时间里，我从一个富裕家庭不懂事的孩子，开始走上革命道路。这一段经历确实是终生难忘的。当时我的革命热情很高。王汉斌同志是我的领导人，也可以说是他带着我参加革命的。就这样，说起来也很简单。

这是革命的恋爱曲。王汉斌是她的上线，是她的入党介绍人。后来我与他们还有过一些接触，我注意到，彭老在任何场合都敬重着王老，无论是他们并排为官，还是丈夫退位她为官。这是妻子内心深处的敬重。

潇湘韵事

这件妙趣横生的逸事，是清华大学徐葆耕教授给我讲的，有味道，合乎吴宓的脾气。

话说有一天，吴宓教授路过青云街上，见一家新开张的饭馆，张灯结彩，好不热闹。抬头一看，上面挂着大匾，却是"潇湘馆"三个大字。里面吃酒划拳，烟雾腾腾。伙计来回都一路小跑儿。

吴宓进门，来到柜台上。伙计说："先生，您要座位吗？"就急忙往里边让。吴宓说："不，我不是要吃饭。我要见你们掌柜的。"伙计一看，这么一位儒雅的先生，一看就知，必是一位大学教授。便说："您家稍等。"

一会儿，饭馆的老板出来了。老板一见吴宓，便拱手道："先生，有何见教？"开饭馆的人，和气生财气。吴宓说："能不能我给你一点钱，你把这饭馆的名字改了？"老板诧异道："为什么呀？"吴宓说："林妹妹会不高兴的。"

故事到此为止。

到底那位老板有没有听懂吴宓先生的话，就算是听懂了，会不会改这匾上的字，后话不得而知了。

在世人的眼睛里，潇湘馆总是好地方，既然是好地方，就不能不让人去啊。开饭馆，要的就是名字新鲜、好听、吸引人。而为了一个子虚乌有的林妹妹，要自己掏出钱来，叫人家把好好的饭馆名字改了。说他痴吧，他还知道要给人家一点钱，弥补一下；说他知道世故，却又是真假不分，将小说中人和现实中的事混为一谈。好叫我想起《红楼梦》中的宝玉。宝二爷听刘姥姥说了一个"雪下抽柴"的事，就要茗烟去找这个庙，要为这夭逝的女儿烧香。

这些事情，透着中国文人骨子里的一段浪漫。

三年前，我曾与在京友人相约，会齐了大家一同赶往上庄，以香火祭奠纳兰性德。到了那水库边上，寻个清静地，大家焚香，默祷了一番。看着香烟袅散，缥缈中仿佛与纳兰公子对话一阵，了却一番仰慕之情。

我在一所旧院里捡走了一块残碎的瓦当，那个古建筑是纳兰的家庙。迢迢远路携回,现在放在书房架上了。每念起那些词句来,"冷处偏佳,别有根芽,不是人间富贵花",于书斋中仿佛与纳兰相对。

在社会的规范之外,学人总想保留一点老庄的空灵与自由。

所谓怪癖者,其实都是些不屑于与俗人论及的心灵秘密。除非是隐情受到侵犯,才会出马与俗世相议。当吴宓见到"潇湘馆"变成了大嚼牛饮、划拳唱曲、酒气粗话的市井热闹之地,就像是见到了焦大、牛二和烂醉的薛蟠闯进了林妹妹的闺房,怎不叫人着急阻拦?

大雅遇上了大俗,这是文化的邂逅。幸好大家都客客气气。估计是,老板也不会改了饭馆的名字,吴宓先生也只有无奈了。令他无奈的事情本来就不少。像他这么敏感、这么追求诗意的人,雨僧,这世界怎么能叫他如意呢?只是他不出来拦这一下,自己会跟自己过不去的,会认为没有为林妹妹尽到力;出来拦了人家不听,那么林妹妹也不会责怪他了。

听说我在写《评点〈红楼梦〉》,一天吴学昭女士到北大来,给我送来了吴宓教授的评红文章,和旧报纸上故人回忆"吴宓结石头社"叙红楼情趣的往事。后者是影印的,前文却是吴女士手抄的,字迹秀密,有名门气。

看那影印文字,说吴宓在结石头社时,吸收社员唯一的条件就是,必须自己比为红楼一人物,而这比喻人们也能够认同接受。

这个条件可谓新奇。看似随意,实则苛严。比如你我,想想真要比方红楼中的谁,还比不进去,比不确,比不到点子上。当然不是比外貌,也不比外在的条件。甚至连男女都可以跨越的。比如吴宓就自比为紫鹃。你想得到吗?

然而听吴宓自己一说,你还会觉得他比得确,比到了点子上。他给了自己一个非常恰当的位置。他是美的赏识者、知音和捍卫者。紫鹃之敬爱珍惜追随林黛玉,已经是到了一种对美的追求与维护的人生信念上。以至于黛玉死后，紫鹃也心灰如槁，遁入空门。对认可了的有价值的东西，一生追随，这种气质，吴宓是有的。就看他与陈寅恪的友谊，便是重要的人性证明。

《吴宓日记》中，吴宓与陈寅恪的诗歌唱和，始终不断。吴宓在"文革"时期寄给中山大学革委会一封信，他向人家询问陈寅恪与夫人的下落，并表明自己与其为好友，思念之故而查询之。此举无异紫鹃于黛玉已经被贾府冷落之际，病重气微，却仍然不愿离开，说"姑娘还有一口气呢，还在叫我"。

紫鹃身上有着一般文人没有的情操与气节。

吴宓常于日记中愤称"群小"，可见他的疾恶如仇之内涵。吴宓既然自比为紫鹃，当然要维护潇湘馆。

我请教过吴学昭女士，我问她在整理吴宓日记和其他文献的时候，有没有看见这个说法，这件逸事是从何说起来的呢？

吴学昭女士说，没有。但她也以为，没有记载，不等于事情就没有，此事无伤大雅，亦符合吴宓老爷子的性格。

联大学生办教育

郑道津先生是我在滇南的一所中学里采访到的。他是安徽人，父辈参加过同盟会，是民国议员。郑道津在抗战时候进入西南联大读书，就再没有离开云南。他的遭际看起来不顺利。他的居室和晚境生活，令人一见难忘。可能这是西南联大多数学子的命运。因为我所采访的重点都在京津名校，以及海内外一些成就卓著的人物，我非常希望以后还能有更大的能力和空间，来发掘这更大多数处于普通人境地的西南联大学子们的记忆和内心生活。

我并不认为，西南联大就应该完全由那些成功人士所代表。只是"名人名家"，那么历史还远远不完善。

郑道津先生的讲述观察独到：

我个人的看法，联大人对云南社会，从城市到农村，遍及云南各个地方，在教育文化上起了作用。我觉得这是值得提一提的。这个作用也可以同"两弹一星"上天相媲美的。

云南这个地方对我们国家来说，具有特殊的战略地位，历代对云南都很重视。云南是高原，一方面，它屏蔽了西南的大片国土，像四川、广东、广西，云南起了这一作用。另一方面它又面向东南亚，面向东南半岛，再加上丰富的资源，在全国有战略作用和特殊地位。但云南是高原，地形复杂，交通不方便，又造成了云南各个地区发展相当缓慢。

在清朝末年的时候，在西南各省一寸铁路都没有的时候，云南也具有通海的交通线。云南在当时开风气之先，当地一些知识分子忧国忧民，也引进了很多的新思想。但是广大地区还是相当落后和闭塞的。直到抗日战争开始，当时我到云南，就感觉昆明的情况比起沿海的一些城市差了很多。我下乡后感觉这种情况尤其厉害。

联大到了昆明之后，由于联大的学生往往没有经济来源，生活无着，不得不到校外工作。昆明的就业范围是有限的。但随着抗日战争这个大形势的振动，各个地方势力也感觉需要人才才能赶上形势。抗战不久，各个地方办教育的形式也大大小小地多了起来。有些地方大力发展教育，办的中学能扩展到一些小的县份。在这种情况下，联大学生为了自己解决求学的需要，相当多的人开始下乡，就成为县城和城镇中学老师队伍中的重要力量。

这些人到了地方，开始使云南的教育在教学的深度上大大改进。最初，下乡联大学生遇到的一些情况，还是相当落后愚昧的。像中学到了学期结束时都要放榜。一般中学只有一二百名学生，放假时要在学校里贴一张大红榜：平均分是多少，按照分数多少评等级。这个榜我是见过的。在榜的末尾，是学校校长的名字。这些在沿江、沿海早已看不到了。由于社会风气的转移，一些地方有势力的人，要培植他自己的势力，找能够撑他腰的干部，尤其是他们自己的子女，这些情况带动了一些大家闺秀去上学。据这些下乡的同学说，在偏僻的小县城里，会有女生年纪比较大，有的甚至上课还带着娃娃的情况。这样的女生到学校上课，让联大的女同学感觉震惊。这样的学生有时上课甚至还喂乳。

这是最初的状况。随后每座县城至少都有一所中学，有条件的还有一所高中，学生就能到昆明来考大学了。联大后期云南籍的学生所占的比例是很大的。地方教育马上就打开一种新的局面了。

另外，联大有师范学院，联大又给云南各个地方输入了大批的师资，对各个地方的老师进行培训进修，对师资队伍的建设起了很大的作用。有一批在学习上能够离开私塾、离开旧文化的学生，会反过来影响到家庭、影响到社会。这对云南文化经济、社会面貌的改变起了真正深刻的作用。

当时教育比较发达的是昆明、大理、保山这几个中心城市。另外，大批联大的学生下乡，有人还到衙门里当家庭教师。在我们这一班，这类的情况不止一个。

流亡者的家

有一次讲座上，在场学生提出了这样一个问题：西南联大有些人，抗战八年，1938 年到 1945 年，在昆明待了七年，怎么还在上学？

到底是怎么回事啊？大学怎么老也上不完？

这个问题问得很好，作为史实，在西南联大上几年学，应该是有案可查的。

看来这个年轻人爱读书，而且动自己的脑子。战时大学灵活、包容、博大，与现在大学的清规戒律完全不同，也令他无法想象。

我的回答是：首先，当时中国的学生老师，没有地方可去。除了大后方，都沦陷了，基本上就是云南昆明这样一个学习的地方了。比如杨振宁，他到了昆明进西南联大读书。读完以后，父亲的教授薪水不够家用，他又教书贴补家庭。他在师附中教书时，学生中有个女生叫杜致礼，后来到美国后，两人邂逅，就成了他的妻子。

另外还有很多原因。比如很多人的家在沦陷区，供给就断了，家里就没有联系了。有些人在昆明教书，开始当家庭教师，他们戏称是"误人子弟"。那些人家的子弟不好教，而且也与联大这些穷学生不对胃口，于是干脆到中学里去教书了。还有一些联大的学生到了县份上，他们一教呢，不可能又跑回来啊，起码要一学期、一学年。这样也就把自己在大学的时间拉长了。那时候，昆明有几个中学就是联大师生创办的，像朱光亚在的天祥中学，王力办的越秀中学。云南前省委书记普朝柱跟我说，他所在的长城中学，就是当时联大的东三省流亡学生办的。所以培养的一批少年人很有山河之痛，他的同桌张华昌后来在"一二·一"中牺牲，是"四烈士"之一。

还有那些从军壮士，当了兵又回来读的。因为当兵也没完全退学嘛，为美军"飞虎队"当翻译等等，来来回回，非常灵活，也是战时需要。当时也可以转系，可以重新读，所以一泡就很长时间。这种融入战争、人生的大学学习，来来往往，不是一道围墙可以隔出来的。

潘琰参加过战地服务团，又回来读书，所以她的年龄比较大，也比较有经验，很勇敢。很多同学自己就带着经历过的战斗激情回来读书。像来自沦陷地区投考西南联大的，他们路上充满了各种艰险。如李政道就遇上翻车，受了伤，住了医院，最后才找到昆明的西南联大。但这一找到，就很值得了。这些人带着中国大地上民族苦难的声音来了，所以使联大确实变成了一座堡垒、一个大家庭、一个战时流亡者的家。

西南联大的学习生活，它不是那么简单几年学完几本书就算完了。这就是一个大熔炉，也是一个家。在联大的学生宿舍里，人们来来去去地，经常可以挤着去住，可以去听各种课。学历凭学分满了算，中间中断了再回来。季羡林说："人们都知道读书要安静，这乱七八糟的战火、轰炸，也能读书，还读得很精深，很出人才，所以这是奇迹。"

周家大院与"雷稀饭"

蒙自，迷人的滇南重镇，它比昆明更加温润、隐秘，且带有异国情调。滇越铁路从这里穿过。现代史上，有不少重要人物从香港经河内辗转进入云南，掀起风云变幻。著名的碧色寨，当年袁世凯曾派刺客在此守候蔡锷，蔡锷闻讯没有下车，直达昆明。刺客扑空，护国起义顺利举行。

当年的众多师生和家属们也从这条铁路进入云南。

任继愈回忆说："那时候我们在蒙自待了半年，刚到蒙自的时候，文学院、法学院在那儿。那时候蒙自这个县城也很小，我们课余进城去买点东西，买点日用品，也要到城里去。"小城丰富多彩，生活别有情趣。联大师生各有选择。"大家兴趣不一样，一般归国侨民愿意喝点咖啡、牛奶，又是另一种小店。还有越南人在那儿开的小铺子，卖些东西。它是秘密活动的一个点，出些反对法国殖民主义的刊物。"

蒙自小城，还曾经庇护越南的民族主义战士。任继愈对于地方风物的观察记忆别具慧目，他提到蒙自设有海关。任说："那个海关的生意不好，要赔，开不下去了。土匪抢了它一次，它就报账，说，我损失什么什么……账开得很大。结果把损失都拿回来了，还赚了点钱。政府赔了，老板却没有吃亏，被抢了以后还把它救了。它本是濒于破产的洋行，我们就住那个洋行的楼上。"住在人家的楼上，还了解了人家的谋生隐情，任继愈对于民情的考察，大约始于步行团时期。后来任先生和我谈到一些中国哲学史的问题，经常以他联大生涯的考察为例，他是将这些细枝末节等同于史载的。

当师生们到了蒙自时，一个周姓大户款待了他们。

我去过这个大宅院。高墙大院，深厅三进，格局迂回。内院有月亮门，两边有对联。周伯斋先生，一位有着相当涵养的崇尚中华文化的士绅，曾在那厅里摆宴为联大的老师们洗尘，并经常请他们到家里来聊天，赏月喝酒。

周伯斋还把他家眷原来住的一栋内楼让出来，给西南联大的女同学住。那个楼就被联大人命名为"听风楼"。

我上去过那座"听风楼"。楼上有深闺高阁之秀，四面又可展望翠玉般的风光，养心宁神。在二楼的近楼梯口，有一架脚踏风琴，依然可以发出乐音。我在那里弹奏了一曲"长亭外，古道边，芳草碧连天……"回响四起，也是当年令人顿起家国之思的旋律。楼前一棵大榕树，高齐楼，很多的垂藤、气根遮掩，非常幽深和神秘。吴宓在日记里有描写。吴宓先生是诗人，对女性别有一番欣赏与爱惜的眼光。他在日记里形容过"听风楼"，借给联大女生做宿舍。楼上便凭空增添了娇态的京腔燕语，春天的气息也就由此而生。

当我去蒙自时，风水最佳的环湖一带已经全是宾馆之类的建筑，所幸当年联大人住过的一些较好的房子尚未被破坏。这些房子有的是中式的，朱门、飞檐、木楼；而如希腊人开办的歌胪士洋行则完全欧风，在南湖一侧，显得协调美丽。

在歌胪士洋行楼上居住的闻一多用功读书，不参加每天傍晚教授们的集体散步。郑天挺道："何妨一下楼？"于是闻被大家戏称为"何妨一下楼主人"。

在歌胪士洋行楼里住过的还有陈寅恪、朱自清、燕卜荪等人。但使这些北来的学人们记得蒙自的，却是一个卖稀饭的老头。因为他和他的稀饭，蒙自有了本地的文化内涵。任继愈对我讲道：

> 那儿有一个老头姓雷，他卖稀粥——糖稀饭，有枣、有豆的这种稀饭。常吃这个稀饭的有吴宓老师，还有别的老师也常常去。这个老头不俗气，有点儿文化。他不是一般的小业主，只知道赚点钱。他不，他谈论国家大事，有时候谈点历史上的掌故，很有文学修养的一个老者。我印象那时候他大概有五六十岁的样子，比我老师的年龄看起来还大。那时候吴宓老师也就四十多岁，他可能还大一点。

生活在底层，与人民相濡以沫，让师生们产生了对下层知识分子的理解与交流。

我问起吴宓题写对联的事。他说：

> 我知道，我看见过这对联，就用纸贴在那儿，也没有什么装裱，叫作："无名安市隐，有业利群生。""市隐"是说一般人隐居在山林里头，他却是在都市里隐居；"无名"，不求名，安于在都市里过着隐居的生活。"有业利群生"，是有这么一个职业，对群众有好处，卖了也很高兴，因为吃了粥大家很满意。这个老头是四川人，姓雷，不知什么时候来蒙自的。

我到吴学昭女士家，拍摄过吴宓日记本上这几页的原稿，看到了吴宓亲笔所记的："无名安市隐 有业利群生。"

富饶的云南从来包容远大。无名的雷隐士，从四川跑来，不知是为避险、避战乱或是什么原因，隐在这温馨的南湖小城，和这批北方来的师生们结下了情缘。他进入了吴宓的日记，进入了师生的记忆，成为美丽民间的一个神秘可亲的人物，使蒙自小城更有内涵。

可惜今日没有人继承此业，来开设这么一家小店。

任继愈先生曾要我去寻昔日"雷稀饭"的店面，虽然知道必不存在了，但我还是到蒙自县最老的一条斜街上去找了找。

"南渡"忧愤

当蒙自南湖的荷花绽放，孤身的、患着眼疾的陈寅恪就住在湖畔楼上。歌胪士洋行是一幢大楼，文学院的教员都住于此。有时，他会因为楼下年轻教员的深夜高声谈话而发怒，用手杖敲击地板。于是人们立刻停止喧哗。夜又回到寂静。

这位扶杖的半盲学者的身影，已经成了国恨家仇的象征。

陈寅恪本人体现了一种历史与文化的延续性，具有一种神圣的、必须敬畏的位置。

南方的温馨美丽不能减轻他深重的哀伤。北方沦陷的土地与耻辱伴随着他的日日夜夜。这是史家的气质和诗人气质的合一，这更是一个爱国世家与一个时代大儒的精神担当。

陈寅恪在大学里似乎一直只是一个沉默的教书人和著述者，他并不参与学校规章与大事的制定，也没有追随者云集。然而，陈寅恪是西南联大一个灵魂型的人物。他比任何群体都重要。有他在，就有一份家国的分量，一份历史的分量。

人们所说的"学魂"与"国魂"，或者是文脉与国脉，总之，凡涉及学人本命与天职、传统与使命的严肃范畴，就不能不提到陈寅恪。

如果说到"西南联大魂",那么陈寅恪是形成这个灵魂的核心人物。陈寅恪的重要性还不只是限于西南联大或者学界,对于乃至整个中国中华民族,他都具有不可取代的重要性。这个意义他自己是清楚和执著的,故他终其一生不离母土。他的身世和人品、学问,在当代中国几达完美的地步,后人无及,他本身就是一块文人与文化的丰碑。

流亡到这座滇南小镇,陈寅恪写出了他的重要诗章:

景物居然似故京,

荷花海子忆升平。

南渡自应思往事,

北归端可待来生。

诗作共二首,以此一首为最著名。由于这首史家之诗,"南渡"与"北归"成为抗战时期学人们迁徙轨迹的两个时段标记。据说蒙自文物馆保存着他的真迹,这首诗也是这位丰碑人物留给蒙自最厚重的纪念。

当日寇被驱逐,陈寅恪却一直没有"北归"。后来的二十多年他在广州,活得比在抗日战争时期还要惨。

陈寅恪是少有的留学十年而不要文凭头衔的人。然而当年他一篇论文的课题,就令大洋彼岸的导师们震惊。例如,他一直准备将中国汉唐文化与西方的希腊罗马做一个比较。他的目标定论是:中国汉唐文化的成果,无论就人本、人文或哲学观方面,绝不低于西方的巅峰文化——希腊与罗马。

这个命题如果完成了,那么对于中华民族在世界上的地位与贡献,对于中国人的自信力与文化生命,将会发生伟大的破天荒的意义。即使结论不是这样的居高临下,作为东西方同是顶级文化的一场比较,也对世界沟通具有莫大的意义。

这个命题因为陈寅恪的眼疾和战争而耽误,后来变得完全不可能。

如果说，中国的比较文学始于吴宓，那么陈寅恪是那个本应该开创中国"比较史学"的巨匠。陈寅恪所要比较的中西历史与文化，绝不只会是细节上的排比，他的博学与深思，将会为这个命题构建出宏大渊博的框架，其成果也绝不会只是一个结论，或者有利于哪一个国家民族，而是开启一座世界文化的辉煌宝库。

陈寅恪还打算写一部中国通史。现在我们只能够看到他的许多史观，诸如对一个史载的几种层次、几个角度的分解。我印象最深的是：他以为出中国的"世家"是决定王朝更迭与兴亡的社会力量。然而他只来得及对北魏时代做了分析。

陈寅恪留在大陆后，没有条件继续研究他的东西；只能写《柳如是别传》。他带弟子、上课堂，都有很多限制。如果只是眼疾，怎么能够阻挡得住一个思想力如此矫健、丰满、厚实的学者呢？假如时代给陈寅恪一个天才应有的开阔天地，资料、助手、世界性的交流，眼疾又算得了什么？

看他 1953 年拒绝接受中古史研究所所长的一番话，他自己是知道这个原因的。当时他已全盲，口述由弟子写信带往北京：

> 我的思想，完全见于我所写的《王国维纪念碑》中。我认为，研究学术最主要的是有自由意志和独立精神。所以我说："独立之精神、自由的思想，历千万祀，与天壤而日久，共三光而永光。"正如碑文所示："思想而不自由，毋宁死耳，斯古今仁圣所同殉之精义，岂庸鄙之敢望……"我认为，不能先存马列主义见解，再研究所学……因此，我提出，以允许中古史研究所不宗奉马列主义，并不学习政治。
> 你要把我的意见不多也不少地带到科学院。

看到这一番即使在现在也不合时宜的凛然之言，我忽然想起，蒋梦麟所说的中国军队在抗日战场上常常"以卵击石"的殉节行为，令外国军人不可理喻。面对新政权的邀请，陈寅恪讲出这样一番话，无疑是以卵击石。他必须粉身碎骨，果然到"文革"一并清算。

陈寅恪的处境正是"国学"的处境，陈寅恪的命运正是中国文化的命运。

后来我去了台湾，在阳明山有钱穆的故居，幽雅恬适。钱穆先生在台大兴国学运动，对于"去除日本化"有贡献，受到蒋介石的器重。

与陈寅恪不一样，钱穆在联大时就是一个入世的学者，他在长沙时候曾经积极参与关于读书还是作战的师生大讨论，他在昆明岩泉寺居住时撰写的史稿，题写上献给前方抗日将士的序词。在其他如年龄、身世等方面，他与陈寅恪也不是一个量级的人物。但是钱穆先生的后来却会令人想到陈寅恪。

陈寅恪的付出有什么意义？像他这样一个世代书香的家族，是生活在历史中，是为历史而生存的；从这家庭出来的最出色的后人，他是不会做无意义的事的。他留在大陆的这么些年，受尽压抑，他所写的著述如《再生缘》，成为御用文人的资料。他的观点、他的为人、他的哲学与史学研究成果，根本就不能够表达出来，更说不上在社会上传扬。他这个人也几乎是销声匿迹了。

"文革"中，这位失明的学者受到殴打。在中山大学，他的一位弟子扑上去挡住那些打手，说："你们先打死我，再打陈先生吧。"现在中山大学立了陈寅恪的铜像，我以为旁边应该还有这位弟子。

在岭南生活的最美好的记录，是陶铸为他修了一条白色的小路，让他眼睛的微光可以感觉到路，可以走一走。陈寅恪孤独地生活着。吴宓曾经从遥远的西南来到华南，看望老友，两人相见数日。他们都是想得很远的人，因为他们都洞察历史。

我常常琢磨他那种"天下无路"的感觉，感到一种寒夜的凄凉，和蒲草磐石的坚韧。无路也是路。

我曾经为陈寅恪终于没有能够完成他青年时候就铸下的大志向而彻夜不眠。

这里面有几个问题：人应不应该为自己立志、立大志？一个人的志向与时代是什么关系？为什么一个素有大志的人要听凭时代来摧残他？还有，在学者的研究成果和精神取向中，孰重孰轻？

真正的人文成果是需要崇高精神的支撑的。精神的崇高更重要，更具决定性。我曾想：屈原如果不因国破忧愤而沉江，即使他活着再写诗，那么他已经不再是"屈原"。他之沉江，是将生命注入到了诗作中。他的精神高度与其艺术成果是统一而不可分裂的。这就是中国文化传统中最精髓的力量和瑰宝。

"胡马依北风，越鸟巢南枝"，这样的诗句，其实不是指生态，而是一种中国人的文化信念。我有一个体会：如果不在同样的生存背景下，将会失去这片土地的信任力、失根。同时自己也会失去对这个民族的生存感受。这可能是当年诸多固守者潜伏于内心的衷肠与底线。

要接近陈寅恪，自己起码也得有一点穿越黑暗的微小经历和体验。有时候，陈寅恪离我们并不远。当我们也会为了保住一点"底线"，而舍弃那些对于自己本来很重要的条件、利益的时候，想起这位失明的学者，心中就会宁静下来。

除了世俗和所谓"成果"，还有更重要的东西。陈寅恪的家族和人生，都演示和创造了这"更重要的东西"，仍然还是"自由思想与独立精神"。

歌德的精灵

要找到当年在蒙自住过的教师，也很难了。当年那些从长沙撤离辗转昆明的老师，在世的已经不多了。杨业治先生是其中一位。

杨业治先生住在北大后湖靠近北墙的楼里。房间向阳，古雅的家具，台布上陈旧而有味道的小镜框，老照片里面那韵致堪佳的人物，以及落日余晖，都与杨老爷子衰老而斯文的模样相谐。他略带嘶哑的声音委婉、细腻：

> 我原来是清华大学外国语文学系毕业的。毕业以后，就到哈佛大学继续学习，在哈佛大学得到硕士学位。后来我对德语、德国文学特别感兴趣，所以到德国去。1935年以后，回到清华当教师。在清华两年后就抗战了。抗战我就到上海去，又因为打仗，我就从上海到南岳。

一问起当年往事，杨先生就说，我都写过了，请云南方面帮我找一找，当时发表在哪个报刊。他还说，《吴宓日记》有记载。

他说到一篇文章，是位"在西南联大念过书的先生，现在蒙自工作，让我写的"。在那篇文章里：

> 我仔细讲我走过了什么路，像长沙、衡阳，后来还有很多，回不到北京去了。我就从南岳到河内，经过越南到蒙自，再到昆明。听说文法学院要在蒙自办学，所以我就到那里去了。
>
> 我是从铁路，那个叫老街的地方到昆明去的。一路上看到的情况：第一铁路是法国人修的，他们有"人字桥"，像一个"人"字撑起了那座桥。但是，从老街到蒙自过去，都是秃山，光秃秃的，没有森林的。因为我在德国看见遍地都是森林，中国到处都是荒山。这个情况不知道现在改良了没有？中国的森林、树木、植被极少，其实蒙自可以种很多树。

让杨先生再叙述一遍，已经是一种负担。当然，对于从他生活过的云南来的摄制组，他还是非常高兴。杨先生说，现在的他，想到往事，就像想起他所译的歌德诗一样。所以他经常引用诗歌来表达。于是他对我们朗诵：

> 你们又走近了，像是摇晃不定的影子。
> 你们早先曾出现在我的眼前，
> 这一次我能把握你们的形象？
> 我的心是否还是爱那个奇想？——就是浮士德那个奇想。
> 你们走近着我，
> 好吧，随你们的意愿。
> 正在我周围的迷雾中升起的人群——密密麻麻的人群，
> 我的胸怀又感到年轻时的震惊，
> 被你们行列的魔幻气象所吸引。

我感到，仿佛是有一群过去的精灵来到这间布满旧具的屋里，陪着他。

杨先生说，他希望能够再有一些时间，因为他还有一些东西要写。而我感觉这些东西其实已经升华成了一种缥缈的感情，笼罩在空气中，如云似雾，而丧失了世俗形态。这就是诗。

杨先生念起诗来，同说话一样自如。他的人生正在融入这个升华的过程中。

为云南做水利

台北冯钟豫学长对云南相当熟悉。"那个时候，只有清华有工学院。南开有一个化工系，只有这两个学校有工业专业，多半都是清华老师在担当教授。好像没有什么太大的分歧。……我们在拓东会馆，住在一个阁楼的下面，一间房子五个同学住。上课在后边不远的地方。"

在联大时期，冯学长为云南做过水利方面的事情：

> 在工学院的领导叫施嘉炀。那时候有土木系、机械系、钢工、工程系、化工系，他领导五个系的人。清华的教授差不多都到昆明去了，我们跟施先生的关系最密切。我毕业以

后就在昆明做事，跟着施先生做了一段。那个时候叫资源委员会。资源委员会成立了一个云南省水利发电勘测队，去勘察、测量、计划开发。

施先生接受了这个委托，就把一部分毕业了的同学留在学校里。我们常常到乡下去。施先生那时候买了一匹马，让我们骑着马下乡去，走山谷，沿着河往下走。最远一次，是从昆明滇池出口走到金沙江，大概走了有十天。

我们在那里还做了一些过去没有人做的，建设了那些水文站，来记录有多少雨，河里面有多少流量。但是经费很有限，只设了几个重要的点。其中一个就是在昆明，大观楼旁边设了一个站，记录昆明湖一年的水位变化。

滇池的出口有一个石龙坝，小的发电厂。后来我们又想办法加强扩大这个电厂。做了两年以后，当地一位很有钱的人，希望能够在他老家做一个水电厂。他老家在腾冲，云南、缅甸的边境上，有一条河和一个瀑布，他希望在那里做。于是派了我们几个人到那里工作了一段时间。日本就从缅甸那里打过来了。我们仓皇撤退，回到昆明。战争不久就结束了。在战火中依然做着建设方面的事情，这正是中国人民对于打败日寇的坚定信念。

冯先生答："这个简单地来讲呢，大家不拿它当成一回事情。用功念书的时候就念书，上课、做实习、到外面去测量。"冯钟豫先生性格淡定，处事有条理，一看就是做实业的人。

那时候根本就没有想到亡国这件事情，觉得我们做的好多事情以后是要用的，所以现在就抓紧做。我以后又到了云南省一个叫作农田水利委员会的地方。这是做灌溉的，是中国农民银行拿钱出来做的工作。这个工作也做过一段。

冯先生一个人往来于桃园与台北之间,身体健朗。他说:"等有机会,到云南真正的乡下到处走。"

制冰

董树屏先生当年是清华工学院的助教。作为一个在"七七事变"后入关的东北流亡青年,董树屏有极强的救国使命感,和排除万难的意志:

我这条路就是工业救国。在工业方面,培养发展我们的民族工业。在昆明的时候,那时毫无基础。但有两个条件:一个是民族条件,一个是人文条件。所以我教的课程,又有理论,又有实践。这两个过程,我是非常注重的。但我最重要的是建设实验室,机电系、电子系。实验设备是轻便的,重的都没有过来。

我们要走工业救国的道路,要进行教育。理论联系实际,实践就很重要。困难很多了,不能有一点马虎。首先是轰炸,我们就要搬东西。设备炸坏了,没有钱。日本飞机,早晨六点钟朝这儿来了。我们带着学生、带着书在外面讲,不能停业。这就是西南联大的特别之处。所以学生也很感动,学得也比较艰苦。

在日本飞机的轰炸下,董树屏要负责保护学校的实验设备。战争使很多师生们选择"工业救国"之路,而工科没有实验是不行的。

我们的工厂里都做实验。我的实验里,有一个简陋的设备,就像咱们现在做冰棒。昆明没有雪,人们都没有见过。我们就在冰箱里做成,一块冰,二十磅。昆明人去参观的太多了。昆明医药部门,它们也买了。这样经费你就有了。

当年清华在昆明制造出了冰,昆明人都去看。那年头,昆明的冬天比现在暖和得多，不见冰雪。

> 那个时候，冰有很多需要。美军需要量大，像制冷的设备，他来不及从美国运来。我在机械部，1944年开始到1945年，两年多，提供这些外汇给学校，从外国买一点电化教学设备。

制造冰赚了外汇，给学校向国外购买设备。在"文革"时，说我是资本家：你是不是联合大学造冰厂的主任？我说：不错，我给学校赚了外汇了。黑白颠倒，功过混淆，让董先生吃了苦头。但他性格倔强，并不低头。

新校舍

在昆明西郊，还保存着西南联大的一间铁皮屋顶教室。2000年4月，杨振宁重返故地，走进这间仅存的教室，他说："这个味道，引起我的回忆。我愿意在这儿照一张。"他走到第一排坐下。我们拍下了这个镜头。

两年后，在北京清华园我采访杨振宁。他回忆：

> 当时叫新校舍的，是在1938年到1939年之间，在当时的昆明城墙外，在西北城的外头盖的一些房子，当时叫新校舍。
>
> 我那时候是一年级，上课在农业学校。农业学校在大西门外，快到黄土坡那个地方。1939年秋天，新校舍的房子基本盖好了，我们才搬进去。那房子是非常简单，有的是铁皮顶的，有的是茅草房子，都是平房。可是我在那里，在那样简陋的校舍里、图书馆里，学了很多的东西。

这些茅草与铁皮的校舍，是著名建筑学家梁思成、林徽因夫妇设计的。大师做此"无米之炊"，也是抗战时期建筑史上的一件韵事。

而在这铁皮屋顶下面度过学生时代的，又有诸多"未来的大师"。

所以梅贻琦在战前《清华纪念周》上的那段名言："大学者，非有'大楼'之谓也，乃有'大师'之谓也。"其意思可以延伸为：一个叫作"大学"的地方，不仅著名教授多，大师云集，而且在学生中也有若干潜在人才，未来的"大师"。

李政道说："那个时候在联大生活是很艰苦的，我们住的草房，十六个人住一间，教室也是草房子。"

朱光亚说："宿舍是茅草屋，搞得不好就漏了，后来就拿盆接漏的雨水。从学术上说，的确是一个奇迹。三个高端的学校是最强的，但校舍是不正常的，实验室是很困难的。从北平带去了一些实验设备，应该说实在是了不起的。"

台北刘长兰学长形容这些校舍，别有意趣：

> 我们听说过，古代的历史上，中国人乡间住在草房，草房什么样从来没有见过。那个时候，西南联大盖了草房。每一间草房是豆腐块一样的长条。这个长条上头是草，旁边也是草，中间开一个大一点的口，就算门。旁边开几个小口就是窗户，里面就是摆上下铺，男生住。这个最有名。

教室的屋顶是马口铁做的，这比茅草顶的宿舍好些，漏雨的情况少。朱光亚说："但是也有问题，下雨了，叮叮咚咚，叮叮咚咚，上面就响了。"曾经有一位教授干脆宣布，现在"停课赏雨"。面对逆境，毫无抱怨，幽默一笑。

"吃饭原理"

"民以食为天。"联大时期，人们吃饭吃不饱，而且饭里面有石头沙子。

杨振宁回忆：

> 当时西南联大，我们吃饭是在学校里。那食堂非常简

单，没有椅子也没有板凳，是站着吃饭。有好多桌子，每一张桌子围着八个人，都是站着吃。饭是拿一个大桶，从厨房挑过来。因为饭桶很大，又是很多人吃。很快，我们就发现了一个基础性原理，就是你第一碗饭去盛的时候，你不能盛得太满，要盛得半满。你赶快吃，吃完了以后去盛第二碗，就可能盛得很满。假如你第一碗盛得比较满，你吃得比较慢，你去盛第二碗的时候，饭没有了。

所以我们是在这样子的生活状态下，努力念书的。

这个吃饭的原理，我在中学生时代也领略过，那时是所谓"三年自然灾害"，饥荒年头。

诗人郑敏回忆吃饭，体现出女性的特点：

在那时的生活里，没有感觉到特别穷苦的感觉，虽然其实是非常苦的。

你一到饭堂，进去吃饭，你听见所有的人在敲碗。为什么要敲碗？他要把里面掺杂的稗子、石头敲出来，不然不能吃。大家都是站着吃，从来没有坐过，念了四年，没有坐着吃饭过，都是站着吃。好像没有人觉得过不下去了，很基本的生活还是有的。

有时候家里也给我一点钱，然后我们就去吃米线。我还记得，太辣了，我们的享受就是到此为止。有时候泡茶馆，但是我觉得我们生活特别丰富。

抗战之初，云南省主席龙云一面发展经济，一面开始"积谷"，就是储备粮食。随着国土沦陷，大半个中国的机关、工厂、学校涌入云南。八年中，云南对这些"外省人"的粮食供应从来没有断绝过。

虽然人们抱怨陈粮难吃，可是他们吃着这些难吃而又难得的粮食，终于度过了八年抗战。

"煤油箱子大学"

西南联大当时在国外还有一个雅号"煤油箱子大学"。李佩学长：

> 1938年，我刚到昆明，住在农业大学院里。我跟杨典华，另外还有俞平伯的两个女儿同住。农业大学教学楼的旁边，有两排就变成了女生宿舍。每一排有七八间，我们有一个舍监。十个女生住一个屋子，五张双人床，两人一张，高低的双人床，木头的。每人有一个床位，还给木头的煤油箱子。
>
> 所以那个时候，国外管我们叫作"煤油箱子大学"，那就是西南联大。一到我们那参观，我们放书等东西的都是煤油箱子。煤油箱子是指装煤油的铁桶，外面有一个木头箱子。等到这个铁桶拿到飞机场去，木头箱子要扔掉了，都给我们学校。我们学校就分给每个学生两个煤油箱子。

煤油箱子是学生的一件财产，走的时候，把它赠送给下面的同学。

> 比我早来的学生，她毕业走了，说"我这两个煤油箱子送给你"。还有一个同学，说"我这还有一张藤椅"，她一直都觉得非常珍贵的，"送给你们那屋子"。我们的屋子又多了一张藤椅。有四张书桌，排成两排，学习什么的都方便了。

中国人对于雅俗的看法，从来是取向于内在、内质的。古人作《陋室铭》，就是一种精神的自傲。居室陈设，从来无碍于文化人的内心活动，何况古语还有"金玉其外，败絮其中"这样的名言警句。

这些分配给联大学生装书、装日用品的煤油箱子，如同那一排排茅屋一样，可谓是内盛金玉，不过外观粗相。

今多豪华书房，然而里面有无精神活动、精神产品，不可追究也。

李佩说："那时候我们都是点煤油灯。后来我们大家回忆起来，虽然生活很艰苦，但都非常留恋那一段时间的生活。"女学生们对生活格外有一种能干和细腻。联大女生管伙食是出名的，主管人非常能干，为了可以买到便宜一些的米和菜，不惜到郊区去。

  我刚到昆明时，昆明还用老滇票，我们的伙食就非常好，向我们收八块钱一个月的饭钱。后来云南改了币制，滇票完全不用了，那伙食就不行了。在1939年，女同学成立一个女同学会，女生食堂的伙食就由女同学会来管。女同学会里有一个人叫徐俊，她是一个地下党。还有一个叫池际尚，她身体非常好，跟着男生去勘察地质。她对跑过的城市非常熟。徐和池管女生饭堂，跟着去买菜，天天算账，花很多时间。因为有这么负责的人，所以我们女生的伙食就比较好。

郑敏用"奇怪"来说联大生活，其实是指一种另类的自由：

  联大的生活是非常奇怪的。宿舍都是很古怪的房子。我们那时候在戏院住。一进一进的，那种老房子。女生宿舍有一个女服务员，她每天总是很忙。进出非常自由，每天很晚回来，也没人管你。那时候生活很奇怪，宿舍也不像宿舍，就好像你在外面租的房子似的，反正一切都是非常放松的感觉。

  我有一首诗，叫《寂寞》：

    有一天我在黄昏的时候，

    我在外头回来，

    坐在我的屋子里头，

    看到外面有一个棕榈树。

  这种地方有点像现在美国的研究生生活。她们事实上是本科生，但是完全是研究生的教育。"这些教育当时未见得有效。但是长久以后，它会留在你的精神世界里面。在一定的时候，这种境界会有很强的影响。它给你自己选择的时候，你成长更快。"

她的回顾总是充满了一种对于成长、对于人生的反思。

茶馆学风

泡茶馆是联大学生的学习方式。李政道说：

> 那个时候昆明虽然有电，但因为它在抗战的时候任务很多，我们图书馆的电灯泡，丝是红的，根本不能念书，电力有限。所以我们是在茶馆学习的。而茶馆也是很特殊的，是代表昆明民风、风俗的好地方。
>
> 茶馆你可以早上去，很便宜的，我们清早就去。它那个方桌子，有板凳，可以一边坐两位，就是有八个位子。你去，可以泡杯茶，茶杯你就搁在那里，他们放水，而且你不用再加钱，很便宜的。你可以待到晚上。所以我们的工作都在茶馆里面。原因之一，它晚上有汽灯，所以是晚上可以念书的地方。
>
> 会朋友也在茶馆会面，茶馆是很客气的，提供开水。这位置也没人抢的，你书放里面。这个风气，对于学生学习起了大作用，可以说是昆明的人民做出的贡献。茶馆实际上是代替了图书馆。这就养成一个学风，这个学风可以说是茶馆学风。

正是清贫而不堕青云之志也。茶，本来就应该是与书"同道"的。品茶也是清静的事。古人是把"茶""书""月""友"放在一起的。"昆明的气候也好，那个时候联大的学生是很贫苦的，但我们不冷也不饿，所以是很舒服的。"当年的昆明人是有古朴之风的民众。

> 人们常讲到，上个世纪巴黎的咖啡馆，很多文学家、艺术家都在那里。那么昆明茶馆的风气，我在中国别的地方也

没看见过。对当时的学生鼓励是很大的,昆明的人民是支持的,也是有文化水平的表现。他们基本上没有什么本钱,不用使什么钱,但是他尊重你,所以你可以从清早待到晚上。从我们的感觉看,他们是对大学生特别保护的。所以我对云南的人民非常感谢。

李政道在赠给我的书上题字:"感谢云南人民当年对西南联大的支持。"

邹承鲁说:

> 茶馆泡过。经济条件稍微好一点,晚上上茶馆看书,有几个同学一块儿,茶馆比较亮,还有水喝。没有钱的时候,只有在宿舍里闷着,来打工有了一点钱,就到茶馆泡着。

赵宝煦说:

> 因为图书馆要占位子,大家都抢,所以我就从来不上图书馆。不只是我,大多数人就在文林街啊等地方坐茶馆。那个地方的茶馆,窗明几净,而且大伙儿都在那儿念书。我泡一碗"玻璃",老板也宽容,我就能坐一上午。所以好多人在那儿。

当年昆明人的用语很雅。到茶馆去,喝白开水,就说上"玻璃"。记得小的时候,父亲带我出去。因小孩子怕辣,父亲跟堂倌说,两碗鳝鱼米线,一碗"免红"。免红,就是不要辣椒。

几乎所有的人都有过泡茶馆的阅历,尤其是男同学,有那种以茶馆为家的本事。王希季说:"一年级,我住四个人的宿舍,在光华中学的南边。那时候昆明的电灯,你要看书,晚上看书是很难。我们怎么解决?要么抢图书馆,因为图书馆有汽灯;要么蹲茶馆。茶馆那些烂坛子的东西,我们可以排除一些,变得空旷。去文林街的茶馆,是在一年级。后来搬到迤西会馆,那一条路是金碧的茶馆。那钱是不多的，我也记不得，一杯茶可以坐一晚上。老板看我们这些学生也晓得，反正他撵也撵不走，答应我们在那儿看书。"

我问：安静吗？有人聊天吗？

王老说："那茶馆怎么可能安静？"

我说：那你能看进书去吗？

王老说："我们学的就是这个本事。"

在人多的场合里看书，联大人都有锻炼。朱光亚说："没有大声喧哗的，都很自觉。图书馆是经常去，但特别是去茶馆。那时有一首茶馆小调。那个时候会唱，现在不会了。非常的随便。灯很亮。"

茶馆里打牌、聊天的人不多，尤其是联大学生喜欢去的那些地方。"那个时候，你可以一碗茶坐到晚。肚子饿了你可以去买白薯，烤白薯。米线是比较贵的。我吃油条，烤白薯。"

"三剑客"

中国人的迷信有时也会应验，譬如地名。昆明西边有几条老街，名字非常好，带"贵人气"。什么龙翔街、凤翥街、珠玑街、青云街、文林街，好像没有出过皇帝、皇后之类的庸俗名字。

抗战时期，这些名字贵相的老街迎来了它真正的贵人。西南联大的师生成天地就在这几条街上，泡茶馆。鸿儒英才降临这座城市，从此龙翔、凤翥、珠玑、青云、文林，美名之下，其实符合。杨振宁说：

> 西南联大当时没有烧开水的设备，一天喝水怎么办，就去坐茶馆。在凤翥街、龙翔街，还有文林街、青云街都有很多茶馆，很多位置是西南联大学生的。黄昆、张守廉跟我，三个人就在食堂里吃饭，吃完饭以后就去坐到茶馆里头，常常坐一个半钟头，高谈阔论。到了晚8点钟，我们向西边走，走到昆华中学去。

第二章 山 城

那时候昆明没有路灯，要不小心，可能碰上"打闷棍"的，就是打劫。他们三个人一边走，一边注意着，发现可疑的，就离他远一点。

我们讨论一些什么事情呢？天南地北什么都谈，当然也包括对物理的讨论。其中我特别记得的一幕是讨论量子力学。量子力学是一个非常复杂的东西，它跟牛顿的经典力学有很不一样的地方。我记得非常清楚的一件事情，就是有一天晚上，我们坐在茶馆里头三个人辩论哥本哈根的解释到底是怎么一回事情。

他们三个人的辩论，谁主张什么、谁不主张什么，杨振宁说今天已经不记得了。他问黄昆，也问了张守廉（张守廉现在美国退休了），他们也都不记得了。

不过我们都记得这件事情，就是我们讨论得非常热烈，在茶馆讨论没完，一路走过去，一直讨论到昆华中学，在屋子里头还继续辩论着。到10点钟灭灯了，我们躺在床上还在辩论。最后到了这样一个程度：起来把蜡烛点了，把一本海森堡写的小书，叫作《量子力学的意义》拿出来翻，其中关键的几段，我们念完，然后再讨论，看看我们懂了没有。

他们三位后来都在世界物理史上做出了卓著贡献。

我常常跟研究生说，研究生在念书的时候所学到的东西，多半情形下，是从同学那儿学到的，不是从课本上，也不是从老师那儿学到的。因为同学之间的辩论，可以真正地深入。跟老师你不能接触的时间太久，跟同学你可以持续不断地讨论。那天晚上，我们这件事情前后讨论了四五个钟头，才把每个细节都辩论得清楚。这一点我知道多半的物理学生都有同感。

杨振宁、张守廉、黄昆，因为才华出众，又时常形影不离，旁若无人地讨论他们的问题，因此在联大很出名，人称"三剑客"。杨说："那是有的，因为我们常常一边走路，一边高谈阔论。"

记账与放炮

这是中国最优秀的一代学子，这是一段奇特而完美的生活。物质的贫困没有影响他们的前途，反而成为励志的特征。

邹承鲁说："在宿舍里，上下铺两张床，四个人可以自己选，要好的朋友在一块儿，中间是一个大桌子。上图书馆，座位有限，很早去占位子。"他们强调友谊和自由组合。联大时期的友谊与他们的成长和事业相联系。从高谈物理的"三剑客"到结社演剧。邹说：

> 当时，我父亲还在世，后来我父亲去世了，上二年级的时候，就不行了。包的伙食，到最后就吃不上，只好勤工俭学。后来做家庭教师，到餐馆管账，勤工俭学，这样维持到毕业。

王希季回忆：

> 吃东西，还是吃得很苦。大部分学生是吃贷金。我一二年级的时候，是没有贷金的，那时候家里人还在腾冲，还可以供给我。三四年级那个时候，日本已经打到那边，就靠贷金在学校里面吃饭。不能再租房住，二三十个人住一个宿舍。

王希季的父亲在腾冲做生意。他所讲的家里经济来源中断的原因，就是1944年震惊中外的滇西大战。抗战后期，日本人占领滇西，举国艰危。在腾冲一带的松山发动了中华民族与日军的最后决战。当时蒋介石亲临昆明督战。腾冲至今保留有当年战死国军将士的巨大墓园"国殇墓"，和蒋介石的当年题词"碧血丹心"。

然而从联大学子的回忆中，看不出当年战局带来的恐慌，他们依然在学习、在打工。听到王希季这淡定的谈话，我的内心非常惊讶。

> 联大打工那是非常普遍、非常正常，几乎每家商店里面都有联大学生。恐怕所有中学学校的教员，有的全部是联大学生，有的是部分联大学生。
>
> 还有放炮的，放礼炮，二炮、三炮。三炮就是9点钟，二炮就是7点钟，都是联大学生在干。

每天有几个时辰，在昆明五华山上点炮，向全城报告时间。联大学生打工，就把这放炮的差事兼了。"打工很经常，这也是无所谓的，联大学生去打工，打工回来阅读，很自由。"贫寒与富足只是表象，不能决定人生活的品质。"我们同班同学一直联系，一直都觉得很亲密。师生之间，学生对先生是非常尊敬的。"

对国家有信心，对自己有理想，对同学老师有感情，并且得到社会的理解帮助，这样的青年时代，是幸福的。

洗床单和刻蜡版

从北方过去的同学，与家里的联系都断了。家乡沦陷，他们失去家庭的经济支持。郝诒纯说：

> 我们到昆明，是1938年，跟华北就切断联系了。从沦陷区到蒋管区的邮政不通，我跟家里信都不通，也没法得到经济的接济。出去当然带一点钱，只够花一年。以后没有生活费怎么办呢？那就只有找活干了。

联大"校花"，美丽的女生郝诒纯去打工，受到人们特别的怜惜。

> 在联大有一位女士是学医的。她介绍我到那个医院干活。我跟另外一个女同学一块儿去的，把我们放在洗衣房，洗病人做手术的床单什么的，挺脏的。

校友都知道，当时有人看了都不忍心，那么年轻秀丽的女大学生，干那么苦、那么脏的活。于是就给郝诒纯换了工作。郝诒纯似乎对此并不在意：

> 那是她们的护士长，她是个法国人，就是那个大夫的夫人。她管后勤的那些东西。她一看我们两个人在那儿洗碗，一问我们是大学生，就不让我们洗了，说你们去烫衣服吧。
>
> 烫衣服也很辛苦的，熨斗有这么大。云南是烧木炭的。两个人第二天右手就肿了，都抬不起来了。但是还得咬着牙干。干的时间很短，这个护士长就找我们了。她说这个你也别干了。当时讲义都是用蜡版油印刻写的，她就说，你们去给范教授刻蜡版吧。你们干这个活也不用每天跑。三天多少工作量给你，你三天给刻完，三天以后你再回来给我交卷，你也省得跑。于是我们两个就刻蜡版去了。

她们的字都还写得不错。郝说："我小学的时候练过的刻蜡版派上用场了，干了相当长的时间，都是从范教授那儿拿来的，都是医学上的。反正他给我们多少，我们就计量给钱了。"

跑警报

抗战时，中国空军人数和飞机都非常少。昆明成了一座不设防的城市，时常遭到日本飞机的轰炸。我父亲说过：因为没有对空的战斗力，日机飞得很低，低到可以看得清楚飞行员的面目，听到他的狂笑声。日本飞行员就在上面用机枪点射昆明市民。每一次弹击，有人倒在血泊中。于是人群哭喊着，逃向一边，他又从另一边射击，以此取乐。

战争本来对双方都是残酷的。日寇以射杀我中国人为乐，以及种种非人性的暴行后，胜利的中国东北人民却还有保护收养日本孩子的善举。两个民族的性格、心理，真有人妖之别，可铭记之。

联大的师生们同昆明人民一起蒙受着空袭灾难。杨振宁回忆：

第二章 山城

　　日本人第一次轰炸昆明,是1938年秋。从1938年秋天第一次日本人来轰炸,到1940年又来大轰炸,很多人家都受到很大的影响。

　　那时候西南联大天天要跑警报。到了八九点钟就有警报,大家就跑到西南联大西北边的山上。到下午两三点钟警报解除了再回来,这是当时我们的生活。

沈克琦说:

　　为了躲警报,把上课时间改了。本来是8点钟上课,改成7点,一节课改成四十分钟。日本飞机经常10点多钟来。到10点钟的时候,我们课差不多上完了。那么,一来警报就跑,赶紧拿起书就跑,下午呢,因为当时飞机飞得比较慢,它飞回越南去,要一点时间。3点钟以后,日本飞机就不再来了。所以我们3点钟又解除警报,开始上课。

跑警报也成了联大人的功课。

邹承鲁说:

　　昆明不像重庆,没有防空洞。昆明都是平原,不好打洞。我们就往学校的后面跑,有点高高低低的地方,趴在田埂旁边,看见轰炸,昆明城里投弹冒烟,都看得见。我记得在警报后有补课。至于什么时间补,都到西门口看。

王希季说:

　　我们还要学跑警报,跑完警报照样上课,照样工作。跑警报那个地方,上课是不上的,但是回来补。自己跑警报,你带的东西可以做作业。我们那个时候,整个的爱国热情是很高的。学,就是为了要打赢日本人。因为中国的弱,被日本一炸——云南挨炸的惨相你们可能根本不清楚,简直非常惨。所以就加强学习、要自强。那个时候跑警报,电灯也没有，有时候断电，但是学习不间断。

学习，意味着不屈服。师生们的求知、传授与学术研究在日本飞机的淫威下并没有中止，反而受到激励。

郑林庆说：

> 最厉害的一次，7点钟就跑警报了，好容易逃出去，飞机就来了。跑的时候，每个人发两个馒头，一个云南的大头菜。挺好吃的，玫瑰香。啃着馒头，嚼着咸菜，没事就玩桥牌。所以我们桥牌都挺熟的，那也是门学问。

沈克琦说：

> 后来为了安全起见，有一次我们就跑到离开联大大概十里路外，找个树林。树林里头可以看书，可以聊天；也有人卖东西，卖烤饵块呀什么的，正好可以赚点钱。

几位联大女生把轰炸讲得具体仔细，可能是女性对灾难的感受特别细腻的缘故。郝诒纯说：

> 我们去的时候一直在被轰炸，那个时候，云南当地的学生、学校都疏散到乡下去了。我们联大的学生都是住他们的空房。1939、1940年轰炸得最厉害。早晨天不亮就拉警报，就跟现在抓囚犯的车的声音似的。那个一放，我们就得赶快起来跑。
>
> 炸完以后，我们都是从死人堆里爬出来的。有的时候就是胳膊、腿什么的挂在树上，就在我旁边。因为跑得很远，有的老百姓就跑不动了，拖家带口的。我们学校死过几个，但是很少。因为我们没有家累，反正警报来了就跑。
>
> 炸完了以后，回来没电，学校做不出饭来，就饿着肚子。因此在我们学校外面有一个卖大饼的，后来他家就发了财。我们头天买好了饼，放在一个布袋里，身上仅有的一点

钱，贵重的东西放在枕头底下。警报一放就赶快起来，把这个铺盖卷一卷放在床底下。

中饭一般就在外面吃，有白酒。我们常常就买白酒吃。

日本飞机频繁骚扰，是有阴谋的，它要击溃人们的意志。台北姚秀彦学长说：

9点上下，警报响了，跟上课差不多一样的准时。日本飞机天天来。天天来的意思，它也不是每次都要来把你这个地方炸了，是让你的整个行政、学校啊什么的混乱、害怕。

警报响了，跑！你不跑，万一它一个炸弹下来怎么办呢？丢的机会不多，但是谁敢保证它不丢啊。就往口袋里装本小册子，十几元的扑克牌没钱买，撕那个小硬纸做扑克牌。躲警报，在树底下拿点书不能看，打桥牌，所以我们桥牌打得不错。

警报解除了，上课去。你不要以为这样子不念书，其实更加用功念书。图书馆早上还没有开门，门口就排成了长龙，图书馆一打开大家就进去了。因为三校的图书没有完全运到昆明，书不够。所以大家争先进去。

晚上有老师做专题讲演，也是密密麻麻的。同学们更加努力，因为求知识的机会难得。

日寇并不了解中国人，虽然他们大量使用和享受着中国文化的成果。他们以为可以用恐吓和屠杀来使中国人民屈服。结果完全相反，这个古老民族的骄傲和自信，是五千年文明所养育出来的。我们是世界上唯一的一个五千年来没有被打倒和打散的民族。

外国有几个新闻记者写西南联大，他就这么写：看那个校舍啊，看他们吃的东西啊，哦，真是很差。但是看他们学习的精神呢，太平时代都赶不上他们。

1940年10月13日，二十三架日本飞机飞临昆明上空。我曾到吴学昭女士家，拍摄到几页《吴宓日记》原稿。其中记载着这一天的惨状："十月十三日，沿文林街一带，联大、云大、师大，日机投弹百余枚，雾烟大起，火光迸铄，响震山谷。较上次惨重多多。"

这一天日军轰炸的重点是文林街一带，实际上是以联大和云南大学为攻击目标。当时文林街上的文化巷是联大教师租赁房屋居住比较集中的地方。轰炸后"云大和师院已全毁。文化巷住宅无一存者"。次日，"见房屋毁，瓦土堆积，难民露宿，或掘寻什物"。大西门"城门扇斜立欲倾"，"文化巷口棺木罗列，全巷几无存屋"。联大的校长办公室、女生宿舍"门窗破倾，瓦砾尘土堆积"，"众人惶惶无所归宿"。

吴宓教授趁月明之夜继续他的《欧洲文学史名著》中"柏拉图"一课的讲述。在大轰炸的第三天，"晚7—9时至校舍大图书馆外，月下团坐，上《文学与人生理想》，到者五六学生"。吴宓纵横古今："由避警报而讲述世界四大宗教对于生死问题之训示。"面对现实的死亡威胁，他提倡"生自修以善其生，而不知死，亦不谈"的积极人生态度。

《吴宓日记》中说，跑警报"是为少年男女提供爱情绝佳之机会"。姚秀彦："天天跑警报，跑警报的时候打桥牌；没法上课，就在树荫底下聊聊天，谈古说今，有些关系就这样建立起来。"

诗人冯至认为，跑警报可以亲近大自然："昆明附近的山水是那样自然坦荡，毫无人工的修饰，远处不露出它们的本来面目。这使我认识了自然，自然也教育了我。"

联大人与昆明市民在轰炸的血与火中顽强地抗争。李佩说：

> 那次我们估计日本的飞机要去炸昆明的造币厂。造币厂

第二章 山城

正好是在昆华师范我们宿舍的后面，那天我们一帮女生就没跑。以前老是跑老远的，回来又挺累的。每次解除警报，没遇到那么危险的事。刚好有一个同学不大舒服，我们就在宿舍里面。

飞机来了，一个炸弹就扔在昆华师范我们上体操的院子里面。听声音挺大的。大家在屋子里都吓坏了。有一个女同学，平时她的胆子最大，一听见炸弹一响，一下子就爬到桌子底下，两条腿还在外面。我们一看，大家都哈哈大笑。

飞机过后，因为我那儿有一个救护包，我就想出去看看。一下就发现，我们上体操的大院里面一个大坑，一个同学被炸弹片碰伤了腿。我打开救护包就赶快给他包上了。

解除警报后，人们陆续回来。有两个女同学住在这附近的一条巷子里面，一个炸弹炸了她们那个屋子。好多男同学在帮忙往外面挖，看看有什么东西能用的。

我们大家就把能用的东西，都分给她们点，让她们能够有穿的，有地方睡觉。因为那天她们的房子挨了一个炸弹。后来炸弹又一次扔到她们住的院子里。

我们都跑到院子去，躲在假山石的后面，看见那个炸弹掉下来，就快到落地的时候看见一团火光。心里确实有点害怕。到了1940年，陈纳德和美国的飞虎队到了昆明，之后昆明就没有挨过日本人的炸。

我父亲说，飞虎队与日机在昆明上空激战，打落了两架日本飞机。市民们都出来看空战，看到日本飞机冒着浓烟掉到滇池里了，太解恨了！后来，一响警报，飞虎队马上出动，把它拦截在半路上。

昆明人民对飞虎队很有感情。当他们离开昆明时，很多人去送行。

美军走的时候，出售了一些军用物资。我父亲买了飞虎队的一些遗物，望远镜、军用水壶、饭盒等，做个纪念。至今还保存在我家里。

"记得少年春衫薄"

到了八九十岁，还能够保持着童心的女性，都很不简单，这是她们美好青春的一个烙印。台北刘长兰说：

> 那个时候"少年时代春衫薄"，不知道轻重，还是觉得好玩。飞机来了——你看见没有？那个红的，日本飞机就在上头——还在那儿指指戳戳的。我们都看得见它的鲜红旗帜。它要是想炸我们多简单，结果他没有炸。为什么？他的任务是另外一个地方。他把炸弹丢了以后，他到那边就没有了。所以我们这样糊里糊涂的也没事。
>
> 少年时候有很多事情是在糊涂中混过的。

刘长兰学长令我想起于右任的诗句"不信青春唤不回"。九旬的她为我们高唱：

> 中国不会亡，一定不会亡！
>
> 那个时候不知道悲观，我们总归可以闯出去。年轻的时候不知道悲哀生死，这些都不懂，就是很有趣。打败日本人没有问题，拼命都可以，毫不畏惧，而且我们有信心。
>
> 那个时候，说实在的，我觉得"老总统"对国家有相当的贡献，那个时候所表现的那种气魄，让学生不会觉得恐怖。

在刘长兰旅游台湾的日子里，国民党兵败如山倒。一下子她的丈夫、家人都撤到台湾。从此她就留在岛上，直到大陆改革开放，她才回乡看望。她说：

> 我到台湾来我是很幸运，不是像很多人逃来的。包括我先生，他们都是逃来的。上船的时候都挤啊。有的人都挤得

快掉下去了。我没有,我来的时候还没有到那个程度。没有闹到那个样子。我是来逛阿里山跟日月潭的。

刘长兰到台湾后在嘉义女中教书。

杨武之:父训与《群论》

杨武之,清华算学系教授、著名物理学家杨振宁的父亲。

华罗庚在回忆录中曾经心怀感激地提到杨武之教授。杨武之当年对他的学术成长有过重要指点。杨武之深谙育人之道,在杨振宁幼时,令其学习四书五经。2001年春天在清华园,年届八旬的杨博士温情脉脉地回忆父亲:

> 我父亲是芝加哥大学的数学博士,他是1928年得的,1929年立刻就回国了,先在厦门大学教了一年书,然后在清华大学做教授。抗战的时候,他是西南联大数学系教授。西南联大八年,多半的时候他都是系主任。我念物理系跟他有相当多的关系,但并不是同行。我并没有念过我父亲的课。
>
> 从小在家里头,我受父亲的影响很大。他有时候跟我讲一些数学的知识,早年是鸡兔同笼、四则问题这一类,后来渐渐变成逻辑、代数和几何。我进大学的时候,他介绍了一些20世纪数学的精神,对我有非常重要的影响。

杨武之的方式,并不是非常努力地灌输数学知识给儿子,只是在平常接触里,让他吸收了一些数学知识。家里书架上有许多关于数学的书,杨振宁没事情的时候就翻看。他随时捡来一些数学知识,也有很大的作用。

> 一个对我有重大影响的事,与吴大猷先生指导我做学士论文有关。吴先生要我去研究对称性在分子物理学上的运

用，给了我一篇专科期刊上的文章看。我把那文章拿来给我父亲看。我父亲说，这里面用了很多"群论"。"群论"是数学里非常重要的一支，对称性与"群论"有密切的关系。你也可以说，对称性最好的数学语言就是"群论"。

我父亲说，我这里有一本书。这本书是我父亲的老师狄克逊写的一本小书，叫作《近代代数理论》。这本小书里有一章，专门讲"群论"的。我父亲说，你看这一章对你有用处。这章一共只有二十页，这本小书我现在还有。但这二十页把"群论"的理论用非常简洁而深入的语言讲出来了。

这种跨学科的启蒙，是使杨振宁后来在物理学上出类拔萃的一个因素。

这给了我非常大的启发，所以我对于"群论"就发生了喜好，这个对我后来的工作有决定性的影响。

我后来两个最重要的工作，一个是叫作《规范场》，那是1954年我跟一个叫米尔斯合写的文章，以及《宇称不守衡》，是1956年我跟李政道合写的文章，后来得了诺贝尔奖奖金的。这两个文章都讲对称性，所以跟"群论"有关系。那么，最早使得我对这一方向发生兴趣的是吴先生和我父亲。

在杨振宁的回忆文章中，曾经写1972年他与父母亲在日内瓦相见，父亲力劝他回国。虽然其时儿子已经誉满全球，可是在杨武之的心底里却认为他有"弃国抛乡"之罪。当时，杨振宁问起国内状况，其母诉了些生活上的苦，说买豆腐都要排队。杨武之怒斥："妇人之见！"在他认为，国家有了主权，工农生活提高，是最大的幸事。

这一段追述，令人对杨武之先生由衷崇敬。这样伟岸的人格，磊落的胸襟，足为天下"父训"之楷模。

闻一多:"诗化家庭"

2000年夏秋之交,在北京门头沟水库边上的画家村,我采访了闻一多的子女们。

闻家兄妹和我约定到这个距京城老远的地方来,是因为在闻立鹏画室设有闻一多的灵堂。灵堂不是那种传统的素缦孝帐,而是生气勃勃,色彩浓烈。中间一幅闻一多的油画肖像,所选用的底子是他喜闻抗战胜利后把胡须刮光的那一张照片。闻立鹏说,澳门回归了,他们全家几代人在这里举行家祭,报告在天之灵,唱了《七子之歌》。这样浪漫而庄严的家祭,与闻一多的气质相吻合。

那天,次子闻立雕为我们朗诵了《红烛》。闻家子女富于艺术才能,除了血缘,与当年闻一多"诗化家庭"的理想和努力有关。长女闻茗,气质温柔细腻。她说:

> 准备在乡下躲避敌机的轰炸,刚好第一年,轮到我父亲休假,就搬走了,在晋宁住了一年的时间,利用他这个假期,给我们教诗,我们那个时候背了好多诗。

我看过闻一多设计的舞台设计图。他很有现代意识,注重对美的元素的简化与提取。闻一多是一位"美"的追寻者。闻立鹏说:

> 那年父亲休假,正好他们开文学史课。他备课间隙就带着我们出去。在郊外草地上铺一个毯子,泡上一壶茶。他和我母亲在那里,我们就在那翻跟斗玩。等我们玩得差不多了,他跟我们讲神话。
>
> 那时候让我们背他教的诗。一般背诗都在野外。云南昆明的天好蓝,我们在那儿背唐诗,随着笑。那个时候,真的感觉到自己受到一种陶冶。
>
> 他也很喜欢在院子里教我们唐诗。我们住在楼上,窗户

是可以打开的。月光可以射进屋子里。这个时候,他教我们背唐诗,或者让我们背,他再给我们讲。我记得,《春江花月夜》就是在这个时候学的,印象特别深。

闻一多有非常浓重的唯美倾向,加之他又是学西洋画的,所以对印象派的东西特别垂青。《春江花月夜》正是符合这个标准的作品。西方的美神都是女性,闻一多更像是一位东方的男性美神。如果生命让闻一多继续研究,他可能会创造出一种"大美学",涉及诗、画和中西意境的艺术观。闻立雕说:

给朋友的信写过,他要诗化生活、诗化家庭。所以他年轻的时候,给哥哥讲诗。到后来,就在课堂上讲诗。他是诗化生活、诗化家庭。

随着战争的开始,环境是很恶劣的,可是他还是和平常一样。这跟他的整个风格和思想是一致的。对我们来说,他还是用他的那种感觉来教育我们。现在我能背的诗差不多都是那个时候记的。

闻一多保持着他那种敏锐的美感,对美的欣赏和执著。战争的另一种摧残,就是使人变得冷漠、冷酷。而闻一多要求自己和家人都保持在一种温情和诗意的境界里面。家庭在一般人的眼中都是琐事琳琅、世俗气味的场所,可是对闻一多却不一样。闻一多对妻子和孩子施以诗歌的教化,让他们与自己同享诗的美好。他热爱诗,亦热爱家庭。他要把这两者爱和谐为一。

朱自清:赶马人的披风

昆明的老人至今还记得,当年有一位联大教授,披着赶马人的毛毡在街上走。他就是朱自清。这种毛毡现在边地还有,是用羊毛擀的,本地土产,厚实挡风,可防小雨。云南少数民族的男性爱用它来作披风，威武彪悍。近年来也常出现在舞台上。朱乔生说：

> 我记得龙院村，当时村子是很荒凉的。附近挨着一个山，每天晚上都要听狼嗥。那个时候很荒凉，整夜整夜的狼嗥。那真是阴森，声音非常悠长的，非常凄厉的狼嗥。有时候弄得整夜睡不着觉。
>
> 但是在那个时候，他们都在拼命地研究。我父亲住在龙院村，他到西南联大，到城里去上课，他要走很远的路。那时候没车。有一年冬天，昆明那一年冬天最冷，他买不起别的衣服，他就买了一件赶马人的披风，披着那件东西到西南联大上课。
>
> 他的身体在那个时候日渐憔悴了。这一段时间他是形销骨立了，瘦的，你想三十八点八公斤，不是形销骨立吗？头发也白了。朋友也说，那一段他明显地见老了。他不是精神上的老，而是生活条件实在太差了。

在狼嗥声中研究学问，披着赶马人的披风去上课。在这种粗犷的环境里，文弱多病的书斋学者继续他呕心沥血的工作。

> 在这种情况下，教授中也是有竞争的，这种竞争是好的、良性的竞争。把北大、清华、南开都集中到一个地方，你的学术上有成就，我的学术也要有成就。你要多看书，我也要多看书。不是说，我把你拉下来。而是说，我要努力，你也要努力。
>
> 王力有很多书也是在这个时候写的，闻先生有很多书也是在这个时候写的。在这种竞争下，在营养不良的情况下，他还要写东西，拼命地搞出新的学术成果。这种精神传给后代，那对后代表现出一种良好的学风。

冯友兰先生评说过："一多宏大，佩弦精细。一多狂，佩弦狷。"

但仅一个"狷"字，不足以概括朱自清。朱自清用他细腻的风格关怀着宏大格局。他悲天悯人，犹如他的散文《背影》，襟怀很厚，很有忧患情操。

看朱自清在战时著的那些书，并不只是埋头于学府书斋中治学问，他关注战争时期普遍的语文教育和基础老师的状态与需求。朱乔生说："他在昆明写的东西还是不少，像《新诗杂话》《国文教学》《经典常谈》，等等。"《经典常谈》这本书，即便在"文化大革命"那种情况下，当时出版社还想出《经典常谈》。能够把中国的传统文化，这么精练地压缩在一本薄薄的小书里面，这是有很深的功力的。

"文革"的时候，中学教师要教一些文言文，而又不可能去读这么多古书，所以出版社觉得这书对中学教师特别适合。当时读一本《经典常谈》基本上就够了。它是非常概括地对中国的经典做了介绍。叶先生曾经说，就是在这本书中把我们现在研究的最新成果加进去，那仍然是中国传统文化的一个综合的传统介绍——《经典常谈》。

他又集中力量研究新诗，写了《新诗杂话》，还写了语文方面的研究《语文零拾》，《论雅俗共赏》《标准与尺度》也是在那时写的。

抗日战争时期写的《语文影与其他》这本书，也是非常有用的。中国的传统的书信，大概怎么写，什么格式。另外，当时写的文章真的不少。抗日战争时期，有时候隔几天就是一篇文章，有时候一两天就是一篇文章。

由于感受到战时教育与文化的艰难处境，朱自清写了不少应急应时之作，以帮助人们能够精练地传承中国文化。未料到的是，朱自清写的这些作品，到"文革"时代，又一次成了国学教育的应急之需。

闻一多重启蒙，将大量精力投入到联大的学生社团活动里。闻一多是风起云涌的个性。而朱自清重普及，他关注战时中等教育的健康发展。朱自清可谓是"润物细无声"的春雨。一个名校的著名学者，散文大家，却花了这么多的时间来做这些事情。今人不及。这表现了朱自清关注天下的襟怀和务实的责任心。在昆明的教授们由于生活艰苦，写文章给报纸投稿，戏称"换米吃"。朱乔生说：

> 给昆明当时的报纸写稿，报纸给一些稿费，然后换米吃。他到成都也是，也是马上写文章，就有稿费。所以有的文章去找成都毛边纸那种报纸——当时报纸都是印得非常糙，都是毛边纸——上面能找到他的文章。

写文章"换米吃"，这是普遍的情况。费孝通说，他在昆明写的很多文章，现在找起来很难。因为当时来不及再抄一遍，也来不及保存文章，写了文章就跟人家换米。

"我父亲也是这个情况，还有写的十来篇文章没有找到。因为当时匆忙拿去换米吃，光靠工资不够。"朱自清有诗云："闭门拼自守穷悭，车马街头任往还。"当时国民党腐败严重，投机商发国难财，而教授们依然在穷困中坚守着事业：

> 在清华时教授的收入高，过着非常优越的生活，一下子反差特别大，到了难以为继的情况。我父亲为了帮助我曾祖父，供给他们钱，就把西方一个保险公司的保单，拿去抵押了。抵押的结果就是汪精卫的国币四百块钱，保单都抵押了，自己的工资完全不够。他为了到成都看我们，把他自己存的最好的书，还有砚台都卖了。那时是非常非常困难的。

我看到了这封信。朱自清寄信给开明书店的总经理张先生，把给保险公司的保单抵押四百块钱。信上说，把当时的国币交给他的二嫂，请这位在上海的二嫂把这个钱供给扬州的家使用。

贺麟：总是在争论

采访贺美英时，她正主政清华大学。她给我的印象是很干练的。后来在纪念西南联大七十周年校庆时，又在清华会堂见到她。那天，她和任继愈先生一起合了影。这源自她父亲贺麟先生与任先生的师生之情，那一段历史很深。

贺美英说，她父亲身边常是学生环绕，那时候，哲学家们所触及的领域是非常开阔的，又是非常现实和入世的。

我是"七七事变"以后，1937年底出生的。我母亲生我的时候在北京，我父亲当时随着北京大学到西南联大做教授了。我母亲就带着我和我堂哥，一大家人逃难到上海，从上海到了河内，从河内到了云南，又到了西南联大，那个时候，我很小。

我1946年离开西南联大的时候，也就是八岁。留下的回忆已经很少了。印象比较深刻的，有几点：

一个就是抗战期间，云南的生活环境很艰苦。当时这些教授薪金是不够维持生活的。吃的、穿的都是比较差的。我记得我的衣服，都是爸爸妈妈的衣服改小了的。吃的就是糙米饭，菜就是南瓜，还有一点青菜，长久地吃这种东西，后来就吃不下去了，我就哭起来了。我爸爸妈妈带我到大西门外，吃那种牛肝，当时觉得这是最好的东西。

家里的生活费不够用，父亲一个人的工资，不够养活家里的人，所以父亲就写文章，翻译书，来补贴家里。我母亲就绣花，绣围巾、衬衫这些东西。绣好以后给商店，挣那个手工费，来贴补家里。我在小时候，在六七岁的时候，我学会了绣花，那个时候，我跟妈妈一起绣花。

当年几乎所有的教授夫人和女儿们都绣过花,贺美英可能是当年最幼小的一个绣花女工了。

> 当时生活条件是比较艰苦的。但是我感觉人民的精神状态,父亲母亲,还有经常来的叔叔伯伯,还有一些学生,都是很刻苦地做学问,没有一点抱怨。经常有学生到家里来。他们高谈阔论。我是小孩,我不懂他们在争什么,但是不同的看法可以争论得很激烈,都是在做学问的这种精神。现在还留下很深的印象。

> 后来我看到父亲的日记,说他经常和学生探讨人生、学问。这样的探讨,到家里来,就是平等的探讨。师生关系是非常友好的。当时和汤用彤先生、金岳霖先生,大家一起讨论问题,都是非常热烈的。我父亲在那段时间写了《文化与人生》。

今观贺麟的哲学著述,他的思路仿佛一个坐标系,有横、纵两个方向。横向是:调整中国哲学,融入西方哲学;纵向则是整理自明代以来,从朱熹、王阳明、王船山等一直到孙中山、毛泽东的思想哲学。他所截取的这一段历史和这些人物,正是对现代中国影响最大的范畴。从这一构架,可以看到当年学者们那种"铁肩担道义"的胸怀。

贺美英对日本的侵略战争留下了深深的愤恨:

> 当时在云南很边远的地方,日本的飞机还跑来轰炸。经常要跑警报,警报一响,孩子就跑在城外躲起来。警报解除再回家。

> 有一次,街上我们住的小木楼的旁边落了一颗炸弹,整个房子都歪了,又搬家了。给我留下了对日本侵略的印象,大家都愤恨。

当时还有联大的一些小朋友，大家非常友爱的。

我们四家住在北门街的院子里，隔壁一家是李公朴先生，开了北门书屋。

我上南京小学，也很远。北门外是坟地，每天回来得晚，男孩子，淘气，就从坟地里拿一个骷髅吓唬女孩子。

像昆明的孩子一样，她对城中公园翠湖和圆通山最有印象。晚上有时候，爸爸妈妈领着去散步。"圆通山我记得。我上小学的第一篇作文，写：春天到了，圆通山的花开了。"

杨振宁：黑屋里听故事

"快乐童年，如今一去不复返。亲爱朋友，都已消逝在远方……"

每听到那些年逾古稀的联大子女们忆说童年，还向我询问他们当年的小伙伴们时，我不由得想起这一首歌。在这个世界上，我们每个人都会轮到这一天的。杨振宁曾经带着两个弟弟从美国回来，专程到昆明去，到他们曾经居住过的龙院村去过。还有一个当年的孩子也怀念龙院村，她就是物理学家赵忠尧的女儿赵维志。她说：

开始的时候，就住在文化巷，昆明话叫荨麻巷。后来因为西南联大内迁以后，改名叫文化巷。住在文化巷时，出了那城墙缺口，就去教书，就比较稳定一点。后来日本人轰炸特别厉害，就住不下去了。我记得，每天早晨起来，紧张得要命。我妈妈就先炒米粉，炒点米粉、煮几个鸡蛋，放在一个小包里面，就赶紧到巷口看大西门城楼。

大西门城楼一挂上红灯，就是预袭警报，等一会儿警报就响了，这个时候就要跑警报了。拎着大包小包和那点干粮，牵着我弟弟、妹妹，然后爸爸推着自行车，从那个城门洞出去，到坟地去躲警报。有时候一整天就得在外面。西南联大附中、

第二章 山城

附小，还有西南联大的老师就在坟地里面上课了。

老年的赵维志依然性情愉快而活泼，战时童年也有快乐的回忆。赵维志说：

> 后来城里，文化巷不能住了。有一次解除警报，我们回到家，家的大门也被炸开了，厨房的小板凳上还有一个炸弹片。后来没办法了，就跟杨先生搬到龙院村去，就是惠老师大院。惠老师是个开明绅士，把那套房子整个给西南联大的职工。

乡下的房子很挤，赵忠尧、吴有训、杨武之三位教授家庭，成了"交叉邻居"。"从开始，我们就住在一块儿。我们叫他'交叉邻居'，根本就是住在一块儿不分你的单元、我的单元什么的。上楼，就穿过吴伯伯家，上了楼以后就穿过杨伯伯家吃饭的那个地方，还穿过他们家卧室，然后就到了我们家。"

在紧窄的住房条件下，几位家长还为孩子们设立了小图书馆。杨振宁在那儿为这些弟妹们讲故事。赵维志说：

> 就在经过我们家的地方，又用木板隔了一个小屋子，就是我们的小图书馆。父辈他们很注意孩子的学习，在这种条件之下，他们还是专门辟了小图书馆，什么书都有。平常孩子们都在那看书。到了周末，杨振宁就回来。他那时候已经在西南联大上学了。他是大学生，我们都是中学生、小学生。他回来就把我们这批孩子集在一起讲故事。

> 杨大哥回来讲故事了！我还有印象，穿的黑棉大衣，非常朴素的，然后就给我们讲《苦儿流浪记》，那本书有很多翻译本。

> 《苦儿流浪记》讲一个孩子非常艰苦，怎么和老人、和狗过来，摔倒了爬起来继续什么的。那时候我们听了都非常

> 受教育，觉得我们长大了，也应该能够吃苦。他还是很注意这个。他那时候还很有意思："我讲故事我得关灯讲。"他就把灯拉灭了。我们小孩坐一屋子就听。听到后来很苦的时候，他妹妹就哭起来。于是她妈妈就跑进来，说："你们怎么搞的，把小妹弄哭了？"妹妹说："不是，是大哥讲故事，太伤心了。"

少年杨振宁富于口才和责任心。他在龙院村，成了"孩子头"。他用故事循循善诱，培养孩子们的意志。在黑屋里讲故事，听者容易进入情境，处在抗战时期那么艰苦的年代，童心也有所感吧。

> 另外给我一个很深的印象就是，杨伯伯他对孩子特别严。因为那个时候还小，有一次题目做不出来，杨伯伯说，去把菜刀拿来，他们就跑厨房去，跟他妈妈要菜刀。
>
> 他妈妈是安徽合肥人，我还记得他妈妈口音很重，一清早就是合肥话很重的说话。他妈妈说："小孩子，要刀干什么？你爸爸发昏了，要刀干什么？"
>
> 爸爸说："再做不出来，就砍手指头了。"
>
> 当然这是个笑话了。对孩子这么严格的要求，非常严谨的要求还是有用。后来杨先生终于获得诺贝尔奖，也不是偶然的。

赵维志的妹妹赵维勤，演过当年家喻户晓的电影《祖国的花朵》，就是那位红领巾中队长。当时少女迷恋于演电影，可是赵忠尧对女儿说，你不是当演员的材料。赵维勤后来也学了自然科学。

赵忠尧："中和肥皂"

赵忠尧，中国核科学史上一个不可缺失的名字。早在30年代他就发现了正负电子湮灭现象，是我国参加"两弹一星"研制工程的重要骨干,大多数人受过他的培养。从年轻时代起,赵忠尧就寻求救国之路。他甚至办过铅笔厂,著名的"长城牌"铅笔就是这个厂制造的。我记得,小时候用过这个牌子的铅笔。他曾经从各个方面对自己的能力加以试验,最后选定了"以教学、科研报国"的道路。

赵忠尧住在昆明乡下的时候,靠制造肥皂来维持一家人的生活。在他的女儿赵维志家中,我见到一张珍贵的照片。在昆明郊区惠家大院,赵忠尧所制造的一些肥皂正在晾晒。肥皂架的旁边有两个孩子,是赵维志在照顾她的妹妹。

赵维志说:

> 那个时候我弟弟妹妹已经出生了。我当时十三岁,我妹妹三岁,我弟弟一岁。我妈妈不工作的,就靠我爸爸一个人收入是不行的。没有办法了,我爸爸就说,我们做肥皂卖吧。
>
> 在我印象中,先是一个大的汽油桶,我爸爸出去把油和碱买回来,就在那个桶里烧。把油在里面烧,一边烧一边加碱,它就成形了。底下是柴火,我妈妈帮忙烧。我爸爸用那么粗的棍搅,烧好了,滴一点在玻璃片上,看成形了没有。达到要求以后,就把它倒出来,倒在方的桶里头,就让它干。干了以后,把它耸出来,放在木头的桌子上,都是爸爸设计的。倒出来这一大块,放在桌子上,用一个铁丝固定住。这边一个铁丝拉过来,用木头做两个把,然后推出来就切,切成一片一片的;然后再切成块;然后再切成条;再切成一小块,然后就放在架子上。都是自己弄的,就把这个肥皂晒干,因为是湿的。干了以后,就放在盒子里。底下垫一个木头印子,这样就是敲个字,叫"中和"。就是碱和油的中和,是爸爸起的名字"中和肥皂"。然后给化工厂,就用

  我们这肥皂。

他们制造的是工业肥皂。

  是工厂里面工人用的那种肥皂。那个厂子用我们这个肥皂，爸爸推自行车去送到那里。我记得，一放学，先不能做功课。妈妈就把我弟弟、妹妹送到我手里，然后去工作，明天要交货，送两盒，大家就得帮忙。等到我做功课的时候，已经很晚了，爸爸也才开始备课，我妈妈就看我妹妹、弟弟。

1946年夏，赵忠尧教授被民国政府派赴美国，在太平洋的比基尼岛上参观了原子弹试验的全过程。在赵维志家里，还保存着赵忠尧赴美参观的证件，以及当年考察比基尼岛上试爆原子弹的照片资料。赵维志说：

  李政道讲过一个笑话。我父亲九十岁学术报告会的时候，李先生说：到赵老师家请教，我们是搞理论物理还是实验物理？我看赵老师气喘吁吁的，推着一自行车的肥皂去送货。后来赵老师停下来，跟我谈了一个时辰的话。所以我想，我不搞实验物理了，这个实验物理怎么还要做肥皂、送肥皂？

  我没想到理论物理我能做得这么好，这还得感谢赵老师。

一面在做肥皂维持生计，一面为国家培育着世界一流的人才。"当时杨振宁在物理系，王先生是助教，我父亲是教授，吴先生是院长，推举杨振宁到国外去留学，推荐信是王先生和我爸爸写的。中科院的展室有一个原件。"

1950年，赵忠尧与邓稼先等一行人历尽艰辛，终于登上"威尔逊总统号"客船返回祖国。赵忠尧带回来一批原子核能物理试验器材，是他在国外用节约和打工的钱所购买的。1955年装配完成的我国第一台质子静电加速器，主要就利用了他带回来的部件和器材。

赵维志对我说："我在昆明生活了八年，昆明是我的第二故乡。"我怀着敬意与这位可亲的乐观的老人告别。她们的先人对这个民族有过杰出贡献。

闻一多：制印

采访闻一多的子女们，我们约定在门头沟闻立鹏的画室里集合。那天他们带来了家庭留下的珍贵遗物，一一讲解。我能感受到，父亲在的时候，这个家庭是一种什么样的气氛。

首先是一卷书。闻立雕说："这个书是一套，拿着不方便。这是第一卷，这些字都是我父亲的，他看过的书都有眉批。"眉批不是一种，有的地方用绿的，有的地方用红的，每一本都有。这些眉批已经被人全部誊抄出来，作为研究闻一多的资料。

一套"文房四宝"。"我父亲一直用的毛笔，很少用钢笔、自来水笔和铅笔，一般写东西的时候都用毛笔和砚台。这个砚台是一个学生送给我父亲的，罗先生。"这方砚上面镌刻着闻一多的名字："这个是他专门写好之后，烧制出来的，说是专门为了送给闻先生烧制的，平常我父亲不大用这个。"

一盒印油。"到了后期，我们家里很困难，我父亲就靠刻图章增加一些收入。这是刻图章的一些用具。那个时候我们跟朱自清先生住在一起，朱先生跟我父亲感情很深。当他得知我父亲搞图章的时候，把他保存的一瓶印油送给我父亲。这个印油时间很早的，他带到昆明，送给我父亲。"

朱自清为人的细腻、深情，从细节中可以体现。在闻一多牺牲后的一个雨天，有人看到在闻的墓地前面蹲着一个人，过去一看，是朱自清。小雨把他的身上淋湿了，他却毫无知觉。这个细节，比很多的悼文更令我印象深刻。

我父亲是近视眼，到了老年以后，看东西的时候还是不行，要用放大镜。所以这个是刻图章的，是初步写在印章上的，设计得怎么样，哪些地方要修改……当时他工作用这副眼镜。

一套自制的刻图章工具：

　　这件东西，还有现在保存的两件玉佩，就是可以吊起来的，加上这个盒，都是有历史的。这几件东西是我父亲和母亲结婚时，我母亲家里的嫁妆。

　　抗日战争从北平逃难出来的时候，我家没有带几件东西。这个有很珍贵的价值。后来我父亲要刻图章，就把他作为印色盒，估计原本是粉盒还是盛胭脂的东西。书里面的朱批，就用朱砂水，朱批就蘸这个。这还有一个小勺，用这个小勺挖一点水。

作为文具，这些盒与碗都很富丽，有脂粉气，是闻夫人贡献的。在那些刻刀的把上，有的缠有胶布，有的缠有毛线，有磨过的痕迹。

　　我父亲的手磨成一个大疙瘩，我母亲看见很同情他，就拿毛线给他缠上，是织毛衣的毛线。当时磨成了这个样子，有的自己弄点胶布缠上就算了。

闻一多先是住在司家营，后来搬到陈家营。这是昆明近郊最典型的民居，俗称"一颗印"。从高处看它，四面瓦房围得很拢，中间天井小而深，恰如一颗印件在其中。这里住过一个制印人。

当时由浦江清起草了《闻一多教授金石润例》，这是一个营业启事，相当于今天的广告。由梅贻琦、蒋梦麟、熊庆来三位大学校长和冯友兰、杨振声、姜亮夫等著名教授为之签名，谓"同启"。签名中除了闻一多在文学院方面的同仁朱自清、罗常培、唐兰、沈从文等，还有社会学方面的潘光旦。潘光旦与闻一多俱属左翼教授，在那一段时间里两人都参加了"民盟"。两位的夫人当时也是走得很近的。

还有一个签名是陈雪屏。陈雪屏在西南联大是管党务的，主持三青团的工作。在民主墙上，可以说与闻一多所指导的进步社团常常针锋相对。陈雪屏后来到台湾去了。陈雪屏的这个签名，让人联想很多。在抗战中共度艰辛、相濡以沫的这种感情与行为，在西南联大时期是不分"左、中、右"的。人们并没有因为政治取向的不同，而在人身和生活中加以区分甚至敌对，仍然具有同仁相悯的感情与道义。西南联大的包容性与凝聚力，正是中华民族在面临危机时的集中体现。

费孝通：假奶粉

2000年夏天，摄制组陪着费孝通来到呈贡魁阁。费孝通走进魁阁，他幽默地说："下面是猪，上面是人，生出来的是人不是猪。"他的女儿就出生在这里。

> 楼上是我们一家子几口人。我们那时候的苦，现在讲起来，人家不相信。我的女儿出生后，我的夫人奶不够。吃得不够，我们去买牛奶没地方。后来我写文章赚钱，用稿费去买了一罐奶粉。可是当时的人，诚信不好，是坏的，不是真的奶粉。这个印象很深。后来小孩子哭了，奶都没有。

奶粉事，其实是当时的走私和发国难财的奸商所为。

蒋梦麟在《西潮》前言里写道：

> 当我开始写《西潮》的时候，载运军火的卡车正在从缅甸源源驶往昆明，以"飞虎队"闻名于世的美国志愿航空队战斗机在我们头上轧轧掠过。发国难财的商人和以"带黄鱼"起家的卡车司机徜徉街头，口袋里装满了钞票。物价则一日三跳，有如脱缰的野马。

一边是英勇献身的战斗,一边是自私到无耻的搂钱。中国似乎一直有这样双重的风景。

梅贻琦夫人:"定胜糕"

北京三里河南沙沟的一套住宅,是当年周恩来总理将梅贻琦夫人邀请回国后,分配给她住的。梅祖彦说,这房子的格局、家具,甚至花盆,都保持了母亲在世时的模样。

他拿出了母亲当年的一个家庭账本。翻看其中细目,可以见出当年北平时期梅家生活的一斑。其中记录的费用开销有:洋车、保姆、牛奶、点心、零食,以及送礼、小费,等等。从北平来到昆明后,生活有了巨大的落差。

到昆明后,因北大、清华、南开三校组成西南联大,人称"梅常委";其实另外两位,蒋梦麟和张伯苓都不在昆明,梅贻琦成为西南联大实际上的校长。他挑起了这一分量沉重、路途遥遥的担子。

试问谁曾经同时管理过北大、清华、南开,并且是在战争年代。梅贻琦可谓空前绝后。

韩咏华女士对丈夫的职责理解至深。她以一种共赴国难的姿态,在联大的教授夫人们中率先做出榜样。1942年后,物价飞涨,联大教授们的薪水常常不能按时发放。梅家也时常有揭不开锅的日子,关于梅夫人做"定胜糕"自己挎篮到冠生园去卖的一段佳话,就发生在这时。

在南沙沟,梅祖彦将母亲韩咏华女士的回忆文章《同甘共苦四十年——记我所了解的梅贻琦》赠与我,文中写道:

> 教授们的月薪,在1938、1939年还能维持三个星期的生活,到后来就只够半个月用的了。不足之处,只好由夫人们去想办法。有的绣围巾,有的做帽子,也有的做一些食品,拿出去卖。

我年岁比别人大些，视力也不是很好，只能帮助做围巾穗子。以后庶务赵世昌先生介绍我做糕点去卖。赵是上海人，教我做上海式的米粉碗糕，由潘光旦太太在乡下磨好七成大米、三成糯米的米粉，加上白糖、和好面，用一个银锭形的木模做成糕。两三分钟蒸一块，取名"定胜糕"（即抗战一定胜利之意）。由我挎着篮子，步行四十多分钟到冠生园寄卖。

月涵还不同意我们在办事处操作，只好到住在外面的地质系袁复礼太太家去做。

有人建议我们把炉子支在冠生园门前现做现卖，我碍于月涵的面子，没有这样做。卖糕时我穿着蓝布褂子，自称姓韩，而不说姓梅，尽管如此，还是谁都知道了梅校长的夫人挎篮卖"定胜糕"的事。由于路走得很多，鞋袜又不合脚，有一次把脚磨破，感染了，小腿全肿起来。

我向梅祖彦问起"定胜糕"的事情，他说：

在昆明生活非常艰苦，也使得大学消除了一些等级的差别，真是大家上下一致，完全一致。所以也无所谓什么教授夫人，你走在街上谁也认不出来。那时候从衣着到生活，那都是很简朴的。我父亲那一点工资是不够的，所以我母亲经常为生计伤很多脑筋。

她和另外一位夫人，就是袁复礼先生的夫人，她们就学了做上海的一个糕点。一个腰子形的那么一个糕，做一个木头模子，那也蛮好吃的，她们拿到金碧路的冠生园去卖。我因为当时已经离开家了。后来我才知道，我母亲多次地自己挎着篮子走。因为糕点这东西很重，从西仓坡到冠生园这段路很长的。所以后来我听她说，走路把脚都磨破了。

"定胜糕"，恐怕是个老名字。后来大家就说这个糕一定要做,就说抗战一定要胜利。

据说,糕点原名叫"定升糕",升官发财的意思。有一次在梅家,梅夫人用这糕招待联大的教授,大家说,连校长夫人都做糕了,抗战一定会胜利。于是从此得名"定胜糕",传遍昆明。

在昆明期间,月涵虽然仍像在北平清华时一样地忙于校务,但他的心情是很不平静的,忧愤山河沦陷,思念亲朋故旧和他付出了心血的清华园。1944 年 3 月,他得知老母病故于北平,无法奔丧,十分悲痛。他一生不喜以诗文抒发感情,只是做做演讲,因此留下文字很少。但在 1942 年有与顾毓琇先生唱和之句。诗中"点苍雪浅攀登易,长白云低望见难",以及"回忆园中好风景","五年漂泊泪由衷"等句,可见他当时心情之一斑。

人们只是为梅校长举重若轻、沉着冷静,甚至在"跑警报"的时候也依然绅士风度而叹服。很少有人知悉他那不平静的内心。梅夫人写这些文字的时候已经是 1981 年,当年感情仍历历在目。

2009 年,我到台湾去,正好是中秋节前夕,我专程到街上买了冠生园的月饼,带到新竹清华大学,在梅园隆重祭奠梅贻琦校长。当梅花开放的时候,人们徜徉其中,可以思索什么叫"厚德载物",什么叫"惟吾德馨"。

王力夫人:为"白药大王"织毛衣

我进北大的时候,王力先生只给研究生上课了。我听过一两次,讲古汉语的名词动化。用王力教授的理念,很容易解读古文,感到古文也很自然。我曾向父亲说过,有的地方,与我从小自己的瞎蒙,还对上号了。所以对王力先生有感情。

毕业时班长想去广西大学,请王力先生写推荐信,王力说:"你

第二章 山城

自己写好了,拿来我签字就行。"那封信是我起草的。写得很狂,先生签了。

当年从女生宿舍到图书馆,我们总是悄悄穿过燕南园的小路,对这些静穆的屋子充满了信赖之情。心中总是知道,我有什么学业方面的问题,可以去找哪一位先生。如今每进燕南园,就想起在北大的好时光。随着这一代老先生的逝去,燕南园的老屋也衰败了。老屋窗外,爬山虎生荫。在这里,容易重拾往事。

王力夫人夏蔚霞现在失聪了。她从前是很好的女高音,窗前的一架钢琴就是她用的。夏女士白发苍苍,却带给人一种少女似的真挚与激情。她身材单薄,穿着一件毛线织的马甲。回忆起当年与王力结合,她每个细节都记得清晰。陪同她去见面的几位女同学很俏皮。王力当时与她们同乘游船,洵直君子,一副稳重模样,一见面就向她坦诚地谈自己之前有几个孩子。夏女士认为此人忠厚可托。

在昆明的日子很艰难,夏女士曾经织毛衣、种菜、做咸菜。然而她对昆明有很好的印象,特别怀念昆明的小吃。她说:"我在昆明住得非常高兴,因为昆明是好地方。"她又说,昆明天气好,物价便宜。他们刚去的时候还用滇币。法币一块抵十块滇币,后来法币一块也能抵五块滇币,所以便宜:

> 东西很大,洋白菜很大,萝卜很大。
>
> 我记得别人跟我说,一家人挑萝卜,一个人只挑两个萝卜,前面一个,后面一个。这个我没见过。挑四个萝卜,前面两个,后面两个,这我见过的。

因为住在农村,吃什么都是新鲜的。现代人假日出去吃"农家乐",也是这个意思。夏女士那时学会了做咸菜。

> 后来有很多都是从昆明学会的,比如做咸菜。昆明的韭菜花,又干净,还有麦粑粑,最好吃,我都非常怀念。昆明

的米线，我认为小锅米线比过桥米线好吃。

夏女士说起昆明的小吃，滔滔不绝，很多是现在昆明已经失传了的。小吃也随着时代而变得粗劣。

> 还有一种普通老百姓常常吃的烧饵块，因为学校学生上课以前，门口有烧烤的。我开始觉得那有什么好吃？后来吃吃看，真的好吃。他们还有鳝鱼米线、螺丝米线。昆明的咸菜，我喜欢空嘴吃，因为不咸。……昆明我们那个地方底下有一个包子铺，叫小笼包，特别好吃。……昆明还有菜油腐乳，菜叶子包的腐乳。在乡下还吃了一种皂角米。外面发黑的，吃起来甜极了，那个梨叫酒梨。还有一样就是荞麦叶子，荞麦叶子也很好吃，离开农村就吃不到了。昆明的宝珠梨，很大很好，那时候很便宜。说起来农村是好的，一片大平原非常好，吃新鲜的蚕豆，新鲜的豌豆，我也种了辣椒。

联大人普遍喜爱昆明小吃，但像夏蔚霞女士这样详尽、清楚地历数，我还没有遇见过。她对生活充满活力。鉴于夏女士这么怀念昆明小吃，我于是开了一个单子：大头菜、干巴菌、火腿坨、皂角米、鸡枞等等，回到昆明就给她寄了。

当年昆明的治安很差。有一天夏女士发现桌子上的钱没有了。她买菜回来的钱放桌子上。往床底下一找，在床底下抓住一个小偷来，"他就对我磕头，说：算了吧，你放了我，你的钱我给你。我后来就放了。"这也是对过失者的怜悯。

为了维持家用，夏女士给美军绣过手帕，还干过织毛衣的活计。她告诉我，因为联大家属们织的毛衣，送回去过秤时，与领的毛线是一样重。信誉很好。所以织毛衣的活计很容易领到。她为昆明"白药大王"的女儿织过毛衣，白药与王力家就有了一种神秘联系。

> 我在昆明除了教书以外，教小学以外，我还做小工。我

替云南白药的老板织毛衣，他家的毛衣全是我做的。当时是四块钱工钱做一个毛衣。多少分量、多大腰身，什么花样，都有一定的。我们的手艺好，称分量，我们不赚他们的毛线。所以他的、他女儿的毛衣，全是我和我的朋友做的。

云南白药现在是一个国际化的大企业了。当年为抗战，白药老板也曾经向中国军队捐赠大量的疗伤灵药。

昆明有一条老街叫同仁街，夏蔚霞去同仁街看挂在那儿的衣裳，回来自己学着做，再替别人做，这样赚钱。"当时我们夫妻两个，是五件工作，他做教授，又写文章，又当中学校长；我又教书，又做小工，做五个工作才能够过活。生活是辛苦，可是值得。因为学了很多东西，像养猪、养鸡。"夏蔚霞还在院子的空地上种过菜。"昆明对于我的生活，是非常重要的，因为我学到很多本事。"

她怀第一个孩子的时候，正是日本飞机轰炸昆明最厉害的时候。"开始有飞机的时候，我们一早起来去买两个麦粑粑，拿两个麦粑粑到乡下去，躲在西瓜棚底下，直到解除警报。后来我怀第一个孩子，每天这样跑，受不了，所以搬到龙头村。"

因为替白药大王的女儿织毛衣，夏蔚霞知道云南白药的神奇功用。"文革"中，有一天押王力游街。她往丈夫的口袋里偷偷塞了一瓶云南白药。王力看那天要挨打，就赶快把那瓶白药吞服了。夏蔚霞说，要是没有在昆明住过，也就没有这个保护的法子了。

王力有诗为证：

甜甜苦苦两人尝，
四十五年情意长。
七省奔波逃狡狯，
一灯如豆伴凄凉。
红羊溅汝绞绡泪，

白药医吾铁杖伤。

　　今日桑榆晚境好，

　　共祈百岁老鸳鸯。

王力先生有交代：这个诗要放坟上，刻在墓碑上。夏说："'一灯如豆伴凄凉'，就是在昆明点油灯过的日子。'红羊'，是在'文革'中，碰巧是红羊年，丁未年。'白药医我铁杖伤'，那时他挨打，我在他衣裳里偷偷给他放好一包云南白药，放在兜里头。他被打了以后，就拿白药出来吃，所以他身上有杠杠，可是没有受到很重的伤。"

　　那年夏天，王力被迫弯腰，背上加砖；要是抬起来一点，砖要掉下来，掉下来要挨打。打完以后，起不来了。眼镜也掉在地上。朱德熙先生在他后面找到眼镜，给他戴上。那个时候王力先生已经六十七岁了。一想到在我入学时花香鸟语的北大校园里，也上演过这些匪夷所思的暴行，我就感到一种彻骨之恨。

芮沐夫人：卖掉家传金器

　　踏进燕南园芮教授家时，夕阳下的小楼里很寂静，两位老人都是无声无息的那种脾气。芮沐先生在屋里看着一本很旧的书。他夫人吴佩仪坐在阳光依稀的楼梯口，旁边一个小筛子，在择一点菜。

　　吴佩仪是一位知识女性，与芮教授当年自由恋爱结合，后来随丈夫一起来到昆明西南联大，共度一段艰辛岁月。她说：

　　　　我考的是天津女子学校，是教会学校，四川成都；他是在重庆中央大学，我们在那里认识。我们在1940年就结婚了。在结婚以前，我就转学，就从女子大学转到复旦大学。所以我那文凭是复旦大学毕业的。当时因为我要到昆明去了，所以我就在联大写毕业论文，再寄信给复旦大学系主任，他看了之后，通过。

第二章 山城

从这个细节看出,当年各个大学都有比较灵活的处理办法,在战时要培养一个学生是很不易的。

我到了昆明,在云南大学工作。那个时候,只要能够挣到钱,不管搞什么工作都行。要会计,我就去做。同时,搞一点刺绣去卖。那个时候是相当苦的。主要是那米,一下子又涨了。大家都去买,每天挺紧张的,为了买一些米。

到了1944年冬天的时候,正好我们小孩很小的时候,芮沐生病了,住在医院里。这是很着急的,又没有钱。那个医院里面有一个大夫是他法国的同学,这个人很好,挺有名的,叫戴滇简。戴一看,说,很危险,赶快要住院。

抗战时期,一大批留法的医学人才归来,他们在昆明创办了一些教会医院和私家医院。现在的昆明医学院,创立之初就是以这批留法的医学专家为业务支柱的。我出生时,是由一位留法的专家杜先生接生的。他后来也是我母亲的院长。

后来他说,没有钱,怎么办?我就告诉他,我们从老家出来的时候,带了一定的钱。因为逃难,我考上女子大学,到外面去,所以父亲给了我一笔钱、戒指,这是金的。

日本人烧杀抢掠,什么事都干,日本人不是火烧长沙吗?家里就把值钱的东西带到湘西逃难。因为我要念书,我去的地方也很艰苦。母亲就给了我一点什么手镯、金器。到了困难的时候,就换一点钱。我们学校里面,那个时候是挺不错的,都给一点贷金,每天就是吃一点点蚕豆,蚕豆煮的米饭。

正好我还有一点金器,我说我把它换了,让他能够得到心理上的安慰一点。他已经有这样重的病了,如果思想上还有矛盾的话，肯定危险了。大夫说，这个病很重，看他的舌头上都是白色的。就把金器卖掉了。

芮沐教授当时得的是白喉，这种病在那个年代是很危险的。吴佩仪毅然地卖掉了父母留给自己的一点金器，为丈夫治病。这件事情是她在昆明的贫寒生活中最难忘记的。这也是当时父母的远见吧。在战乱中只要儿女能够保全，金玉也不过是身外之物了。生死鸳鸯，这就是当年教员夫妇的唯一选择，或者说，这里面根本不存在选择。

我的母亲也曾有过将陪嫁的首饰拿出去、换回丈夫的经历。那已经是"运动"中的事情了。

我们这个民族能够度过抗日战争那样的大劫，我感觉有一个原因，人们没有明确地提出来过。这就是：在那个时代，我们民族内部的很多伦理关系都是非常牢固和坚贞的。这些品质最后构成了这个民族总体的坚贞与牢固。

一个群体的后面

冯宗璞是当年教授家庭生活的一个见证人。她说：

关于民族的精神，我想谈谈西南联大的家属。一个群体有这样的成绩，和它后面的家是有关系的。

西南联大的这些教授和夫人，本来在北平养尊处优，生活是很优越的。一下子到那个环境，一夜之间变得非常能干，非常操劳，什么都可以做。这些贤内助的支持，对整个的群体是有帮助的。

当时的工资不能维持一家的生活，所以有很多的先生兼课，有些人做别的事情。这些教授夫人，也出一些主意，有的人做一些零食，卖一些小食品，有的人缝一些东西，采用一些添补家用的办法。

宗璞幼年时曾经寄住在梅贻琦校长的家里。

> 记得1942年，因为父母到重庆去了，我和弟弟就借住在梅先生家。那个时候梅伯母在做一种糕，用米粉，用一个模子，做了糕，就送到冠生园去卖。梅家的小女儿和我，一起帮她提着篮子送糕，路上还下着雨。我们把那个篮子放在廊檐底下，怕雨淋着那个糕。我们自己淋在外面。

当年几乎所有的教授夫人都参加了织毛衣、绣手帕的活计。

江泽涵的儿子江丕权记得："在最无奈的时候，母亲到街头摆地摊，把父亲从国外带回来的一个蔡司照相机，还有其他一些东西卖了，换钱以维持家用。"

梅贻琦夫人参加社会慈善活动，轮到她请客时，家中没有一文钱。于是在大西门旁铺了一块油布摆个地摊，把孩子们长大后穿不上的小衣服，毛线头编结的东西以及她自己的衣服摆上卖。一个早上卖了十元钱，总算勉强把这顿饭备上了。这样梅校长夫人摆地摊的事也就流传出去。

赵忠尧之女赵维志回忆：

> 住在惠老师大院，我们对面的平房住着的是吴有训教授。他的爱人是一个助产师，当时我们大院里面的七个小孩，全都是她接生的。大家省钱不去医院接生，她给接生，她是助产士，大家都谢谢她，给她一点礼。感谢一点心意，她还增加一点收入。
>
> 那里头一共七个小孩，六个女孩一个男孩，都是她接生的。结果他们说，一船来了一个男孩带了六个女孩。当时是这样过的。
>
> 吴伯母跟我妈妈还接一点绣花的活，一条小手绢绣一条小金鱼，妈妈就绣一点卖，就靠这些。

联大外文系教授杨业治："绣花卖给美国的士兵，他们上我们家来，我们跟他们谈话，卖给他们，能够赚钱。在昆明比较艰苦，我幸亏有一个资本家朋友，有时候帮助我一下。当时我们一家五口人，我父亲也在，终于一起平安地回到北京来了。"

年事颇高的杨业治先生忽然想起一段事，他说：

> 还有一段新闻，就是在抗战刚刚开始，日本人侵犯华北，那时候，大家起来为战士缝衣服。我刚结婚，清华里面很多人的太太，都缝衣服，在报上登过。那是最早的，我还不到三十岁，也就二十几岁，反正是日本人还没有开始进北平的时候。

在"七七事变"之前，清华大学的教授夫人们就曾经为前方将士缝过衣服。

联大学生盖房子

联大圈子里有一种令人们亲近的人文氛围，使人与人之间的距离陡然缩短，使世俗的生活净化。江泽涵的儿子江丕权曾经拿出一个小本给我看过，那是吴宓给八岁的孩子江丕权题诗。他说，当年，金岳霖喜欢与孩子们比谁的水果更大，"大水果"就可以把"小水果"吃了。金岳霖如此喜爱孩子，自己却没小孩。那时很多人如此。博爱替代了私爱，自己并不觉得遗憾。而孩子们受到最强烈的影响，是一种爱国主义的奋发向上的情怀。赵忠尧的女儿赵维志说：

> 那个时候，我是念小学，还没念初中。我对西南联大是特别向往的。西南联大的校徽是三个圈，三个环表示清华、北大、南开三个学校。我看大学生戴那个，我就特别羡慕。
>
> 大学生到惠老师那儿，在进门旁边，盖了一个二层的小房子。大概是土木系做一个毕业设计，盖了一个楼。用的是

> 惠老师的地皮，给西南联大用二十年，就等于连房子和地皮还给惠老师。

西南联大与当地的乡绅们结成互利的关系，共同渡过战争难关。

> 西南联大的学生来盖，插标签、测量。我们这些孩子跟在后头，特别有兴趣。那些大哥哥、大姐姐对我们也很好，就在我们那儿吃、住。我记得那个房子没刷漆，是木头的地板。那个木头有种清香，没有油漆味。后来他们说，要走了，就教我们唱一首歌。我第一次学那首歌，就是"中国不会亡，一定不会亡！……"特别感动。因为我们小，不会唱，他们就教我们唱，我就一直会唱这首歌。
>
> 我们唱完就哭了。
>
> 后来我常想，这些大哥哥、大姐姐在哪儿？

"中国不会亡"这首歌，我2009年去台湾时，也两度听到有人唱。这是在中国最困难的时候唱出来的，是信念之歌。战况如此危急时，唱这首歌人们会哭，很悲壮。

它留给童年一份圣洁和永恒的回忆。

中国乡绅

中国乡绅的身影，一开始就闪现于西南联大南迁的路上。

在湘、黔、滇大地上最先迎接这些学人的，为他们带来民间的问候与安适感的，是乡绅们。那些为他们腾房、让价的人们，那些为他们贴出保护布告和敲锣示众的底层小吏，本质上都是乡绅。

当年这批京华著名学者和学子们的流亡之路虽然荒凉，但却不乏"认同"。崇尚知识的乡绅阶层竭尽全力地保护着他们来到云南。从蒙自到昆明，从城中到郊外、州县，频繁地出现乡绅与学人交往的身影。

联大师生被昆明和各地的大户人家奉若上宾，延之于室，敬之以酒，让之与宅，尊之为师。彬彬之风，漫及边地；佳话流传，恩义难忘。虽居陋室，周围却是一个充满人文情意的美丽民间。

学人们立足于民间，并不是一竿子插到泥土里，其实有乡绅替他们支撑着一个受尊重和被爱护的局面。

乡绅是城市知识界与乡里的连接点，命运并没有一下子将这些师生扔到真正的最底层去的。真正的一贫如洗和没有文化的下层，是不可能立即理解他们，也是没有力量来协助他们的。

乡绅是一个很有文化含量和乡间能量的阶层，可以说他们在乡村就是一个文化的凝聚点。乡绅就是当时民国社会，以至千年社会的一个文化与经济、政治的基础。而中国的那一代学者们又基本上都出身乡绅阶层，从这个起点进入大城市大学府和出国留洋。当他们因为战争回到民间，与乡绅交往有着天然的亲和力，彼此的行为方式可以理解接受。

联大八年立足云南，而云南是一个保存完好的小自耕农社会，古风盎然，遍地耕读生涯，这是中国文化人的根系所在。耕读人家传诗书，这片能够接纳诸多鸿儒的土地，有着尚古崇文之风气及人家。

而在半个世纪之前，乡绅阶层先从大陆消失了，继而在台湾也消失了。前者是用改造的手段，后者是用转化的方式，统称为"土改"。

乡绅在中国社会发展的进程中消失，可能是必然的。但是对他们这个阶层，这批人的历史定位始终暧昧。但为乡绅重新定位有必要提出，因为：

其一，他们对中国社会有直接的贡献和功绩。在近代史上，很多时候都是他们联名上书，联保、集资，代表地方的民意和正义，反抗外侮，以乡里和国家为己任。他们发起过若干进步的爱国运动，如四川保路同志会。他们支持过重要的革命运动，如"辛亥革命"、如"讨袁护国"，等等。

其二，他们是几乎现代史上所有杰出人物的父亲。如孙中山、毛泽东，周恩来；更早从林则徐、曾国藩、李鸿章，到梁启超、谭嗣同、黄兴，以及詹天佑、严复、陈独秀、胡适、鲁迅、陈寅恪、闻一多，等等，数不胜数。

中国历代很多有大作为的、根基深厚的人物就从这样的家庭环境中走出，去为社会开创功业，又在受到挫折的时候，返回这样的家园进行休整与思考。就以离今天不远的"五四"以来有影响力的人物而论，包括西南联大的这些重要角色，皆是由乡绅的家庭培养和奉献给中国社会的。

仕宦到乡绅，乡绅而仕宦，在中国封建社会是互通的。数千年来，凡汉民族，历代的知识肱股，莫不出自这一阶层。乡绅既已退出朝政，政治态度也就灵活机变，他们授予后代的教育多是积极的，对于时代潮流采取激进的态度。表现在辛亥革命的时代，他们并不都取保皇的态度，反而支持共和。

"最真挚的朋友"

在《西南联大启示录》被封杀一年后，经过多方的努力，我终于接到一份赦免公文。但其中有一个指示，即"淡化龙云"。

我回答：不可能再淡了。

一所伟大的学校在一个地方待了八年，岂有不提这个地方省主席是谁之理？那西南联大也太"空中楼阁"了吧？

西南联大学人，尤其是在那些资深的中共地下党员心中，对龙云的印象没有因为岁月或是风云而淡化；相反，他们怀着强烈的感情追述龙云。

一位云南的联大人对我说："龙云对联大是比较支持的。我说一个具体的事情：联大这么穷，他在联大设了一个龙云奖学金，就是考试成绩都在八十分以上者可以领取这个奖学金，我本人得过，所以我印象比较深。"

王汉斌对我说：

　　大家知道，我们在云南，学生运动得以发展，与龙云的态度很有关系。他不镇压学生游行，他派警察在周围，名义上是维持秩序，实际上是保护学生，不让特务捣乱。所以龙云一走，组织上就考虑云南会发生什么问题。

　　抗战期间，龙云在昆明对进步力量的发展，对民主运动的发展起了积极的作用。龙云一直跟我们党保持联系，他在云南当省主席时，一些民主力量受到保护，如李公朴、罗隆基等人。罗隆基是他的政治顾问。李公朴有个朋友黄易苇，帮李公朴写了《抗日模范根据地——晋察冀》一书。我和他在仰光认识。他来到昆明，我就到他住的地方去看他。他留我在他那儿住，住的房间非常豪华。后来我一打听，原来是龙云的一个别墅。可见龙云对这些人是很照顾的。龙云的一个部下叫朱家璧，当时是团长。部队驻在开远小龙潭。朱家璧是从延安回来的。我看龙云不会一点都不知道，但他让朱家璧当团长。朱家璧有个堂弟叫朱家锡，住在晓东街，在腾冲、龙陵一带组织打游击。我们占工队撤回昆明，就把一部分人派到朱家锡的部队打游击，还有一些人到朱家璧的开远小龙潭隐蔽起来。可见龙云对爱国进步力量的态度。朱家璧解放后是云南军区司令，他领导的游击队在云南统称"边纵"。谁要说他是"边纵"的，那就是老地下党了。朱的女儿与我曾经同一所中学，昆一中，就是杨振宁读过的原昆华中学。

　　当时党中央派华岗同志代表党，来和龙云直接联系。华岗化名林石父，在云南大学当教授。这可以问张光年。"云南事变"以后，华岗就撤走了。从这里也可以看出，龙云跟我们党有联系，而且他对进步力量保护或者采取中立的态度。他不肯抓人，国民党中统、军统在云南抓人都要经过他同意，不同意就不能抓。比如1944年纪念护国起义活动，特务捣乱，在会场放鞭炮。听起来都是爆炸声，大家以为是手榴弹爆炸，会场非常乱。开完会后群众举行抗议游行，龙云派警察跟着，名为监管，实际上也是防止特务再捣乱。所以游行很顺利。群众热情高涨。昆明学生爱国民主运动的高潮就是从纪念护国起义开始的。

1945年"五四"大游行，学生会发表《国是宣言》，提出反对一党专政、成立联合政府，龙云也没有干涉。所以他与民盟的关系，和我们党的关系，对待昆明学生运动的态度，对昆明学生运动的发展是有积极作用的。应该说，大后方的学生运动主要是在昆明。

昆明的学生运动规模最大，最有成果。当然，最重要的一点是整个形势受党的影响。第二，西南联大有"一二·九运动"的传统。第三，龙云的存在利于进步力量的发展。当时，到了暑假，进步学生组织路南圭山服务团慰劳军队。像李凌等人都参加慰劳云南部队的活动，龙云都默认了。这对进步力量的发展是有利的，应该说他是起了积极作用。

我和龙云还有点关系。龙云的一个儿子在昆明办了《观察报》，聘请我在仰光华侨中学的老师郑伯华，他是位翻译家，担任总编辑。他很喜欢我，看到我很穷，就让我在《观察报》当编辑。"云南事变"那一天夜里我在编报，编完报早上四五点钟。出来一看，满街都戒严了。可戒严的军队倒没管我，我平安地回到报社睡觉，《观察报》就此停办了。这也算还有点关系吧。

那时，田汉、安娥因为同郑伯华熟悉，也住在《观察报》里面，这也保护了进步力量。

这里说的"云南事变"，就是蒋介石让杜聿明到昆明用军事手段把龙云带到重庆，逼迫他下台。在"一二·一运动"时期，龙云已经不在昆明了。但他的夫人仍然给死难者捐款。王汉斌说："我记得他夫人龙顾映秋捐了五十万元。"龙云在执政时期给西南联大的捐款，我在那些"教授治校"的会议记录上看到过。这些会议记录保存在北大档案馆里。

在所有的人当中，王老谈龙云是最多的，当然，他也是最有资格谈的。因为他当时的身份和眼光就与一般学生不同，他是以一个全局的眼光、政治的眼光来看龙云的，可以说是一份实在的权威性的史料证词。

龙云对于云南历史很重要，他后来被打成右派之后，整个云南无形中受到压抑。

龙云的业绩是对于整个云南和全中国的抗战而言的，并不只是对学潮的态度。那只是他整个政治态度的一斑。朱光亚说：

> 因为我去的时候是比较晚了，1942年。开头的那两年是不错的，但到抗日战争胜利，……这个我要说的一点就是，我开始去的时候，云南省主席是龙云，他比较开明，当时蒋介石政权中他算是地方上比较开明的，对不对？比如说有时候我们上街去游行，事实上他暗中布置一些人来保护你。你要贴上一些东西，你就贴，你贴完之后，他就把它撕掉，把它清洗掉。

说起"一二·一运动"，朱光亚说"有些参加了，当时是很气愤的"，"我是感兴趣，但是，我也没有更多的精力"。朱光亚当时还不在党，他只是一个用功的进步学生，反而更有代表性。

赵宝煦当年是一个进步学生，主持阳光美术社，在民主墙上办漫画专栏。他回忆道：

> 因为云南昆明是"天高皇帝远"，而且北大、清华、南

开的名教授都在那儿，这些名教授一般都是美国、欧洲回来的，而且外国人在云南、在昆明的也很多。所以那是一个国际化的地方。还有一个缘故，因为蒋介石在大陆统治十八年，他始终没有能够深入掌控。像云南，有龙云挡着，始终龙云没有归顺（四川是刘湘。成都有一刘湘墓。现在已经不怎么样了。抗战的时候我们去，这个刘湘墓简直就是富丽堂皇）。所以在这个地方，我们搞什么？打旗子都是"打倒蒋介石，拥护龙主席！"，就是借着他这个招牌在这儿活动。所以西南联大当时在后方就叫民主堡垒。1942年"倒孔运动"就是在昆明先爆发起来的。

龙云是民国时代最为传奇的一个人物，出身低于诸省军阀，行为业绩却杰出于他们之上。他出身于云南昭通的一个普通彝族家庭，十二岁就参加"打冤家"的部落格斗。所幸云南有了讲武堂，龙云在那里受到了维新思想的训练，并参加了护国起义。他的野性逐渐转化成一股追求正义与光明的强烈愿望。

龙云具有强烈的爱国情怀，青年时代曾经为维护民族尊严，上擂台去与法国拳师比武，以勇敢和武艺取胜。他主政云南后，尤其关注民间疾苦，注意发展经济，支持文化教育。1932年，富滇银行建立，使云南金融渐趋稳定，财政逐渐平衡。

龙云着手办理全省"积谷"（囤积粮食）。1942年后，因抗战大迁移，云南总计增加近一百万人口，生活所需全部由云南省政府供应。此举对抗战做出了最实在的贡献。虽然大家都抱怨米中有沙子，是陈米，但是云南没有断过粮。云南人民喂养了大半个中国。

当年龙云请缪云台回来建设云南金融，缪办了银行学校。我父亲是第一批毕业生，随同缪云台办富滇银行。父亲告诉我，龙云积财，成立富滇银行，金融独立，为人民生息留下余地。而滇军四十万子弟兵开赴抗日战场，参加台儿庄战役、徐州大会战，皆是以滇币自行武装，最好的法式装备，为全国军队所羡慕。

抗战使云南人民打开了眼界。道路变了，汽车奔驰，飞机空战，各色人等聚集大后方。听说宋美龄来昆明时，曾惊异何以这偏僻之城中，人民居然知道向右行车，井井有条。其实昆明人当时已经见多识广了。

解放战争期间，龙云直接命令驻在东北的滇军首领潘朔端起义，为东北战局打开缺口。他支持卢汉在昆明起义，奠定了西南大局。

云南抗战史离不开龙云。他是云南人民抗战的杰出代表和领袖。百年主政云南者众，终不及龙云之"富滇强省"振奋人心，切实有为。

1949年后，龙云对苏联人当时在东北掠夺中国资源、强奸妇女等行为强烈不满，提出质疑而被划为右派。这其实是他伟大人格和爱国主义的延续。王汉斌对我讲："龙云是对的，是爱国的。我当时就讲，龙云是右派，我也是右派。我不怕。"多年过去他依然义愤不平。龙云在逝世前得到平反，国务院给他的悼词是："杰出的爱国者。"我想这简单的评语足够了。

——— 第三章 ———

弦诵：教授"立"校

"所谓大学，非有'大楼'之谓也，乃有'大师'之谓也。"大学，不是"大楼"的别名，而是"大师"的总称。在这个透彻的认知下，梅贻琦执掌西南联大，从而成为教育史上的一位功臣。

战时大学离开京华，迁到乡野边陲而活力不衰。课堂依然神采奕奕，充满魅力。在失去高楼校舍的同时，西南联大，集中起三大名校的教授，可谓是"因祸得福"。他们的学术与人品相互辉映、激励，形成了战时的奇观。

当年教授，对内"治校"，对外议政。可以说，他们引导和支撑着当时中国社会的精神潮流。教授是大学的灵魂。大学生活所有的内容，围绕教授形成。正是教授，使学术变成"人的学术"与"传承的学术"。他们肩负了使整个社会群体向更高精神层次进步的责任。

民国时代的大学教授与校长们，是中国现代史上一批学贯中西、才德俱修的卓越知识分子。这样一批人，是中华民族不甘凌辱、冲破封建、谋求出路，历几代人奋斗积淀而出的一代精华。

提起西南联大，人们总是强调它的行政管理——"教授治校"。那是一套完善的借鉴西方民主议会制的学校体制。而我以为，那个时代大学的构建和精神发源，其本质应该是：教授"立"校。教授是一切的中心，不仅只是在"治"的管理层面上。

大学，就是一个以"教授"为中心的校园舞台。

教授是学术的核心

相互敬重

陈省身先生给人印象是颇具绅士风度。回忆昆明生活，他对我说：

> 与我同住的还有华罗庚，他也是一个名人，我们同住了一年多。那个时候我们是三个人同住，还有一个王信中，是日本问题专家，三个人三张床。我们一起来的时候经常开玩笑，也挺有意思的。

我问他，玩笑怎么开？他说："互相开。开玩笑很容易，早上没起床，三个人就互相说上话了，就和学生一样。"

几位有名望的教授，早上像同住的男生一样，互相开着玩笑；要达到这种亲切自然的气氛，相互间必须有很深的认可与敬重。陈省身先生说：

> 西南联大在中国高等教育方面和其他大学不同的就是：从教授到学生层次都高了一点。所以面貌和其他大学有一个基本的不同。而西南联大三校能够合作，就是因为它有很多好的教授，教授之间互相又很佩服的。同时还有一个西北联大，立刻就垮掉了。如果大学在一起合作，对队伍、对朋友、对同事们，没有一点敬重的心理，很难稳固起来，一下子就会因为一个小问题吵起来，就不能合作了。

陈先生认为，西南联大能够联合下去，就是教授之间有互相尊重的心理，大家不管对政治的意见，对社会的意见是否相同，但对于对方的学问，很多情况下都有相当的尊重，所以学校就能维持下去。

第三章　弦诵：教授"立"校

"因为教授高级了，就能吸引更好的学生，所以西南联大的学生水平也比较高。西南联大学生在中华人民共和国成立的时候，很多人起了重要的作用，学生是很好的。"西南联大三校的和谐合作达九年之久，人们往往说"校长是君子"。其实还不只是"校长"的关系，因为是庞大的团队合作，而且时间很长，每个人都要彼此接触到，例如"同住"情况的出现。如果感到对方与自己不是一个层面上的，那么很多事情就很难相互让步、协调。正是因为三校在学术水平上的相近，教授们对于相互能力的认可，所以彼此心理上都能够接受对方。

互借文稿

这是一个令我十分震惊的细节。当年联大的教授们，互相传阅对方未完成、未发表的文稿。朱自清先生的儿子朱乔生说：

> 当时昆明有一个很好的风气，大家互相都不忌妒。在抗日战争那个艰苦条件下，你学术著作没发表的可以借给我看，我没发表的也可以借给你看。
>
> 我父亲就到闻一多先生家借他没有发表的东西看，借王力先生的东西来看，他们也借父亲的看，互相学习。这个对促进学术发展起了很大的作用，这是一个非常好的风气。
>
> 条件那么艰苦，大家都拼命带学生，就是为了把国家的元气，学习知识的元气恢复和继承下去。

在那些非常典型的学术环境里，知识产权的重要性更突出。

我以为，在昆明时期，学者们可以互借文稿，也由于当时战争引起的各种困难。例如：学术论文的发表与印刷，学术会议的召集等都变得不可能。而在被封锁的中国，在偏僻的小城，学者们必须想办法去打破这样一个封闭的、不利于学术发展的局面。于是他们依靠与同仁及时和亲近的交流，创造一个活跃的小环境，以使自己的思维不停滞僵化。这完全是一种相濡以沫的行为。在熟悉和亲密的学科圈子里，每个人的研究范畴和思路发展，都是彼此认可和清楚的。对彼此的为人、品格更是相当地信任与了解。而面对日寇要对我民族亡国灭种的严酷现状，学者们的胸怀更加净化。

"图书、机械、设备都有"

由于南迁时候的努力，为西南联大保存了"基础的试验设备"。火箭专家王希季说：

> 我们的设备不算很好，联大有一个基础的试验设备。我们学物理学，普通模拟、各种基础的试验设备，它都具备。我们学机械学，实习时，锻工机床都具备。不是新的，但是它都有。那些设备都是从北京千辛万苦地运来的。图书它也很宝贵，我们的图书馆有书。

卢沟桥爆发抗战后，清华大学工学院施嘉炀院长带领学生在济南实习，他们就把那些设备和书籍从济南撤下来，搬运到了昆明。王希季说："这个我不清楚，但是我们上学的时候，住的、吃的非常艰苦，但是这些都有。图书、机械，还有各种设备都有，实验可以做。可以动手做，所以学生动手能力也强。"

在工程方面，清华有原来的老家底。在战火中，由于梅贻琦校长的远见和敏捷，院长施嘉炀、青年助教董树屏等艰辛辗转，使得西南联大工学院在昆明拥有了较为完整的设施；以至于后来一些理科学生转系到工学院学习。

摩擦力学家郑林庆说：

> 我原来学的是物理，到了昆明之后，我转机械。为什么我要转机械呢？因为物理系的设备全没带出，丢的丢，什么都落在北平了。而机械系很多设备都运到了，先运到四川，

后运到昆明。

人们告诉我,郑林庆为中国"摩擦力学"的创立卓有贡献。问起他,只是一笑。

吴大猷造光谱仪

当年,吴大猷先生与他身患重病的妻子就住在昆明西郊的岗头村永丰寺。吴大猷的学生沈克琦回忆:

> 当时因为飞机轰炸,教授都疏散到乡下,他在那里就用从北京带去的一些光学元件,装成了一台大型光谱仪。大型光谱仪应该有一个很稳定的平台,他就用砖头砌了一个。上头应该有架子,他的架子是用木头做的。它本来有一个像暗箱似的暗筒,这暗筒是用黑纸糊的。还有一个放照相机底版的东西,要拍照,拍光谱的照片。就这么一个光谱仪,经过仔细调整以后,它就能工作了。
>
> 所以吴大猷先生说:我看这是世界上绝无仅有的一台光谱仪。他用这个光谱仪还做了一项实验工作,而且还取得了一定成果。这是我亲眼见到的。

每天,吴大猷都要乘马车赶到城里去上课。一次因为道路坎坷,吴先生从马车上摔下来,当场昏迷,脑震荡。

次日,吴先生依然前往学校上课,也依然乘着马车。

胡适寄书

西山华亭寺有海慧塔,那是和尚墓。为了躲避敌机的轰炸,西南联大一部分图书也放在这里。

数学系教授江泽涵一家人住在寺里。在晨钟暮鼓中,江泽涵进行数学研究和教学工作。他曾经在一张照片背后自题:"卧薪尝胆。"就在这山林古寺中，江泽涵的孩子，亲眼看到一本从美国寄来的书，却没有封面；后来由母亲用紫红色的布做了封面，接着被数学系的教员传抄。

而在清华大学教师江丕权的家中，我看到了这本穿越过重洋，穿越了战火的书。这书是胡适寄来的。它饱含着身处海外的学者对祖国与学校的深情。江丕权说：

> 胡适是我的姑父，他当时是中国驻美大使。他知道我父亲是搞数学的。在昆明，要得到当时数学的现代文献是非常困难的。这是最新出版的书。胡适不一定懂得这个拓扑学，但他买了一本，寄到昆明。由于当时航空寄信的邮费很贵，所以他把精装书皮裁掉，只把这个书瓤寄回来。我父亲接到这本书非常高兴，又专门装了一个硬壳，是用红布包的。
>
> 这本书拿来以后，西南联大数学系的老师就抄，手抄，轮流读它。江丕栋说，陈省身先生1992年到北大的时候，还跟年轻人讲："当时我们都是手抄书的，大家轮流地做报告，来读它。现在都是计算机或者复印。我们当时困难啊，材料很难得，得到了以后认真钻研。你们现在条件好，应该努力。"他就是讲的这本书。

当日寇的炸弹将教员们逼进深山古寺，却挡不住他们吸收国际上最先进的知识的信念，并把它传授给学生。

"思想上的马帮"

两次采访费孝通。一次在北京他的家中；一次是他应邀来到云南，住震庄招待所。在震庄采访时，中间他吸了一次氧。但九十岁高龄的他还是去了丽江。昔日走马帮路，今则以轮椅携氧气瓶重上高原；令我感受到费孝通作为一位中国社会学创始人的可敬可佩。

费孝通说:

> 我的学术生涯、学术生命,可以说是从云南开始的。
>
> 我们社会学注重实地调查,当时国内还不大懂。我们就带回来,开始实际地同人民接触。从实际生活里边出理论,总是最自然的,从实际里边得到知识,从知识里边提炼出理论,来帮助人民改变他们自己的生活。

这可以看作是费孝通对于社会学的最原创的定义。

> 我从英国回来,直接到昆明,两个星期后我就到了禄丰。我的一个老同学,禄丰人,帮助我找到一个农村里的农户,我就住在他们家里面。他完全地帮助我。我要问什么,他就说什么。同我相处一起,像一家人一样。
>
> 同他谈谈,就像请教了一个老师嘛!说到的我就记下来,带回去看对不对。或者出题目给他,他回答我。

费孝通称这位农户为"老师"。他讲给费孝通听,他不用准备,而是海阔天空地讲自己怎么生活,怎么种田。

> 我就跟他学,学了就把它记下来。它的意义我看出来了。他们为什么这样生活,为什么成为一个制度,一个经济制度?他是讲不出来的。我就把它整理出来,串起来成为一本书,叫《禄村农田》。

当年,费孝通在云南走了三个村子,三个地方,就找到了三个不同时期不同形态的经济形式。

> 后来我又从这里开始,到了易村。根据我的思想发展,逐步地又到了玉溪。我看到中国原来的传统经济,发展到当时最先进的工业化时期,看这个过程是怎么变的?
>
> 这三个村子,是和我的学生一起搞的,叫作《云南三村》。

云南,现在被世界人类学者所注目,认为它不仅气候与地形多样,并且保留有多个时期、多个状态下的人类发展模式。人类史是按时间纵向展开的,到了云南就形成了地域平面上的铺开,所以称其为人类社会发展形态的活化石。

> 云南的农民是我的老师。从老师口里边我把它听下来,把它写下来。因为我没有经过这个生活,他们是经过这个生活的。实际考察这个生活,他如实地说给我听,我从实际中得到知识,从知识里面得到学问。

雨过天晴,在燕子的呢喃声中,摄制组跟随费孝通一起,重返呈贡魁阁,那是他的旧居。

> 1938年从英国回来,我从云南开始,创造了我自己的一个学术生命。我组织了一个研究中心,呈贡魁阁。魁阁是云南的一个小地方,魁阁属于云南大学,是从吴文藻先生开始的,他是支持我们的。

因为日本人轰炸,他们疏散到呈贡乡下去。魁阁也是费的家居。"这是我学术生命的开始,开始很小,我们希望它能长大,这要有条件,需要我们继续地努力。"在魁阁那天,他为我们题写了《西南联大启示录》片名。

> 我是1910年生的,1930年之后,二十几岁到三十岁,人年轻。当时,我就是用这两条腿走的。滇池附近我都去走过,就住在庙里面。到了半夜,在破庙里搭个床,睁开眼睛有一个大的佛,我睡在他们那儿。在菩萨身边睡觉,这很有意思,到现在还记得。

费孝通一生追求,尽历艰辛,在学术上具有拓荒气魄。

> 我们看到当时农民的生活比较苦,吃不饱穿不暖。看他们背盐巴,从产盐的地方到昆明,不是用马,都是人背着盐,在山里面走。我去背,背不动,背都肿了。

费孝通称自己是"思想上的马帮"。因为当年他在玉溪一带遇到过很多马帮,就联想起自己的学术调查来。

> 玉溪这个地方,当时是马帮集中的地方,是边区交易的经济中心。我也是思想上的马帮啊,思想上到处跑。我想认识我们旧的中国,人们生活怎么样?这是我主要的一个课题。我的目的是了解我们工业没有发达的时候,中国的农民生活是怎样的。这是我的主题,人们给我一个很好的条件,因为比较偏僻嘛!

学术也是在思想上做一种沟通和调动的事。用现代的话讲,就是"物流""文化流",都必须流动。"联大的一个特点,我创立了新的一个社会调查的方法,引起了国际上的注意,也给了我很好的奖励。"

早年,费孝通的新婚爱妻为做社会调查,失踪于贵州荒山野岭中。这事我从来不敢问,我看过他写的文字:"从此我没有幸福。"

在昆明佳华酒店举办的文化调研大会上,费孝通发言时情绪忽然激动,回忆起被打成"右派"的经历。他如此悲愤,和平时那个乐呵呵的学者相比,仿佛是换了一个人。费老那颤抖的江苏口音,我是难以忘记的。

当费老去世的消息传来,我忽然有一种庆幸感:他在最后的高龄里重游了云南高原,见到他久违的山水。

> 我的志愿是,说实在,云南乡村也可以出一本书了,云南乡村、美丽乡村。云南风景美丽,气候很好,是值得我留恋的地方。

> 我在云南有很多乡亲,我在生活方面了解他们,觉得很亲切,也愿意相信他们。我们当时的知识分子,不怕困难。我们有一个奔头、有一个希望、有一个志向,就是通过云南具体的经济情况,把我们早年的一般情况表现出来。

费孝通提出的"乡土中国",在日寇进犯的当年,成为南迁学者们的一个爱国口号。

"怪人沈有鼎"

那时候,很多人在国外得到学位回来。很多联大教授是这样的。在国外研究黑格尔的,回来就介绍黑格尔;在国外学康德的,就回来介绍康德;也有研究亚里士多德的或者是美学的。每个人都把自己的——也许是自己的体系,至少是一种偏爱,带给学生。学校里可以看到各种不同的哲学体系。熊秉明回忆道:

> 有一个教授叫作沈有鼎,他在学校里面是一个怪人。他不太被人知道,他没有写过太多哲学著作。可是在哲学系里边,大家都非常欣赏他。他有很多对话,他的生活也很奇怪。他教我们形而上学,这一年也没有教很多东西,好像也没有什么进程,没有一个顺序。他夹着一本大书,那书是关于圣多玛神学的。
>
> 神学,当时在大学也被认为是很奇怪的东西。他教的时候,就是他给这本书做的一些解释,这些解释也许有点奇怪、有点荒唐。但是有一种哲学的眼光。这种哲学的眼光,很难说得清楚,也不能够说是某一个体系。但就是一种哲学的眼光。这本身就了不起。

沈教授在联大哲学系得到一个雅号——"怪人沈有鼎"。

> 有一天系里面开一个会议,讲中国与科学。就是中国传统文化里面,为什么没有产生科学?大家都发表很多意见。他提了一句话。他说:我觉得中国传统文化里面没有产生科学,这很自然;但是西方文化里面出现了科学,他觉得没什么了不起。

大家的意思,基本认为西方产生科学是正常的,而中国这么灿烂的文化居然没有科学,我们对世界文化有那么多贡献,出现那么多哲学家、思想家,但是没有出现科学,是很可怪的事。沈有鼎觉得中国没有科学是很自然,而西方有科学却没什么文化。

他没有做什么解释,大家都哄堂大笑。

熊秉明说,后来想,他是对的。因为人类观察大自然,他一定是通过他自己的眼光去看的,所以主观性很强。科学要求的是什么?科学要求的是一种客观的态度,把个人主观抽掉,抽得越多越好。现在观察星体,绝对不再用肉眼去看,它用仪器去看,这个才准确,这个才客观。而中国文化是一种主观精神非常强烈的文化。

后来我在台湾遇到刘孚坤学长,他也说"怪人沈有鼎":

在西南联大,各种精神都有,当场辩论,甚至在上课的时候,有的教授跑去听别的教授讲课。沈有鼎,有点神经的、非常天才的人,他去听别人的课。他坐在后面,他是打瞌睡的样子。那个教授在讲课,讲着讲着他就站起来说:"你讲错了。"

沈有鼎教授令我想起西方的哲学狂人尼采。刚入北大的时候,我在学校图书馆里啃着馒头看《查拉图斯特拉如是说》,看得入迷。那是库本,不许带出。

也许,要有一种冲破世俗与世故的单纯,才可能解放自己的精神,释放出人的智慧,从而得到一个宏大的世界。庄子不就是这样的吗?庄子连自己是醒着还是睡着,自己是蝴蝶还是庄生,都不清楚。

他总保持着在一种跨越时空的状态下,这就是哲学的状态。

刘文典骂人

联大校友中,知道"校园掌故"最多的,是赵宝煦先生。

赵宝煦,给人的感觉是浸润着那个时代浓郁的文化底蕴。他的语言节奏，开始时会令人觉得有些慢，可是当你听进去，就会听出味儿：

> 有一个教授，也很有名气，是国学大师，叫作刘文典。

这个刘文典最爱骂人。

> 因为那个时候听课没有限制，有可能三十人选课，却能有六七十个人来听。因为听的人主要不是听课，就是听他骂人。

刘文典因为自己是搞古典的，所以他只认"古典"这一块。"他上课讲，他说他佩服陈寅恪。他说，陈先生讲课值四块钱，我讲课值两块大洋。沈从文先生要讲课，给我四块钱我也不去。"

虽然他也讲《红楼梦》，但却瞧不起现代创作与作者：

> 有一回就问他："先生先生，有个巴金你知道不知道？"他说："巴金？没听说过。"其实他知道，但是他说"没听说过"。

> 待会儿他说：燕子去了，有再来的时候，这是自然现象啊；春天里的秋天，秋天里的春天，狗屁不通！他就骂。

> 他也骂闻一多：我们文学院某教授，他就不认识字。

在北大念书时，老教授在"文革"后出山，如王力先生、林庚先生，他们的课都是人山人海。跨系的、校外的，闻风而来。走廊上、窗台上都是人。我没有听过在课堂上这样攻击同仁的。刘文典纵然有学问，未免有失厚道。

> 我们那个时候老跑警报。那个时候叫"拉球"。到处都有高杆，杆上挂球。挂"炸球"了，你就赶快卧倒，说明飞机临近了。有点什么重要的东西，钱或者一块表，这都是最宝贵的财产，都放在身上随身带。飞机一来就跑警报。

> 西南联大在大西门城墙中间，出北校门就是野地、坟地。大家就往外跑。学生、老教授都往那儿跑。

> 有一回，刘文典在前面跑，沈从文在后面跑。跑啊跑啊，刘文典他不走了。他一看沈从文在后面，他不走了。等

着沈先生来了，他说："沈先生，你跑警报跑什么呢？"沈从文不明白他说什么。刘文典说："我跑，是跑我这个东西（指指肚子），你跑什么呢？"沈先生他也不是会吵架的人，所以根本不理他，接着跑。

刘文典这段刻薄的话广为流传。当然它无碍于沈从文的造诣和举世公认的文学成就。人们之所以要把它流传下去，是因为它含有一个知识分子的价值观，其意义超出了具体的角色。我们可以将它看作一个老牌知识分子对于同仁的苛求，和对于生命的严厉，也可以将它看作对自己生命意义的审视。

学术就是学者的生命。

教授树立学风

大师上基础课

采访邹承鲁院士是在李四光大院里。他是李四光的女婿，一家三代人、四院士。邹承鲁身材高大，面貌毓秀，给人的感觉始终沉郁寡言。夫人李林的活泼打破了大房子里的沉闷，她正在隔壁一间房子里打电脑，不时跑过来说几句。

有一张邹先生学生时代的照片，李林说："那是我拍的。"照片儒雅稚气。白发苍苍的李院士一句话，透出背后多少同窗共读的佳事。

邹承鲁印象最深的是大师上基础课："总之，西南联大的传统就是：越是普通的课，越是高级老师教。系主任就教普通化学。我上普通物理，是吴有训教；微积分，是杨武之教，他是杨振宁的父亲。反正越是普通的课，越是名教授。"

王汉斌，校友中政坛地位最高的中共元老。他说："联大为什么能造就一批人才呢？应该说，教师在国内是第一流的，这是很关键的因素。教基础课的教师都是有名的大师,像陈岱孙、李继侗、贺麟等。各个系主任基本上都教基础课。"

联大的基础课却给他广博的社会经济学视野,使他后来在执政管理中能有所借鉴和思索。

> 我们学的基础课,在以后的经历中还是有用的。我开始学中文系,后来转学历史系。我念过政治概论,我学的政治概论就是讲比较宪法和各国的政府制度。我后来搞法律工作,因为对各国政府制度有点了解,包括美国、法国还有英国的,所以对我的工作就有帮助。

> 我上过陈岱孙的经济概论,凯恩斯学说讲的供求关系、边际效用,我就是从他那儿学来的。我们国家搞宏观调控,调整供需关系,我看跟凯恩斯学说有关系。罗斯福新政,搞公共投资,增加和扩大内需,都跟凯恩斯学说有关。

> 联大的基础课有特点,大一、大二要学国文、英文,我也学过两年英文。

许渊冲先生近年来写了一些书回忆联大生活。他说:

> 杨振宁给我的序言里说了一句话,他说:他和我的成就都是得益于联大的教育,我们今天的这种成就,都得益于联大。

> 如果没有联大,我想我的历史要改写。我写的这篇文章及回忆世界一流大学,总结联大教育的三大优点:

> 第一,大学不是有大楼的学校,而是有大师的学校。联大最大的特点就是大师多。杨振宁说,联大当时已经是世界一流大学。联大的过程,已经与美国最好的大学同行。他在联大念完以后,再到美国芝加哥大学学习,芝加哥当时是物理系最好的,但是不如他在联大念的深。

> 联大那些刚回国的,如华罗庚,都是当时国际一流的学

者。当时就是帮助（外国导师）得到物理奖的。文学也一样，当时中国文科精英在联大。文史大师、散文大师朱自清；诗歌是闻一多；比较文学方面就是钱锺书。直到现在没有一个人，能够超过他。因为外国人没有中国人英文学得好，这是中西贯通的。钱锺书是中西贯通的第一人。

一个国家的大师都集中这里，这是世界一流大学的前提。我们都是在联大长大的。我们可以说，是吃联大的奶长大的。

这种大师集中的名校优势，1949年后被一股院校合并的风潮冲散了。"我现在说一句老实话，我们当时的教育，到50年代就断了。清华、北大合并，不像当年联大那样把我们全部集中了。杂牌大学并在一起，反而不如当年的北大。名校的传统已经断了三十年。我们也痛惜。"许先生不客气地称一些院校为"杂牌大学"，固然有些刺耳。不过在民国时期，大学的等级是非常清晰的。

记得父亲曾经对我说过，某某是"野鸡大学"出来的。就是那种有钱就可以上的，质量、风气都被学界所菲薄的学校。许说：

全靠老师教，那是没出息的。但是没有老师教，也不行，光有老师也不行，联大这个领导，他能够让你发挥。牛津大学校长说过一句话：一个学校的传统是经过多少年积累起来的，恢复过去很难。

台北学长易君博先生说：

对我印象最深的是联大的教授。第一个就是张奚若老先生，他是系主任。另外一位就是钱（端升）先生。一位是教政治思想，一位是讲授各国政治。后来有机会到英国去的时候，发现我们自己的老师都不错。他们讲的东西，讲授的方式，绝不亚于英国第一流的教授。因为语言相同，所以我们更容易感受，收获更多。

> 有一位，他是英国新一代的大师，我听他的课，再和张先生讲的同样内容比，张先生确实不仅仅是功力深厚，而且吸收的能力特别强。
>
> 钱端升也不例外，他在美国受的训练非常好。他是哈佛大学毕业的。他教的跟其他的不同。他就是随便讲，每讲一个东西他的深度都非常深。其他那些外国老师没有他讲得好。英国政治学是近代以来非常重视的，可是听英国人讲起来，就觉得那些思想反而不如钱先生讲得深刻、对我们的影响深刻。他当时从大宪章开始一直讲到1832年英国的改革方案，很出名的改革方案，这就看出来，他对英国的熟悉和专业，很少人有他的深度。

在联大，无论学什么，都必须先修中国史，打好做一个中国人的基础。易说：

> 在大学一年级，冯友兰先生教《新原人》，就是他那几本书，叫作"贞元六书"，印象非常深刻。冯友兰讲中国哲学史是很多人没法跟他相比的。虽然有点结巴，但是他的深度很强，是史学家的感受。他好像一个宋代的史学家给我们讲授一样。
>
> 金岳霖先生也是大家都很崇尚的，他是超然无为的学者样子。殷海光就非常崇拜金岳霖。殷海光把金岳霖的书扔到地上，说："听到没有？掷地有声。"

名师与名校的湮灭，是我们这个民族的悲哀。

师生互教

"问渠哪得清如许？为有源头活水来。"真正的教育就像源头活水一样。陈省身说：

> 我们在西南联大就不分教授与学生，有的学生很好的，跟教授一样，见面就随便谈谈，平起平坐的。国内现在一般的情况，教授就是教，学生就是学，教授讲什么，学生就听、就学什么。这个在大学是不应该的。

陈省身指的现在大陆教育，与西南联大相比、与国外相比，有浮浅、庸俗与深刻、深远的差别。

> 学生发展了，他自己有自己的方向。我们最大的希望就是学生比老师好。学生最好能往新的方向发展，结果他的成就会比老师大，很短的一个时期，他就可以回来教老师。这个国内没有这个观念，老师说什么，他就听什么。

> 在联大，老师和学生是互相来往的，没有等级，谈天。这是交流最基本的方式。

> 我的学生有很好的。比方说有一个是很好的数学家，他比我死得早，几年以前，他就死掉了。但他贡献了很多。他有时候来看看我，我们谈谈。我告诉他一些东西。学生知道的东西比较少，他需要从老师方面得到这些材料。但是他有他自己的想法，我们应鼓励他的想法。

除了"师道"的责任，根本的观念还是对于"学问"的认识。"主要的是你要做一个学问，这是一个活的学问，一直在变化，一直在扩充。像我们数学，那扩充的，包括科学的，有多少！"现在，国内自上而下，对于学科、学问和学者的观念都基于实用的考虑，而没有一种对于知识的敬畏之心和严肃态度。

> 像教育部讲"应用数学"没有道理。数学一定有应用，没有应用数学老早就完了。所以在一直扩充，一直在发展，形成新的发展方向，是好现象。它跟老的不一样。你能够发现新的方面的主要原则，有新的方法，是好的。老的东西，

也不见得一直都好。有的东西需要改善，尤其是新的老的混起来，这学问大得很。问题不知道有多少，你能够抓住要紧的，有些能够发展的，有些能够做一点进展的，这个进展可能就是你的贡献；也有可能是了解，你对这个东西知道的懂得的深刻点而已。

学生有成就的主要原因是教师的鼓励。我尊敬学生，我希望他有一天比我好。我不是摆架子。学生不用功，我骂他，批评学生，所以我有好多学生。比如最近得奖的吴文俊，他就是我的学生。

学生与教员在知识的面前是平等的，是都可能有所发现的。他们共同的责任是提供贡献，哪怕只是更深刻的认识，为后来者开路。"老师跟学生是不分的，你任何人都要做老师的。这样子搞学问，就有意思了。"而国内大学照本宣科式的讲课，违背了科学与育人的规律。"不是这一段我把它背出来、讲出来、年年讲，这是不对的。学问是永远在变化的。"知识是一条活的河流。

名教授带队考察

郝诒纯学长、女院士、著名地质学家。她认为自己在地质学领域中的成功，和联大教育关系密切：

这个关系是很密切的，因为联大，是北大、清华、南开，各个学科，在全国拔尖的、有造诣的学者都是在我们那儿教学。

地学系，当时我们的系主任是孙先生。从国外回国的博士就有好几位，教我们地质专业的就有五位，那都是在国内最有名的地质学家行列中的。这些教授不但业务造诣非常深，而且为人跟爱国主义思想都很值得我们学习。

> 那个时候我们出去实习都是系主任亲自带队,最有名的教授亲自带队。不像现在,最有名的教授他不一定出来,让什么副教授、讲师去。那时候都是亲自带队,而且他们在野外是很艰苦的,不怕困难。这种教学的态度,一直是对我们起着潜移默化的作用的。

显然郝诒纯对于现在的学风不满意,有一点资历和名气的教授就不再带队出野外了。这对于地质学来说是非常不利的。

潘光旦调查土家族

费孝通与潘光旦的关系很深。费孝通说:

> 潘先生是我的直接老师了。他一条腿。因为在清华体育跳高的时候摔坏了。这条腿不行了,受了伤。当时医疗条件不够,就把它锯掉了。只有一条腿,可是他不服气,不服气自己这个缺陷。他仍很努力。尽管在这么一个困难的生活条件之下,他能继续不断地为学生服务,想各种办法,同时提出重要的看法,指导我们做人。怎么样做人?成为他主要的教育工作。现在的教育里面,这方面缺乏一点。是讲怎么得到钱,不是讲怎么做人。

几乎所有的当年联大师生,都严厉地批评现在的教育。

> 潘先生是我的直接老师啦。后来他和我们一同搞民族工作。他有一个问题,土家族是不是一个民族?大家争论得很厉害。他自己就到土家族里面去。土家族在湖南的湘西,都是山地里面,他自己要去看,去调查研究,把它的历史搞清楚,说明它这个民族究竟从哪里来的。
>
> 我那时候没有时间陪他去,他一个人带着一个学生,两个人下去了。骑马?马又不能骑,他只有一条腿啊,就等于

伏在马背上，到深山里面来解决问题。后来把这问题解决了。土家族的来源，把它弄清楚了。

潘光旦不向残疾低头，甚至他根本不承认自己有残障。本来是属于个性化的人生态度，但在抗战的环境里，外有强虏，内有艰难，潘光旦从自己身上迸发出来的这种精神，就有了强烈的感召力。

我曾有过骑马的经历体验。试想，一位独腿的人竟然骑马到山里去，他如何控制马？如何掌握自己的平衡？

这是一种英勇精神。

老师身教言教

在清华大学草地"西山苍苍"的校歌碑前，我采访摩擦力学专家郑林庆。郑说：

> 我是等他们到了昆明之后，就从北京到天津坐船，到香港，后从越南海防坐小铁路火车到昆明，追着去了。在受教育等方面，真是得到很多好处，特别是老师的身教言教，感触特别深，包括在黑板板书的时候，他不说话，但对你都有影响。
>
> 比如说，有一道题应该怎么做，先不给学生讲，让学生想，他也在那儿想。看了半天，画了一条线，这条线一画下来，问题立刻就清楚了。
>
> 所以你就跟着他想，他不告诉你怎么想。他画出那条线，你立刻就悟道：哎呀！我就没有想到画这根线。他为什么就能想到画这根线？就是几分钟的时间，是几堂课教不出来的东西。所以，我觉得好多这类事情，很能使你深思。
>
> 现在教学赶时间，一天必须教多少，一个钟头都塞满了。他很快地讲，当然能讲明白。可是想法、思路，没有讲清楚。

老师的身教，更在于"德"的操守。

我们学机械的，有一个老师叫刘仙洲，从前就是清华大学的第一副校长，我们机械系的老师。他这一生为人是很清白的，而且治学很严格，对我们的教育不仅是在学问方面，而且在德育方面影响很大。

他过一百岁的时候——1990年，我就讲了一个笑话：大家说刘先生那么好，有没有缺点呢？我们同学平常难得碰一块儿，大家想了半天，说：刘老有一个缺点。什么缺点呢？没教给我们"走后门"，我们谁都不会走。我们那些老师都很正直，绝不会教你邪门歪道的东西。

所以我们这一生无论做什么事都很认真，也许现在的人看了，觉得你们太傻了。

在一个学校里，不只是某个人对你的影响，实际上整个学校的风气，都自然会陶冶人的性格，会在各方面对学生有所影响。

"零分"与拳师

王希季，中国"火箭之父"。在联大时，他有过"零分"的纪录：

在联大四年，作为培养我工程学方面的基础，我觉得是比较难得的。另外做人处世等方面，这些名师能给你做出表率。

例如刘仙洲先生。刘先生教我的是机械学。有一次考试他出了一个题目，他在题目的后面要求准确到小数点后三位。那个时候我们没有计算器、没有计算机，有那个计算尺，计算尺是不可能准确到第三位的。我对这个准确到第三位并没有注意。结果，我把这道题都算了，我这道题什么都对，就是没有准确到第三位。刘先生给我这道题零分。

机械学的零分可是对我们很大的事。因为机械学是必修的，机械学之后才能学机械设计，机械设计之后，才可以学其他的东西。机械学不及格就等于你要多学一年，你的第二年就得再学。

所以这个事情对我的冲击非常大，让我认识到，做一件事情就必须把你做事情的要求或者你的目标，要考虑得非常清楚，非常认真。不然的话，好像是对了，结果没有达到最后的要求。

我以后做工作要求自己必须严谨，就是从这个事情培养出来的。严师出高徒，它不只是知识的事情。

机械学和所有的工程学，都是要付诸实践的，如果计算不确，立刻导致报废、损失，甚至危险。

在功课上的认真态度，直接导致在事业上的责任和敬业精神。这个零分对学生的培养，比给八十分、九十分更好。

我学热力学，那时候教我们的是孟广喆教授，也是非常有名的。有一次他出一个题目，结果全班人没人做出来。后来他一指点，他说你用微积分的方法，一积分这个问题就很容易解决了。大家一看，个个都会。为什么没想到要用这个？他说，这个就像跟师傅学打拳一样的，你跟我学，不能老是照我这个方法做、按书本做，你要灵活应用。他说，一个拳师教了一个徒弟，这个徒弟跟着他练功，每一个路数都非常好，结果出去一打，却打了败仗。拳师回来问，为什么你会打败？徒弟说：他的路数跟您的不对。

孟广喆教授说，你们跟我学，不能死啃书本，你要应用你全部的知识来解题，不要老用我那个书本上教的东西。思维方式的启发、做工作的启发、做人的启发，他都在培养你。怎么用知识，怎么去做事情，所以说他不是照本宣科。不单是考试考得好这件事情。

做一道题目，不只是教解题方法，还指出学生的思维障碍，教给你广开思路。这种教育，真的是"大师"的讲授，非平庸辈可为之。

刘先生、孟先生，还有我们在机械绘图上的董树屏先生，他那个机械绘图，你如果交得上卷，他能够收你的，那你就得很辛苦。你要做得很工整，否则不规范，他连收都不收。他看不行，你就得重新画，从头来。

做不好，从头来，干我们这行的现在也是。如果你一个设计做不好，你得从头来，因为你没有满足这个东西。这个要求对我今后做工作有很大的帮助、很大的影响。

今人提出"素质教育"，却不知其为何物。那时没有"素质教育"这个词，但是有这个意识，有这个内涵。现在有这个词，可没有这个内涵。

"老师本身就像一本教科书"

郑敏，"九叶诗人"中唯一的女性。她的讲述，带有诗人的敏锐与女性的感知："西南联大的教育，百分之百是启发式教育。我是念哲学的，我们几乎没有什么月考、期中考试。只是在学期末，才有一个考试。"

哲学系是一个研究"形而上"的地方，我所接触的联大哲学系学子，他们都有一种诗人的气质：郑敏、熊秉明、刘乎坤。他们特别追求一种精神的世界，沉溺于自由的想象与思索。也许是哲学给了他们一种空灵，也许他们自身的性格里就带着这种东西。

我们没有课本，没有像现在的教科书。那是在抗战的时候。但是，老师本身像一本教科书。我接触的老师，什么时候你见到他，你都觉得他是在思考问题。他的生活跟思考完全连在一起，并不是说上课是一副教书的样子，而是他什么时候都是这个样子。你跟他交流的时候，他就跟你谈有关的问题。

西南联大会聚的，都是不得了的、星光灿烂的学者。从他们身上你会得到一种极大的启发，就觉得你这一生，什么是重要的，什么是不重要的。这是一个言传身教的方式。"他就启发你考虑很多人生的问题。你自己就沉浸在这个学术的氛围里面了。"他对你的培养不是表面给你塞很多知识，不是注重很多具体知识。人各有天赋，有的人记性非常好，过目不忘。有的人，他没有那种强记的本领。如果你老去考试，把他的精力就全放在强记上面了。

我就是一个不善于记忆，可是比较有兴趣考虑问题的学生。我的老师每次去上课，基本上都是带着他一生研究的问题，这就是课本。并没有什么实际的课本。他的每一堂课，他讲的时候，都好像他自己在考虑这个问题。

熊秉明、刘孚坤都说过他们选择哲学系的目的，完全是非功利的，没有什么世俗需求，就是为了想要解决个人探索社会领域中的许多疑惑，直接说就是世界观和信仰问题。

有一个先生，就是教康德的老师，郑昕教授。郑昕教授给我留下一个非常深刻的印象，就是他每次上课都抽烟斗，同时他就开始思考。

他最大的一个问题，就是思考所谓"物"本身，这个问题永远是解决不了的。他教康德，这个是哲学里最根本的问题，就是人到底能不能进入物质里面，知道物的本身？他这种苦苦的思考，不断地把考虑的过程讲给我们听，不是给你提一个大纲或答案。

他站在那儿或者坐在那儿，就一个人在那儿反复思考问题。他想到的他就讲出来，或者怀疑的他也讲。他有什么还没有解决的，他也讲。你就跟他一块儿思考。这是一个非常大的锻炼，学生知道怎么样思考问题，能让你感觉到，老师在带着你思考。

这种启发式的教育，只有最高级的老师才能够做到这样。那种至高智慧的启发，是了不起的。

我们的先人是最早探索哲学奥秘的。从庄子到屈原，无不在叩问天地、叩问心灵，想要求索一个个最终极的问题。然而这种求索的传统和质疑的智慧，现在大学已经丢失了。

现在老师一进教室——今天教案进入第几课了？就在黑板上写，现场答案灌输给你，这叫灌输。老师把课本的东西消化了喂你。我所有联大的老师，他们没有一个是这样做的。

他们自己一生都在里面，他们的言行，一切都是带着他所相信的东西，他走进来跟你谈的时候，就好像一个哲学谈话。上课是一种师生之间精神的对话，你不感觉他在灌输什么知识。

现在的哲学教员，由于学识面狭窄，兴趣也不在此，他们多半难以陶醉于哲学，只可能是把哲学当作"工具"一样来教，谈不上将哲学当作"寻求信仰"的思索之路。

对于知识的概念，绝对没想着知识明天能换来什么样的报酬。在我们哲学系没想过这个问题。

经济系有比较实际的角度。当时经济系的学生跑仰光，他们已经开始实践了，我们哲学系的人在思考。所以一点都没有"知识等于若干报酬"的感觉，没有这种感觉。

哲学，在当代中国已经失去它高蹈的意义；过去哲学与"阶级斗争"混为一谈，而现在讲一些所谓"方法论"，都非常庸俗。

"读书要有兴趣"

身处陋室,以茶馆当图书馆,却旁若无人,讨论着世界级的科学问题,思考着人类生存的哲学。他们为什么可以做到这样呢?除了外在的战争压迫,使人焕发出奋进的力量外,知识者最重要的还是自身的素质。许渊冲先生说:

> 对我影响最大的是朱光潜先生的一句话。他说,读书要有兴趣,没有兴趣做不了事。杨振宁也讲过,没有兴趣的事情我不做。刚开始的时候,我家里让我学习经济,也有现在的下海之风。那个时候大学毕业一个月只赚三十块钱。但我的兴趣不在那儿。

这些严格选拔出来的学生,他们自身有一种读书的兴趣,这种兴趣非常重要。

"联大,当时就有很多狂人,到台湾去的鹿桥也是一个狂人,在台湾写了一本小说,叫《未央歌》。钱锺书,狂的。你看他的《围城》,字字珠玑。"

有兴趣才有理解,有理解才有创造。然而当代往往不顾人的天性,对青少年采取强制性的学习。违背了人性,也违背了学习的规律。

创造的冲动与享受的冲动

台北的刘孚坤学长与我讨论一个问题:人为什么要创造?他说,这是人的一种需要,创造本身就含有一种享受在里面。

> 罗素在《社会结构的理论》这本书里提道:人有两种冲动。第一种冲动是创造性的冲动,第二种冲动就是占有的冲动。罗素讲,要尽量地发挥创造的冲动,而减低和不要那个"占有的冲动"。应是享受的占有的冲动。

> 我的讲法稍微有点不同，追求利益的冲动也要有，但是这个追求利益的冲动是融合在创造冲动里面的。

可是，光去创造而不求享受，只有少数的人是这样的。我创造了以后，我就不要了，留给别人。少数的人可以成为别人仰慕的一种目标。但这不是一个全体的状况。

可是刘学长依然坚持："创造的冲动里面带有占有冲动。占有的冲动是融合在创造的冲动里面的。这是我和罗素讲法不同的一点。这不只是我的理论，现实中就有。"对于靠灵性和思想劳动的人，这两说都能成立。创造本身在劳动的时候都在享受，同时也需要从创造的结果中得到物质的回报。刘说：

> 享有的冲动融合在创造的冲动里面，你创造了就有，结果就融合在里面。这才是理想的。其实现实中就已经有这种情形，一体的，享有的冲动融合在创造冲动里面。它不是两个东西的和谐，而是并成一个东西。

哲学思考可以磋商，刘学长也许忽略了另外一面。但正是这种精神的追求、创造的享受，贯穿着西南联大学子们战时的学习生活。

书桌上的公式

在南开大学静湖畔，陈省身先生住在一幢袖珍型的小楼里。楼下是餐厅与客厅。电梯上去，门一开就是书房。书房可称为跬步之斋。陈先生的轮椅一进去，就再不能进什么人了。

我说，这书房太小。陈先生说："够了。"

在书桌上放有一页纸，上面写着几道数学公式。陈先生说，这是他正在思索的问题。助理在旁边说，就在上个星期，陈先生忽然又解决了一道多年未决的数学难题。陈先生对我说：

> 数学和生活不是分开的。你想不通的时候，就放下它，

去生活、去处理别的事情。但是它在你的脑海里，它自己在思索。忽然，就有了答案。所以我有个习惯，问题想到哪儿，就写在一张纸上，放在桌上，不管它。这就是我想到的地方，会想怎么往下走？结果总是这样，一段时间过后，或者是受到其他问题的启发，你忽然知道下面要怎么做了。

曾经以为，数学是非常有奥秘的学问，抽象并且脱离生活。原来数学也同人文一样，可以在人生中得到演进，焕发出灵感。

这种思考的方法与习惯，是否与当年西南联大在昆明时候的住所条件和动荡环境有关系？陈先生说："当然有关系。人在任何环境下都要学会思维。"

陈省身不仅是一位数学的巨人，也是一位思想的巨人。中国古人说的"贫贱不能移"，还不只是一个抽象理念，它是一个具体的生动的思维活动。什么时候这个活动停止了，那么，作为学者的意义就消殆了。

"要看到世界"

哲学史家任继愈是一位与联大相始终的学人。他在联大念书，后来又在联大教书。他说："八年我都在那儿。我当研究生三年后就教书了。后来我在那儿教书，是联大的教员，前后九年。日本投降以后，没有立刻搬回来，第二年才搬回来。"

当年他的导师有两位，一正一副，贺麟是其一。任说，导师对他的教导，主要有两个：一个是"要看到世界"；一个是"文理不能分割"。"中国当时的时代精神，就是放眼世界。你研究中国，你也要了解世界；你研究古代，要了解当前。所以到现在，甚至以后也是这样的。你了解局部，非得从全部着眼。"他认为，现在大学学科越分越细，有弊病。学生出了那个圈子后，不会思维，不会联系。

除了题目做得很深以外，他知道的很少，他上不去。他那个小范围他很清楚，很头头是道，出了这个圈他很茫然、很无知，这是没有发展前景的，前景一定会受限制。

对外看到世界，对内打通各学科与各界，这才是真正的宏观意识。所谓知识构架，人生观、世界观，莫不起源于此意识中。

要看到世界。文理不要那么分割，国内外、古与今、中与外，都要融汇进来。因为文化本身是一个综合体，为了教学方便，分了这个系、那个系，课讲起来是方便，但对真正接受的、培养的人来说，要把知识凑合在一个人的脑子里，凑合成一个整体。

高等教育一个最大目的，就是要打开视野，打开胸怀。对于世界的认识，绝不是用文科或理科这样的界线可以分开的。

2007年秋，我到南沙沟探望任继愈先生。先生拿出国立西南联合大学的两枚校徽，颜色有别，分学生和教师所佩戴。他说："这两件东西，送给你是最合适的。因为你对此有这个感情。"一枚是他当学生时的，一枚是毕业后他留校任教时的，背后的号码就是任先生当年在国立西南联合大学的身份号码。西南联大只有八年，像这样上完了学，又留下任教的不多，所以这两枚校徽也很难得了。

还有一句话他没有说：历经七十年，沧桑动荡，这两枚校徽还在。这两枚校徽，曾经千百次地被青年任继愈别在胸前，纽在前襟，它们是那些极其珍贵的岁月之证明和纪念，是他生命的一部分。

不料，那就是我最后一次在任先生的家里与他交谈。

中美教育比较

杨振宁声称他身受中美两个国家最典型的教育，所以他进行了回顾与总结："在西南联大毕业后，我念的东西很扎实，我到美国芝加哥大学去念研究院。当时的芝加哥大学物理系在全世界是数一数二的。我就觉得芝加哥大学的教授对于物理学的想法，或者是他们做研究的态度，和在昆明西南联大有一个分别。"这种不同里有很多的因素：

比如说，当时在芝加哥大学物理系最重要的理论物理学家一位是费米，一位是泰勒。费米当时是四十几岁，是1901年9月29日出生的。前不久全世界六个地方庆祝他一百周年的生日。费米当时是世界最有名的几位物理学家之一。1942年12月由他给人类制造出来第一个核反应堆，等于给人类发现了一个方法、一个新的能源。以前的能源不管说火也好，燃烧油也好，烧煤也好，都是化学的，把化学能解放出来，就变成了普通的能源。费米的这个工作使得人类得到一个新的、更重要的、更强的能源，就是核能。这是他对于人类巨大的贡献。

另外一位重要的理论物理学家，当时还年轻，还不到四十岁，叫作泰勒。泰勒后来非常有名，他当时是美国最早设计氢弹的主要人才。

杨振宁在芝加哥大学跟他们两位有了很多的接触，发现他们做学问的态度跟西南联大物理系做学问的态度不一样，总体表述就是好像不那么严肃。

尤其是泰勒。你走在走廊里看到泰勒，他抓住你就说：我刚刚有一个好主意。于是他就大讲一套。多半这主意都是错的，但是他不怕讲。于是你跟他说，到黑板上去讨论几分钟。然后你说，你这个办法好像不太对，应该怎么样改一改，他立刻就接受。他能很快地就跟你讨论起来。泰勒一天至少有十个新主意，其中有九个半都是错，不过没有关系，假如一个人一天有半个正确的主意，这就不得了呀。

> 这就是泰勒做研究的办法：一个是主意非常之多，兴趣非常之广，随时都在试新的想法；另一个是不怕跟人讨论。

中国的传统教育，有一点是教你不要乱开口，你还没想清楚不要讲。美国的教育哲学跟中国的教育哲学是两个极端。"欧洲是在两者之间，比较接近于美国；日本呢，大体也在这两者之间，比较接近中国。"当今中国青年出洋留学者大增，可谓浩浩荡荡。但是其中几人有如此清醒和自觉的认识？

> 这种教育的哲学，都有好处，也有坏处。好处就是，新的主意很多。这个里头虽然错的很多，没关系，你过些时候就懂了，对自己就是一个新的发现、新的认识。这个办法也有它的坏处，它有一个启发，有一个思维上的跳跃。这对于有的学生来说有坏处，因为他跳得太多了，以后他自己不太清楚，底下不瓷实。

> 比如说小孩玩积木，美国的教育哲学是让小孩赶快把这个积木搭起来，他可以有一个构想，很快就可以搭起来，可是底下常常是不瓷实的。因为不瓷实，危险的地方是要塌下来的，那简直是糟极了。中国就不是这样，中国是一块搭一块，慢慢砌上去。砌上去以后，它不坍塌，因为它底下是很巩固的。所以这个方法有好处，也有坏处。

杨振宁的体会，对于留学的个人，对于当代教育工作者，对于教育学的研究，有非常生动和宏观性的意义。

> 我非常占便宜的地方，可以说是我一生很幸运的地方，就是我把两个好处都学进去了。我在中国有瓷实的基础，所以我同美国和芝加哥大学的同学（这些同学都是很有名的物理学家，有好几位是诺贝尔奖获得者）一比，像考试，他们不能够跟我比。因为我从前念的知识，念得非常瓷实。他们

没有念得那么瓷实，这点上我占了一个很大便宜。

到了美国发现，原来泰勒和费米，他们的着眼点不在考试。那么过了些时候，我渐渐了解他们，也学会在什么地方发现问题，这是最重要的一个方法。吸取了他们这个精神，所以我非常幸运，把两种教育好的地方都吸收进来了。

一个善于总结思想方法的人，才可能有大的成就，杨振宁在这方面是相当自觉的。这是一个人早年人文基础宽厚与扎实的成果。

教授发现人才并决定培养方式

人生的扭转

"发现李政道"，是西南联大和物理学界的一段佳话。青年李政道怀揣着浙大导师的一封推荐信，穿越万水千山，到云南来寻找联大导师，那位使他人生发生突变的中国物理学界著名大师吴大猷。李政道说：

我是 1945 年转到联大的。我一年级在浙大，二年级转学到昆明。1946 年 5 月，我离开联大，从昆明经上海，到美国去。

联大对我一生的影响是非常大的，可以说是一个大转变，虽然我在联大就待了一年。

在烽火连天的路途中，李政道经历过翻车之祸，并住院疗伤，然后继续前行。上天总是垂爱于那些历经考验而不退缩者。

联大的教育我觉得是非常成功的，学生虽然很少，最后出来的人才很多。联大对我的深刻影响，可以说是我一生的扭转点。

李博士用"人生扭转"来道破联大对他一生发生的巨大作用。

联大的教育是很重要的。我在联大不光是受到教育，我通过联大得到去美国的机会，我1946年到美国了。所以它在你一生里面，作用是很大的。我想每个人都是跟以前联系起来的。

来到昆明北郊岗头村，当李政道敲开吴大猷的家门，一个物理奇才从此开始他的征服世界之旅。

经过是这样：1945年，他让我看本英国的书，它习题很多很多的，过几天我就还给他，他说："怎么样？"我说"我看了。"他说："习题怎么样？"我说："做了。"我不知道有多少习题，总归有一两百题，我是没问题的。他就找了最后几道习题，问我，我就把答案告诉他。

吴大猷对联大物理系的同仁们声称：发现了一名物理奇才。

我在联大的时候，因为虽然是二年级学生，带我的主要是吴大猷先生和叶企孙先生。他们答应我，选二年级的课，教我三年级的。不过二年级的课，我不上课就去考试，上的是三年级和四年级的课，物理与数学。所以在考试的时候，虽然算是二年级，实际上我三年级、四年级的课都完成了。

李政道其实是在浙大就被发现了的。浙大的导师感到，这个有天赋的学生，应该到一个更高水平的地方去学习，给他指点了方向，写了推荐信。"联大的发现是一个逐渐的经过，所以说，人生是一个扭转，并不是说以前这个人了解自己的潜力。"吴大猷打开那封信看，自己并不认识写信的人。但是物理学界的人知道吴大猷，他想可能是对方把自己器重的学生介绍与托付给自己了。这个远来的学子从此获得了一个被发现、被培养的机会。

我想是这样，西南联大是三个大学联合起来的：北大、清华、南开，它学生的总数跟浙大是差不多的。不过老师的力量，基本上比浙大多了三倍，所以集中的比其他学校强。其他大学也同样面临抗战的，老师对学生培养的精力是很高的。比如说，我在浙大时跟的导师也很注重培养学生。

我那时候是大学一年级，他们看见有一个优秀的学生都是全副精神来培养的。我到西南联大，它人更多，老师是最主要的。这些名教授集中教给你，我觉得这对学生学习起来帮助比较大。

奇才进入了大师的视野。中国话所谓"得其所哉"。导师有了用武之地，英才也得到了高明的指教。

李政道一生视吴大猷如同父亲，我看到几幅照片，李博士推着吴老师的轮椅，二人之间有一种由衷的欢乐。李政道说："吴先生，当时可以说是1945年一直到现在，五十五年。我们从师生的关系到很深厚的朋友的感情。"在导师去世后，李政道自己动手制作了一套幻灯片，内容是吴大猷生平，他亲自为人们放映。第一幅是吴大猷呱呱落地时的婴儿照片。

"一日为师，终身为父。"人们只有对生身父亲才会有这样的追念之情。

"不是一个模子出来的"

因其超凡的物理天赋，李政道得到了破格的安排。"我的学习集中性是很强的。虽然有升学制，但对一个好学生，他们给他一个机会，让他有机会破格学习。"联大物理系并没有用年级的升学制来限制他。"我把大学所有物理和数学的科目，集中来学习，实际上是很锻炼人的，所以我到美国去，就可以去研究院。"

在吴大猷的举荐和安排下，联大若干著名导师对李政道进行轮番的谈话。用李的话说是一个仿佛"集焦照射"的培养。

> 吴先生别的事情很多,所以帮我和其他人讲了一下,别人同意,我可以去问他们。这个做法在联大可能是第一次,所以我可以把两三年的课程同时都接受、都看。

李政道在联大获得一种上下求索的自由,他可以去找任何一个导师请教。吴大猷介绍他和来往于国际的学术人士连续地交谈:

> 他就把我介绍给他以前的学生马仕骏老师。马老师是吴老师北大时期的学生,那时候从剑桥刚刚回来,他正要去美国。那是1945年。马先生来到联大,我跟他一个礼拜两次谈话,谈了几个月,好像有两个多月,他到美国去了。他去学的是相对论方向,谈论到高等量子力学。我跟他就是聊天的方法来交流。我有一些问题,他来说说。不是正式的教课式的,完全不是灌输,他就是听了我的问题,他来给些回答。

所谓"听君一席话,胜读十年书"。这个传统我以为只是在文科保留一些。在北大,有的导师我没有上他们的课,而是通过交谈结识的。交谈比课堂更接近人的思维,更有持续性。而所谓神秘的理科殿堂看来也是娓娓而谈,融会贯通的。理科的大师们也是首先注重对一个人的考察、分析,包括他的个性,把这一切"配合起来",进行施教的。

> 它是以培养人为中心。它每一个人都要创新,要创新是要有特殊性的,要特殊性你就要跟那个人的性格配起来。启发是有的,培养更是有的,更重要的它不是一个模子出来的。而出来的结果他们也不能预料,我也不能预料。就好像一个新的种子,你要很注意培养好,这样的注意,这样的培养精神,让我觉得联大是可贵的。

把学生当作"一个新的种子",尊重学生的个性,把学问的特殊性和人的性格配合起来。这听起来好像是对一个艺术人才的培养。现在的学校只承认艺术是有天赋的，歌喉与身材是天生的；然而岂不知人的内在天赋，那些肉眼凡胎看不见的资质与个性，也是天生的，是与生俱来、难以移动的。

每一个人是不一样的。一位好的教授，他为了一个学生，并不是一下子固定好了，要怎么发展；而是看你怎么发展，他们就改变，甚至改变当时的方法和制度。

到老师家去上课

当吴大猷在台湾病重的消息传来，当时两岸的关系紧张，朱光亚承担着国防科委的重责，无法前去探望。朱光亚告诉我，他打电话给在美国的李政道，委托他转达问候。

朱光亚回忆起当年到老师家上课的情景：

到西南联大以后，师资是非常强的。电子力学是吴老师，还有三个学校的一些老师，当时我们班是他上课。他夫人身体不好，行动不方便。生病，基本上都躺在床上。那时候还有空袭，所以他就没有办法到学校去上课。他得住到乡下去。他不能到我们这种班讲课。我们几位研究生，就到他家里去，每星期都要去。去的时候，买上点肉和菜，在那学习。

上老师家里去，有的事我们帮助做。比如他夫人要到医院去检查，我就陪同去。学校里派个汽车，到那儿的时候，背着他夫人进去，做点力所能及的事情。

梅校长派出汽车，给吴先生的夫人看病。岗头村在昆明北边，山路崎岖。车开到医院附近，还有一段路无法开进。身材高大的朱光亚就背起师母去医院。

到了1944年、1945年，他夫人稍微好一点以后，他搬过来，就开始讲选修课。他的选修课非常吸引人，这么丰富的内容在一个课程里讲，名字叫"普通物理"。我们开的这个课程里就有他自己的创造。

当时我就是最后一年了，快毕业了。

吴大猷当年应邀到美国去，他挑选了学生李政道和助教朱光亚，将他们带出国门深造。从此打开了他们的视野，使二人的发展有了一个开阔的平台。

从1946年出去，他回他的母校密歇根大学，我也到那所大学里去继续学习，做些研究工作。那时大家还是很高兴的。

临走的时候，还有一个小插曲。就是要过问一下政治面貌。"就是问你是不是共产党，我那时候不是。"而朱光亚出去前，实际上已经向地下党做了请示，得到认可。"当时我找了王刚，我说有这么一个机会出去。他是党员，他同意。那我就去了。……那个时候，算是被蒋介石派出去的。但是，蒋介石忙着打内战，这时特别自由。大家很高兴，所以和吴老师同在他的母校进修。后来他就到纽约去了。"

吴大猷，一个对中华民族的发展与崛起做出卓著贡献的西南联大导师。

教授引导学生志向

"科学救国"

邹承鲁先生给我一种独特的感觉。他并没有在他这种地位、名气和年龄上的那份颐养天年式的泰然，虽然他完全有这个资格。

胰岛素人工合成，是人类在20世纪的伟大发现，中国能够在这方面领先，领头的两位都是西南联大校友：钮经义和邹承鲁。说到当年这个项目，邹承鲁说："严格地说，是四个人，分成四个组，我是其之一。"

科技界的人告诉我，胰岛素人工合成成功之后，本来是世界领先项目，却因为当时国情的一些关系，申报的程序，而没有能够进入诺贝尔奖评选。问到这些事的时候，邹先生十分淡然。他说："我 1951 年回来的。回来是想报效祖国，现在的学生不这样想。那个时候出去的多数都回来了，也有不回来的。但现在出去不回来的太多了。"

我问："你回国后，遇到了很多麻烦，你怎么看待？"他说：

> 这个问题别人问我很多次。一生最大的追求是做科学，好好做科学。但一生最大的遗憾，就是受了很大的限制。我算了一下，到"文化大革命"结束，改革开放是 1978 年，从 1951 年到 1978 年，二十七年，真正能够做科学工作的，满打满算不过十二年。有十几年的工夫"搞运动"搞掉了。但在国外就可以做许多工作。

面对逝去岁月，他流露出的莫大的遗憾、无言的惋惜，那种无以言表的沉默气度，是"烈士暮年，壮心不已"的悲凉之色。我时常想到他，自己就会不觉间抓紧了时日。

> 投考时候，有四校联合招生，考的西南联大，第一志愿是西南联大，我在重庆投考的，1941 年。选中西南联大，有两个方面，一个是学术上的名声，一个是所谓民主风气，两个方面都有吸引力。

他的回忆都很简练，没有任何一个话题是展开说的，他并没有其他讲述者那种兴致勃勃。

> 对我一生影响比较大的是杨石先，后来的南开大学校长，我就记得后来选择生物化学专业，是受他的影响。那个时候西南大学没有开生物化学的课。他教普通化学，所以在课上听到他讲的一些内容，就对生物化学感了兴趣。生物化学从科学上说有前途，比传统化学发展空间大。

深思熟虑而后言，这也许就是一个科学家的个性，是一个饱经沧桑的、思考和经历都太多的学者的习惯。

> 做学问，作为一个民族教育，这是北大的传统，是蔡元培留下来的影响，在真理面前人人平等。在艰苦条件之下坚持做学问，是西南联大最重要的学风。西南联大很艰苦，但是还有实验课，你必须上，管理得很严。学生是跟老师学的。老师都这样，那学生就照干了。

我问：是不是跟国难有关。他简洁地答道："科学救国。"

在北大勺园召开《西南联大启示录》研讨会时，邹承鲁先生来了，觉得他苍老很多。他只是默默地与我握了手，默默地坐在会场里。那些媒体记者也多不认识他。

"校花"学地质

在邹承鲁先生家里聊起来，我说，刚去了郝诒纯先生那里。邹先生笑道："校花。"

我说，那时候你们也评校花吗？邹先生说："没有，但是大家心目中有。她长得很漂亮，功课又好，篮球打得好，是学生会主席。"

在联大校友们中，常听到他们对这位女院士的敬重和赞美。当年的男同学，现在的大学者，如邹承鲁、任继愈，都毫不掩饰地称赞她："漂亮""活泼""多才艺""组织能力强"。

偌大一个联大，群英荟萃之园，而郝诒纯一个女生，竟连任两届学生会主席。

我开始采访时，郝诒纯是西南联大北京校友会的会长。"北京校友会"，称呼很收敛，其实论其成员与号召力、权威性，相当于一个"总会"。它联系和引导着欧美、港台地区以及全国各地的联大校友会。我一直得到他们的帮助和支持。

郝先生，高个苗条、漂亮而有风度。那天，她在地质大学的实验室里接受我们的采访，因为那里光线好。那里陈设着矿石、显微镜等仪器。

一位后期编辑在昆明看到她的镜头，不由地叫了一声："宋美龄！"可以想见她的美丽风采，而她不需要一丝珠光宝气。她的头发依然很黑。她告诉我，没有染过，就是这样的。

我今年9月1日满八十岁。我是湖北人，1938年考进西南联大的本科，考的是历史系。因为我就做党的地下工作，没有好好上学。那年我才高一，高中没有上完，所以就考文科了。到了1939年转到地质系。

她没有想学文。她选地质，是几个老师的意见。

我在中学有一个地理老师，他的教学很好，他经常跟我们讲，中国鸦片战争以后，受帝国主义侵略，所有的矿产开采，都是外国人的。所以他一直鼓励我们学地理。他讲地理，中国各省各个地方，有些什么矿产资源，他都跟我们讲。他说：你们将来一定要学地质或者采矿，把我们矿产开采权掌握在我们自己手里。

有的人，你与他接触不需多。但凭他的人生选择和毕生追求，就足以令你对他崇敬。郝诒纯和她的老师就是这样的人。

我转地学系，也是受一位教授的影响。他是袁复礼，第一届跟外国人合作组成西北考察队的队员。西北考察队是瑞典人出的钱。20年代初期，领导权掌握在瑞典人手里。一是为了科学考察，一个还是为了预备掠夺我国的矿产资源。

那个时候，袁复礼刚从国外留学回来。他们几个年轻的地质工作者联合起来，就跟瑞典的组织机构联系。他们争得了在队里参加重要工作的机会，一个是保护资源，一个是把握我们的地质资料,不要落到外国人手里,这也算取得了胜利吧。

在军阀统治时期,他们取得的胜利,有了参加科考的权利,但是主权还是在外国人手里。袁复礼是老一代第一个沿着丝绸之路进行科学地质考察的人。

到云南后,我们组织一个学生的活动,对一些进步的教授,我们组织访问。在访问的时候,袁复礼教授就竭力劝我们学地学。他把他的故事都跟我们讲。因为一般女生学地质系,教授都不欢迎。结婚了以后就不干了。还有也危险,男生的危险性小一点。

我是一个女生,系里就不要我。袁复礼老师说,没有关系,科学领域里男女是平等的。男的能够办得到,女的也一定能够办得到。这给我非常大鼓励。后来,就决定转系了。

我一年级的时候,有几个女同学,加上我大概是五个。可是到了二年级下学期,就只有我一个了。

有一张照片代表了她一辈子的大部分生活。照片上一位身材颀长的秀丽女性,身着男装,挎背包,戴越野帽,手挥铁锤,脚踏山崖,正在凿取矿物标本。另外一张是郝诒纯大学时代的少女照片。如果不是因为太朴素,太书香,那婉约丽质,会令人想到旧时代的那些明星,如阮玲玉、周璇一类人物。然而她们是多么的不同啊!

我出野外,都是跟男生一起。那个时候没有客栈。云南农村的旅店,下面是猪圈,上面就是一圈木头条竹子搭的,我们就睡在上面。我跟男生用布拉一个窗帘,他们睡在外面,我在里面。

现在地质专业,男孩子也不愿意学这个学科。我们现在社会招生很困难。家长一听要学地质,又要到新疆,又要到西藏，家长首先就不同意了。

那天她给我的感觉很疲惫。

在《西南联大启示录》完成后，郝学长已与世长辞。我寄上了一副挽联："女儿贵有山河气，丽质天赋日月魂。"

郝诒纯，她的求学经历，她的人生态度和卓著贡献，是联大人心中永不凋谢的花朵。

研究植物最好的地方

由于抗日战争，从各地转移云南的科研与学术，都受到了局限。只有植物学和社会学在云南取得了重大突破。因为云南恰恰为这两门学科提供了丰富的标本与多样素材。吴征镒说：

> 八年在昆明的印象很深。特别因为我是学植物的，感觉云南是研究植物最好的一个地方，全世界恐怕都是有数的。所以我到了1958年以后，又回到昆明，一直到现在。我的大半生，除去在北京，还有家乡扬州之外，其他时间都是在昆明度过的。

对中国植物进行实证性的考察、核对，这个工作方向是在联大时期培养的。吴征镒说：

> 影响我这个思想变化的，先是我分类学的老师吴韫珍先生，他是江苏青浦人。
>
> 到了昆明以后，有很多工作做不了。这个时候做什么呢？中国清朝1840年左右，有一个学者叫作吴其濬，他写了一本书叫《植物名实图考》，里面画的很多植物非常像，都是昆明附近的。吴老师到了昆明以后，经常到近日楼去买花。当时卖的都是野花。他把这些野花一个个地画下来，来考证《植物名实图考》里面的这些中国本土植物。在这个过程中

间，我也都帮助他做些工作，得到了很多切身的教育。

吴征镒的老师吴韫珍先生，后来死于手术后的细菌感染：

> 因为环境太差了，他的家务又重，孩子很多，所以他得了很严重的胃病。他就把子女都送回老家，这样，生活负担就轻一些。吴师母带着孩子回到江苏的青浦去。他一个人住在昆明。

当时因为没有像青霉素这样的药，吴韫珍老师手术后伤口愈合不好，得了腹膜炎，四十几岁就过世了。

吴征镒后来用几乎一生的时光，继承先师遗志，完成了《中国植物志》这本巨著。

校园情调

同姚秀彦学长的第一次见面是在清华园中的甲所，夜静时分。她说："我住在台北，在新竹清华大学教课。"从八年前，她就不断地回到大陆，参加校友的活动。她说："我们很关心母校。"她在北大和联大校友会都是理事。她说："那是在台湾尽一部分责任。"回忆当年联大，她说：

> 联大是三个学校合并的，所以名师如云。就我们文学院来说，中文系几个教授，有个教授就是写《联大校歌》的那位，写的真是壮烈、动人。闻一多、朱自清这些都是名人。我们历史系有陈寅恪，吴晗教明史的，哲学系有几个教授，都是名师，你跟他们学都是享用不尽。

> 联大的老师，现在很难让后人体会。现代的大学，无论台湾也好，哪里也好，设备是非常好，高楼大厦、新的设备，行政效率也高。但是没我们那时候的情调。

> 那时老师跟学生完全像一家人。你随时随地跟着老师的问题，到他家里，打桥牌，给他倒点水啊，在他家里吃便

饭，这都是很平常的事情。我到好几个老师家去过，比如龚祥瑞，他是教我们政治学的，师母我也认识。我们就到他家里去，无话不谈就像家里人一样。以后的大学，看着规模非常的大，学的东西非常多，但是那个情调没有。

授意不是光在课堂上听老师讲课。你走在前面，我跟在后面，随时听他的教训。不但是知识，而且是生活，尤其在晚上。因为上课总是有一定的进度了，每天晚上都有讲演，学术性的、生活性的。所以生活上老师的陶冶、熏陶那是很多的。

姚秀彦女士毕业以后一直从事高教工作，走上了昔日老师的道路。她说这是受到老师的影响。"受老师的影响，就说台湾，几乎我们联大的同学，工作都是非常的负责任、认真。"联大学子在台湾是一批不可取代的人才。

特别是作风方面，没有什么污点让别人碰到的。不管在哪一方面，像经济、法律、建筑、教育、外交，人才都很多，而且都没有什么瑕疵。

时隔八年。我来到台湾姚秀彦女士在台北的家。她再一次谈起当年的校园情调："一下课，没有一个老师是单独走的，旁边总是跟着三五个同学，还有一些国事和书本的问题。所以老师跟学生，更能打成一片。什么问题都谈，国家的大问题、社会问题、书本上的问题，都谈。既然都谈，情感也有交流。"

当年同学们与老师的交流，也不是按院系划分得那么开的。植物学家吴征镒先生是一个文学爱好者。他说："西南联大的学生，就是学理科的，文学爱好也是比较多。像我就是爱好文学的，我也写过新诗，也写过旧诗词，还唱昆曲。因为我是旧家庭出身，从小就念过'四书'，我的国文根底、旧学根底比较好。"

北大旧影

清华旧影

南开旧影

联大前身三校长：（左起）蒋梦麟、梅贻琦、张伯苓

抗战前大学军训照（1934年）

1937年，日军进入北平

长沙临时大学旧址近照

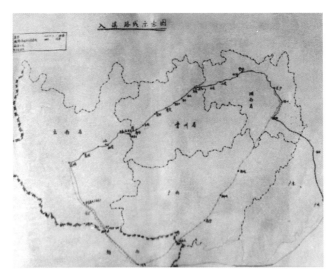

入滇路线示意图

步行团团长黄师岳

植物学家吴征镒横渡盘江

步行团途中所遇日军哑弹

途中所遇地保

玉屏童子军列队欢迎步行团

黄师岳带队入城时与前来迎接的梅贻琦紧紧握手

龙云

95 新校舍男生宿舍，土墙茅草顶，每间要住40个同学

96 昆华南院的女生宿舍也是床挤着床

97 抗战后期，学校经费困难，部分教室的铁皮屋顶，也拆下变卖，改成茅草屋顶了。

联大风景（一）

联大风景（二）

铁皮顶教室

校舍被炸

联大图书馆外景

联大图书馆内景

陈三立（居中拄杖）、陈寅恪（左一）

冯友兰

闻一多　　　　　朱自清　　　　　吴宓

费孝通　　　　　潘光旦

吴大猷（坐轮椅者）与学生李政道

杨振宁与兄弟姐妹

杨振宁入学登记表

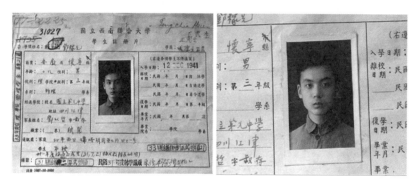

邓稼先入学登记表

邹承鲁入学登记表

马约翰　　　　　　　　训导长查良钊

董树屏毕业班照片（前排右一）

报考清华，国文是朱自清先生出的题目，写一篇游记。吴征镒就按着王维《山中与裴秀才迪书》讲的风景、思想，模仿着写了一篇，结果得的分数比较高，就被清华录取了。

进了大学，大一国文又是朱自清先生教的。因为他看卷子，晓得我的名字了，而且我也是扬州人，跟他是老乡。我们中学里面也念语文，就有朱自清先生的《桨声灯影里的秦淮河》。

在昆明的时候，他续弦是一位成都人，叫陈竹隐师母。他们分居两地，他单身和我的李继侗老师住在北门街的一个房子的楼上。我去找李继侗老师，有时候也跟朱自清老师交谈、请教。

我进北大时，校园的情调有点相似。中文系的老师上课，总喜欢评论时局。有一天，袁良骏老师登上讲坛，把一张报纸扬了扬，说："今天的报纸看了吗？一个武人，谈什么文艺？"然后他讲课。

所谓"校园情调"，取决于时局和社会大氛围，以及教师与学生之间的人文对接。

训导长查良钊

联大有宽松的气氛，与联大当时的训导长查良钊有直接关系。一般大学里的训导长都是奉命来办党务的，往往一副"党棍"的派头。而查良钊却是学者仁心。联大教授会议决定"不开党课"，这在全国是破例的。查良钊没有意见，教育部也鞭长莫及。

台北学长易君博说：

查良钊他并不是办党的，真正联大第一个办党的是姚，第二个是陈雪屏。他是在清华毕业以后从美国回来，是查良镛的堂兄。查良镛就是写武侠小说的金庸。

  他本人不算是国民党。为什么叫他做训导长我不知道，但是他那时候就是给大学生做事。当时学生有什么事情他是非常关心的，他一直到台湾来都是这样。我记得非常清楚，有一个同学，他参加共产党的读书会。查良钊说，他不是共产党，不要冤枉他，结果抓起来关了很久还是让他出来。查良钊是不遗余力地在中间相救。他关心学生是毫无计较的，不计代价。他就是尽量帮忙。他那种爱护学生的心也是很少有的。到现在来讲，学生还是很怀念查老师。

  到台湾以后，他是跟班一样的，天天和梅先生在一起。大家因为尊敬梅先生，也就尊敬他。

湛淳霈学长具有廉政美名。他告诉我，在他这个位置是很容易贪污的。他的前任和后任都坐牢了。湛学长还说，他买不起房子，是太太帮忙才住上了房子的。他说：

  我是做税务司的。我这个里面还要给联大一点点骄傲的。我开始是做顶小的职员，后来我做帮办，我是在业务单位，其中是征税。我不求人，我就是该做的事情我做，不该做的事情我不做。有人跟我谈条件，"你把台湾银行搬进来我也不跟你谈"，我讲了这句豪语。

湛学长这样廉洁，与他的导师查良钊有直接关系。

  有人送查先生一副对联，说"无有如有是大有"，你什么没有，无有还是等于有一样；"人谋心谋不自谋"，为别人着想不替自己着想。他教我，我在海关做事情，他也不说你不要拿钱。他说，你要无求于人、无损于人。你这个人无求无损，那这个人生不是很好的吗？你想象这个空间很大。这几个字影响了我的一生。

  到台湾后，有一个在大牢里的人，四川人。查先生要救他，到大牢里去看他,说这个人没有问题。后来蒋经国买查先生的面子,把这个人放了。"你想,查先生这样待学生,非亲非故的,他自己谋自己的官位好不好?"湛学长说,查先生就是无条件地爱学生。

教授传授学术和对民族的热情

那个笔记本

杨振宁在获得诺贝尔物理学奖的时候,当即写信给他在联大时期的导师吴大猷,表达感谢。杨振宁后来对我说:

> 西南联大老师有学问的人很多,同时他们对于教书的态度非常认真。当时中国大学的教授,不只是联大,浙大也好,中央大学也好,华西大学也好,这些学校的教师对于教学的认真的态度都很好,比起美国今天最好的大学的老师,教本科生的态度,都是比较好的。结果是,一个好的学生可以学到很多东西,学到很坚实、很深入的、很广博的知识。

西南联大最强的是本科。由于战时研究大半停顿,一流大师们把精力都放到了学生身上。杨振宁举了一个例子,量子力学,他是跟王竹溪教授念的。他至今保存着那个笔记本。

> 这个笔记本我现在还有。笔记本是用一种最粗的纸,抗战的时候厕所用的手纸一类的。今天它对我还非常有用处,因为王先生教得非常详细、非常透彻,很多公式我今天有时候还要翻看的。

杨振宁后来到美国去念博士学位,很快就发现他的美国同学的量子力学没有他念得透彻。

> 西南联大因为有很多老师,有各种方向上的学问,那

么，这些学问使得我对物理学等当时前沿相当广的面，都有了一些接触，其中对我有最重要影响的一个是王先生指导我做硕士论文，是关于一个叫统计力学的题目。另外我写的一篇学士论文，在1942年，是我跟吴大猷教授做的。吴先生当时研究的是分子物理学，里面有一个非常重要的概念叫作"对称"。对称的观念在分子物理学中非常有用处。他指导我做的学士论文，就是关于这方面的。

王竹溪先生指导他做了统计力学的工作，吴大猷先生指导他做了对称性的工作，这两件事情对于杨振宁一生有决定性的影响，他后来的工作主要就是在这两个领域里。

"通过从他们两位学到的东西，我走到了这两个领域，对于我后来的研究工作有决定性的影响。这两个领域今天还是物理学主流，这是我很幸运的地方。"杨振宁说，他的基础确立"确实是西南联大那前后六年"。"我先念了四年学士的学位，又念了两年，得了一个硕士学位，这六年对我一生的学术工作有决定性的影响。"

教授按自己的理解讲课

当时的教授讲课并不是照本宣科。在西南联大，同一个课程，一样的名称，可能教的内容会不一样。这位教授是这样教的，那位教授是那样教的，侧重点也可以不一样。但是从培养人才来讲，结果是一样的。

本来这个课程的内容没有那么死板的，什么必须讲、多少个知识点，其实并不符合教育规律。老师把主要东西讲了，另外的东西，只能说你从老师那里学他的科学思想、科学方法，精华的东西学到以后，你自己去往下学。

联大老师讲课，讲的是比较简洁的，他并不是讲那么细。但学生下来要看书，各看各的书，而不是大学要有个统一教科书。沈克琦说：

> 一个课程怎么教？教什么？每个教授允许他按他自己的理解来讲，不是一定的。在这个教学中，也发挥了教授的一些专长，不给他一些限制——你就按你的专长讲。

> 我上电学的时候，是吴大猷老师教的。他教的时候，就非常重视静电学里的一些内容，他就照一本电学书讲。这样挺好，我们学了都挺有收获。后来因为轰炸误了课，后头就缺了一点。缺了一点就自己补，没有关系。没有说有一个死板的教学大纲，你必须按这个教。都由教授自己定。观点上也可以有不同，有人这么教，有人那么教。所以看法都不一样。特别是文科。

> 我再举一个例子。我上过王竹溪先生的热学课。王竹溪先生就看了很多热学的教科书。他讲一段东西的时候，不是哪一本书上都有的，他也不是完全照哪一本书讲的。但是学生要看书。

> 所以，他讲了以后，我们就做笔记，记下来。他同时说明，每一节的后头你可以参考哪一本书。比如某某著的热学书第几页，那本书第几页，他每一个观点的后头，有好几本教科书，你都可以注上。

> 吴大猷先生教我的近代物理，他就说，这段你去看某某的一本书，这段你看谁谁的一本书，那段你看另一个人的一本书。他讲一门课，你得看好多本书。这些书都是当时国际上比较成熟的、比较有名的著作。

这样的"本科教学"，已达现在研究生的水平。导师指出一个求知的方向，学生沿着这个方向去学习相关的著述。

> 都是这么学的。没有说学生抱着一本教科书学，老师

抱着一本书教。而且，真有那本书你可能买不着，当时没有。图书馆同样的书只有一本或者两本，要借这本书，没有，借出去了。那我另外拿一本，拿起来就看。当时就是这么学的。

"百年陈酒"

郑敏讲闻一多，令人耳目一新。关于闻一多先生，人们都知道他富有才华与激情。后世所关注的大多都是他最后壮烈的惨死，以及和他英勇行为能印证的那些诗篇，如《红烛》、如《七子之歌》。

其实闻一多对于文化艺术多方面的素养与才华，造就了他与众不同的泛文化观。郑敏的这段话含有丰富的信息：

> 我还上过闻一多的课，那时候师生距离很近，就像我们这么近一样。闻一多那时候讲《楚辞》。他让我非常惊讶的是，他说分析、考证什么的，不是那种考证非常绵密精确，不是很死板的，而有很多他自己丰富的想象力在里面。在讲古典诗词的考证时，他的阐释充满了自己的想象力，让我觉得我们每一个人也能做，就是每个人念古典诗词的时候，也可以打开自己的想象力。
>
> 我们那时候不知道，现当代的阅读理论就是说，每个读者可以把自己的东西带进课本，带到文本里去。事实上，闻一多先生就是在做这个事，他没有搬出很多考证的东西，他讲的让我产生非常丰富的联想，这都在他的解释里面。

我曾经读过，闻先生发现《楚辞》中若干古字的读音与云南某些地方的土话相通。当时我也产生了如同郑敏这样的惊异。

闻一多是率先用自己的生命与古典对话的人。"所有联大的教授让你感觉到，他们是几百年的陈酒，不是一朝一夕你可以达到的。现在比起那个时候，陈酒少了一点。"

闻一多先生的讲课，曾经受到刘文典的贬斥。刘文典为人狷介，世人钦佩他有骨气。但他过于看重自己的学术，而拒绝接受别人的创意，尤其是在人际上不能尊重同仁。西南联大当时却能够包容如刘文典这样的古董式的学者，又有闻一多这样勇于探索发现的、具备"新人文观"的教授，这的确秉承了昔日北大蔡元培先生之"兼容并包"。

而郑敏"百年陈酒"的感慨，遍及学界。现在的教师常常只是"信息传声筒"，缺少个人对专业的热爱与理解。学府的魅力与醇香何在？

叶公超上语音课

2009年，我赴台采访。两岸阻隔六十年，弹指一挥间，在我与联大老学长之间产生了一种被历史穿透的奇妙效应。那一部"民国史"在这些联大老人们的生命中依然延续。回忆离他们是那样切近，有一种活色生香之美。

在刘长兰学长的身上，一股由人生、历史与艺术酿成的气息尤其浓郁。刘长兰是英文系学生，讲起叶公超上课情景，仿佛又再现当年教室里老师与学生间的一幕幕：

> 叶先生刚从美国回来，又是英语很好的，照说应该很神气。但是他不。他穿着北平常见的中国大褂。那大褂有点重量，往下垂，他的衣服也垂下来，袖子也垂下来，他的手背在后头，拿着一个小本摇头晃脑地就进来了。大伙儿说，这就是叶公超啊，出名的叶公超就这个样子啊。他来了，上课也不开场白，也不自我介绍。

叶公超风度随和，而又出乎人的意料。而更新异的是他的授课方式：

> 看了看，就开始叫第一排第一个学生，你把我这个书的第

一行念一下。那个同学就拿过来,一看是个剧本,对话的。他就念一句。"好了,你坐到那边去。"把这个书给第二个人:你从第二句念,念好你坐到那边去。每个人都让你念几句,都规定你坐这里、坐那里,反正不是你原来的位置。只有一个同学坐中间的。他摇头晃脑看了一会儿,说:好,你不要念了。

这是什么意思呢?正当同学们充满疑问时,叶公超破题了。

然后他就说:你们这一组人都是江苏人对不对?大伙儿一愣,是啊,我们都是江苏啊。你们是河北是不是?你们那个角上干脆是天津人对不对?也没错!每一个角落是哪个地方的人他都给你定出来了!大伙儿心里头想,这位还真有一套。

学习语音,首先要纠正的是方言所带来的口音。所以叶公超要同学们都有自我敏感的意识。

但是对中间那个人叶公超皱眉头,说:你是哪里人?

"我是蒙古人。"所以他的发音特别。这样一来,大家觉得这个教授不错,没有人反对他。

叶公超教语音课可谓匠心独具,他不说"你的英语带有地方口音",他用一个识别,把学生的这个问题指出来了。这种后发制人的方法,在课堂上非常吸引学生。这就是语音课和英语课的区别吧。

刘长兰说:考试的时候,写完卷子,助教来了,说叶先生说的,卷子你们不要交到课堂,拿到办公室交给他本人。学生们拿着卷子,三三两两、沿途商量:你那道题怎么样,我那道题怎么样。根本就是"大混卷"。一起到了办公室,办公室大门开着。助教出来叫多少号学生,这个学生就进去了。一会儿出来了,笑眯眯的。

你进去以后,叶先生把你的卷子往旁边一丢,根本不看。

答卷根本不看。然后他给你一本书,你念一下。这不是一般的英文，发音比较关键的。让你念个三句五句的，顶多念到五句，就可以了。他就在你的本上给你的分数打上。就是用口试测验你对语音学的了解，给你的发音打分。那些考卷，他知道没有一个是真的。他比谁都清楚，就丢到一边啦。

对于英文语音课的成绩，叶公超不纠缠于卷面上的考试，他重学生的实际掌握。"这就是叶公超先生。叶先生很少给'及格'，但是你想得到A，是不可能的。"这样给分数，对学生的学习带有鼓励的性质。

他真教得不错，我们对那些符号、对那些用语，我现在稍微想一下都记得起来。他给你一个很深刻的印象。就从他那个测定我们是哪一省的人，能够从你念英文知道你是中国哪一省的人，他听的能力真是第一等的。

90年代，大陆兴起"恶补"英语等种种疯狂方式，被视为教育时尚。这一幕叶公超先生教授英文语音课的情景，或可以给我们今天一点启示。

吴宓讲英国文学史

吴宓教授备课极其认真。他在长沙时期，每天早上上课之前，都要在住所前来回踱步，思考，并准备许多小条子。对于一部英国文学史，内容不是现成的吗？吴宓如此费神和认真地备课，他讲课必有奥妙。但今不见传。

台北刘长兰学长的讲述，非常难得。吴宓先生的授课，博学、兼容、独创，可谓开创中外文学比较风尚，当今无人可及。

有一位吴宓，他是讲英国文学史的。这位吴教授的英文发音不是太好。可是，他讲到19世纪，他就背一段19世纪的诗给你听。讲到英国的古诗，他甚至能背几句古诗给你听。讲到现代英语，他就把现代英语的特征拿出来，跟古英文对比。他的英文实在是太精深了。

而且他翻译。他要是翻译19世纪的英文，他就采取中国19世纪的中文来对翻；他要是讲现在的英文，他就完全是用现代汉语。

他说，你怎么可以拿一个古代的文字跟另外一个现代的文字对照翻译？翻译不好的，含义也不同。某一个字在19世纪是这个意思，到了现在它已经不是了。所以诗人用字非常之精确。你的翻译也不能马虎。

他很好。这个吴宓，他所有的诗不带书的，全都是背下来。

这就是翻译家、文学史家吴宓，他也是中国比较文学的开山之人。能够意识到语言的时代感，现在没有理解到这个程度，也没有这样的水平。这必须是"知己知彼"，中西两方面都是专家的大师才能做到。

钱穆讲中国史

当年，刘长兰是英文系的学生，她也听钱穆的中国历史课。

那时候的英文系，梁实秋、吴宓、钱锺书等人，国学也都是不错的。刘长兰的性格与才情，就是在这样的环境学风下长成的。采访她时，令人得到一种陶醉，她的一番自然而然的话，含有丰富的信息和优美的情操。刘长兰学长这样描述钱穆：

那个时候的教授，没有名气是不大容易到这几个大学来教书的，所以校内都是名教授。我们也很尊敬他们。但是他们也不光是靠名气，他们确实讲的东西很多。像钱穆，在那里讲书，他是绍兴人讲的浙江话，不太清楚。我因为在南京住很久，所以我对南方话还可以懂，好多同学下课我要给他们翻译一下。但是钱穆上课讲书的时候,大家听懂听不懂,都是很认真地听。

钱穆讲书非常热情,他矮矮的,他在大教室上课。大教室是有阶梯的,阶梯一层层上去,他在下面是一个讲台,好像一个小舞台。他说中国历史没有几个人有资格讲,我也没有资格。我为什么要讲?我爱这个历史。他说到"我爱这个历史"就跳起来了。他人跳起来讲:所以我要讲这个历史。我是教了多少遍,但是我还希望再讲一遍,因为中国的历史实在包含太多,不像外国历史换了一个朝、一个皇帝就算了。中国不是。中国一开始的文化就不简单,像周朝那个时候的历史、那个时候的文化,别的国家还没有开始呢,还没有影子呢。但是中国已经能够把人事、天地之间、宇宙之间种种的关系,都能够有个交代。那很不容易。中国的文化那个时候就已经这样讲:人在整个地球上,人是占一个什么地位,人之来源是什么。人从哪个时候转变成为一种文化的,本来也是跟其他动物一样,人是怎么转变过来,而中国是第一个转变过来的。马上中国就开始了一个高级的文化,所以中国文化讲起来太深远。我们这个地方,大家上几堂课绝对不够。所以我喜欢讲,一遍再讲一遍都没有关系。这是钱穆的话。

钱穆教授,在他那矮小的身躯里,蕴藏着的是中国历史的巨大力量与智慧。钱穆更大影响的行为发生在台湾。以他为首所倡导的"国学运动",和魏建功倡导的"国语运动",对于刚刚从日据时代走出来的台湾人民,如同是一道重新迈回祖国母亲怀抱的门槛。

罗膺中讲杜诗

诗歌的魅力是永恒的,而青年时代对此尤其难忘。在台北,易君博学长回忆联大时期听诗歌课的情景：

> 其中就有一位，他叫罗膺中。他讲授杜诗，很多人都去听。旁听的人比选课的人还多，那一个小教室是不大的。教室坐满了，还是不够坐。罗先生讲杜诗，他每讲一段，就念一段，解释这首诗的背景，什么样的环境之下写成的，什么样的心情之下写成的，然后他讲他的思想。有一首诗，"穿花蛱蝶深深见，点水蜻蜓款款飞"。他就讲，他说这个是中国人的宇宙观。这个我印象很深。

易学长的这段回顾，我思索了很久。为什么这样两句闲淡的诗句会是中国人的宇宙观呢？难道中国人的宇宙就这么微观吗？花鸟鱼虫在中国文化中都是有灵性的，都有着与人一般的风格，甚至人从它们那里得到一种风格。观察自然，历来是中国文化人的一个灵感的源泉。

自然的一切都是合理的，这是中国古人根深蒂固的思想。"法自然"是中国人的最高准则。

马约翰教女生体育

李佩学长很有艺术气息，家中的摆设也别有格局。李佩说：

> 后来女生搬家，搬到师范学院，就在那条街口上。我记得我们住的是比较大的房间，进了一个大院，这个大院有的时候还用做操场。那时候上体育就在那个大院里面跑步的。女生体育，马约翰是抓得比较紧的。女生体育常常都是他在教，他要我们都得跟着做。他教我们怎么打垒球。后来各种的球类，我们都要学一学。另外就是跳远、跳高。他还弄了一个桩子，我们得要走这个木头桩子，就是你得要平衡，很窄，我们都得走过去。你必须得训练走过去。他说，这样你走路就可以姿势好。他说，女生走路一定要像女生走路的样子，

> 老是用这个桩子训练，就一定姿势很优美。

马约翰要求女生走的这个桩，其实是他自制的平衡木。

> 他经常中文和英文夹杂，一定要怎么迈这个步。还有一个五尺台，我们得要跳下来。他要上体操锻炼，他非常重视健美。当时我们上体育，都觉得是一个享受。我记得我自己跳高不行，后来我在那儿拼命地练了很长时间，要不就不及格。

马约翰在联大发扬了清华的传统，同时还为女生的风度着想。

联大人的"校花"郝诒纯，当年是球场上的健将：

> 我篮球、排球当时都在校队，我是打后卫。联大有球场，但是很简陋，底下都是沙子。

> 联大培养的是通才，德才体全面培养，这个我觉得学校做得还是不错的。最主要的一个就是体力，第二个就是意志，还有就是机智勇敢。打球你就要赢人家，你不能退缩，你要拼搏。

> 我从小学、中学就爱好运动。我的小学是北平的师范大学附小，就是现在的师大附小，中学是附中。差不多的体育活动我都喜欢，像田径什么的我也参加。

> 轰炸的时候没办法打球，跑警报也是锻炼，因为你一跑就要跑十几里地。

体育锻炼，给这位后来的地质学家准备了坚韧意志、体力和机智勇敢精神。

教授关怀社会

李继侗考察荒地

李继侗先生是联大里兼职最多的教授。考察荒地以便让撤退下来

的难民们去耕种,这也许是西南联大受政府委托而为。吴征镒说:

> 当时我的老师李继侗先生到了昆明以后,头一两年带着我们,后来让我们自己去,到昆明附近、大理、宾川、鸡足山,一直到滇西南,就是现在的滇缅公路这些地方去考察荒地,预备难民到那里去开荒、移居等等。
>
> 以后他又热心于这个校务。他管的事情很多:包括大一的学生一度跑到叙永去办农校,那么都是李继侗老师去奔走的。

当年的校园知识分子对社会的人文关怀,报效国家的实际行为,可见之一斑。

人口普查与大理演讲

潘光旦的两个女儿都从事社会学研究。当年潘光旦一家曾经住过昆明城郊的大河埂。次女潘乃谷后来为费孝通当过秘书。她曾来昆明,旧地重游。她说:

> 抗战时期北大、清华、南开三家在这儿,叫西南联大。清华还有一个单独的研究所,后来是我爸爸接任的主任。那个时候,社会部在人口普查,做人口登记,农业的普查,他们做了很多工作。有几个工作站,在昆阳、晋宁县等四个地方。
>
> 周文德,他那个时候是清华的助教,被选拔到国外深造。他出国以后,就用人口普查的资料,作了一篇论文,后来改写出了一本书,在国外比较有影响。1998年他找人翻译了,把稿子都给我们了,他把全部的资料,都送给我们所。

当时普查时就是带着社会学问题去思考的。

> 我父亲那个时候成果比较多,在第42期《社会学研究》,有一篇文章,他谈社会学和社会发展的情况。后来收录进书里就改成了《中国社会学》。里面观点就是:觉得中

国社会学联系实际很不够。

当时社会学从西方过来以后，没有真正把中国的实际联系起来。而他认为中国最重要的实际问题是人事问题。他说，中国社会最大的特点就是这个。从这点出发，就谈他对中国社会学的看法。他说，西方的社会本身就是一种逃避，而我们的好处就是现实。现在就是用一些西方的理论，然后用我们的材料套住了，并没有结合实际。这是他自己的看法。

潘光旦的这些观点，其实在当今的学界里也很普遍，就是外国的理念套在中国的例子上面，就等于完成了课题研究。

所以他很重视把西方的东西和中国的东西结合了，另外也注重了历史和现实。很多人对他的评价，对他那时候的著作非常关注，就觉得这点特别好。在抗战时期，他的很多著作是和抗战有关系的。

关注现实，尤其关注抗战，学者的观点就不只是学院和书斋的研究，而是推向社会去普及和启蒙。云南地方时常请联大的学者们去演讲。大理演讲，是比较重要的一次。

他们都去了，每人有一个题目。每个人都结合自己的专业去演讲。之后他们又去旅游，他们每个人都写了游记。那一次演讲里，还做了一些小的座谈会，他们所建议的意见里，有一个是中国的人口问题，有一个是中西文化。

当时的社会学在这点上非常好。他们配合了抗战的需要，而且也是老百姓关注的问题。这些小文章登在当时的报刊上。

我见过这样一本小册子，是联大学者和其他著名学者在昆明的演讲，上面有潘光旦讲"优生学"，还有梁思成讲中国古代建筑。这本小册子是云南省主席龙云主持刊印的。战时的学者们，与地方相结合，不忘启蒙使命，提高民众素质。

那时候费老也好，我爸爸也好，他们强调的就是中国社会学要联系实际，从实际出发，配合当时的抗战，所以做得很是有声有色。

国外社会学的著作，潘光旦当时翻译出来影响很大，可以说影响了一代当时的学者。

他的著作，首先是翻译的语言非常好，其次就是他把很多中国的实例作为注释。《性心理学》也好，和后来恩格斯的《家庭私有制和国家起源》也好，他做的译注，本身的篇幅就跟原文都一样多。这个特别有价值，甚至有的时候都可以出了单独的文章，对年轻人特别有帮助。因为现在谁也不可能去翻这么多书。中外的都有，译注和原文一样多。这个要下很多的工夫。

我们住在乡下的时候，我爸爸对家里的事情是一概不管。他在家里要么就是写东西，要么就是去上课，有时候也对我们说点从前的故事，或者是唱首歌。

一个一条腿的学者，在战时的云南却做了那么多的事情：调查、讲演、翻译、著述，而且每件事情都做得让后人难以企及，此外还要管理校务。

张奚若逸事

赵宝煦先生讲校园掌故有风采，外圆内方，体现了一种学养：

我跟你说张奚若的事。教育部长到昆明市，名教授都被请出来。教育部长就说：现在抗战时期，所以大家要思想统一、意志统一；国家至上、民族至上。所以老师们、教授们在课堂上讲话，一定要考虑这个。实际就是统一思想。

张奚若开始不说话，名气又大。这时候他说，部长先生，我有一个建议。部长一看，就说，张先生，您有什么建议？他说：我建议，全国就在重庆安一个广播电台，请一位最可靠的教授就在这个地方讲课，全国收听。我认为这个，思想最统一、意志最统一。

不幸的是，全国只装一个广播电台，只让一个人讲话的事情，终于还是在中国出现了。可是再没有出现像张奚若先生这样"难对付"的人了。

那个国民参政会，有四个人是蒋介石最怕的，其中两个，一个就是张奚若，一个就是钱端升。还有一个也是北大经济系的，死了，叫作周炳琳，这是国民党员。

但国民党，他并不都同流合污。另外还有一个呢，后来给划了右派了，也是很厉害的。这四个人，因为他是参政员，很难对付。他不像别人，你拍拍桌子就不说话了。

西南联大的崇高声望，很大程度上是由于这些"铁肩担道义"的教授们造成的。他们是以支撑中国社会的正义与公平为己任的。

教授指导社团

闻一多指导新诗社

文艺社、新诗社、剧艺社，还有一个阳光美术社，这几个进步社团在联大是最出名的。一开始，赵宝煦他们成立新诗社，几个同学都写文写诗，当时就说，到闻先生家去。赵宝煦说：

那个时候的教授，靠工资是吃不饱的。所以很多人就在教中学。大学教授也教中学，我们学生也教中学。

闻一多就在云南大学附中，在龙头村。我们有十几个人都去了。那时候光未然、现在叫张光年了，还有赵沨，后来都是非常有名气的人，当时就在这里教中学。

上午10点多钟去，就在闻一多家，他的住宅很窄，有一个四方桌子。大家弄点菜，吃完了饭，有人提议就搞了一个诗歌朗诵会。那一次我朗诵一个女同学的诗《黄河》。这次就是"新诗社"的成立。

学生与教员一起兼职、教中学，聚集在一起吃饭，成立新诗社。师生相濡以沫的情感，共度艰辛的乐趣，这是一种骨子里的文化、骨子里的风雅。而今之文人文坛，凡谈文必要喝酒吃饭，花钱排场，甚至送红包。"文穷而后工"。恐怕要倡导一点穷风气，才能见出文化的真精神。

闻一多是新诗社的导师，赵宝煦说："我印象里最深的，就是他说你不是首先要作诗，首先是要做人。你先做好人，才能做好诗。另外，他说民主不是我们这些人做主。像我们这些文化人，你不让我在中国说，我上美国说去。他说，是老百姓的民主。所以这些话都是很直率的。"闻一多先生这几句话很精辟，点到了"民主"的本质。

美术社画挑夫

活跃的赵宝煦后来又发起组织美术社。他说：

我们那个时候有六个社团。每个社团必须有一个教授做导师。新诗社、文艺社、剧艺社，还有"高声唱"合唱团。

阳光美术社是我弄的。它干了两件事，一个就是学习；一个是到了星期天，就组织大家画，写生，或者是素描。素描当然要找到人体，找不到人体，我们怎么办呢？那个时候，街上都是挑夫。就是搬运东西的，身强力壮，拿着一个扁担，拿着一根绳子站着。你要搬东西就给叫，一个小时多少钱。他们这些人当然都是身体比较好，肌肉比较发达。我们就请他们来。

这些卖劳动力的汉子，现在还有。当学子们在画他们的时候，民间疾苦也历历在目了。因为战争，因为流亡，因为来到民间。学人们风气大改，从"唯美"而变得以接近民风为追求了。

赵宝煦说："新诗社导师是闻一多，后来阳光美术社导师也是闻一多。因为闻一多是诗人、古典文学家。他到美国四年，先两年学绘画，后两年学舞台设计——舞美。"闻一多从书斋转向群众的启蒙运动。学生的社团请他挂名。而诗与画的社团，则是闻一多自己也很感兴趣的。

赵宝煦说，闻一多当年在美术上也有偏见：

> 后来我去找他，我说我们要成立阳光美术社，他原来在美国学了四年美术，他很高兴就答应了。但是他当时对于中国画是反感的。他有一些理论实际上是不对的。他认为中国画是唯心主义。他说，你看中国画，你这个山上有一小桥，前后一样宽，他说你西洋画里面有透视，而中国画没透视。所以我们就不搞中国画。

西南联大注重人的独立意识和反思精神。所以，多年以后，听联大人回忆，依然是充满了思考精神的，并不一味地溢美。在联大没有所谓偶像，没有绝对的权威。

> 闻一多，我们现在回想起来，有很多也是很左的。就是有点过左，那时候有的教授也是这样。

吴宓组建"石社"

一年冬天，我在北大勺园，蒙吴学昭女士亲自送来有关吴宓先生的一些旧时剪报和文章摘抄。吴宓先生的文集、诗集在正式出版后，学昭女士都会寄到昆明赠我。而这一次的剪报和抄文太珍贵了。剪报是一个当年联大学生吴仲贤写的《忆吴宓师二三事》，发表在香港，而文抄则是吴的一些评红文字。从中知道，吴宓在昆明时，曾经成立过"石社"。这表现了他的风雅兴头，那时候人们还是很有情趣的。

《红楼梦》又名《石头记》，故谓"石社"。这个石社也不是研究团体，要求并不高。吴宓的要求就是社员要将自己比进去，比为《红楼梦》中的某个人物。他要求入社的男女各写一篇文章，必须把自己比喻为《石头记》中的一个人物。实际上这就是考试了，考一考人们对《红楼梦》了解与痴迷的程度。

> 吴宓在讲《红楼梦》的时候，说到《红楼梦》之所以伟大，在于其中包括了当时社会中各种典型人物，而这些典型人物也存在于现实社会之中；他说他自己杜鹃啼血，忠于理想就像紫鹃，而林语堂称自己远嫁他乡，则像探春，他问："你像什么人？"我心中有数，不敢回答。重要的是，这些多是由自己而不是由别人确定的。（吴仲贤《忆吴宓师二三事》）

吴学昭女士亲手抄了吴宓的一篇文章《论紫鹃》，送给我。吴宓是将紫鹃作为一名侍女对其主人林黛玉的表现，提升到一个人的性格、追求、理想和归宿这样的轨迹。在紫鹃的心中，林黛玉就是爱与美的象征。

吴宓的这篇文章感情备至，与紫鹃达到了神魂相通的地步。他以为，书中紫鹃的性格并不只是衣冠饮食之周全，而更在于她对黛玉的理解，在于她也投入了黛玉对人生理想的追求之中。例如她编谎话试宝玉，致使宝玉疯癫。这个很有道理。

吴宓在文章中将自己比为紫鹃。按一般人的道理，吴宓是男，紫鹃是女；吴是教授，鹃为侍女；是时吴已经人到中年，而鹃为妙龄；吴留学纵横，鹃则终身困守贾府为奴。如何能类比呢？只有从内在逻辑和性格哲学来进入，吴宓才可能与紫鹃做同类比拟。

当时报名参加"石社"的人，女社员皆自比为"迎春"，男社员却皆以"薛蟠"自居。他们自谦如此，激怒了吴宓，干脆散伙。战时大学生们的个性，走向民间，变得粗犷。可能是他们对吴老师的这种纯美与唯美，有一种调侃。

薛蟠酒色财气，粗俗露骨，但也有天真直率的一面。迎春在贾府和嫁后都始终有种"被弃"的感觉，并不是美的中心。女孩子多情，青春期皆有失意之感。这也是普遍心理，自比迎春也可以理解，失意而不怨的宽厚，只是结局太惨。如果不自量力，自比为黛玉、宝钗，岂不是更加恶心了？

第四章

弦诵:"无为而治"

昆明八年,梅贻琦是实际的西南联大校长。他将自己的职责定为:维护校园现有的秩序与章程;维持校园生存所必需的物质支持;抵挡和消解社会因素和统治上层对校园的不利干预和危害。梅校长最主要的工作,一是四处找资金以维系校园生存,一是应付中央政府的各种干预,化解他们对学校的不满,因为最主要的资金和支持来自政府。至于校园内部,梅校长自有强大的依托系统,那就是完善的秩序与章程,教授会和评议会是执行和监督机构。

西南联大的组织结构好比是一个洋葱头。它每一层的味道、性质完全一样,一直剥到中心,最后一层仍是"洋葱"。这个"洋葱皮"和"洋葱心"是教授,里里外外都是教授,没有阻隔,教授群体的层次构建了这个学校。

而后来的大学,好比是一个坚果,外状有皮、茸毛、干硬的果壳。行政、教务、后勤,非教学人员很多。中心是做思想政治工作的机构,是一个坚硬尖锐的内核,它是主宰。而教授被人们忽视,长期以来地位和作用都不如前面的各种人群。

坚果的毛、壳、核肉各有质的区分,是异质组合;而洋葱式的结构是无法分离的,是同质组合。前者是权力集中的产物,后者是民主系统化的模式。

完善的流程

"教授治校"

"教授治校"是西南联大的"重头戏"。梅祖彦简述"教授治校"：

> 民主办学，当然有一条就是教授治校。当时是有一个教授会，就好像是一个议会，重大的事情都要教授会通过。教授会里面再选出来一些教授，就是资历比较深的，对管理工作比较有经验的，这十几个人成立一个叫评议会的。评议会就有点像常务委员会。这两个机构都可以决定学校重大事件的权力，例如聘任教授、管理学校、制订学校的教育方针等等。那么校长、教务长、秘书长这些行政官员，在学校里面实际上是公仆，是执行教授委员会的决议。所以这确实是教授治校。

我有幸采访他多次。有些内容是他反复谈的。"抗战前的清华、北大、南开以及战时的西南联大，从校长、教务长，到秘书长、训导长以及各系的系主任、图书馆馆长等等，都是一个人，没有副职。"那一代的教授，以教育事业为使命。他们才能全面地从教务、行政到社会关系的处理，都有良好的素养和实践经验；再加上他们的人望、人脉，可谓是对内得心应手，对外渠道通达。其中一些人还具有从政的资历，达到了国际化的水平。

> 那时学生和教师的比例比现在大得多，就是一个老师要管很多学生，但是他是一个人。那个时候工作关系是比较简单的。虽然国民党政府也有很多教条，层层地管辖你，但是和现在我们的政府部门，不说其他的，就说学校吧，我觉

得那时候还是宽松得多。它只宣传三民主义和"一党治国",它不深入到每一个部门管理。所以校长、教授主要只管教学,稍稍管一部分生活。不像现在清华大学的校长,要从头到尾统统管起来。

现在学校领导的工作量比那个时候是重了很多,所以他非得有很多副手不可。老讲精简机构、精简人,但是因为体制的缘故,它需要做的事情太多。好多社会上做的事情都是单位做,所以弄得机构臃肿。

那个时候校长、教授们虽然辛苦,一个教授要教好几门功课,还要管几个委员会,但他们能够深入到学生里面,深入到行政的各个方面,所以他知道学校是怎么回事儿。虽然他们很辛苦,但是他们很了解情况。

虽然辛苦,但他们是学校的真正主人,学校是他们的事业。梅祖彦说:"现在我们的教授不了解学校的情况,因为不需要我们去管,我们说了话也没有用。所以我们就只管教书。""只管教书",不是育人的态度,而是"当差"的态度。

沈克琦:"包括课程的设置,教学怎么搞,这些都是由教授来定,就教学管理来讲是很严格的。"梅贻琦治校直接依靠教授群体。学校有教授会和教授评议会,使得所有的事情都能科学地过滤、评估,从而得出负责的结论。比起依靠一般毫无学术阅历的行政人员在那里做主,一切显然要合理得多、人文得多,层次也高得多。

赵宝煦说:

> 西南联大,首先是教授治校。教授治校它还是民主的。你看蔡元培办中央研究院,后来弄到台湾去,它也是教授民主评定。这个民主,首先有一个条件,你这个领导者得相信人。

在北京大学的档案馆里,我看到了保存下来的西南联大教授会记录,关于征地建校舍、关于招收学生、关于聘请教员等等的会议,后面都有参会教授们的亲笔签名，表示他们对这项决议的态度与责任。

教授会议记录是大学民主管理最真实的写照。

我想，关于当年刘文典如何被解聘，以及钱锺书在上海延误了学校课时，是他自己辞职还是由校方解聘，是否有梅校长的挽留电文等等，都可以在这些教授会议的记录中找到确凿的答案。因为在这里面是连一次募捐和一次补考都不会漏记的。

西南联大结束后，这批资料和档案被从昆明带回，由北大和清华分别管理：资料在北大，档案在清华。它们是西南联大在昆明九年最详尽、最真实、最全面的历史记录。

台北校友易君博先生说：

> 联大教授有两种个性特征，他们在校内是"教授治校"，在校外是"教授论政"，所以他们有很高的威望。你看张奚若教授是教授论政的典型。而教授治校跟梅先生有关系。

在当时"教授治校"并不被国民政府的教育部认可，一直到台湾李登辉时代，才重修"大学法"，纳入了民主治校的精神。梅祖彦说："当时教育部的意思是要校长治校、教授治学。就是你们只管教书，不要管大事。这个中间也有些矛盾。清华还是很能够坚持教授治校这个制度的。"

教授治校，保证学校权力集中用于教学事业，不被其他目的异化。教授治校，是在一个文化精神十分透明、价值观念纯净一致的环境中行之有效的体制。教授们"为人师表"的人品和相互监督，例如刘文典的被解聘，表明教授们不允许滥用学术名声破坏公德的准则。

易君博先生说"教授议政"在不同时代都存在风险。

> 那时候教授是论政的，很多话都是联大张奚若讲的。因为当时认为蒋介石的态度太滥，认为这是不好的道路，所以张奚若不断地批评。他是当时的国会参政员。他批评政府有

很多缺点，很激烈的。有些时候是他做主席，有些时候是张伯苓先生做。

蒋先生就说：你不要讲了。张教授说：我今天要讲，我只讲这一次。然后他就回到昆明，不去了。所以，以后就跟重庆政府关系弄得很不好，他几乎就不到重庆去了。

批评时政，所得到的后果是相当严重的。闻一多先生讲得很多，吴晗讲得很多，还有李公朴，他是社会人士。他们这几个人讲话批评政府，相当厉害。所以政府就用不好的办法对付他们，最终丧命。

我有一个感想，教授校内"治校"没有什么大的问题，但是"校外论政"，应该有一个适可而止的办法。不然你一个血肉之躯去对抗这样一个不理性的政府，那是很糟糕的。

在台的这些老校友，对于政治已经持一种淡定态度，他们历经沧桑，讲起话来比较客观，并不是"非此即彼"的一种倾向。易君博学长关于"教授论政"的思考，对于校园与政治的关系，是经过血的教训而得出的理性思考。

台湾新竹清华陈文村校长对我说，他们马上要进行新一轮的校长评选。人选从全球推荐，有一个校内的评估会，通过之后，再上报"教育部"，而不是由政府直接强加给学校的。

"教授治校"在大陆曾经被批判，一直以为禁区。然而2013年温家宝总理在"两会"的记者招待会上所言，却令人振奋。温总理说，既然村民们能够自己选举和管理好一个村子，那么相信人民也能民主选举和管理好一个县，以此类推，则中国的民主进程希望并不遥远。

那么，一群高级知识分子能不能通过民主选举，管理好自己安身立命的学校呢？

第四章 弦诵:"无为而治"

刘文典被解聘

刘文典是中国学界中一个不会被忘记的人物。我听父亲说过,刘文典在昆明讲堂讲《红楼梦》,轰动昆明。

刘文典与当时总统蒋介石的那一段冲突,更是传颂文坛,经久不衰。神采应答,举止细末,无不被渲染入骨。狷介之士,性情才华别具风格,学识见地堪为翘楚。当年自由选课,他的课学生最满。

而西南联大解聘刘文典,也是教授们做出的决定。校友郑道津回忆:

> 联大教师当中,和我关系比较特殊的是刘文典。刘文典是安徽人,我父亲是民国初年的国会议员,我父亲在清末是留学日本的,又在日本参加了同盟会。民国初年安徽的一些军政人物,就同我父亲建立了一些关系。当时安徽早期的一些人物,和我上一辈有关系。

因一步走错,刘文典被西南联大国文系解聘。

> 他那年休假,可以出国了。当时那种情况下,出国也不容易,加上他有鸦片的嗜好了,等于是特许他抽鸦片。那个时候鸦片非常贵,以他教授的工资,很难维持鸦片的嗜好。这个时候,他结交了云南的一些富商,这些人送他一些钱。

郑道津为地下党工作。他说,当年刘文典下去为土司撰写碑文,背后还有地下党策划的一重内情。

> 当时土司,看你弄得不好、不对,马上就杀了。我们要开展工作,要采取一定的措施,保护我们自己的人。把刘文典弄了过去,起一个双重作用。我们在联大的同学,在联大有办法、有能力的都能够联络。真是有什么风吹草动,我们都可以知道。刘文典他是一个烟民,真正的原因是满足他鸦片的嗜好。

可见乱世之下的事情，并不是一目了然的。

赵宝煦则代表联大一般人的观点，刘文典有损师德："刘文典是唯一，联大很少有的被开除的。西南联大是教授治校，它不是说谁拍板就能决定的。这种重大事件都是全体教授投票。他给云南土司写墓志铭，人家送他两个烟土，两个瓜子。这个大学教授，写墓志铭你写，人家给你点钱还不要紧。送你两个烟土，这成何体统？后来就给开除了。"

被联大解聘后，刘文典从此名声中灭。他离开了中原的文化中心地带，蛰居云南，后来有著述，然人物风采已经收敛。这也是时代转变之势。

校长管教学

王汉斌认为联大的组织方式和制度比现在大学合理：

> 组织形式也是这样。校长就是聘请教授。行政的事情，是秘书长。我觉得我们现在被校长管得一塌糊涂，我首先不赞成。我赞成校长应该管教学。行政这些，你干吗管？
>
> 我觉得过去制度对，校长集中管教学。

王汉斌说，当年校长并不干涉学生方面的活动："学生会选举、学生运动的发展，他不干涉。有些时候，教务方面发表声明支持学生，一直到后来北京的学生运动。这是很重要的。"联大时期，校长、教务等行政部门都站在维护学生的立场上。王老说："联大的时候，学风和政治活动，学校不干涉，所以能够得到发展。从学校的教育制度出发，科学研究方面，政治运动方面，都得到了学校的支持。在中国教育里是有突出地位的。"

梅祖彦讲联大聘任教授：

> 联大学术自由，兼容并包，跟当时的体制有关系，那个时候学校聘请教授基本上就是自己直接联系，双方同意就请

来了。所以教授有什么特点、个性或者是什么主张,学校不加任何的要求、限制。

学术上,它汇集了当时国内能够请到的最好的人才,也带来各种各样的思想,学术上的思想、文化上的思想。这也是大家总觉得西南联大精神生活还是很丰富的一个原因。因为没有限制,没有千篇一律的这种情形。

其实当年的梅贻琦校长并不是只管教学。在特殊的战争年代,为了维持学校的运行,梅校长承担了非常辛苦的工作。梅祖彦说:

他是一个沉默寡言的人,他对我们的教育也主要是身教。言教真是不多。他对谁都是说得不太多。但是我们观察到的,(我父亲)那确实非常辛苦。包括批改公文、召集会议,然后出去跑,检查工作等等。

那时候物价飞涨,学校师生员工生活都很困难。到处跑,按现在说就是寻找经费的来源。那是很辛苦的。

当今国内大学,校长亦非一校之长。校长制定不了学校制度,亦决定不了学校大事。如果偶然敢于挺身而出,扛件大事,结果就是下台。比如我的北大校长丁石孙先生。当今校长的个人素质,也多粗糙,甚至学历可疑,因而不足以服膺学界。校长,已经失去了昔日在人们心目中的知识尊严。

为什么有北大的声望?蔡元培开天下之风。

为什么有清华的精深?梅贻琦多年来苦心打造。

这样的校长如果不再有,中华教育的复兴也就渺茫。

淘汰率高

西南联大对于考试有严格规定,淘汰起来是不容情的。沈克琦先生说:

  西南联大有个规定，你课程不及格，不得补考，必须重修。这跟一般学校是不一样的。西南联大也有补考，什么样的补考呢？因为生病了，没有办法考试，那么你用病假条，到补考的时候，这个可以补考。缺考的可以补考，不及格不准补考。

学生的质量由此得到严格的把关。

  不及格的学分数达到多少，就要除名。你必须学到一百三十二个学分才能毕业。我一个同班同学就稀里糊涂，后来一算学分就只一百三十一个，就差一个学分，他又念了一年。

  另外，西南联大非常重视体育，这是清华的传统，必须上四年体育。体育课要考试，还有点名。如果你体育课有八次缺席，这一学期的体育课就不及格，不及格就要重修。等于你要学八个学期的体育，一个学期不能差。差一个学期，到毕业的时候不让毕业，留下来就是上体育课。

这个在清华有记录，吴宓在出国之前，就因为体育不及格，硬是修了一年，才让他拿到文凭，出国留学。

梅祖彦说：

  那个时候学校的淘汰率很高的，那些莘莘学子、流亡学生，跑那么远来读书，成绩要是不好，学校说开除就是开除，让你退学就是退学。或者，毕不了业，再念一年。有的学生整整念了八年。所以它还是很严格的，它并不放宽标准。

  那个时候，教授打分都是画一个曲线，说必须有多少人来淘汰的。

名校，能够考入，不见得可以毕业。教授画曲线，就是说，注定有一部分是在淘汰之内的。这是教育的真实规律。不适合这个培养要求的，只能离开，不存在"保证成活"那样荒谬的事情。

梅祖彦认为，现在的人们只盯着那些著名的人才，不符合联大整个的学生情况：

> 现在我们可以举出来，各行各业一批老的学科带头人、有重大贡献的人，很多都是西南联大的。我们出了两位诺贝尔奖奖金的获得者。但是我们没有说的，就是有很多学生，由于各种原因，经济原因、学业原因，不能够继续念书，所以这一批人才也很可惜。如果当时条件要好一些的话，也许还可以培养出更多的人来。
>
> 这个淘汰确实存在的，我听说，西南联大前后名册上有名字的有八千人。但是拿到西南联大文凭的只有两千人。也就是说，没有"成活"的学生还有六千人。当然后来有人转学了，在别处造就成人才，等等。所以这也是很不容易的一个过程，从培养人来看。

教育面对的是人，是一个复杂的有变数的过程。只能问耕耘，无法确定收获。

考试与学分，在全世界学校都以为是最公正和最真实的甄别。而我古老文明之中国，更是科举选拔制度的首创之国。

记得我在北大上学时，当时一位政要人物的儿子在物理系，因为考试不及格而被劝退了。当他最后一考时，有人向那门功课的老师打招呼。这位老师说："我不知道谁谁，我只知道按标准给分。"最后就是差那么几分，也不多，但这位学生还是被劝退了。他出国去上了一所不错的大学。可物理系说，他上哪儿是他的事情。这分数就不能再待在北大。这件事情对于我们当时的学子有很大的激励，同时大家对未来也充满希望，对北大的领导和老师们更加敬重。

然而今日大陆，除了大学本科，是政府以法律手段来保卫这个制度；其他所谓硕士、博士等领域，皆为世俗与庸人所牺牲。所以随之贬值。故社会各层重"本科"而轻所谓"高学历"也。但本科生入学后，如没有严格的考试淘汰制，那只是过硬的"高中"，亦不是真正的大学"本科"。教育，其实已千疮百孔。

写到此处，我忽然接到一个电话，来者绕了一个弯子，突然说："虽然当年我没有考上北大，但是现在我到北大讲学。"本来学术交流，不必固执于学校级别。这是蔡元培的兼容精神。但她在话中有一种解恨、一种报复，代表了社会上一种人的心理。

我答道："你现在也考不上北大。"挂机。

北大和诸多名校，所剩下的支撑和生命线也就是"高考"选拔了。

梅贻琦风范

梅贻琦之子梅祖彦是一个低调的人，但这不妨碍他话中的分量：

> 他为人的特点就是公平、公正、谦虚、淳朴。
>
> 三个大学以前在北方都是很有成就的大学，各有各的特点，到了昆明以后，要组成一个学校，怎样协调各个学校的专业特点、教师特点以及在管理上的不同，这是很要一番周折的。
>
> 在昆明的八年，从1938年到1946年，是他一生经历中最艰苦的一段时间，最困难的一段时间，因为有好几方面的关系要协调。

晚年的梅祖彦对于父亲梅校长的治校和经历，有了一重体会。

> 他一直坚持办学就是三个主要方面，第一就是通才教育，在旧中国，教育多半是通才的方式。我们学了苏联以后，觉得通才教育有问题。现在来看还是有它的优点。通才教育，就是知识面广博。

学苏联，弃传统，这是中国当代史上最糟糕的一件事，等于是将中国在此前的发展积累都抛弃了。

第二就是教授治校，就等于民主办学；第三就是教学与科研结合，通过科研提高教学质量。

这三方面在抗战以前和抗战时期，他一直都是很坚持的。在学校里面也不是没有阻力，大家意见也不是完全一致。回顾在昆明的这段时间，他牺牲了很多个人方面的兴趣，生活当然很艰苦也无所谓什么享受了，他很少有业余的时间，全副精力就是在管理学校，协调各方面的关系。

梅祖彦那时候是个中学生，后来才是大学生，对父亲的很多工作并不很理解。他现在也是个老人了，因为一直也是在从事教育工作，才逐渐、深入地体会父亲在那种条件之下办学的艰苦困难。

他是学校的主要领导，很重要的一点是他必须和地方、和政府的关系都要搞得很好。跟重庆政府，因为有教育部的关系，所以要打报告，要去述职，有时候也挨批评，次数还不少。和地方有些经济方面的关系，因为西南联大好几千人，生活上要有供应。

梅贻琦，卓越的教育家；在民族的危亡关头，他临危受命，保护、保存了中华民族"人才链"没有中断。

到抗战后期，因为民主思想非常活跃，学校和当局有过多次矛盾，受到了压制。做校长的得做很多协调，要保护学生，保护学生的积极性，保护学生的生命安全，但是和当局还得保持一个关系。因为要是学校跟地方政府吵闹了的话，学校就办不下去了。所以这也是一个很大的难题。

梅校长充当了学生与政府冲突的防波堤。一直到"一二·一学潮"爆发，梅贻琦以最大的理智和毅力，保护了师生，保护了这三所在抗战中艰辛保存下来的大学。"以前在北平，后来在昆明，有过多次，当局要来抓进步学生，很多和西南联大有关系的人都知道这事。从校长到教授，都想尽各种方法来事先通知学生，给他们创造条件赶快躲开。西南联大在抗战时期被捕的学生在各校里面算是比较少的。"

因为是亲人的回忆，全面而真实。他从信念、方法、性格、品德都大致说到了。

在和平时期的北平任清华校长，梅贻琦就把有利于自己这个位置上的制度完全取消了。这是一个以德服人的君子。在这些最真实最现实的细节中，他以人格树立了威望：

> 在昆明的时候，物价飞涨，教授们、职工们的生活都是很紧张的。学校的领导从各方面想法给大家提供些补助。西南联大有工学院，工学院有一些教授和学生在外面搞一些工程上的东西，有一些收入，政府也给一些补贴。
>
> 我记得我父亲那时候就是最强调，大家平分。给学校的领导层是有专门限额的。不过他说，一定要大家平分。甚至在有些情况里，他说凡是担任公职的，不分。

梅家维持生计异常困难。梅夫人曾经亲自做糕点提篮出售。

> 在昆明住翠湖旁边的西仓坡。中国式的房子，三合院。还有另外一家教授住在楼上。就是三面，等于是九间中国式的房间。下面是办公室，是清华大学的办公室。三校合并了以后，还各都有一个办公室、办公处。在昆明生活非常艰苦，也使得大学消除了一些从前有的某种程度的等级的差别。真是大家上下一致，完全一致。

在台北，易君博学长用了"举重若轻"评说梅校长：

> 梅先生跟胡（适）先生对比，胡先生他是外面的声望很大，影响很大。梅先生不大讲话。但是他做事来讲，是

> 举重若轻。他从前在联大很少跟同学见面,但是同学对他的印象非常深刻。原先是中午拄着拐杖去上班,到下午两三点钟就回去了,他不在这儿办公,非常轻松。但是联大做得很好。
>
> 所有的教授,不管你是什么想法的,你左派的也好,右派的也好,都能合作。他有一种领导学术上的天赋的那一种能力。

无论在海内外,无论当年是什么党派,现在执何种主义,凡我采访到的联大学子,没有一个不由衷地钦佩梅校长的。最近何兆武校友的《上学记》中回忆梅校长,说他跑警报时,在人们混乱的情势中,依然绅士手杖,安步如闲,风度卓绝。古人云"泰山崩于前而色不改",梅校长为师生做出典范。

易君博说:

> 从前大陆有一句话,"无清不成校"。就是说你那个学校如果没有清华的教授就不叫大学。
>
> 当时浙江大学的校长竺可桢是清华大学的,中央大学等重要的大学校长都是清华大学毕业的,比北大还要多。那些人都是属于清华的系统。"无清不成校",就是因为第一流的好校长都是清华毕业出来的。因为那个时候提倡科学,尽量往科学方面、工程方面发展,都是跟清华有关。

清华人善于管理,富于团队精神,这与它的工程学院分量很重有关系;另一方面梅贻琦借鉴西方民主议会制度,开创的"教授治校"体制,则提供了一个大学管理的成功模式。

> 清华大学在梅先生时代就办了一个国学研究院,那是陈寅恪、王国维、李济之,大学就是大师的术业。
>
> 当时,他的年代都是大师成群。国学研究生他办了两届。

所以他讲一句话，大学要办就要有大师。其实他也是真正的大师。

西南联大前后坚守教育园地八年，弦诵不绝，与梅贻琦的资历、品格、才干、威望是密不可分的。换一个人，未必能行。

课程设置

联大时期，沈克琦是杨振宁、李政道的同系学友。后来他曾任北大副校长。他说，西南联大的教材，是梅贻琦校长通过上海商务印书馆，直接从国外翻印过来的。联大八年，师生们用的教科书与国外是接轨的。"课程设置当时还是跟上世界潮流的。基本还是清华、北大原来的课程设置，国外开什么课，我们这里基本上也是这些课。"

王汉斌当属联大人中的"政治高层"，他出身西南联大历史系，对社会的观察有一种历史的精神，直言锐见：

联大的教学制度很值得研究。比方说基础课，联大强调基础教学。大学一年级、二年级，念的都是基础课，所以知识打得比较扎实。这样就可以培养出钱伟长先生所主张的通才，这跟我们后来培养工程师才注重专业，是不一样的。

它规定既有必修课，也有选修课，在选修课中你就可以选择你喜欢的课程。这就照顾了你个人的特点。我们后来差不多就是必修课了，学生没有多少可以选择的余地。

"九叶诗人"之一的郑敏女士，讲到今天大学没有一种对中国通史和西洋通史的基础，使得学习缺失一种系统性。

西南联大很注意学科的系统化，每个学生都要读中国的通史。作为一个中国人，应该这样。教学上是一种纯粹启发的，课程设计都非常系统，每一个文学院的学生一定要念中国通史，这个我们现在没做到，因而丢掉了一个对历史的理解。你做文科,好像没有一个站脚的地方。

我们也要念西洋通史,我是哲学系的,我要念西洋哲学史和中国哲学史,这都是必修的。这些课下来,你对中外古今都有一个轮廓。

过去做学问,你一进大学,他给你打一个轮廓,然后往里面填空,你特别有兴趣往里面填,你永远有一个大的框架。而现在,你是专了,有时候很专,但是大的框架不牢靠,容易在做学问时考虑不很周详。

联大的课程设计,表面上很自由,但具有内在的系统性。

在我念的课里头,印象深的,一个是我念的西洋哲学史,是冯文潜教授教的。这个老先生住在校外,我也住在校外。早上跟同屋的两人跑到学校去,很紧张,穿过云大。我经常看到老师在前头跑,我们在后头跑。跑到教室,老先生就气喘吁吁地给我们讲课。他的课让我对于希腊哲学有一个轮廓,对我以后是极大的启发。

中国的哲学史是冯友兰先生教的。这两门哲学史都让我以后无论考虑什么问题,都能够在历史的阶段上考虑:它是近似哪个阶段,或者在哪个阶段已经有过的,它现在又开始了。历史的延续性我觉得很重要。

选修课对于一个学生后来的发展,其重要作用一点也不亚于必修课:

冯友兰先生教了一门"人生哲学"。这门课对我是非常重要。冯先生把中国哲学里面所有关于人的修养的这种境界,容纳到一块儿,成了一个自己的体系,到了最高境界,天地境界,人和天地和自然融为一体。这么高的境界,对我们年轻人是启蒙。

如果我没上这个课,我的诗歌里永远不会追求这样一个高度,这个境界,对我此生写作是非常重要的。有这么一个目标、一个理想,有一个东西在召唤你,追求一种超越的精神。

杨振宁回忆当时必修课程不重,可以自己涉猎。他说:

> 我在西南联大的时候,必修课没有现在这么重。所以你可以自己浏览,这个使得我当时对别的东西也发生兴趣。比如说我当时也念了德文,成绩很好,念得相当深入。假如我今天到德国去,我想一两个月后,我的德文会相当好。因为基础在那里。我还去旁听了一个英国史的课程,这个对我后来也很有用处。
>
> 当时同学之间切磋,彼此有很多的影响。后来我在研究院的时候同黄昆非常之好。他喜欢看英国大文学家的小说,给我介绍了很多英国19世纪、20世纪的小说。这些对于我事业,对于我的知识面开阔有很大的好处。

西南联大的课程设置独具一格,这种必修课少,选修自由度大的状况,也是不符合当时教育部的规定的。梅祖彦:

> 在抗战以前,教育部要求各学院、各系把教学的教学计划报部审批,返回来提了意见,限期改正。后来拖拖拖,就没有做。
>
> 抗战时期在西南联大也有这种情况。联大教育比较自由一点,学生基本全部是选修课。不给你规定哪些是必修的。但是学生自己也打听出来了,我学哪一个系,有几门课我是必须得学的,因为它是我的最基本的课,他自然也就选修。注册的时候要找教授,教授可以建议他学哪几门课,实际上也等于是必修了。
>
> 当时教育部在重庆也说,这个不合乎规定,说是人才培

训就得有多少条条框框。像中央大学就执行得很严格。清华到后来的联大在某种意义上，几位校长那时候叫常委，张伯苓、蒋梦麟、梅贻琦，谁也不敢跟教育部直接对抗，大体上属于一种阳奉阴违的方式。日久上面也就默认了。

因为云南是比较隔离一点。那个时候昆明跟重庆之间交通就非常困难，坐汽车快则两天，慢则三四天。坐飞机又困难极了，不太容易联系，反而保持了许多西南联大自己的特点。

国文课是必修的

有一年春天，在北大参加联大校友们的聚会，遇到从云南来的一位女士，她热情地问我：你找过王希季吗？

我想找，找不到。他这样的人又不在校友会报到。

王希季是"两弹一星"工程获勋者，他被称为中国的"火箭之父"。很容易就老乡踏进了老乡的家。王希季的讲话还带着云南大理口音，令我感到亲切。这是一个小单元房，陈设简洁。墙上的镜框里是一幅火箭升空的彩色照片。王希季神情爽朗，朴质无华。那一年，他七十九岁。

他是1938年考上西南联大的。他的人生所以如此，与进入西南联大学习至关重要。他说："我在联大里面受到的不单是知识上的培养，还有工作怎么个做法，或者用现在时髦的话讲，就是受到素质的培养。受到素质的培养我觉得很关键、很根本的。"当年在联大，人文功课是不可缺的。

> 我们那个时候进入西南联大是很幸运的。在大一，教我们的先生都是非常有名的，有的就是大师。国文这方面的大师，例如刘文典、闻一多、朱自清、罗常培，很多先生。每人就选一个课，每人选一篇文章，每个人轮流教两个星期，

然后还作一篇文。我们从现代文学一直到古代文学，一直到《诗经》《离骚》都学完了。

他是学机械工程。他说：

像国文课是必修的。如果国文不及格，那就不能再学其他的课程。任何系都是这样的。

西南联大是学分制，学分制中有必修课、有选修课，我们是学机械工程的，国文、物理、英文、微积分、化学这些课，如果有一门不及格，那么后面的课就不能学，你得重新再读，第二年再读，一直读到及格，才能够学后面的课程。

所有的学生他既要学语文，又要学一门外国文。

王希季说，他们还有经济学、社会学也都是必修课。因为不管你干哪一门，你都要到社会上去，都要跟这些东西打交道。在课外听各种学术与时事的报告会，也是联大课程的一种补充。王希季说："我们经常听各种报告。"

联大的风气很自由，云南那个环境也允许。"几乎每天都有各种各样的报告，时事的、哲学的、经济学的、工程学的、科学的报告，各种理论的报告，很活跃，任何人都可以听，知识很开阔，也很丰富。"每天差不多填满了这些报告，所以学术风气非常活跃。"那个时候，国家主义也有，三民主义也有，共产主义也有，社会主义也有，五花八门，科学方面也是各方面学科都有。"

联大理科学生必须选一文科课。动力学专家郑林庆说：

那是必需的。即使不必修，很多东西还是耳濡目染，真是这样。我那个时候被强迫修的经济学。他要你必修，就修吧。但你真是受益不小。

我在北大时，没有要求理科学生必须来修历史文学的，理科学生的人文修养全靠个人的爱好。文理如隔鸿沟，甚至就在一个系里面也知识不相通。学生的学习，越到什么"博士"之类，越显出无知。

曾经中科院有个"博士生"很为难地对我说，一套西南联大资料里，他只想买物理方面的人物回忆，因为他是学物理的。我诧异道：难道物理里没有数学？没有化学？没有哲学？这是个敏锐的学子，他当场就接受了我的批评，但是他说：从来没有人这样对我说过。

"一年级不分院系"

外文系毕业的许渊冲，与物理系的杨振宁有同桌之谊。他说：

> 我是1938年考入西南联大的，西南联大一年级不分院系。所以杨振宁和我是同班同学。我和他同一年考取联大的，他是理科，我是文科。因为不分院系，我就和他分一个组，同在一组念英文。我是外文系的，杨振宁先念化学系，后转物理系，但大一不分，不管化学、物理。在这一个组，他比我小一点，我十七岁。他中学没有念完，提前考入联大。第一节上英文课，坐在我旁边。
>
> 我们60年代见面，他给我写序言，就说他对我的印象。我们当时很冲，我们当时第一堂课就用英文和老师对话。

选课自由

生物学家邹承鲁说："印象最深的，学生选课自由。你爱听谁的就听谁的，完全自由。"但是学分，你必须拿，必修的学分够了之后，才能毕业。

> 学生最爱听的老师，其中有一个是吴晗，教历史。沈从文我也听过，还有王力，他教语音学，总之每门课给大家安排一个大教授。他好像是客家人，记得他用客家话念唐诗，用普通话反而不押韵，客家话与唐朝的语音比较近。

> 西南联大的特点之一是文科方面的大师很多，吸引力很大，对学生整个人文素养，有一定的培养。

国防科委负责人朱光亚说：

> 我1942年转学到西南联大。一年级的时候，是在重庆大学，我是慕名而来的。在联大三年，受到的教育很大，不仅是物理学专业的知识。那样的环境、气氛是令年轻人非常垂青的。

西南联大的老师，是集中三个学校的老师，北大、清华、南开，非常的强大。

> 从我个人的体会，物理、化学也好，社会、政治、文学也好，都是很好的。我们可以去旁听。有从国外来的教授，他在讲我们也可以去旁听。
>
> 闻一多先生，他讲课的教室是很简陋的，必须大一点，因为那都坐满了。旁听的人很多。他的诗歌非常鼓舞人，还做讲演。我就是去旁听，也不是选修他的课。还有朱自清，再多的我也忙不过来了。

台北学长易君博是政治系学生，他回忆：

> 旁听过中文系的课。其中有一位就是罗先生，他讲授的古诗，旁听的人比选听的人还多。那些小板凳都坐满了人，都不够坐。每讲一句诗词，都有他的见解，讲得非常深。他说，中国人讲天灾人祸，所以多描写自然的状态和自然的景色。
>
> 文学院的教授吴晗，教我们的通史，教得很好。讲边缘制度的时候，他有一个很新颖的看法。

自由转系

西南联大尊重学生的选择，理解学生志愿的转变，帮助学生去实现自己的理想。联大允许学生转系,从理工转到文科也行。学子们获得了发现与塑造自我的自由天地。爱好诗歌和漫画的赵宝煦,当年要求转系,从化工系转到政治系:

> 我原来是念化工的。日本人来了,我在念大一,我自己对理科没兴趣。但是我功课好,我能考上理科。那时候沦陷区的学生,自己稍微能考理工的,没人考文法。不管有多大兴趣,他不考。因为他当时就认为,你考了文法就要当汉奸了,要跟日本人走了。所以我那个时候学理工。

赵宝煦这段"选专业"的曲折和心理,也让我们知道了当年生活在沦陷区的青年人的一种苦衷。

赵宝煦受到闻一多先生的指导,因而选择转政治系:

> 我到了后方,又念一年化工,我自己一直想当作家,当画家。我就跟闻先生讲,我要当作家,我就转你们系。
>
> 闻先生说,你别转中文系,中文系不培养作家。中文系象牙之塔,培养语言文字学家,培养文学史家。你要当作家,你就念社会科学。因为当时茅盾成名以后,曾有一句话,说:当时毫无社会科学的基础我就写小说,简直是太狂妄了。
>
> 选社会科学为什么要念政治系呢?就因为政治系的系主任是张奚若。还有名教授钱端升,当时非常红。所谓红就是,他敢跟蒋介石顶。

赵宝煦终于解放了他的才华和志趣,可以追随自己崇敬的导师。

还有一位也曾经转系的学子刘孚坤。刘原来学化工,后来转到哲学系去。他因为从军去抗日,在军队中与联大校友殷海光结识,就对哲学产生了浓厚兴趣。

> 抗战胜利后,我回到学校复学。那个时候教务长是潘光旦,很有名的。我跟他报告复学:我是化工系,我想转系。

他说你要转哪个系？我是受殷海光的影响，我说转哲学系。他说，你就转吧。

一个化工系可以转到哲学系，写一个申请书就马上转到了。为什么呢？因为我在军中认识了殷海光，他那时候叫殷福生，他是西南联大哲学系的研究生，已经毕业了的研究生。

我跟他谈起来，是小同乡，湖北黄冈。我们在军中就很好。我们在军中成立一个叫"过瘾委员会"。殷海光做核心，还骂过共产党。到后来殷海光"左"去了。

联大校园造成的那种宽容气氛一直延续在联大学子们中间。殷海光后来转到了反对国民党专制的立场，得到昔日同学新的理解与尊敬。

自然而然的方向

每结束一次采访，我都会发出这个老套的问题：请简单地总结西南联大的教育。他们简约的回答，各具个性。这些已达炉火纯青的人们，几句话可开启人们幽深思维之门。陈省身说：

西南联大一向不教学生该怎么想，让他们自己发展，结果是，他们在自然而然地发展，因为是许多人共同的合作、讨论，自然而然就走了一个正确的方向。最初也许有人走斜了的，但是可以纠正。终归是走一个正确的方向。

其实，人生何尝又不是这样，只要能够身处于一个正常的健康的环境，周围是一种向上的氛围，有师在前，有友相伴，会有曲折，但总会走到一个正确的方向上。这是一种尊重与相信人的教育观，也是一种社会观。

赵宝煦说：

我这个概括是大伙不喜欢的，就是自由主义。联大成功是因为自由主义。自由主义作为一个学派，它不是三两句话

> 能说清楚的。前不久我在绍兴蔡元培纪念会上，我讲蔡元培的两个原则，一个兼容并包，一个思想自由。我在这里讲思想自由，你不必把我往别的地方上靠、拉。我就讲蔡元培的思想自由原则。从教育方面来讲，对于我们现在的学生，我觉得管得太多了。
>
> 西南联大就八年，你看效果，实践是检验真理的标准。你看它出多少人才？它这个人才，大陆的、台湾的，包括美国的，在美国就得诺贝尔奖。大陆和台湾一样，他们一般都是文教界、学术界的权威，出了大量的人才。可是它那个地方，它并不是整天管学生。

那些早已天各一方的数学家、物理学家、政治学家，回忆起他们的校园生活，各有体味。然而需要一种自由的精神却是毫无疑问的。

> 柳宗元的文章，《古文观止》里的《种树郭橐驼传》，就说种树的郭橐驼。他驼了，所以叫郭橐驼。他种树最有名。人家问他说，怎么所有的树在你手上种都成活率高，而且长得好，为什么别人弄不好？他说，很简单，我就是给它充足的阳光、水、土壤。我给它条件，我就让它长。我并不是一会儿就摇一摇看它生根没有，一会儿拔出来看看。我不折腾它。

中国大学几十年来都是折腾坏的。中国人说"百年树人"，《古文观止》上这个种树的故事，与西南联大育人的方式不谋而合。

赵宝煦先生用平淡的比喻，点出了时弊和大智慧。

大智慧的光照

诗人郑敏擅长抒情的哲思。她用感性的语言，将联大的教育环境、教育方式，做了诗一般的总结：

> 这个教育它很奇怪，它给你很多自由，让你考虑此生预

备走什么路。它也不用给你麬到——好像赶牛赶羊，赶到一条路上。它是用一种学术的光辉和非常大的智慧来吸引你，让你感觉到，如果你有这个苗头在里头，你就会感觉到你要走这条路。我们强调的是悟性不是记性。

在教育里，最要紧的是启发教育，启发学生的悟性，他有了悟性以后，就是有可持续力量在里面。不是念知识念得很死。有了悟性，以后的人生，不管是做人还是做学问，各种方面，你有悟性的话，你就有自己的生命力，不需要有人在你旁边指点。

现在的教育，学问完全成为外在的东西。

我们那个时候，好像生命的力量去带动你学习，然后启发你去爱这个东西。老师从没有告诉我应该怎么样，老师从来没说。我觉得是这样的。

那时候不会出一个高材生低智慧的，不会有的，他是高材的话，他的东西一定很扎实，才华是从他的智慧里出来的。

联大哲学系后来有好多了不起的人。譬如，当时汪曾祺跟沈从文的关系是非常密切的。现在人们都认为汪曾祺仿佛是沈从文第二，这种格调的影响一直贯穿他的文学创作。这都是一种身教，绝对不是手把手教出来的。

我觉得开发一个学生的智慧，不光是具体的知识，而是一种境界的开发，一种启发你的悟性，你就像有了自己的能量在那儿，不需要从外面找。

联大不是所有人都是高材生。高材生当然是很好，其他无名的也有很大的发展，都是非常好的学生。他得了一种力量，他就会在以后很自觉地去发掘，这是联大里非常可贵的一点。

她认为，杨振宁为什么有那样的哲学头脑，那是跟联大的教育分不开的，事实上科学家往往是发展到最高的时候就是哲学家。郑敏还认为哲学是一个人知识结构的大框架：

> 哲学在文史哲哪一门里都是需要的。最近法国就想把哲学当作一个普及教育，从中学就开始有。事实上是你哪门钻深了，都可以触及哲学的问题，有了哲学的角度，你宏观的和微观的东西都会增加，你会把它穿起来。

校园自由

"民主墙"

20世纪70年代，中国北京西单出现了"民主墙"，披露与探讨中国政治的重大话题。这成为中国改革开放的重要篇章。

"民主墙"的形式，或许首创于西南联大。有一张运用得最多的西南联大照片：在校门两侧的墙上，贴满了壁报，有人在那儿观看。这校门两侧的墙，就是著名的"民主墙"。

彭珮云，最后一届联大学生，她入学的时候年纪很小。她说：

> 因为西南联大是当时的民主堡垒，有许多知名的学者教授，让人非常向往，我就和一些同学，去昆明考上联大。
>
> 联大随着国内形势的发展，爱国民主运动掀起新的高潮。1945年9月，我到了联大，当时联大满墙都是数不清的壁报。学校有很多讲演，很多革命的歌声。整个学校是一片民主自由的新天地。当时我还不到十六岁，这一切对我是很强烈的吸引。
>
> 我参加了一个《大地文学》和先修班组成的读书会，好多的社团，社会科学研究会、歌咏队，好多进步的社团。

赵宝煦比彭珮云早两届进联大，那时"民主墙"的风格和趣味也有所不同。赵说：

> 西南联大是1938年开始，我到的时候是1943年。那个时候已经是炮火连天了。一进校园，民主墙上都是壁报。它不像"文化大革命"，胡乱写了就贴。它那个壁报都非常精致。都是找的会写字的人写，版式、插图、刊头都非常精致。当然，要是有大事件的时候，就来不及了。

民主墙是西南联大学习生活的一部分。在平常的日子里，"民主墙"有许多文学的、趣味型的壁报，理科学生也办报。

邹承鲁说：

> 我也办了报，是文艺性的。我当时比较喜欢文学。比较要好的同学，其中有一位叫袁可嘉，他是社会科学院文学研究所的，前几年我还见过他。报纸就在那个校门口的墙上挂着，一个月一期，都是文艺的报纸。一些散文、小说、诗词。我当时喜欢杜甫。因为那个时候杜甫的遭遇跟我们在抗日战争时期的是一样的。经常背杜诗。理科的学生也自己办报。

到了时局紧迫的日子，"民主墙"上评论时事、抨击政治的壁报就占了主流。校园里也就分出了左派与右派。赵宝煦画《野火》创刊号：

> 新诗社先成立，我先参加新诗社。成立就出壁报。第一期，当时我设计的。我设计的壁报外形不是一个四方框子，外形都用红纸剪的火苗。远远看，是民主墙上一团火。里面字写得很工整，还有小插图刊头。

这个壁报叫《诗与画》。因为这几个写诗的人都喜欢画画。

> 我还写了一首诗：
>
> 《野火》
>
> 是光，是热，是一团在冷风里更烧得炽烈的野火，

第四章　弦诵："无为而治"

> 不膜拜祈求，任何神祇，
> 不用任何颜色，污染我的清白，
> 我燃烧为了我有，自己的爱，
> 自己的恨。
> 假如有一天，我熄灭了光焰，
> 不要求感激，不要求饶恕，
> 任凭别人，用辉煌的赞美，
> 或是用恶毒的诅咒，
> 来镌刻我的碑石。

在《野火》壁报里，也有三青团员。有同学在中学参加了三青团，但并不是那么"忠心耿耿"的。到大学这个民主堡垒的气氛里，青年知识分子总是倾向进步的，所以这个三青团员也跟《新诗社》一块儿活动。

当时三青团的负责人、教育系的系主任陈雪屏在他们的会上就说，你看他们要干什么，那一团火，它要把西南联大给烧掉。我们有的团员竟还跟着在一块。

冯友兰先生曾经上了漫画，赵宝煦在当时校园是一位目击者：

> 因为冯友兰先生将"贞元六书"题词献给蒋介石，学生们有看法。有人就画了一幅漫画，把他那三本书画成三个台阶，冯先生拾级而上，台上坐着蒋介石。题名就叫"登龙有术"，就是说用献书达到做官的手段。
>
> 有这个想法，画出来了。那天我正在民主墙那儿，因为我们刚出来一期壁报。忽然，看见冯先生走进校园来了。那天天气很好，也许是他来学校转转，也许是有人告诉他，他来看壁报了。
>
> 我就在那里看他，走到那幅"登龙有术"的漫画前面，

他看了很久。冯先生是不会看错的,因为他胡子很特别。看看,就走了。后来我听说,他跟别人说,画得还挺像。

冯先生落落大方。校园依然天空湛蓝,学生活泼,导师堂皇。我想,这事如果发生在当今大学,很可能要演变成官司了。

学生的自由真率的性格,是由校园的宽容、导师的大度造成的。"民主墙"上,影响最大的是《现实》壁报。办《现实》壁报的人们,其实就是"地下党"。李凌说:

> 我办过《现实》壁报。当时,国民党老打败仗,大量丢失土地,可是它的报纸全是假的,没把真相说出来。当时我们几个人,我一个,王汉斌一个,还有陈凯,五六个人办这个报,政治性是强的,我写过一篇文章叫《敢于面对现实的〈现实〉壁报》。
>
> 从1944年开始,盟军在苏德战场慢慢取得胜利了,也开始反攻了。所以我们那时候讲解战局,一共是从三个方面。其中一个是国民党军队大撤退,日本鬼子打通大陆交通线,在1944年春天打了几个月,从河南、湖南、广西打到贵州,几千万老百姓都成了沦陷区的亡国奴了。可是国民党不敢说。

他们的据点就在李公朴的读书会,一些民主人士都在他那儿。李公朴订了很多报纸。李凌他们读那些材料,根据这个来写文章。

《现实》壁报就是报告现实情况,另外一个就是翻译:

> 当时美国是想用最少的损失打败日本,可是国民党军队很腐败。日本鬼子几千里直下,国民党不战而溃,所以令美国很失望。
>
> 军队欺负老百姓,那当然打败仗了。当时的一个美国军官史迪威对蒋介石很不满意。美国很多记者写了很多文章揭露国民党的黑暗腐败。我们很多人把美军里的小册子翻译过来,因

为是美国人写的，所以揭发得很凶，国民党也无可奈何。

他们也做一些采访："我们经常下乡，还有工人读书会，听他们的所见所闻。我们也写了一些百姓点滴，说国民党欺压老百姓。还有就是逃兵，闻一多说是'行尸'的惨相。"

《现实》壁报主编李凌后来被打成右派，多年后才回到北京。现在依然爱写文章，时常将他发表的历史探究之类寄来给我。

王汉斌回忆："《现实》壁报就是我们几个组织起来的，后来买的编译机。1944年暑假，我们利用一个事件，就是史迪威事件。"史迪威就是蒋介石参谋长，他跟蒋介石意见分歧，史迪威主张利用共产党，要跟共产党、八路军合作，蒋介石反对，就吵起来了。蒋介石要求撤换史迪威，他就走了。但美国人很不满意，当时《时代》周刊写了一系列文章，抨击蒋介石。

> 当时壁报第一期就是史迪威事件，评议批评蒋介石的文章。一登出来，就很受欢迎。我记得我还写了一篇文章，评论国民党的中原大败。这些壁报能反映大家的不满情绪，所以影响就很大。《现实》壁报在联大评论时事，是最有影响力的报社。
>
> 在联大，壁报起的动员作用是比较大的。民主运动真正发展成群众运动就从这儿起来的。

我上北大时候，北大有"三角地"。每天，从大饭厅打饭出来，一边吃一边就走到了"三角地"。因为这一排排的壁报栏，就在回宿舍的必经之路上。这一天要是太忙碌，来不及去看，在宿舍、在教室，同学们就会相互打听和议论：今天三角地有什么新的动向？否则就会感到一种失落，与主流的脱离。"三角地"，是北大的一个心脏之地。

在平常的日子，北大"三角地"最主要的是刊登一些讲座的消息，在各个大教室举办着来自社会各界的名流讲座。也有个人信息发布，例如"征友",或某个同学想要处理什么东西。有一次是男生宿舍失火,在那里求援,摆了一个桶,于是大家都丢进一些饭菜票去。当然最火爆的,是对时局的关注与意见,也刊登一些"西单民主墙"的信息。

英国有海德公园,俄国有普希金广场,人民可以在那里自由演讲,表达自己的意愿。而北大有"三角地"。

现在"三角地"被铲除了。据说,"不雅观"。

"群社"

"群社",是联大一个激进的学生社团。在这个团体的人,都与左派、地下党有些联系。"群社"也是校园里与三青团对立最尖锐的社团。

郝诒纯出身于一个老同盟会员的家庭,倾向进步。早在北京时,中学时代她就参加了中共地下党。她说:

> 我一到云南的时候,就找昆明的"一线",我是党支部的委员。那时候就没有管学校了。后来昆明的"民先"也被解散,我们就回到学校。学校的"民先"也被解散了,据说是党中央的指示。我们就在联大成立了一个"群社","群社"代替了"民先"。
>
> "群社"组织学生的各种活动,进行思想教育。那时候重庆有《新华日报》,我们就和北门书店联系,订了报给同学来看。

云南当时是很封建的。对地方部队和民众做工作,进行抗日宣传是群社的一个任务。"群社,主要是下乡宣传,我们路南一带都去过了。反正就是抗战歌曲,还有唱云南的花灯。"

演《雷雨》

李佩学长形象窈窕,当年她是联大演艺活动的骨干人物。她说:

> 1939年的时候,"群社"的人组织了联大话剧团,他们演过一个戏叫《祖国》。张典华是其中演员之一,因为她是党员,就让她专门负责剧团的事情。西南联大有一个教授叫孙毓堂,凤子原来的丈夫。所以凤子很早就参加"群社"演戏。孙毓堂经常给我们做导演。

"群社"是由地下党领导的。李佩参加过话剧《雷雨》的演出:

> 我们演过一次《雷雨》,在昆明省政府的礼堂。当时都是西南联大的学生组织在一块儿,我们演出,卖票的钱是为了募捐。我们要救灾,还有慰劳军队,应该负一点社会责任。我们都是爱好话剧的人,就选了《雷雨》。"群社"只演过《雷雨》。
>
> 我们那些男女演员在当时还都是很出色的。我自己在那里担任鲁妈。有一个我的同屋的同学,叫张典华,她现在在美国,她演四凤。当时在台上,我站在窗口那里,往外一看,那个打闪,挺吓人的。所以当时对于昆明的观众来说,这还是一个挺了不起的事情。

按照《雷雨》剧情的要求,在台上成功地出现了闪电,舞台其他方面也做得很专业,这对于当地民众是很开眼界的。

> 我们演完了一场之后,报纸的评论非常好,对这里的每个演员都有评论。我们的国语都说得非常漂亮,演技都很出色,所以很受欢迎的。

在联大的这些社团中,左、右政治势力争夺同学,争夺社团的斗争是很激烈的。

> 联大话剧团,一度是"群社"的人在里面占上风,后来三青团的这些人,也在联大组织了一个话剧团,他们也做了一些活动,譬如到下面去宣传,等等。因为在抗日战争期

间,所以大家都是打着抗战这个旗号,但是在当时的西南联大,左、右派学生的斗争是很激烈的。

办民主夜校

当时教会学校在昆明是很活跃的。李佩和一些联大学生,在北京上过教会中学。到昆明后,她们也参加一些教会组织,如女青年会。"我到西南联大是在1938年,我们有一批原来北京中学的同学,其中包括梅贻琦校长的两个女儿;我们在北边的,还有一些其他教会学校的学生。"她们利用宗教团体办起了民主夜校:

> 我碰见了从北京教会学校去的学生,是当时在昆明筹集女青年会的。她说,你礼拜天的早上就来,帮一些女工组织一些文艺活动,提高她们的文化。在文林街上成立了一个小小的礼拜堂叫文林礼堂,是英国的圣工会派了一个叫贝克的牧师。后来我们就组织了一个团体,学习《圣经》。跟我常在一块儿的男生叫李朋,他原来是燕京大学的,转学到西南联大读书。我们就利用文林堂这个地方,办民主夜校。

也办救护队应对空袭。

> 那时候经常有空袭,我们就办了一个空袭救护队。每次有警报,我们在山坡后头集合,有轰炸就赶紧跑回来,就看有没有什么同学受伤来帮助他。

联大学生有些人参加教会活动,目的不一,其中一些人是信教的,这一点过去几无涉及。

光未然教朗诵

台北刘孚坤先生,颇具艺术气质,朗诵、唱歌,还有一种哲学的超然。他告诉我们:"北大的新诗社很有名的,朗诵是靠我一个人。"

他是新诗社的骨干：

> 朗诵诗，我在西南联大是从光未然学的。光未然到西南联大住了几天，每天晚上就教新诗社的人朗诵。结果，其他的人朗诵都不行，只有我朗诵好。为什么？因为我演话剧的，演话剧的那种词句，用在朗诵是很合适的。光未然在西南联大教朗诵。那些同学学不好，因为他们是南腔北调。讲国语我比较标准。

我请他为我们朗诵，他爽快地开始了：

> 拿臧克家的诗来念好了。《感情的野马》：
> 看着你腮边的笑的花朵，
> 它要将人间的哀愁笑落。
> 你那眸子似海深，
> 从里面我捞到逝去的青春，
> 爱情从古皆伴着恨。
> 时光会暗中偷换了人心。
> 我驾着一匹感情的野马，
> 去追逐你的笑，你的青春。

刘学长整个人散发出一种才子气息。而从这诗里，我也体会到他曲折多变的人生。

"我是演话剧出身的，中学是演话剧的。我在中学演过一个话剧叫作《桃李春风》，演一个中学老师。这个戏剧四幕，有四分之三是这一个老师的台词。现在我唱国剧、唱评剧。"刘先生又为我们唱了几句京剧，他学的是梅派。台北有京剧票友社。

> 本来台北有两三个票友社，现在只有一个了。另外专门唱程派的有个小团体，他们不公开的，我偶尔去。其实我是唱梅派的。张派的戏比较多，现在是"无旦不张"。这个照

片是张君秋。

刘学长带来了一些照片,有他和名旦张君秋的合影。

还有一张是老北大的红楼,他又回到那里。"我这次回到北大,这是红楼门口拍的,五四运动发源地,就是这个地方。"台北的老学长时常向我提起五四运动,他们认为自己是沿着那个道路走下来的。

《嘉陵江上》留悲音

老学长们当中,能够完整唱完《西南联大校歌》的,已经不多。刘孚坤学长是其中一个。"我们西南联大的校友会,在开会的时候唱西南联大校歌,开始有几个人会唱,我也会唱,领导起来就唱了。"

刘学长爱好抗战歌曲。他说:

在西南联大时期,唱得最多的就是抗战歌曲了。其中一首就是现在人民政府的国歌《义勇军进行曲》:

起来,不愿做奴隶的人们……

从那时候到现在,台湾跟大陆两地都流行的歌,我都不会唱。什么《小夜曲》我都不会唱,我还是唱抗战歌曲。

没想到这么有艺术天赋的刘孚坤先生,竟然在漫长的人生里如此拒绝"抗战歌曲"之外的所有歌曲。那本是一段苦难的时光,可刘学长却这样用自己的方式来留住它。

对于抗战历史的重要性,刘学长有一段话:

抗战对于中国和中华民族来说,是五千年来我们历史上有记载的大事件。

我们的历史从尧起,已经证明——过去,像顾颉刚这些历史学家,认为夏以前的历史不可靠。慢慢有了甲骨文,现在还有更早的文字。中华民族的建立很早。从尧的时候起,算是可靠的历史了,在中国可靠的历史当中,这个抗战是中国非常重要的一节，比从前五胡闹中华、南北朝还重要。因为从前的五胡闹中华，那个契丹人，都是中华民族现在有的民族。

刘学长和台湾所有的学长们一样，是以中华民族的悠久文化为自豪的。而他自己能够在中华民族面对日本侵略者的这一次重大考验中，投身于战争去效力。这是刘孚坤至今不悔，而以为骄傲的。

那天采访中，他为我们唱起了《嘉陵江上》：

> 那一天敌人打到我的村庄，
> 我便失去了我的家人和牛羊……
> 这个歌，我们西南联大的同学好多人都会唱，唱着唱着，就像我现在这样，唱着唱着，大家都流眼泪了。

他眼含泪水、声音哽咽，久久不能平息。他是四川人，当年从四川达县的农村考入了西南联大，嘉陵江正是他的故乡。

这是当年的悲痛，更是历年的辛酸，和老来怀乡的深情。

刘孚坤是一位遭遇奇特的学子。当年为了打日本，他从联大参军，胜利后重返北大上哲学系。后来他离开家乡、离开大陆，有别无选择的无奈。他说，他几次想回大陆定居。他的哥哥告诉他，还是待在台湾吧，因为他在台湾还有"荣民"待遇。人老了，病多了。到大陆定居，没法解决这些问题。

中华民族外患与内战的苦难，就这样交织在这个才华横溢的学子的人生里。

女生与恋爱

当我问起联大校园恋爱的事情，郝诒纯说：

> 当时好像也没有要特别去处理这些事。那个时候男女之间的交往是非常自由，没有什么强迫的，也可以有一段时间

> 走得比较合适，觉得不太合适，说开了那就还是好朋友。
>
> 我在天津做地下工作的时候，跟我的爱人，我们是一起做地下工作的。后来天津党让我们转移的时候，我们又一块儿转移到昆明去了。所以我一直跟他的关系比较密切。
>
> 人家都知道我们两个人原来就比较好，同学都比较理智，一看，你们两个人已经好了不短时间了，我们干吗去插手呢？

郝诒纯长得漂亮，又活跃，当时是"物以类聚"，不会乱套：

> 我到了联大以后是以进步学生身份出现的，我还当了两届学生会的主席，所以一般的家境好的、公子哥这样的学生，他也不敢找我。有不少同学跟我谈过这个问题，多半还是经常在一起的，思想合得来的进步的同学。进步的同学就无所谓了，你要不行，合则来，不合则去，没有什么太多的麻烦。

当时的女性和现在的女性有些差异。

> 总体上来说，那时候我们的勇敢、坚定，敢于拼搏，有能够吃苦耐劳的精神，比现在一般知识女性强得多。现在的女孩子不能吃苦。那时候，我们独立自主的意识比现在要强。

中国社会自"五四"到今天，有的方面是后退的，例如女性意识。现在似乎"女权"非常高，在家庭里可以统治别人。可是这种霸道和压制对方，恰恰是女性不自信、不自立的表现。女性人格的状态是与中国社会的普遍人格的状态相联系的。彭珮云：

> 当时是两千多学生，女同学也就是十分之一。女同学，大部分都是仰慕联大的学术和学习风气而来。我的中学同学，有的先我去的，给我写信，我就去了，都是这样的心情

去的。许多同学是从沦陷区来的,他们有国破家亡的经历,颠沛流离的生活,多数人都是具有抗日爱国的思想。到联大的抗日堡垒里熏陶,都是艰苦学习,投入爱国民主运动的。

联大进步同学大部分都加入了民主青年同盟。当时联大有个女同学会,另外还有一些社团。女同学也是学生运动中一支不可忽视的力量,她们和男同学一起战斗。

谈到女性,就会谈到美。联大女生崇尚自然美。姚秀彦说:

在那个社会,物质条件是非常简陋的。我们物质生活非常简单。穿的不可能是奇装异服,都是蓝布大褂。头发用夹子卷一卷,就好了。烫头发的几乎没有。可能有什么华侨啊,有一两个烫头发的,但是生活很简朴。

美的观念与现在有点不同,那时候,自然就是美,你真正天生丽质,是掩盖不住的。

姚秀彦当年选择了抗日将领,共赴国难;李佩是"两弹元勋"郭永怀的夫人。这两个道路不同的女生,多年过去之后,各在海峡的两岸,素不相识。然而她们都对我说:钻在图书馆里的男生最值得爱慕。姚女士说:

在联大的时候,男同学钻在图书馆,功课好的,很活跃的,是受女同学尊敬的。女同学,自然就是美,这个美没有矫作的气息,看起来很自然的。燕瘦环肥,各有各的美,也是很单纯的。

李佩:"联大校风,对于我们在联大待过的人都会有很大的影响。老郭也不例外。他自己并不觉得,他是一个非常聪明的人,又非常勤奋,他在学生时代就已经有了这样的素质。"郭永怀1938年秋到联大,1939年下半年离开,他在联大做助教。

早年他在北大的物理系饶毓泰那儿做研究生,北大的气氛在他的身上也是很明显。他很少说话，他不是那种非常爱表现自己、多跟人家交往的人。他思考问题的时候比较多。

那个时候北大一些人，课他都不上，自己坐在图书馆里面，做他自己的研究，看他自己喜欢的书。这个北大的作风，在他身上是很明显的。

在西南联大的时候，李佩偶然在路上看见他，他都是一个人低着个头从那儿走过，摇摇晃晃地走过。后来到美国读书，他还是这个样子。人家问他什么，他就跟人家谈，他很少自己主动地跟别人说话。

那个时候在美国，有一批地下工作者，他们组织一个中国科学技术协会。在康奈尔大学校园里，结了婚的人不是那么多，都是在我们家聚会，谈国家的情况，交流一些信息，大家都是抱着一个愿望——什么时候走得成。都是愿意回国的。真正行动的时候，情况不一定，很多愿意回国的人，都没有回来。

在钱学森走之前，我们就说了，我们一定会回去。1955年，老郭正在进行的一个科研项目还没有完成，他要完成，才能走开。

这种默契的感情方式从西南联大一直持续到国外，持续到回国，从事中国原子弹的重大工程。这个男生终于牺牲在出差的飞机上。

回国之后，1960年他担任了二机部九院的事情，经常跑西北。他是最会保密的人，我到很晚才知道他出差到底是干什么。

李佩打心里为丈夫高兴，这正是他能够发挥他所长的地方。他不是随便答应一件事情的人，他要是答应的事情，他就一定能做到。

等到第一颗原子弹爆炸之后，有一天王淦昌就请了我们俩一块到他家去吃饭，我们好几家都在他家。他也没说是为什么,他是为了表示高兴,为了庆功。王淦昌夫人做了一桌饭,我们大家一起吃饭。那个晚上大家过得挺愉快的。

王淦昌他们都是做了工作的人,都有同样的一个共识,就是不能随便说话。

看到人们讲"西南联大的爱情",强调的都是很开放很自由。"联大爱情"中的最高层次,是默契,相守,一生中彼此认同。

男生宿舍随便住

关于联大男生宿舍,赵宝煦学长讲得具体、有趣:

西南联大,有的人他根本不注册。那个房子也不是查那么严。它是大草棚,里面分一小格、一小格的。两个双人床搭起来,然后弄点破被单这么一隔上,都是掀帘子进来。

两个双人床中间有一小凳,一般待了一两年,都调整调整,都是床上头没人睡,搁箱子搁东西。这就算是一格,然后一格挨一格:

我一个同学来了,我这儿正好有一空格,或者我知道我的斜对面有一空格,因为都很熟,你来你就住下。

联大的伙食是交钱就吃饭,也不需要什么学生证。

所以,有的人就在那儿上课,一门课上完,上了几年,没人知道他是不是学生。他也不要文凭。那个时候的教授,你越来听他的课,他越高兴。等到人家都冷落了,那证明他没本事。

宿舍和上课都采取松散的管理。因为在那时候,大片国土沦陷了。青年人不愿意当亡国奴,只身跑到大后方来的很多。有的学校根本就不存在了,他们失学了,也失去了家庭的支持,挤到这么一小块没被占领的地方来了,能住就住下,能听课就多听一些。

这种时候,炸弹天天在头上扔,还能和自己人过不去吗?联大成为流亡者的家园，以博大的胸怀收留了战时失所的学子们。

呈请"送花"

联大管理者，要为学校的存在去奔波努力，而面对校园里的莘莘学子，青春情怀，还要宽容；就像是一位辛苦慈祥的长者。

梅校长平日不苟言笑，偏有学生俏皮，给他出一个题。

赵宝煦先生说："梅贻琦的女儿，梅祖彬、梅三儿。有一个学生追她。"这是一个宝贝学生，大概就是那号不太动脑子，吃吃玩玩的角色。所以同学都拿他开心。"同学哄他，说你追啊，你得送花。还说，街上买的花太一般化了，我们草棚宿舍，宿舍外面常常种一些花。他摘了就跑。"

送花，本来是同学间的玩笑，可是有人却出主意让这位男生写一个呈文，请梅校长批准。"你怎么送？你得写呈文。"

那个时候，学生有什么事，比如要加选一门课，或者要退学什么的，都得写一个呈文交到教导处。过几天，就到那儿看纸条去。

纸条都是由校领导批示："某某人，条呈批准。"

> 追梅小姐，你得让她爸爸批准，你才送花。他就呈请送花事，结果弄得大伙儿老去看，一看，他上面就写：某某人所请不准。

这样一个近乎调侃的条子，但日理万机的梅校长并没有回避，照样给了明确的批复——"不准"；他维护了呈请制度的一贯性。

梅祖彬是联大很活跃的女生，参加演剧社、搞募捐。照片上高挑的个子，这样的女生，在联大是引人注目的。年轻的时候，人都会有痴情和匪夷所思之事。为了送花给心仪的女生，居然写条呈送到校长那儿，也有一股勇往直前的劲儿。

这是一条"花边"趣闻，联大学子并没有因为战争的残酷、环境的艰苦而失却青春的浪漫与稚气。

"跑单帮的"

赵宝煦学长有一种博大的思维空间,他讲的联大逸事特别多。他并不认为有什么要忌讳或遮掩的。或许这才是联大学子的本性吧。

  念书,需要在那儿坐冷板凳。在昆明,不绝对,什么样的学生都有。比如有的学生,他到这儿报到了,选了课,就没了,为什么呢?他那个时候不叫"下海",他跑滇缅路了。因为这个滇缅路一打通,两边的物资差价很大。所以就跑单帮,来回带东西。等他跑完了,然后考试他也没落下。

  那个时候老师教,反正也是考他讲的。那比如说,你每天在这儿上课,笔记记得好,那我先跟你约好了:"咱们俩是铁哥们儿,我去跑单帮,我回来,你把笔记借我。"所以他就照样考试。

  这些人当然念不出书来,可是你不可能指望人人都成才。

办大学不可能人人都成才。这个比较客观。老百姓讲"水清不养鱼",也许这参差不齐的人群中,更利于人才的练达成长。

我下乡插队就在滇缅路那一带。到了70年代,国境两边的物价还是差异很大。知青中也有一些胆大的,跑缅甸,去做生意。后来大家回城了,再后来高考恢复了,很多人考得不错。可是一下子,他那个"跑缅甸"的事情出来了,于是上学的机会就废了。

当年既可以跑缅甸,又可以念书,很令人羡慕。

联大里也有追求西服革履的学生。赵宝煦说:

  经济系有一个人,当时我们就笑话他。他有一点钱就穿西服。你想那个西南联大,哪有什么穿西服的?穿一双破皮鞋,这里一个洞露出脚指头,趿拉趿拉的,大家都那样,穷也穷得厉害。却也有人穿西服，衬衣，打领带。衬衣里围一个纱布，因为这个衬衣老穿，不洗就脏。

　　他老到图书馆，他每次占位子，弄一大块蓝布。这个大桌子，他先把蓝布铺上，把书打开，就坐在那儿打瞌睡。一拉铃，要吃饭了，他又收起来。他的皮鞋是很新的胶底鞋。他把底下钉了一块，保护他的鞋。所以这种特立独行之事，它也无伤大雅。但是很多人是念书的。

我欣赏赵宝煦先生的这个话：无伤大雅。林子大了，什么鸟儿都有。总之，保证主流的东西，就行。

第五章

从 军

中国人的信条是:"国家兴亡,匹夫有责。"教育家蔡元培说:"学生如不爱国,是教育的最大失败。"

日本侵华战争,中华民族五千年文明与生命的载体,是否还能继续存在下去?从长沙到昆明,九年之中,西南联大学生有三次从军抗日的热潮。人数最多的一次是在1944年。在西南联大纪念碑碑阴上面,由当年校志委员会纂列的"国立西南联合大学抗战以来从军学生题名",列名者有八百三十二人,实际不止此数。全校先后有一千一百多名学生参加抗战,其中有牺牲的烈士。联大学生前后八千名,参军人数占百分之十一。

从军学子,有人飞行于驼峰航线,出生入死;有人参加了芷江受降,百感交集。他们的踪迹遍布中国抗战的多个战场。一部分从军的学子,胜利后没有脱离军籍,在收复台湾时登岛了。更多的人则在胜利后"解甲归学",重返校园。这个庞大的人群,这桩宏伟的功绩,日后却从社会上消失了。1949年后,留在大陆的从军者蒙受各种政治罪名和磨难。当年"为国而战",到后半生却成为一段难言之隐。谁能想到,在漫长的岁月中,学子们这段奉献与牺牲的经历,竟然会化为一页沉重的历史。

对于联大学子，战争生活是一次思想的炼狱。战争催化了他们的思考，积淀和提升了他们的家国情怀。这些当年从军学子被长期分隔在两岸，到今天却有一种殊途同归的倾向：反对民族分裂，渴望人性尊严、民主进步与人类和平。他们寄希望于"振兴中华"。

孔令晟（台湾）："优秀的都去当兵了"

在台北宁福楼的联大校友聚会上，我见到孔令晟学长。孔学长身躯凛凛，仪容威严。他是联大人中从军最早的学子。他说："我入学是民国二十四年，化学系的。"我赠送他一套《西南联大启示录》，他说："这个是很好的东西。"

在长沙的时候，日寇节节逼近，学校都被日机轰炸了。师生们曾经进行过"读书"还是战斗的讨论。这时候有一批学生走了，孔说："我没有到昆明，我们先到长沙。我在长沙临时大学参加抗战走了，那时候离开的人很多，都是很优秀的。"

孔学长强调："我们那一代优秀的都出去当兵去了。凡是优秀的都出去当兵了。"

这种情形，我有经历体会。在每一代人中，当挑战来临，最先站出去的，做出实际反应的，总是那些最优秀的人。最先牺牲的也是他们。还来不及成为社会的主宰和中心，他们就去了，将青春的生命瞬间燃烧，将世界留给那些中庸的、后觉的人们。在文学作品中和在现实生活中都是如此。苦难和考验最先选择的总是那些优秀者，他们比任何精英都纯粹。

冯钟豫学长说，在长沙时"很多人从军去了。那时候从军的一个路线，就是从长沙一直到江西，那里有一个工兵学校，就是有很多学工程的人到了工兵学校去了"。但孔学长说："我们不是去军校而是去打仗。"他一离开课堂就到了前线。在战火中从军的这些人来不及仔

第五章 从 军

细思量,更不做任何后路之虑,他们为拯救这个民族改变了自己的人生。孔令晟从此终身军职,他后来做到台湾警察总署的署长。最著名的是,他做过蒋介石的侍卫长,并被誉为"忠诚侍卫长"。

和孔学长面对面地坐着,我的话他常常听不明。原来,他有一侧的听力不行。这是当年他参战抗击日寇时,所留下的创伤。他说:

> 我在指挥所,一个炮弹炸下来,伤亡很重……以后慢慢恢复了。当时听不到,我的耳朵是一群炮弹炸下来聋的,当时就聋了,以后慢慢恢复了。恢复还是不行,因为一直在前线。

他的夫人陪同一旁,接口道:"我跟你讲,我们家里电话要多响几声,一个是耳朵听不见,一个耳朵听得见脚不好,走得慢。往往我到电话旁边就挂断了。"孔夫人告诉我,他们正在收拾行装,马上女儿过来,就要出门去上海看病。女儿交代过,爸爸这几天不要接受任何采访,准备好病历资料。但孔学长说"见见同学",还是来了。席上,孔夫人不要让他讲话。但孔学长还是站起来,接过了话筒。

他说:"过去到现在我的话讲得太多了,所以我现在在今天的目前的政治的变化之下,我是尽量的不讲话了。因为我是不满意目前的状况的。"

我明白了,为什么他的女儿如此交代。孔令晟地位很高,却是一个直言的人。他不忌讳自己与潮流不合的观点,不怕与现实发生冲突。然而台湾的形势却并不单纯。在陈水扁执政的这十年里,诸多的国民党老人非常郁闷。当"台独"势力猖獗的时候,他们不得不对台湾的前途,对整个中国的命运重新思考。因为他们从来也没有想过要分裂。

那天的最大收获,应该是席间听到孔学长的一番话,襟怀可钦:"我是展望未来的。因为我感觉到,我们在五四运动的那个时代,是爱国、文化的……这是一个在我们那个时代，我们中国——不是台湾，对整个中华民族、对世界是有很大影响的。那么我是基于这个——因为各位晓得，我有国际上的关系，我是要讲这个话的人：21世纪的下半叶，我希望是中国的世纪。"

孔令晟说，这是他"最后的一个期望""最后的一句话"。我感觉，他那天来到聚会上，就是要把这句话告诉我们，让我们带到大陆的。在我将赴台前，有联大校友对我说：孔令晟不会见你的。他对大陆很敌对，是一个顽固派。所谓大陆式的思维，也该接受海浪的冲洗了。他们的这些老同学，经历了台湾社会的急剧变革，又纵观国际风云，早已经不是当年风景。

鲁迅诗云："渡尽劫波兄弟在，相逢一笑泯恩仇。"

柴之棣（台湾）：晋升飞快

台北一品楼，走进门厅便感到守卫严谨，气宇非凡。这里住着许多著名的国民党高层人物。柴之棣学长告诉我，为大陆人熟知的连战，住在他的楼上。

柴学长兴高采烈地招呼客人，一面与我讲了他参军的事情。西南联大学子参军，一部分直接参加战斗；还有大多数则是从事军工方面和翻译的工作。柴学长先是做翻译。柴说：

> 翻译官有训练的，在西南联大有一个培训。那时我学工科，我总要有饭吃，做翻译官好了。有人说，校长找你。我说，校长好。校长说，你来了。校长室里坐了一个中将，这个是刘将军。校长说，这是我西南联大最好的学生，但这个上海人不一定讲的英语好。校长这样子说，你不能说校长讲错了。

校长的介绍非常得体，不是单方面技能的长处，而是总体上"最好的

第五章 从 军

学生"。估计这也正是那位刘将军的要求。

> 马上坐着吉普车就跟他走了。看到吉普车前面的位置，我就坐到前面。吉普车前面是部长坐的，我该坐到后面去的，我又不知道。他说你坐到后面去，这个位置不是你坐的。

柴之棣两次从军，都由梅校长亲自介绍，说明他在学校有突出之处。"那时候不到二十五岁，干了不到一年就回来了。过了一个礼拜，校长介绍我到贵阳去，那个厂长就是梅校长的好朋友，一定要西南联大工学院的人。梅校长把我介绍过去了。那时昆明到贵阳好难啊，交通不好。"因为所做工作的重要性，柴之棣被飞快地提升了。

> 后方有汽车兵，汽车都要经过我这个厂。厂长是一个德国留学生，他不是军人。我去了一报到，当少校，我也不知道，一颗星星。三个月后，那个厂长把我升了中校，戴两颗了。再过了三个月，又加了一颗，是上校。起码是六十岁以上的人才可以是上校。

厂长是德国留学生，把他升到上校，军队却不接受。宪兵把他抓了去，说他是"冒牌"。"后来我在马路上，宪兵把我抓住，说：你这个人是冒充的，上校要六十岁以上的人。我就给他军官证看，那个宪兵就认识我了。这个是1943年的事了。"可见战时的混乱，亦反映出：学生融入军队的很多不适应。飞快晋升，与旧军队的"论资排队"相冲突了。

> 过了不到两年，我回家看我母亲，家里很苦的。我到南京总司令部报到后，他说，你这个同志年纪轻轻的就上校了，这个东西不好的。你怎么做得下去？

柴之棣后来自己把这个军衔放弃了，算是一个喜剧式的插曲。他是幸运的，快乐幽默的。我在一些资料中看到，有的联大学生到了军队，以能力和民主、平等的观念相抗争，受到军阀作风的粗暴虐待。

> 办公室里年纪比我大的，都尚未到上校，我二十六岁的人怎么做得下去？没有办法做下去了。我把这个校章拿掉。毕竟我不是军人，他是军人系统的。那我在这里不能待久的。我待了不到两个月结婚，就到台湾来了。

他到台湾是1948年。柴之棣于战争环境中能够以一种愉快和幽默的态度来处理窘境。他举办了一个带有联大人浪漫色彩的战时婚礼。他在贵阳结婚，虽然晋升很快，但还是没有钱。他们二位便想了一个点子。结婚要散发请柬，他们都写好了，也散发出去了。可就是请柬上没有写婚礼举行的地点，假装是疏忽了。每一位收到请柬的客人都会以为，就是自己的这一张帖子上写漏了。其实根本就没有准备婚礼和婚礼的地点。两人却跑到一家舞厅里去，跳了一夜，就算是结婚了。战争，并没有消磨掉他们的青春、爱情与浪漫。那天柴夫人也在一旁，她穿着丝绸短袖衫，化了艳妆，共叙当年，两人为自己独特婚礼的翩翩起舞而得意。

精湛的工科素养，战争的实践磨炼，明智的取舍进退，乐观幽默，也许正是柴之棣能够成功立业的原因之一。柴之棣从军队急流勇退，依然从事他的工科本行，成为设计师型的企业家、社会活动家。

他是现任的西南联大在台校友会会长。

刘孚坤（台湾）：因争论而从军

在台北宁福楼的联大校友聚会上，刘孚坤学长很活跃。他拿起话筒讲话，结束语很独特：

> 在西南联大的校址上立了一个碑。碑文是冯友兰老师写的，后面就有从军的同学的名字，我的名字就刻在碑文上。从云南来的，昆明来的学长，可以去看看，是不是有我的名

字？我的名字是刘孚坤。"孚坤"是在地的上面。

几天后的采访中，他再次说："我很自豪，我的名字在那块碑上。"刘学长是四川人，谈吐间，他具有诗人的气质，喜爱哲学的思考。他到了台湾，却终身不入国民党。

那个时候，蒋委员长提倡"十万青年十万军"，就是青年军。在抗战时期的大学里边，国民党的组织是叫作三青团，三民主义青年团，我不是国民党，是三青团。各大学里边都有报名从军的，中央大学在重庆，有很多人从军。现在台湾有些重要的人，就是那时候中央大学从军的。西南联大报名的同学很少。三民主义青年团做样板，十几个人报名，假从军。他们假从军，只是报名做个样子。

由于对国民党的不信任，以及左派力量在联大的宣传，一开始，报名从军的同学很少。

梅校长看到这个情形，他就发动有名的教授来讲演。不管你是什么立场，你是国民党的立场，还是你是革命的立场，只要你赞成青年从军的就请他讲演。所以在讲演中，就有相互的冲突。

闻一多也赞成从军的，但是他是反政府的，反国民党的。他说，有人反对从军，因为"十万青年十万军"是帮助国民党来打内战，主要不是抗日，不是打敌人，是为了打共产党的。他说，我们不怕，我们要从军，用国民党的枪武装自己，借国民党给我们的武装，再来反对国民党。这是闻一多讲的。其他像冯友兰，他是站在政府的立场，他们两个人讲话当场就吵起来了。结果，忽然之间，一个晚上，西南联大左派的学生贴满了标语，反对从军。说，闻一多讲的话：借国民党的武装来武装自己，再借国民党的武装来反对国民党。——这是诗人的白日梦。

我想，闻一多关于从军的讲话并不可笑。他不仅真诚，而且深刻。他已经感觉到，在国家命运的主流战场之外，蕴藏着信仰与党派战争的伏机。他亦体会到了，这些热血学子，在为民族的存亡慷慨从军之后，将会被迫选择某种党派立场。关于"捍卫国家领土"与"对执政党的信任危机"，这是一对矛盾。它摆在青年面前，摆在人民面前，是政治，更是千万人的命运问题。

结果是，左派在那个晚上贴了标语之后，忽然之间很多同学反而去从军了。他们说："我本来不想从军的，你们左派的人这样偏颇，我们是为国家，不是为国民党。我们是为国家从军，你们只讲党派的厉害，不讲国家。"很多同学，他是中间的。"你们左派的人这样子，老子偏要从军。"我那个时候就是那样报名从军的。

后来的历史证明了，闻一多指出的保卫国家与党派信仰之间，存在着血与火的矛盾；当民族矛盾消解时，它终于化为了中国的主要斗争。无数单纯的人在自己的命运中尝到这颗苦果。然而这种忽略在当时又是必然的。如果都把注意力放在这个战后的政治争斗上，那么谁来进行抗战呢？当中华民族在"存"还是"亡"的关头，还要来考虑战后选择哪一个主义、哪一个党派，这似乎不是一个青年学生所能够承受的责任。

我们从军以后，蒋委员长看着这些大学生从军了，不要送到前线牺牲了，就抽调大学生到印度去受训。一下子我们就到了印度受训。学开汽车。美国给我们的军援开头是中缅公路，后来是中印公路，从印度开辟。英国工程师当时估计开辟这条公路要十几年，都是山路，拐弯的。结果我们的工程委员会一年就开出来了。这样补给就从印度转过来。那我们调到印度去受训，学了开车以后，就开着美国给我们的军援，用新的军用卡车运回国。回到昆明后，过了不到半年，抗战胜利了。我们就自动回到学校，也没有正式退伍，就回到学校再来上课了。

近来看到许多超然物外的观点，使我思考一个问题，这就是：一个学者首先应该是一个人，一个人的"出发点"要找到。而出发点的重要基础就是"我们民族的生存感受"。对于中华民族的生存体验，我相信我父母的感受，他们经受过日本飞机在头上扔炸弹，昆明市民血肉横飞、家园被毁的景象。刘孚坤学长至今是一个素衣人，这是我佩服他的地方。

到台湾以后，国民党几任秘书长，包括李焕做秘书长，都劝我加入国民党。我要加入国民党的话，就可以做官。我不加入，我不入党。他们有人说，你不是国民党的人。其实不是这样，当时就是出于维护国家尊严，维护民族文化的目的。

自古诗人多歧路。到台湾后，他也没有融入那里的主流社会。刘学长有一些"老北大人"的脾气。在台湾，和大陆一样，清华人都过得比北大人现实和从容。北大人务虚，不太会料理自己的生活。那块联大纪念碑还在。碑在，名字在，史实在，从军的学子就心有寄托和安慰。他们时常返回去，看望纪念碑，当它是一个人，一个永远活着的亲人。他们看望自己的名字，曾经的青春和热血壮志，看望那些远离的和牺牲的同学们的名字。这就是在昆明的那块碑前，从军者们不断回来的感情体验吧。

李俊清（台湾）：到印度看见泰戈尔

李俊清学长对我谈他从军的经过，一次是在北京威斯汀酒店，一次是在台北县他家中。他神情庄严，向我强调说："国家兴亡，匹夫有责。"

李俊清有一个哥哥在空军，当时就驻昆明。他与哥哥同住，生活比较优裕。参军，是联大对四年级男生的规定。他是外文系学生，正好用上翻译。后来哥哥出面，把他要到空军去了。很快李俊清被派往印度，在那里他看到一些异域奇观，令他到老亦难忘怀。

> 那个时候教育部征调，是1944年。征调我们这一班到军中，按照个人的长处去服务。那我是被派去做翻译官。我首先在亚家坝的空军司令部工作，没有多久就派我去印度了。我到了卡拉奇，就是现在巴基斯坦的首都。那时候印度还没有分家，沿途所见，很有感慨。在印度，那个时候男人去讨饭，女人去做农田里的事情。我有一首诗："男人为丐女为农。"这个小孩啊，都是玩蛇，在马路边上耍蛇来赚钱。唯有工作的是女人。女人工作，不是靠手，她是靠头。她的头顶着很重的东西，两手是分工的。这个左手是吃饭的，右手是她大便之后她要洗，用一只手洗，一只手吃饭。她这两只手不混用的，这是印度人。

李俊清在学校就酷爱写诗，曾经与吴宓结为"忘年交"。而这一次从军，居然让他见到了世界诗坛著名的泰戈尔：

> 那个时候，印度这个国家，东边是加尔各答，西边是孟买、卡拉奇，中间是一个大沙漠。泰戈尔就在加尔各答附近的东边，一个村庄，他坐在大树下头。他的学生都是女学生，就围着他坐着，他在那里讲。他这个方式就像希腊的苏格拉底一样，来者不拒。他也不收钱。许多女的坐在他旁边，他就讲。泰戈尔到我们中国来过一次，那个时候是徐志摩陪伴他。我去的时候泰戈尔还在。我曾经看到过他在那

> 棵树底下坐着的情形。一棵大的很圆的树，我不晓得叫什么树，我们这里没有这个树，他的学生都坐在树下面。

印度后来分成两个国家，李学长也有自己的看法：

> 印度，政治上有甘地，一个很有名的领袖；有尼赫鲁，有支那，支那是回教，还有尼赫鲁的妹妹，本来他们合起来可以把印度治理得很好。但是英国在政治上是——我们很难说它狡猾了，它也是为了它的国家——它用分化与分治的办法。它先是招甘地到伦敦去，对甘地讲说一套；然后又把尼赫鲁调过去；又支那。他这个是分化与分治。这是我在印度时的情形，所以印度不团结。

凡是受外来势力操纵的国家，它的命运一定是分裂和混乱。因为这样对外国有利。希望国内的各种政治力量能够团结起来，治理好自己的国家。李俊清先生所表达的愿望，其实也是针对自己祖国的。

> 印度在中东部有一个锡克族，他缠的头巾都是丝的，锦缎丝。他按照这个头巾的颜色分阶级。锡克族有一个习惯，他这个须发从生下来以后不能动的，这个是父母给的。他不理发也不剪胡子。所以他老用一块布把胡子兜起来，头发也是缠起来，胡子也很长，但不露出来。

李俊清再没有能够回到学校，没有能够兑现他和吴宓老师的约言。战后，师生都无法掌握自己的命运，各自东西。

> 这个时候停战了，直接回国。有的人飞回来了。我们地勤人员就从南部的马扎斯经过新加坡、经过香港和上海，转赴杭州。我那时候调到航空学校服务。我想退役，我回学校找吴宓先生去。结果长官不准许我，他很喜欢我。就是胡维克将军，他答应让我留下，同时给我一个月的薪水，准我一个月的假可以回家探亲。

这时候吴宓也已经不在昆明,不在西南联大了。"我找不到吴宓先生。吴宓先生那时候在四川师范,他没有回北京清华。四川有一个白沙师范,他待下去了。他后来伤残也在师范,我是后来才晓得这个情形的。"师生天各一方,李俊清终生地关注着老师的遭遇。

李俊清所在航空学校的校长,后来把他介绍给蒋经国做英文秘书。一做十九年,成了贴身的秘书。"我跟蒋经国相处了十九年,做了他十九年的秘书。后来我对蒋经国很佩服。因为他做事虽然是严,但是非常的公正,而且他非常的孝,忠孝两全。"李俊清在追随蒋经国的日子里,对蒋的爱民和廉政留下了深刻的印象。蒋经国经常微服私访,调查民间疾苦。李俊清跟着他,坐火车的下等车厢,听到士兵发牢骚,蒋经国就鼓励他们讲真话。他们也走基层,绕过地方官吏的欢迎仪式,看到百姓真实的状况。有一次,李俊清跟随蒋经国来到一个老兵开办的面馆,他们吃了一碗面,蒋放下了数倍于面价的钱在桌上。老兵流下热泪,目送蒋经国。台湾老兵们的待遇,是在蒋经国的手中改善的。老兵赴大陆探亲,也是蒋经国批准的。

有一句名言:"恶是推动历史前进的动力。"我一直有所疑惑。两岸的政治僵持,就是被人性所开启的。那些少小离家的大陆老兵们,在衣服上写了"想妈不是政治"这样的话,围坐在"总统府"外面。坐在轮椅上出来接见他们的蒋经国当时也流下眼泪,并立即承诺,开会解决老兵赴大陆探亲议案。

是人性、同胞情推动着两岸走向理性的和解。恶,只能推动历史走上盲目的进程。

李俊清说:"经国先生非常重视民生,后来又开放了民主。"蒋经国曾经介绍李去给张学良当英文老师。他教过张几天。李学长说,张学良并不像人们所想象的那样在遭罪,他说张是在"享福",台北所有的"名吃"和玩乐地都有张的足迹。蒋经国对张学良后来非常好。

晚年李学长到台湾东吴大学任教授，他讲授诗歌翻译。儒雅风韵的李俊清，通过对著名的反战诗人艾略特诗歌的翻译与研究，表达了他对战争结局的质疑。他有两本著作赠我。联大学生并没有因为"从军"而成为工具型的军人，思索的拓展从来没有离开他们。无论最初的政治倾向如何，在他们身上总是带着一种永恒的联大精神，追求理想之境界，追求自由的实现，这使我敬慕他们。

梅祖彦：因从军而没有文凭

梅祖彦曾经有两次谈起他当年从军的经历。一次在昆明，佳华宾馆内。一次在北京，三里河他的家里。两次所谈都很清晰，显示出他的深思熟虑和严谨。他要谈的就是两点：一是当年学校为抗日战争局势而征调学生，青年学子为爱国从军；二是因为从军，后来使许多同学受到冲击。

他谈得很和缓，但"受冲击"这个事，在当时采访中明确提出来的只有他。其他人都缄默不提，由此见出梅祖彦柔中带刚的品性。梅祖彦说：

> 这也是中国教育史上的一件事情。因为中国的知识分子很少，从民国时期一直到解放前，甚至到今天，大学生们不服兵役。抗战的时候，学生年轻热血，有好几次的学生从军。最大的一次就是1943年、1944年，征调了一大批的学生做美军的翻译员。1944年下半年又搞了一次远征军，又有好几万学生参加。我当时就赶上了招募翻译员。因为当时四年级下学期，规定学生一定要去，叫作征调。我那时候是二年级，不在征调的范围。我们有那么几十个同学，积极性特别高，也要求去参加。

因为有一个为人楷模的父亲，梅祖彦的个人行为往往成为人们对梅贻

琦校长的揣测和判断,其实不然:

> 记得当时,家里也经过一番争论。我们要去,我父亲讲,鼓励我这种精神。但是他说,在抗战那么艰苦的条件下,有机会上大学也是不容易的,以后报国的机会还多,不如把大学上完再去。我觉得也是这样,但是一起的同学就开始鼓劲,所以还是去了。

对于军队生活的不适应,我在一些从军学子的日记里看到过。因为军队的体罚和军官的粗暴作风,令这些学子们非常吃惊。但为了抗日战争,他们还是隐忍了下来。梅祖彦参军三年,他一直从积极的意义上来看待这些事:

> 翻译员的工作,我一共去三年,这个过程里,遇到过困难和挫折。在大学里虽然生活非常艰苦,但是人与人的关系是非常友善的。可是到了外面,尤其从军以后,一下就接受了社会上最残酷、人与人之间关系最紧张的一面。我们当时感觉特别不适应,但是我们认为是为国家抗战出力,所以就没有在乎,一直留下来。
>
> 大家都觉得这是生命里一个很难得的机会,能够直接为抗战贡献自己的力量。我觉得我的成长比较快,这样的成长还是比较有意义的。如果在大学里一直念书,再念研究生,最后出国,可能一直就像一个学生一样,从一个青年变为成人。发生战争是很不幸的,但是处于那个情况之下,我觉得还是促进了自己的成长。

但更难以令人承受的事情发生在后面:"解放以后,因为这件事情,受到不少的指责,等到搞运动以后,就更厉害了。"这样简单的几句话里,包含了多少伤害、多少无辜的诬陷与罪名。这些受尽冤屈和磨难的爱国者们,这些年来多数已经辞世,带着一腔抑愤到另一个

世界里去了。中国人是相信灵魂的。尤其是有冤情的灵魂,他们不能够安息:

> 在"文化大革命"里面,每一个老知识分子,都是逃不掉冲击的,当然也有我那一份。不过我很幸运,没有像其他一些人所遭遇的那样。我知道,我们当时一起做翻译员的,有的就把命送了。做翻译员一共牵涉几千人,我从前并不知道这个数字。"文革"后看到别人发表的文章,说是前后牵涉到四千多人。所以这是一件牵涉很多人的大事情,那么它是可以查清楚的。

这样一个庞大的人群,不是以褒奖的方式,而是"文革"中的受害者,功臣的档案跑到罪人的资料里去了。梅祖彦说"文革"受冲击,有一种宿命的感觉。"每一个老知识分子都有一份"。这是为什么呢?梅先生说自己很幸运,但是他没有忘记更多的比自己凄惨的那个人群。

梅说:"西南联大我没有上完,因为从军去了。后来就没有再回来。所以我手里没有一个西南联大的文凭。我算是西南联大的人,可是没有念完。后来我们是在国外把大学念完的。"当年,有的四年级男生因为不愿意从军,而学校不发其文凭。梅祖彦却因为不在参军之列,主动要去从军,也是没有得到西南联大的文凭。这不由令人感觉到他背后梅贻琦那个高大的身影。梅校长在抗日战争中坚持办学八年,培育英才无数,而自己的儿子却最后没有文凭。如此父子,令人追思。那时候,中国教育界有很多磊落的往事。

梅祖彦后来在美国完成他的学业,回到清华大学教授土木工程。摄制组曾经陪着梅祖彦先生来到西南联大纪念碑前,他指着碑上列名说:"左边过来第八个,梅祖彤,我的二姐。她是在救护队。"梅校长一家当时就有两个子女从军抗战了。参战的细节,是很惊险的,在梅祖彦的叙述下却仿佛很平淡。他自己曾经经历战场上的流弹之险;而没有经过任何训练，他就随着飞行员上高空侦察。可谓出生入死。

第二次世界大战胜利后，美国政府为表彰在协助美军对敌作战中功绩卓著的人员，对其授予铜质自由勋章。在获奖的五十二名上尉翻译官中，有联大学生钟香驹、冯钟辽、梅祖彦等十二人。梅说：

> 我没有参加实战。因为翻译员是文职，一般情况下，不给我们武器。有一些翻译员，跟着到前线，联大的学生在地面上也有阵亡的。渡河时，马跳起来，连人带马下水……我们那个碑上是五个人，还有一些学生从军，就借到空军，做航空公司的副驾驶员。经过训练以后，实际上是帮助美国去开运输机，也有的死了。那些年轻学生积极性、爱国性是非常强的。这里有许多可歌可泣的故事。我们同班有同学跟到美军部队，往前面走，那一带森林是茂密的，日本军队就开起了炮火，被打中，治疗好几个月才好，后来也得到了美军的紫星勋章。
>
> 有那么一次离敌人最近，战壕有掩体，旁边有中国的军官，他们有经验，一把抓住，把我摔在地下。那是我最接近炮火的一次。那个时候，美军有很小的侦察飞机，坐两个人。我们在前线，就是美国一个士兵驾驶，他坐在前面，我坐在后面。其实一次训练也没有过。他说，你往后看，有没有日本的飞机？机关枪一下就可以把我们打掉。他不断地回头来看我，看我有没有尽到责任。不过那次没有出什么事情。

2002年春天，梅祖彦赴昆明与故人会。他想去看昆明新立的飞虎队纪念碑，那座碑在西郊的森林公园。我安排了车送他。我与他最后的见面，在北京的医院病房。当我问及病情的时候，梅祖彦先生流泪了。他说："他们打了几天针，才说诊断错了。"在漫长的拍摄过程中，我与这些老先生的关系日渐亲近，他们已经不把我当外人。在这最后的时刻，他的伤心，不只是为了被医生误断，而是一个人和一群人的一生都被"诊断"错了。

钟香驹："叙永班"的男生们

听说联大"叙永班"的男生当年参军的人数最多，后来被迫害受罪的也最多。

我一直想把这个特殊的班做一个题目，然而世事总违人愿。2000年春，清华六十周年校庆时，听说"叙永班"来了一些人，我通过校友会预约采访，后带了摄制组跟过去。先是等着老人们开会，到了傍晚时分，终于可以开始采访了。这时候，有人提出，要求我们先拍摄一些其他内容，才让我们采访那几位男同学。尽管我再三解释，我不是媒体，那些内容不在我的采访之中。但显然老人都服从了上面的安排。

当气氛被冲淡，时间被拖延，那种被漠视、被"靠边"的感觉已经定格在几位从军校友的脸上。他们是一些不争的人，他们长期习惯了"不争"，习惯了那一段参军经历和那种回忆激情的被压抑。而今，在我的镜头面前，他们再一次地被压抑了。于是他们谈得很仓促，回来后录像带中只有寥寥几句话："1944年的2月份，刚过完寒假回到学校，马上就知道要征调，所有男生登记去当翻译。"讲这话的是北京轻工业学院钟香驹教授。钟香驹是战争胜利之后被美国总统授予勋章的人中一位，军功奖章可不是从战场之外可以获得的。他应该是有故事可以告诉我们的。也许有一天，这些学子英勇报国的战争事迹，我们要到美国白宫去查对了。他们的勋章当年没有领到，后来，白宫依据档案补发了证书。另外一位卢少忱学长也讲得简短。他们把自己摆在了"不重要"的位置。

到1944年征调的时候，"叙永班"正是四四级。因为要求男生全部参军，所以后来他们受到的人生磨难也最大。在滇南采访郑道津学长时,他还谈得多一些:"'叙永班'大部分的人,都是很好的。特别是一些从军的同学,当时响应抗战,政府征调,应征当译员。"有一个与郑学长关系密切的同学,原来在清华读书,家在唐山:"他在信里说,日本人实行亡国奴的教育。为抵制日本人的文化教育,他就当小学老师。汉奸到小学里来视察,校长是一个爱国的老者。汉奸看见某些方面不符合日本人的要求,当面就打。"这位同学就把小学教员辞掉,历尽艰辛,来到后方,到昆明复学。这个人叫钱金铭,他应征入伍,比全班去得都早。因为缅甸的远征军退到印度,需要一批人当翻译工作,他就去了。"徐京华。他是明末徐光启的后代,他征调以后,在黄土坡工作。"从军者中不乏名门之后。

> 霍大德,是同系的,他到美军空降部队当翻译。因为看到美军对中国役员加以种种刁难,他同美军的下级军官吵了起来。美军军官说了一些侮辱性的话,他气愤,就同那些军官打了起来。美国人就把他关禁闭。随后他就从禁闭的地方跑出来。不久,抗日战争胜利了,我到滇南中学去教书,他也是到那去教书,又是同事了。

从军报国之路也历尽曲折。弱国之民志不穷,不能受日寇凌辱,亦不能受"友军"的欺负,当年中国青年的奋斗非常之不易。联大同学当年的从军热潮和业绩,后来被国共两党的对立推向了迷雾之中。

"义无反顾":卢少忱

卢少忱先生讲出当年他们从军的真情。那并不是学子的初衷,但却是学子对国家的义不容辞:

> 当时我们读四年级,差半年就毕业了。大家都愿意好好通过,上完大学,写完论文毕业。可当时就是国家形势所迫,政府需要我们,征调我们去当翻译官。很多美国人来华

助战，不管是后勤，飞机场还是训练军队，甚至是反攻，反攻到缅甸、印度那边，都需要翻译。所以这时候的人，根本就义无反顾。真是，大家没话说。你征调了，我们就去。

卢先生是中国文物研究所的研究员，这样的人本来是与军队无干的。"义无反顾"，四个字从他嘴里说出来，却分量极重。中国学人与"天下"的关系，是传统的担当之责。在卢少忱这段简短的回忆，在这些直白的事实陈述中，令人感到内中含有一种申辩之声。当年去参战，是没话说。后来被追问，也是没话可说。

从军变成必须申辩的历史。这是一种扭曲，是对民族历史与民族精神的扭曲。一个民族危亡的最后关头，也是一个考验人格的严酷时刻。日寇占领北平、天津、南京、上海、汉口等主要城市。国内的抗日战争物资最多只能维持三个月。在滇越线被切断后，1942年1月初，六万日军进攻缅甸，企图切断滇缅公路。为了保卫中国取得国际社会唯一的援助通道——滇缅公路，1942年中国远征军入缅对日作战，受到重大挫折。中国在盟军支持下重建远征军。鉴于远征军中下级干部和特种兵严重缺丁，盟军大量来华急需翻译，国民政府发起知识青年从军运动。蒋介石总统喊出"一寸山河一寸血，十万青年十万军"的口号。

西南联大最大规模的一次从军高潮就发生在这个时候。学子们参军后奔赴印度、缅甸。青年军九个师分入了中国远征军，多担任技术兵种，如炮兵、宪兵、翻译、坦克兵、无线电、汽车兵等，构成了缅北反攻的骨干力量。这批人后来在大陆历次运动中受到了严酷伤害。最深重的是在道义上、心灵上的伤害：当年为国献身的行为被打为反动派，当年抵抗日寇的作战被定为罪名。

熊秉明（法）：远行与回归

在旅法艺术家熊秉明的身上，已经很难找出"从军"的痕迹了。

对于他，从军非常自然，就像当年他入学一样自然。从军之后，完成学业，到法国去追求他的艺术与哲学之旅。最后通过艺术，他回归了故土。虽然他英年早逝，但他的人生是完整的、自由的，相对轻松和自然的。

我采访他，是在北京他的弟弟家中。我问："在校碑背面有没有你的名字？"他说："有。在上面，应该在上面。""为什么要去参军呢？"

> 我们那一批，就是1944年那一级的学生被征调了，因为美军大批地来参加抗战。他们一方面要给我们军事的援助，另一方面要有大批的训练中国军队使用新的武器，所以需要很多翻译官，我们就是被征调去的。那么我们大家觉得是理所当然的，也没有什么别的。

理所当然的意思就是"抗日"。"我们一共待了两年。牺牲的有，不太多。"

那天，熊秉明送给我一本《蒙娜丽莎的微笑》。不久，我就从报纸上得到他逝世于法国的消息。我想到他对我说过的，关于中国书法的美，是他在法国讲学的一个内容。一种深深的思乡情绪一直缠绕着这位远行的艺术家。

熊秉明其实是生长在清华园中的孩子，后来跟着父亲熊庆来回到云南家乡，进入西南联大。在他显示"回归"主题的作品中，把母亲、水牛、红土地作为创作元素。在他的祖居地弥勒，土地是红壤，盛产甘蔗，出竹园糖。那里还有大观楼著名长联作者孙冉翁的故居。他依然生活在哲学与艺术交融的世界中。对于他，一切游离本土和家园之外的活动都是"远行"，而那些关于"根"的思念，则是"回归"。

熊秉明曾经与我讨论过中外哲学观的一个差异，这就是中国有"回归"，而外国没有。他说，外国强调自由、个性、奔跑，可是奔跑之后呢？归宿地没有解决。所以常常走到一种伤害常情的极致。例如毕加索，他的各种颜色的艺术阶段过后，就没有一个收束。而尼采则走向疯狂。我觉得这个话题非常有意思。在我大学将毕业时，有一个观点曾经打动我。这就是：绝对的提高对于社会和人生而言，是一种灾难。如同一架飞机起飞，它必须有一个落脚点，这样它在高空的观察和领悟才会产生现实的意义。

中国人在人生境界上追求"叶落归根"，这是对本源的回归，也是个体对生存总体的重视。

许渊冲："今我来兮，雨雪霏霏"

许渊冲，北大政治系教授。他专业是外文，翻译了大量的名著。在昆明，许先生用手指着纪念碑上的名字，说：

> 我们是第一批响应梅校长的号召，参加驻美国志愿空军的翻译，名字也排在第一排。前五个，都是我们班同学，牺牲了的，摆在第一。

他哽咽了。"后面的，都是我们同学。有的死了，也有还在的。"许先生非常激动，潸然泪下：

> 我们这代人真是苦难深重啊！说起那个日本人，大家都知道，我们联大都挨过日本炸的。从前日本人来轰炸，中国没办法抵抗啊。因为中国飞机打不过日本飞机。从前炸我们联大，武成路有个大众电影院，炸得呀，可怕呀。晚上出去，一条路都是火焰。日本人很坏，那时真是觉得我们中国人惨啊！自从美军来了之后，我们亲眼看见过在滇池上空的空战。那个好看啊，一架低空飞，飞啊，一架突然上去，把敌机打下来，后面冒出黑烟，掉在滇池里。但是美国人不会说中文。怎么办呢？需要大批翻译。那个时候教育不发达，没有那么多翻译，找不到翻译，怎么办？由当时教育部规

定,由联大把大学三四年级的男同学,一律征调当翻译。所以我们这班人,摆在第一排。

在许先生家,我们拍到一张当年照片,他戴着贝雷帽,骑着自行车在昆明的街道上穿行。他说,这是美军的装备。在他家里采访那次,许渊冲说起当年有的学生拒绝服兵役的情况:

> 1941年珍珠港事变,日本人打中国,所以美国人来参战。那个时候中国需要大批的翻译,没有人,当时就要联大所有外文系的学生做翻译,不做翻译的,就要不给毕业证。有人就是不肯做翻译,结果没有拿到文凭。当时有两种思想,一种是好男不当兵,好铁不打钉,给美国人做翻译,有点不符合。那个时候知识分子地位低,有点划不来,不肯做。但大多数人都去了。

可能是因为知识分子的面子问题,不愿意到军队去受役使的心理。这种人当时比较少。也算一类。我想,因为他觉得,反正有别人会去,国家不会亡的,所以自己可以清高。如果国家亡了,哪里还有什么知识分子的面子?

在北京威斯汀酒店李俊清学长的生日宴会上,我又见到了许先生。他与李学长是外文系同窗,又都参军当翻译。许先生赠我书《联大人九歌》。许渊冲从外文系毕业后,曾经长期旅居法国,回来之后一直从事中外文化交流,所以他视野开阔,思路非常活跃。加之他的性格易冲动,讲课时非常感染学生。他曾经寄来一份剪报给我,是他在香港讲学时,在当地报纸所发表的文章。他将中国《诗经》与荷马史诗《伊利亚特》进行比较,得出的结论是:中国人是一个爱好和平的民族,所以在中国最重要的《诗经》里,都是歌颂和平生活,劳动与爱情,春光、鸟兽、大自然的和谐内容。有对战争的描写,也是伤感的,是渴望回到故乡的。

"昔我往矣，杨柳依依；今我来思，雨雪霏霏。"这段著名诗句，许先生认为就是一个战士回到故乡，看到因为战争而荒芜的田园，所发出的悲叹。他离去的时候是青翠的春光，而回来时是在一个凄寒的冬天。许先生认为：中国诗里少有歌颂武功和战争英雄的，而西方的经典诗歌《伊利亚特》则全是歌颂征服者的。这就是中国人与西方人在传统精神和人性、人生追求上的差异。

殷海光（台湾）：自由主义的旗帜

当年在昆明从军的联大学生中最引人注目，而后来又一直令人们念念不忘的人物，莫过于哲学系的殷海光了。他是一个时常被联大校友提及的人。在大陆是这样，在台湾更是热门人物。

殷海光的人生，前后分为两个截然不同的阶段、两种完全不同的立场和思想。而他在这两个阶段的表现都非常张扬，淋漓尽致。殷海光当初从军时，就带着激烈的政治信仰和对蒋介石政权的热诚。在抗战胜利之后，他继续追随国民党政权，一度主持《中央日报》，颇受蒋氏青睐。然而到台湾后，殷海光通过反思，转向自由主义。他追随胡适创办《自由中国》周刊，强调人格尊严和人权自由，与蒋政权对立；不畏强权迫害，从而成为台湾知识分子的一面旗帜。

大陆的校友提及他时，都说原来在学校时，他是一个激进的国家主义分子，到台湾后却转到了自由主义立场，令他们意外，同时也为之钦佩。可见一个人在青年时期，甚至中年以后，还可以转变。

在台北的联大校友，是用赞美和敬慕的语气提到殷海光的。他们认为：台湾今天有这样民主和自由宽松的格局，是与殷海光这样的斗士分不开的。殷海光对台湾体制的转变、思想的开拓堪称贡献卓越，风骨可鉴。我和摄制组来到台大后面的殷海光纪念馆，其实就是他的故居。台大教授柯庆明教授在那儿等候我们，他原来是殷海光的学生。由他来向我们讲解这座故居的由来和殷海光的生活。他送给我一套《殷海光全集》。

这是一个毛坯味道十足的庭院。本来是台大分给教员的简易房。房子的材质单薄，原来好像是仓库；把它分割，就成了现在这样的住宅。书房、厨房、卧室、客厅相互间都不隔音。现在这些地方都是展厅了。

殷海光的妻子、女儿已经移居美国。当年她们一直陪伴着这位孤独的自由主义呐喊者，也受尽了外界的折磨。但家庭内部显然是温暖的、紧密相爱的。展馆中有不少殷海光和妻子、女儿相偎相依的照片。殷海光亲手在院子里开掘了小水池，让他的女儿幼时可以在水中嬉戏，学习游泳。在坡地上有几个毛石，大的做台，小的做凳，是殷海光和来访的朋友、学生谈话聊天的地方。由于容纳了亲情、友情、师生情，这个庭院是如此生动有趣。故居展出的核心部分是殷海光跟随胡适、雷震、傅斯年创办《自由中国》杂志，在两位导师逝世之后，他独力支撑自由主义的传播。殷海光最活跃的年代正是台湾专制最黑暗的时代。

> 当年殷海光被逼离开台湾大学是因为议论带有了"毒素"思想，当局怕他会毒害青年，不许他在台大教书，强迫他与青年人隔离。随后又发生一件大事，凡被冠以"殷海光的余孽"的台大哲学系教员被停聘，人数之多几乎使哲学系关门。当时无论文学院教授们如何抗议，陈述其中利害，主管阶层无动于衷，造成重大的伤害。

这是他的妻子殷夏君璐在《殷海光全集》里写下的文字。

回到大陆，我陆续地翻阅着《殷海光全集》，这套书一共四本。忽然地我感觉与殷海光走得那么近，他不只是在呐喊呼吁着"自由"，他有理性思考，这种思考贯穿中外与历史。殷海光重提严复和胡适对于中国思想启蒙的作用。他甚至追述到李贽。

> 须知言论自由，只是平实地说实话求真理。一不为古人所欺，二不为权势所屈而已。使真理事实，虽出之仇敌，不可废也。使理谬事诬，虽以君父，不可从也。
>
> 亚里士多德尝言："吾爱吾师柏拉图，胜于余物。然吾爱真理，胜于吾师。"即此义耳。

严复这段话，被殷海光称为："这一段金石之言真是近代中国第一响！"

后来中国人用亚里士多德的话，简化为："吾爱吾师，吾尤爱真理。"我曾在联大纪念"一二·一运动"的一本小册子《荣哀录》的封面上，看到这两句话，其中追求真与理性的精神力透纸背。

西南联大素多特立独行之士。而自学人分为两岸，各据其守以来，其实人们的言止已经复归平庸。殷海光是一个特例。听说他从不乘坐公交车，以为有碍个人尊严。这个生活小习惯，反映出殷海光对个人尊严的感受与思考。我有同感。同胞的拥挤现象常常令人生厌，避之不及。我认为，自由和宽松决定生命的品质。而独处，决定人格的独立坚定性。胡适说过，没有独立的人格，何来民主之国家？殷海光继承了胡适的思考并深入下去。

他文章的每一个细部，都可以展开来成为独立的著述。可能由于当时受到迫害压制，文中思维的力量非常内敛。殷海光遗著无疑有很高的未来价值。他对"东方—中国"的了解与思索，远远胜于西方世界。对于中国历史的反思和现实的批判，是殷海光思想的魅力。而他的坚守与尊严，是一座人格丰碑。而殷海光所探索的自由之路，他对于中国文化与体制的思考，今天依然有启蒙意义。

军旅回忆

联大学子曾经亲自驾机飞越驼峰航线。邓汤美学长说：

1944级征调时,我考入中航公司去印度飞行模拟器和空中训练,不久即作副驾驶飞行于中印间,长时间飞越举世闻名的驼峰,航线高度五六千米,飞机系用DC-2、DC-3客机和C-47货机。由于日军已占领备降加油的缅北密支那,并可从那里起飞截击,航线不得不远离无线电导航台,北移进入横断山脉的北部,经常穿越无数的"驼峰"山沟之中。所经地区大部为一望无际的原始森林林区,漫延于中、缅、印边境,中间没有无线电定向台和明显地标,保证飞行的难度很大,而日本军机可从缅北机场截击。所以飞机从昆明多半是夜间两三点钟起飞。向西北夜航,跨越高原山区,有时较白昼气候更为恶劣。飞行人员提心吊胆,真是拼着命干,无时无刻不在生死中搏斗。虽经多方努力完成了任务,但每年均有飞机发生事故。

我飞行期中即见到先后有三架飞机失踪。其中,朱晦吾(联大1944级外文系,与我是中学同学)和沈宗进(联大1945级电机系)遇难,使我至今记忆犹新。

这么短暂的训练后,就投入了艰巨的飞行,从课堂到战场,从地面到高空,到气候地形如此复杂,军情如此险恶的驼峰航线飞行。这是英雄所为。

在横断山脉中有一条山谷至今叫作"铝谷"。那是当年驼峰航线常出事的地方,飞机坠毁最多。碎片闪闪发光,甚至可以引导飞行。我曾经在飞机上看到过这"铝谷",令人惊心动魄。

在当时民族危亡时期,在大后方的唯一空中通道上,不顾生命的安危,克服了无数次恶劣和惊险,流下汗水,飞越"驼峰",在粉碎日本法西斯战争中,沟通了中印空中桥梁,并为世界民航空运交通史册创造了奇迹,实为世界民用航空所追忆和推崇。

第五章 从 军

在驼峰航线上飞行，运输战备物资，超越世界民航空运纪录，可见联大学子确实优秀，凭着在校时的学习锻炼，凭着爱国主义的精神，他们可以打造成战时的栋才。卢少忱学长参加了密支那战役：

> 时值雨季，大雨连绵，双方炮火不断，必须成天躲在积水的掩蔽部里，皮肤泡得发白。最困难的时候，喝的水是用随身携带的消毒片泡过的雨水，吃的是密封纸盒包装的干粮，分早、中、晚三种，大同小异，不外是几片饼干，一小罐罐头。几支香烟，一块巧克力或者果脯干，经常干咽，不免倒胃。当地疟疾盛行，恶性疟疾，二十四小时可致命。每人每天必须吃阿的平药片预防疟疾，因而皮肤都变成黄色。在茂密的丛林中，日寇经常伏击着狙击手，从上下左右放冷枪阻挡我部队前进。有一次，我身后一名士兵挨了一枪，但看不见敌人在哪里。这就是南亚特有的丛林战，环境十分恶劣。战斗后期，我军逐渐缩小包围圈，日寇更加困兽犹斗，陈尸遍野。一次我军蹚过一条半人深的小河，水上漂着许多具敌军尸体，身上爬满白蛆，整条河水散发腐烂的臭味。我们过河后，身上沾上的那种臭味，久而不散，令人作呕。

周锦荪学长参加了"芷江受降"的重大场面：

> 日本投降的第一步，由日本侵华派遣军司令岗村宁次派出他的副参谋长今井武夫向中美盟军表示投降的仪式是在芷江举行的，而我们又能以美国新闻处记者的身份正式参加。举行仪式的地点，就设在芷江飞机场旁的一排木头平房内。今井武夫的座机将在飞机场上降落。我们一早就穿着美军制服，随许多美国军人到那里等候。
>
> 今井武夫由武装人员带进来，双手捧着一柄指挥刀，呈上给萧毅肃，我记得波特曼只作为是旁观者。接着是萧毅肃

> 宣读长篇命令，向日方宣读，中国方面在全国各地受降的负责长官名单。

他希望听到其中有八路军、新四军将领的名字。等到华北各省念完，皆无。蒋介石下决心独吞抗日战争胜利果实的企图已经明白无误，内战的号角吹响了。

周学长还记录了当时的小道消息："第二天早上，美军基地就到处传说着何应钦同今井武夫彻夜长谈的消息，说他们同是日本陆军学校的同学，谈话肯定不利于共产党。"

2003年11月，《国立西南联合大学八百学子从军回忆》一书在大陆非正式出版。书中首次展现了当年联大学生参与作战的抗日战场和战场地图，具有史料价值。我有幸蒙西南联大北京校友会沈克琦会长赠送，手中有了这一本沉重的《回忆》。以上几个片断，皆由此书中所得。

―― 第六章 ――

学　潮

　　抗日战争极大地激发了青年学生的爱国热忱。学潮成为唤起民众，推动抗战的重要社会行为。大学南迁后，原"一二·九"学运的骨干也转移到了昆明。西南联大成为国统区的民主堡垒，联大时期有两次具有全国影响的学潮："倒孔"运动和"一二·一"。

　　因知识界名人从香港撤退时，特权阶层占先登机而引发的"倒孔"，是一场针对具体事件反对腐败与特权又带有自发性的学生运动。参与者事后风流云散，不以政治为归宿。

　　"一二·一"，则是在共产党的领导下，有纲领、有组织地反对国民党独裁的民主运动。"一二·一运动"的纲领，表现于当时民主墙上发表的《国是宣言》。《国是宣言》以毛泽东著作《论联合政府》为依据起草，表达共产党当时的政治要求，即：在胜利后，建立多党联合下民主中国。这个要求代表了中国人民的愿望。

　　"一二·一运动"为后来国共两党的重庆谈判，以及很快展开的解放战争和新中国的建立，蕴藏了巨大的潜能；可以说是在道义上摧毁了蒋家王朝。"一二·一"的骨干后来奔赴解放区，成为共产党的干部。

义愤引发"倒孔"运动

李曦沐,原国家测绘局局长,当年联大历史系学生,受中共地下党领导。联大人一般不知道李曦沐,只知道"李晓"。他告诉我:"我是东北人,家乡又沦陷,所以抗日的要求就特别强烈——要打回老家去,收复失地。我们唱着《松花江上》,流亡的人都流着眼泪唱的。"他改名李晓,是自己参加革命的一个标识。

李晓亲身经历过"倒孔"运动,他说:

> 1941年1月6日,我一年级的时候,联大发起"倒孔运动",打倒孔祥熙。孔二小姐当时不是从香港飞到重庆吗?当时在香港很多大学者、名人都回不来。日本人攻占香港了。他家用航空公司的飞机把保姆、洋狗都弄回重庆去了。一下飞机,洋狗下来了。《大公报》上面登这个事,气愤极了!

赵宝煦,北大政治系教授,当年是联大政治系学生。"倒孔运动"的时候,他还没到学校,但他也知道这个情况:

> 那个时候香港沦陷,日本人占领香港,我们之前华南沦陷,好多文化名人都跑到香港去了。可香港也沦陷了,国民党政府就派飞机抢救文化名人,比如说像郭沫若、宋庆龄这些人回来,那大伙都去重庆机场迎接。可是接着接着,这也没来,那也没来,因为飞机确实很有限。突然孔祥熙的二小姐,孔二小姐,拉着一条硕大无比的洋狗下来了。这一下就爆发了,因为好多名人来不了……你来我们也不管,你拉着这么一条大洋狗在飞机上,还有保姆。所以就发生"倒孔运动"。

当最后一架飞机飞抵重庆,人们翘首以望,而一批滞留于香港的人物如学者陈寅恪、邹韬奋等没有登机。在急迫、担心的气氛中,洋狗出现了。当时在机场就如同点燃了炸药。群情激奋。西南联大也派了人前去机场迎接陈寅恪，可是陈先生却不在飞机上，消息直接传到了昆明西南联大。李晓说：

> 当时吴晗给我们教"中国通史"。吴晗就讲这个事情，说南宋的时候，贾似道玩蟋蟀，人称"蟋蟀宰相"。他说现在孔祥熙是民政院副院长，他把洋狗从香港用飞机运回来了，"洋狗院长！"学生气愤得很哪。从一年级开始，我们住在昆华中学，就游行，之后到新校舍，各个院都出来了，游行示威。游行喊什么？打倒孔祥熙，拥护龙主席。当时龙云任云南省主席。国民党的宪兵在城外，宪兵十三团。龙云的地方宪兵在城内。我们游行队伍走的时候，龙云的宪兵在队伍两边维持秩序，顺便起点保护作用，没戒严过。

生物学家邹承鲁，是一个一生专注于学问的人，当年他也参加"倒孔"。邹承鲁说：

> 那个时候学生几乎没有不参加的，都非常气愤。陈寅恪那个时候去香港治病还是干什么，日本占领香港之后，困在香港，差不多都没回来。但是很快我就知道，很多人留在香港，最后一架飞机是装孔祥熙的家人，教授没有能够上来。所以我们全上街去了。

李晓所叙述的"倒孔"起因纯属学生义愤，没有预谋和组织的过程，也没有人在其中发挥特别突出的作用。在龙云的保护下，这次学生运动没有受到什么冲击和迫害。李晓知道许多政界细节：

> "倒孔运动"发生之后，康泽就到昆明来了。康泽，国民党特务头子，要抓人。当时马识途等人说，咱们转移到乡下去。龙云不让特务抓。龙云在昆明主政的时候，没有人被捕。或者他透露出消息，大家就转移了。或者他说"不准你

在我这儿抓人"。每次开大会，游行示威多少次，没发生任何问题，起到很好的掩护作用。昆明学生运动所以能够蓬勃发展，和这个关系很大。西南联大这样有为，我的文章里也写了这个问题——如果西南联大不在昆明，而在四川，就不可能学术是这么自由，就不可能民主运动这么高涨。

康泽到昆明，显然想查出一些有关"组织"和反政府的罪名来，由于龙云的保护，只得罢手。其实在1941年阶段，昆明和联大的地下党处于沉睡时期，学生亦没有什么社团组织。王汉斌说："1942年、1943年这两年，念书念得不少，当时在昆明就是两个世界，白色恐怖，所以当时地下党在联大的党组织撤退了。另外一件是太平洋战争爆发，1941年爆发了'倒孔'，学生对现状不满，但是整个来说还是白色恐怖。当时是比较沉闷，我们就念书。"

蒋政府派飞机到香港去接文化名人，这本来是一次德政，为保存国家元气和凝聚民族抗日战争而尽力。而孔家的行为当属私人行为，不是政府行为，同时也是违反政府本意的。"倒孔"是一次自发性的学潮，针对个别现象和个别官员的过头行为，符合抗日战争开始后全民同仇敌忾的大局，当时民族矛盾重大，学潮并没有对政府、政权、体制发生质疑，对于政府官员是一次警示，告诫他们国难当头，遇事应当收敛。

余波未尽，到1943年，孔祥熙到联大来演讲。赵宝煦身历了联大学生对孔院长的这一次"欢迎"。他回忆道："我1943年以后经历过，孔祥熙去讲话，整个墙上就是大字报了，长篇累牍的。孔祥熙去讲话，那是一个很热的场面。'倒孔运动'两年以后，国民党总想把这批学生收买下来，所以，突然就派孔祥熙来这儿做报告。"这个时候，西南联大是北大校长傅斯年，清华校长梅贻琦，南开的已经不是张伯苓了。三个校长一人干一年，轮流执政。这一年是梅贻琦：

梅贻琦是非常聪明了。梅贻琦说,这次孔部长来,我们西南联大就是广场。图书馆是草棚,草棚前有一个旗杆,演讲都在那个台子上。他说,云大是地方大学,你们这儿有礼堂,我们没有礼堂。那么就在你们这儿,到时候我带着学生来。所以就在云大礼堂。

这个时候"倒孔"过去了两年,两年以后他来,学生还没毕业呢。所以大家就憋着,等着看他。

在学校里,当时最闹腾的就是二年级。因为一年级两眼黑糊糊,什么也不知道。三四年级要毕业了,要找工作,他也没心思来活动活动,而二年级是"倒孔"主力。

到孔祥熙来的时候,很多人是四年级,这个时候他们没在学校,因为配合美军在滇缅登陆——西部战线一结束,美国军队就和中国军队来打日本,美国军队在缅甸,就需要有大量的中文翻译。所以就征调西南联大四年级的学生,都不念书了,征调去当翻译。当翻译的,就在昆明。两年前他们"倒孔",现在说孔祥熙要来,这些学生都回来了。那个时候是军事编制,教官带着。他们来晚了,云大那儿礼堂窄,很小,结果就在外面,在院子里。立正、稍息,就等着。

孔祥熙来,梅贻琦介绍时,他不说"我介绍财政部长孔祥熙",他说:"孔祥熙先生是教育家,我以教育家的身份欢迎教育家孔祥熙先生,因为孔祥熙在山西办教育。"

这个孔祥熙不识相。他一开始讲孔孟之道。你想,那个时候抗战老打老败,日本已经打到贵州境内,离贵阳很近了。打到贵阳,马上就到昆明。所以那个时候就很紧张。他在那儿慢条斯理讲孔孟之道,底下就哄,就吵,然后就问问题。说:"你发了多少国难财?你怎么这么富态?"后来梅贻琦就说，现在休息一下，就想让他休息。

这一休息，外头当时"倒孔"的健将，都穿着军装在那儿站着，然后里面和外头就跺脚。教官害怕，他怕惹事。教官他没办法，他就"立正，向后转，齐步走"，他给带走了。这些学生走呢，他不好好地走，他迈正步，咚咚咚。所以里头一听外头，呼噜就都散了。

这个时候，孔祥熙就急出一句话来，他说："中国有一句老话，你对一个人评断要盖棺论定。"这一幕完了以后，当时他讲的仁义道德，大家记下来，很快就贴上大字报，而且就加批语。

当年学子，还真有些"无冕之王"的劲头。"倒孔"表达了当时社会各界对于特权阶层的愤怒。学生们智慧地利用了政治，利用了两种局势的对抗，从而保护了自己。但这种幸运极少。绝大多数情况，学生是被政治角斗的双方所利用和迫害的。"倒孔运动"的学生们没有受到当局的追究，也没有因此被划分为"左""右"。他们依然被征调参军去完成抗战的使命，没有因为这次学潮而改变他们的人生轨迹和个性，他们亦没有产生持续反对政府的行为和组织。

美国学者易社强在著书时说，飞机上那条大洋狗不是孔二小姐所带。但当年参加"倒孔"的学生们不同意此说法。笔者认为，抗战时期是中国新闻最活跃最自由的时代，可以说是一个国际化的舞台，所有的事情都变得很透明和易被揭露，新闻业并没有被垄断。联大学生因"洋狗事件"发动学潮，传向全国，教师如吴晗也在课堂上公开指责。这不可能是一条假新闻。西南联大师生的素质是不容置疑的，他们不会为一条不可靠的新闻而轻举妄动，并且从"洋狗"下飞机到孔祥熙来昆明讲话，中间经历了一段时间，这个事情应该早得到澄清。然而事态依然在延续，愤怒依然在发泄。

倘若洋狗真不是孔二小姐的，那么孔家完全可以同样在报纸上说明这件激起全国公愤的事情。为何一无说辞？后来孔祥熙到西南联大讲演，也可以辩明此事。孔家声誉关乎蒋政权，岂有蒙受不白之冤的道理？易社强先生著书多以查阅资料为据，但这件事情，有活着的当事人在面前，用当年的逻辑推断，更加有力量。

由于蒋政权下四大家族的贪污腐败，在抗战形势下毫无收敛，激起人民愤怒。"洋狗事件"不过是导火索。"四大家族"中尤以孔祥熙家族最为骄奢，所以学生选中他为目标，表达了民意。

这次学潮被社会看作书生意气的爱国行为，没有在参与者身上留下政治烙印。参与的人们有诙谐的回忆。"倒孔运动"没有造成深远的政治影响，没有产生政治化的人物，后来没有被记载入史册，所以只是当年校园里的人们还记得它。实际上它就是人们心目中那种单纯的爱国学潮。

纲领性的学潮"一二·一"

1945年末，"一二·一运动"在昆明爆发，西南联大和昆明"民主堡垒"的美誉因此著称于中国。

以联大师生为首的民主力量，经过长期的启蒙和发展，唤醒了民众。为阻止和揭露蒋介石的独裁与内战，志士仁人们挺身而出，不惜以流血之代价，表达全国人民"反内战，反独裁"的愿望。这就是"一二·一运动"的光荣与意义。王汉斌，堪称是联大地下党的元老派人物。他从缅甸来到昆明是1942年5月，当时昆明还处于"白色恐怖"之中。共产党的活动都停止了。但是群众的自发性启蒙活动并没有停止：王老说："到了一年级、二年级，情况慢慢起了变化，一个就是学校当时没有党的组织，各个单线联系的，但群众对国民党的行事不满，所以都自发组织读书会，大多数成人都读书。当时我参加的有三个读书会。"到1945年，共产党组织下的各项民主活动在联大和昆明才有了很大的发展。

到了1944年，国民党在中原大败，一直败退下来，退到贵州。云南的进步力量就在研究日本人打缅甸，云南怎么摆脱，也研究要下乡打游击的问题。另外群众都不满，这就开始活跃起来。

读书会就发展到壁报社了。壁报表示同学的呼声，我们办了《现实壁报》。到了"一二·一运动"的时候，联大有十几家壁报社，联名发表反对内战的呼吁书。

壁报社的生存阵地就是西南联大的"民主墙"。后来被认为是"一二·一"政治纲领的《国是宣言》也发表在"民主墙"上。奇怪的是，2003年4月央视在播出我的片子《西南联大启示录》时，审片者要求把"民主墙"全部改成"壁报墙"。播出后令联大的老校友们非常不满意。这本来是一个历史的产物、历史的名称，为什么要改呢？尤其是当年"民主墙"上活跃的那帮左翼学子，他们提出很尖锐的责问。

1944年12月25日，云南护国起义纪念会在昆华女中举行的。国民党特务捣乱，大家就大游行。民主运动真正发展成群众运动从此开始。王老说："到这年寒假前后，民青第一支部成立，它的成立应该说，是带有一定的自发性。"民主青年同盟成立之后，王汉斌成为"民青"的组织干事，实际上是代表共产党去指导联络的。

1944年前，西南联大的学生自治会都是由三青团控制的。这一年寒假以后，民青和进步的壁报社团、读书会发动同学参加学生自治会选举，结果他们提出的候选人全都当选，三青团提出的候选人全都落选。民青和进步同学掌握了学生会的领导权。

对于这些组织与活动，云南执政首脑龙云采取默认态度。而随着世界反法西斯战场的节节胜利，国民党政权的贪污腐败和专制很快暴露。蒋介石就迫不及待地"剪除异己，实行独裁"。李晓："1945年4月3日，蒋介石把龙云搞掉，昆明形势就变了，派李宗黄，他的嫡系，反共最坚决的，来当代主席。关麟征，派他当警备司令。结果就发生了'一二·一'。"

龙云被胁迫离开昆明后，局势紧张起来。张奚若教授发表谈话"废止一党专政"，引起全国舆论界一片响应。1945年5月3日晚上，在西南联大教室南区十号，举行"时事晚会"。李晓："事先我们出海报，说联大历史学会准备于5月3日晚在南区十号教室举行时事晚会，欢迎同学踊跃参加。"来的人非常多，联大最大的教室挤得满满的，坐不下，一部分同学就站在窗户外面听。联大是土坯房子，铁皮屋顶，所谓"窗户"，就是几根木头棍子。窗户纸都没有。所以同学站到窗户外照样能听讲演，把脑袋伸到里面去发言。中途下了大雨，同学不肯走。李晓说：

> 张奚若、吴晗、闻一多、周炳琳都做了很好的发言。同学们也发言，表达了对时局的焦虑，对现实的不满。这是联大的爱国民主运动从低潮重新进入高潮的一个起点，也是闻一多先生他们第一次在广大群众面前亮出自己战斗的旗帜。

吴晗是左派教授，闻一多在这时参加了民盟，张奚若以敢于直言顶撞蒋介石拒绝参议出名，周炳琳则是一位声望颇高、参与联大管理的著名学者。这样一个讲话阵容，可以说是以左派为核心的民主阵线。王汉斌说：

> 杜聿明发动云南事变，把龙云赶走了，云南形势紧张。当时看报纸大家都知道了，时局在考验中，蒋介石一方面搞新政协，毛主席到重庆参加，另一方面蒋介石搞内战。那天开时事晚会是地下党做准备。为了支持党中央对蒋介石的斗争，反对内战。发动学生运动支持解放战场。时事晚会，十

几个社团，十几个报社都有人，反对内战，要求和平。

在联大诸多社团的影响下，学生运动随着政治形势的需要，风起云涌。"1945年5月4日，学生举行了纪念'五四'大游行，喊出了'反对一党专政，成立联合政府'的口号。"

1945年8月15日，日本宣布无条件投降，举国欢腾。1945年10月4日，联大学生代表大会通过著名的《国是宣言》。起草者李晓，原名李曦沐。李晓说：

> 起草的时候，也是一种青年的冲动，青年的那种义愤。写的是白话文，但文体有点像骈体文似的，内容全是当时党提出的一些政治要求。《国是宣言》是同学们取的名，全名《国立西南联合大学全体同学对国是的意见》。国家的前途命运，以什么为是，什么为非；怎么样叫作"对"，怎么样叫作"错"。

李晓说，当时马识途拿了一本《论联合政府》给他看，基本上就是照这个写的。在20世纪40年代，追求自由民主是中共的政治主张，毛泽东的有关论述甚多。《论联合政府》是毛泽东在党的"七大"上做的报告。他提出："取消一切镇压人民言论、出版、集会、结社、思想、信仰和身体等项自由的反动政令，使人民获得充分的自由权利。"

1945年9月，路透社驻重庆记者甘贝尔提问：中共对"自由民主的中国"的概念及界说为何？毛泽东做了如下回答："自由民主的中国将是这样一个国家，它的各级政府直到中央政府都是由普遍、平等、无记名的选举所产生，并向选举它们的人民负责。它将实现孙中山先生的三民主义，林肯的民有、民治、民享的原则与罗斯福的四大自由。它将保证国家的独立、团结、统一以及与各民主强国的合作。"可见毛泽东并非是"山沟里出来的"孤陋寡闻之辈，他深知国际社会和中国知识分子在胜利后期待什么。

中国共产党的这些鲜明的主张，直接激发和指导着"一二·一运动"的发展。11月25日,联大在新校舍大草坪上举行"反内战时事讲演会"。李凌说:"11月25日开时事课堂会,本来决定在云大致公堂举行。李宗黄压迫云大的校长熊庆来,不能在致公堂开。我记得,当时地下党学联的人就讲,决定改在西南联大。"

李凌说,在这当中有一个人应该提,就是叶企孙老师。这时候,梅贻琦到北平去准备清华复员的事,由理学院院长叶企孙先生代理校常委。李凌说:"当时叶企孙非常勇敢,他说:'就在联大开,没问题。'"1967年后,叶企孙先生被一桩学生的冤案牵连,受迫害而病故。

当晚参加讲演会的有六千多人,讲演的教授有钱端升、伍启元、费孝通、潘大逵。主题是反对内战,争取民主,要求改善中国人民的生活,反对国民党独裁统治。有一群参与者向我做了一个集体的回忆。

章黎民:"(时事晚会上)老远老远那个子弹,冲锋枪、步枪、小钢炮的枪弹就在头上飞过。同学当时都很愤慨——管它,冒着危险还在听讲演、唱歌。"

"高声唱"歌咏队队长严宝瑜:"枪弹越来越低,我们趴在地上唱。"

到第三位讲演者费孝通教授出场的时候,枪弹已经密集。费喊出了:"不但在黑暗中我们要呼吁和平,在枪声中还是要呼吁和平。"当晚人们散会时,发现国民党军队在学校外围架起了机关枪。次日《中央日报》登出了"昨夜西郊匪警"的诬蔑报道,预示着血腥镇压就要开始。西南联大全体教授关于国民政府迫害会议自由事件提出抗议。从12月1日起,特务包围和进攻西南联大校园。

张友仁,联大学生,北大哲学系教授。因为他身材高大,被选派为警卫,他说:

"一二·一"当天,我在校门口值班。外头那个军官总队不断往里扔砖头,扔破的炮弹壳。我们有同学爬在梯子上,一个女同学说:"不要打了,中国人不打中国人!"刚喊出，啪！一个砖头打在她脸上，把人打下来。我们在里头守着，外头不断地扔石头。这个校门是木头的，挡不住。要打破了。临时就把学校的扶手椅拿了几十个，堵上去。还有壁报架子、黑板、扶手椅堆满了在门里头。结果门还是被打破了。这个门大概攻了一个多小时。门被打破几块，特务就钻进来两个。钻进来那个叫苏俊杰，我们拿棒子一打，把他打倒俘虏了。

李凌，原中国社会科学出版社副总编辑，后来被打成"右派"，其实他做地下党的资格很老：

那个时候，我、袁永熙和王汉斌，我们就在校园后头。听见外头吵起来，打起来了。于再看见特务扔炸弹，他赶紧站出来喊：你不能扔炸弹！这时候人家已经拉弦了，他就被炸了。如果特务扔进里头，那墙很矮的，一扔进来那不晓得要死多少人。

从围墙外面过路的南菁中学教员于再，为了阻止这次爆炸而牺牲。牺牲者还有：联大学生李鲁连、联大师院学生潘琰、昆华工校学生张华昌。致命的伤害都是因为炸弹造成的，统称"四烈士"。灵堂设在联大礼堂。当时吊唁者达十五万人次，占昆明市人口的一半。团体有三百多个。龙云夫人捐款五十万。云南数十个县的中学师生声援。黎章民："当时就有几百条布，反正你进去就好像穿街过巷，密密麻麻的都是挽联。每读一条，我们都感动得下泪。那个灵堂每天都有成千上万的昆明民众吊唁。"用挽联来作为反抗和斗争的武器，形成阵容，感召和教育人民，也是从"一二·一"开创的。

严宝瑜，《送葬歌》的作者，当年联大"高声唱"歌咏队队长，他说：

这个歌里头讲的都是我心里真正真切的感受。我跟

第六章 学　潮

> 三四十个同学就在四烈士的旁边坐着守卫。我本来很怕死人的。那四个同学在那里,心里那个滋味,老是看着他们的脸,脸上都是血。所以我在那个歌里写"踏着你们的血迹",这都是我亲自的感受。

善良的人们,在打败日寇之后,又看到了这么近的鲜血。那天他们重新庄严悲伤地唱起了《送葬歌》:

> 天在哭,地在号,风唱着摧心的悲歌,
> 英勇的英雄们,你们被谁残杀了?
> 你们被谁残杀了?
> 那是中国的反动派,
> 那是中国的法西斯,
> 是中国人民的仇敌。

送殡的队伍从大西门入城,沿途设有祭奠的灵台,老实忠厚的云南人民被激怒了。他们不畏强暴,站在西南联大师生们一边,共同承受悲痛与苦难。昆明学联发布《告全国同胞书》和《告三迤父老书》。

李定,原中央统战部副部长,联大学生,云南籍人。我在北大校园里邂逅他,进行采访后不到一月,他忽然逝世了。

> 运动起来以后,昆明的工人,昆明市民支持我们。我们"一二·一运动"的灵堂里有很多昆明工会的挽联,匿名挽联。捐了很多款,数量很大,在这个基础上,我们才成立《学生报》。因此我们这个学生运动得到广泛的支持。

当年《学生报》,王汉斌是直接参与者。他直接联系印刷工人,当时印刷一些共产党的文章。"一二·一运动"的理论支持和宣传,来自地下党。他说:

> 罢课以后,当时有人说,国民党说学生举行时事晚会是匪警。我们要出版学生报,出版报纸,介绍真实情况,宣传

> 我们的主张。这就主办了这个报社，就在北门书屋，又编又写，出版了第一期。印刷就是工人的印刷厂，学生发行的。后来改为《学生报》。最多发行两万多份。

1947年3月17日隆重举行"四烈士"殡葬仪式。至此"一二·一运动"结束。李晓说：

> 云南的人民非常支持联大的发展，这几年，大家都有感受。发动募捐，有一百多万人。当时云南的父老，对联大的支持是很大的。特别是"一二·一"运动，云南的父老到灵堂来吊唁，吊唁的人士，超过了昆明的人口。我后来看资料，都是外地人。灵堂吊唁的人有十几万。我们出殡的时候，当时国民党政府要求市民不要看，楼上都有人，万人空巷，市民夹在悼念的队伍里。

"一二·一运动"是一个有组织、有纲领的政治运动，它的发动既有群众觉醒的基础，又有政治策略。它的骨干人物大都成为1949年后的干部。"一二·一运动"作为共产党领导下的学潮而载入史册，每年都举办纪念活动，每次也总是要讲国民党政权如何残暴，流血冲突是怎样发生的。

"一二·一运动"中虽然没有开枪，但是手榴弹和刺刀杀死了四个生命。血色冲突开启了军队、特务屠杀手无寸铁的学生教员之先例。

复课是终局

"一二·一运动"是以学校复课作为归结的。昆明和全国的局势都需要稳定，"复课"是使社会正常的核心。因此"复课"成为肇事的军队、政府方面与学潮方面谈判的根本条件。不复课，就意味着旷日持久地对峙下去。双方都难以为继。学潮的各方出于不同的动机，终于趋向共识。

第六章 学　潮

王汉斌说："教授起到很大作用。教授发表声明支持罢课、支持复课，国民党不敢进一步迫害，这是很重要的一个原因。"支撑大局、保护学生，这是西南联大管理者们的当务之急。

常委傅斯年奉蒋介石之命，从重庆飞昆明调解学潮。他对关麟征说："从前你是我的朋友。学生就是我的孩子，你杀了我的孩子，从此我们不再是朋友。"傅斯年主持教授途中会，致函教育部，要求严惩凶手和主使人，同时劝学生复课。关麟征只得向蒋介石发出"自请处分"的电报，蒋令其"停职议处"。傅斯年执有他对大学的坚定信念。大学应该是开放和包容的。他后来执政台湾大学，使台大被称之为"小北大"，成为台湾政治新秀的策源地。

联大的当家人梅贻琦，当时不在昆明，去北平准备清华复员的事了。当他从北平到重庆，蒋介石对他大发雷霆，并一反常态地声称，要解散这所大学。蒋对这三所著名大学一向器重，抗日战争一开始就将其列入政府的重点保护项目。而今师生们却与他作对，他自然激怒。虽然蒋也讲"孔孟之道"，然而政治斗争是他生存的第一要道。梅贻琦深知"复课"对于学校、对于师生们的命运、对战后中国的教育，生死攸关。在"一二·一"血案酿成之后，如果西南联大在昆明就地被解散，三校师生就失去了依托，甚至连北回的路费和行程都成问题。

倘若师生们流落昆明，失去了学校，处境非常危险。学校一旦真的被解散，必再度激化矛盾，流血成河。三大名校命运渺茫。中国的教育事业必将受到致命的创伤。而这却在抗战结束之后，是来自中国人内部的自残。

对于梅贻琦，学校就是他的生命，九年来惨淡经营，日寇最嚣张的时候也没有停止过办教育的信念，而胜利后却遇到如此意外打击。虽然蒋说"要解散西南联大"只是一时之气，可是一旦形成教育部的指令，那么受难的是三校和师生们。坚决复课，是三校的唯一出路。

梅贻琦向蒋保证，回去后一定让师生们复课。回到昆明后，他即约请部分教授谈话，并当天到医院看望受伤学生。而"无限期罢课"无疑将毁灭学校，师生一旦流散，损失不可弥补。第六次教授会议决定，劝导学生必须复课，否则教授同仁只好辞职。广大学生和教师，视教学为自己的本职，也不容长久荒废。

由梅贻琦主持的校务会通过建造烈士公墓的决议。这座公墓在1949年后一直每年被学校组织青少年祭扫，成为"一二·一运动"的重要纪念地。

朱光亚说："有些活动参加了，当时是很气愤的。我是感兴趣。但是，我也没有更多的精力去。"吴大猷老师已经决定带他和李政道出国留学。他正在准备中。像他这样的学生，在联大很多。学生们考入联大不易，都是一些专注于求学之人。

王汉斌说，后来地下党南方局也主张复课：

> 我到重庆去，这次汇报是钱大姐（钱瑛）听汇报，在场的还有代表团的荣高棠、刘光、朱语今。他们听我汇报完后，钱大姐马上就说，你们决定无限期罢课，不策略，要赶快回去，马上回昆明，汇报我们的意见，改变无限期罢课的做法。要在取得一定胜利的成果下，复课。当时钱大姐做了比较深刻的分析。她说，你们无限期罢课，第一，中间同学还是要念书的，时间长了，中间同学就要分化。第二，教授也坚持不下去，特别中间的教授，他们也会要求复课，因为学校总要上课的。学校也不能坚持下去。那么最后坚持下来的就是进步学生，这样进步学生就孤立了，很容易受打击，这是很危险的。所以要改变无限期罢课的做法，在达到一定目的的底下来复课。

当王汉斌带着"南方局精神"回来以后，已经复课了："我22日回来的，21日已经复课了。"学潮骨干都成了后来政权中的官员。学潮的积极分子后来大都被任用，但也有一些勇敢的人，后来成了"右派"。

大小姐闹革命

2011年春节过后，我清理旧柜子，发现母亲的老相册。

母亲戴上老花眼镜，重睹当年时光。忽然她叫起来"在这里了！"这是两张135相机拍摄的照片，学生们的游行队伍。那个穿花旗袍的是母亲。她告诉我："闻一多在前面，你拿放大镜来看。"母亲当年在昆明上中学，照片上是"一二·一运动"中她的学校，市女中的队伍。

父亲亦保留了"一二·一"的照片，上面有打旗的学生，长衫的教职员，有警察拿着水龙头，有金马碧鸡坊。父亲还保存一本《荣哀录》。我就记得封面上的一只手伸出去，还有话："吾爱吾师，吾尤爱真理！"父亲把这意思告诉我。这是西方哲学家的话，然而也对应中国典故："鱼我所欲也，熊掌亦我所欲也，二者不可得兼，舍生而取义者也。"

父亲说，当年为什么佩服共产党？游行中只要看见那最勇敢的，走在前面的，与警察抢夺水龙头，掩护同学逃跑的，那就是共产党啊！那时夜间寂静中忽然响起警车的鸣叫，真是划破夜空，令人心悸。听得见它一下不叫了，停在那里了，那里的人要遭捕了。方位也大致听得出来。这时为朋友担心，心都揪起来。第二天早上一看，就知道少了谁。就是这样，还在斗争，共产党真的是让人佩服。

母亲有这样的朋友——王小姐。她在一个夜晚来敲门，告诉母亲，她要到"山那边"去了。这样说了，也不回她自己的家。母亲给了她二十银圆做路费。临别，母亲珍惜朋友，又将一条白色的毛线围巾围在她的脖子上。听说"山那边"冷。当时革命的女学生，从北到南，都是一条长围巾，也不知这是不是南迁的人们带过来的风气。昆明本地其实温暖，不太需要这种长围巾。

王小姐的家庭，是昆明的大户，在圆通山下有三进院的大宅子。同学们常去她家里聚会。王母慈祥，对大家很好，对我的母亲尤为爱怜，亲手为她做过鞋子。我母亲也算是"小姐"一流。外祖父参加过"护国运动"，功成身退，有一批在朝的旧友。当时的教育厅长赵松泉就是外公的把兄弟。母亲来昆读书初就住赵家。

母亲反抗过一次家庭的包办婚约，对方是一个军校的军官。但母亲并没有走得太远，她选择了我父亲，一个有才华的穷学生。他们希望过上"读书"的人生。王家大小姐却在"一二·一运动"后一去不回了。只有照片留在母亲的相册里，直到"文革"末，我才见到这位当年的激进女性。原来她随着解放大军进入西康，奉命留下，嫁与了一位工农干部。

"文革"中，我曾经暗自幻想：王孃孃是否会发个信来，证明我母亲当年的进步，那么就可以少受些审查的折磨。不料王孃孃在那边竟也受到了冲击。真令人不置可否了。我又想，假如她当初不去，一生会如何。父亲常说，王孃孃当年很漂亮。高个子，大眼睛。我家里珍藏着一张她着旗袍披直发、长身玉立的照片。那张照片，一条长围巾，风采斐然，是我心目中《青春之歌》主角的气质。

近些年王孃孃身体不适了，因思念故土亲人与同学，常回昆明来。一腔理想的她历尽沧桑，只是人依然豪爽，常带些做药的大蛇送给我母亲。我父母恪守着他们"读书救国""君子不党"的信念，追求清清白白的生活，也有波折，但那终是命中的事情。不像王小姐那样，到了与自己完全"不靠谱"的环境里，她必须做很大的改变。读韦君宜的《思痛录》，那些困惑与心痛，一定也纠缠过王孃孃和很多这样的勇敢者。只是她们没有写出来，也无法向什么人去说。

一次王孃孃请我们吃饭，席间我开玩笑道："一个大小姐，好好地念着书，却跑去闹革命。别人闹革命都是从乡下闹到城里，从边区闹到都市。王孃孃倒好，从昆明的深宅大院闹到西康去了，比我们插队的地方还要苦还要远。"亲友们哈哈笑了。

王孃孃不语，神色坚定。我想如果她表态，会说"无怨无悔"。她会将这个国家的成就放在自己人生的账上，因而依旧自豪着。这种性格的人会成为革命者。

散席时，王孃孃要我们先走。我才注意到，这时的她，已经双腿不能行走了。西康地区长年阴冷潮湿，她患了严重的风湿症。弟妹们都希望她能回昆明长住，但她还是走了。这位倔强的女性，在故人面前依旧爽朗热情，大方慷慨。她吞下了多少难言之苦，恐怕是我母亲这样终身不离校园的人，不能知晓的。

有这样一批人，当年抛弃荣华富贵，义无反顾地去追求公平、正义。当他们发现，自己到晚年来却置身于一个夸富争豪的社会时，他们内心的价值观的断裂，一定很痛苦。韦君宜的《思痛录》就表达了这个现实：那些为革命而牺牲了的烈士们是幸福的，他们为理想而献身了，没有这样的纠结。

我有时会想，比起王孃孃和我父母们的那个年代，我们今天离"民主"，离"一二·一运动"所提出的那个建国的理想，是远了，还是近了？

在他们那个年代，中国的各个大学里都充满着从欧美留学回来的爱国学者，他们对于西方的议会制、宪政民主、三权分立非常熟悉，洞知其精髓，所以梅贻琦会把大学的治理办成一个议会式的体系。自然，他们对于中国社会的政体本质、未来应当如何，也充满了自己的主见。

在那个年代，各个城市都在萌生着宣扬新思潮的报刊，也是由这批西方归来的学者们在倡导。人民和青年得到迅速的启蒙。所以，当日寇入侵时，这已经不是那个清朝的中国，而是一个具有现代意识的觉醒的民国，睡狮猛醒了。

―――― 第七章 ――――

北　归

当史家陈寅恪随学校撤离北平，来到滇南蒙自时，他写下了"南渡自应思往事，北归端恐待来生"这悲哀的诗句。

煎熬奋斗八年，抗日战争胜利了，西南联大和所有南迁的人们所盼望的"北归"时刻终于到来。但喜悦却如此短暂。当"还燕碣"的歌声还响在耳畔，不断的流血，已使人们感受到专制政权的残暴和内战的不可避免。

闻一多遇难，是中国知识分子在抗战胜利后遭遇的一次最大打击。西南联大在结业之际失去了一位最富于激情、才华和正义感的教授、诗人。国共在准备内战。为了应付共产党，蒋介石把一支准备开往日本实行"驻军"的"国军"调回，这个决定直接损害了中华民族的长远利益。

在每个重要的历史转折关头，中国的事情总是被一只恶意的手所左右。悲喜交集之后，形势向负面发展。银河星散，一座历史的丰碑从此屹立在昆明西南联大校址处，它牵挂住无数学子的海天之心。

胜利时刻和三峡工程

漫长的八年抗战终于过去了。在胜利的那一天发生了些什么？那些细节,是人们这一生中最难以忘记的。

已经看得到战事接近结束,冯钟豫学长便回到学校做助教,这时正赶上选一批人到美国去受训,他入围了,参加考试受训的前后有三百多人。冯学长说,当时国民政府也打算要做三峡工程,已经开过会并提出方案:

> 我是第二批到美国去的,是在战争结束的那一年。我从昆明动身到了印度,上了船到美国去。这个船走到印度洋的时候,日本投降。我们是8月5日或6日上的船,出了恒河,入印度洋,大概走了四天。那时候赶上一个小台风,这个船摇得很厉害,很多人都不能吃饭了。船上有三千多人,有一千是美国的军队,到了休假的时间,够休假资格的,从亚洲战场经过印度坐船回国去。另外有差不多一千人是我们的空军,到美国去受训的。还有一千多,是一批工程人员,准备到美国去实习的。我就在那个第三队里面。

在大海上迎接胜利的消息,冯学长与同学、中国军人、美国军人在一起。这都是一些和战争有着最紧密关系的人们。

> 到8月14日,台风很厉害的时候,广播里有了日本投降的消息。很奇怪的,很多人他也不晕船了,他就站起来了,在甲板上庆祝。那个风浪大到什么程度?这个浪打到船这边,浪花翻过来能到窗外边才落下。
>
> 在这之前,我们船是夜里走。夜里时候灯光都停了,灯都熄灭了。在开始这个旅程的时候,还在和日本打仗。日本投降以后,我们就开着灯进苏伊士运河,到了地中海,从直布罗陀到美国去。

胜利使得人们在台风中也不晕船了。巨大的喜悦和心理震荡,已经超过了台风和海浪的强度。灯火管制的黑暗年代结束了,船上一片光明，光明穿越了大海。那个时候人们对于胜利后的世界、胜利后的祖国寄予了多么美好的期待啊！冯钟豫学长说，当年他在赴美实习回来有参加三峡的规划："我到美国去两年，其中普通受训一年，我第二年在那里就参加长江三峡水库的计划。那个时候是税务局答应给我们做初步的计划，大概留了五十个人在那里。"

当时国民党政府已经计划要修三峡大坝。"三峡的计划，中山先生在他的《建国方略》里边曾经提到过，但是没有详细的资料。看到战事快要结束的时候，美国方面认为可以考虑，政府就把三峡计划提出来了。"

我问："你们当时考虑的三峡跟现在大陆修的三峡一样吗？"他说："大体上是差不多的。发电、航运、防洪这些功能都差不多。当初的坝址选了多次，因为考虑多了以后，把原来选的坝址改成另外一个坝址。"

我又问："你们当初有没有要古迹搬家？"答曰：

> 那时候还没有想太多问题，就是觉得工程是能做——工程费劲的地方是先要求能做。你可以做这个坝，这个坝将来不会垮，将来它的功能就是发电、航运的功能，够还本。那个时候对于环境、生态的问题好像不太在意。这个问题是到以后人口越来越多，侵犯自然环境越来越厉害，才变成一个比较严重的问题。在1939年、1940年前后，很少人想到这个问题。

内战爆发，最终冯钟豫没有能加入三峡工程，他来到台湾，参加石门水库和基隆港的设计。在两岸之间，水利行业的交流是开始得比较早的，而冯钟豫学长是牵头人之一。由于他的提议，两岸的水利交流活动确定为"年会"。

驻军日本成泡影

姚秀彦学长讲起话来有一种大开大合的气势，她是在昆明家中听到日本投降的消息的：

> 抗战，日本人占领了北京，我们就逃走。清华、北大、南开搬到昆明了——今天晚上放炮，干吗呢？那时候没有电视。今天晚上又不是过节，又不是过年，怎么到处放鞭炮？抗战胜利了！大家口头传说，大家都知道了。鞭炮声不熄，胜利了！那时候你再看，这么艰苦的八年抗战，日本投降这是多大好事。是不是？这就是胜利了。

这是当时在昆明的人们普遍的感触，就是一阵突如其来的鞭炮声，才知道：日本投降了。

> 但是呢，中央在开会。中央政府晚上没有睡觉，而在开会。胜利了，那固然是非常好的。中国历史上一件很大的事情。可是以后怎么办？日本投降了很简单。日本人是服从性很强的，天皇一下命令投降，统统缴械没有问题。另外一个问题就是共产党。这是一个大问题，是和是战？所以他们开会。抗日我们是胜利了，现在日本投降了我们中国怎么办？
>
> 连夜开会。

姚学长说："胜利来得太快了！"听到这样的话，我不免惊讶。不是一直都在盼望着打败日本的这一天吗？然而，相似的感受对当时的人来说，非常自然，并不只是姚秀彦一个人的感受。各方面的人，各种势力，对胜利后的中国，都还没有做好准备。

国民政府连夜开会，传出了浓浓的火药味；共产党也在想对策。而美国、苏联则考虑战后他们在中国的势力和控制范围。局势的发展不如善良的人民所愿，强权和新的战争，依然是解决中国大地上各种矛盾的唯一路径。

在胜利后的这段时间里，蒋介石做出了一个极其错误的决定，这就是他把即将开赴日本驻军的部队，调去打共产党。这是一个无可挽回的错误。中国作为被日本祸害最惨烈的国家，在战后获得了驻军日本的机会，这是中国人民用牺牲和血战换来的权益，却因为内战而自我放弃了。于是现实中只有美军驻扎日本。

西南联大学子蒋大宗当年从军，就在这个被改变了任务的部队中。蒋学长回忆："这时军中盛传，新一军要开赴日本去当占领军。因为新一军是军容和素质都一流的军队，这是一件十分令人神往的美事。"当时蒋大宗请假到上海去探望久别五年的老母亲。

> 在上海不到一个月，就看到所谓接收大员贪污腐化的种种劣迹。上海的繁华尚未恢复过来，但是这些大官们纸醉金迷的表现，使我完全失望。难道我们士兵浴血战斗就是为了这样的结果吗？

国民政府的贪婪、独裁，使胜利后的中国陷于迷茫。这也是为什么内战很快爆发的原因。最后使蒋大宗下决心脱离军队，是广州传来的消息："不但去占领日本扬眉吐气的美差没有了，部队就要出发，用美军登陆艇送到东北葫芦岛，明摆着让我们去打内战。"

中国军队驻军，这本来是对于战胜国的补偿和权益，是对日本军国主义的遏制和对正义的彰显。可是中国人民胜利的成果就这样在内战中消殆，而得益的是民族的敌人。

在姚秀彦学长家的墙上挂着她先生与蒋介石的合影。姚说："你们看他这张照片。这只是黄埔的学生，并不代表我们跟他有什么关系。他也不相信我们。"姚的先生张金廷，是国军中将，黄埔学生。她家墙上还有一张蒋经国颁发的"总统令"，历数了从北伐以来张先生的军功，尤其点明滇西大战时在芒市歼灭日寇的战绩。姚说："我们政府有的人是关公啊，早期是靠战功。"

在来到台湾后，姚秀彦学长因为讲课时批评时局，而受到拘留"谈话"。姚说："这一打，老百姓可怜，我自己也很可怜。我都不晓得背后有人打我的小报告,说我有问题,说是间谍。下了课没有回家,家里人在等我,到哪去了?找不到了。其实是上面找我谈话。"

中将夫人也被拘留,当时国民党内部的混乱,可见一斑。

> 另外有一个人死得更冤枉。陈布雷,自杀的。陈布雷对蒋很忠心,跟了那么多年,结果自杀。陈布雷就是劝他不要打共产党,这个问题要重新考虑。他不听。陈是私人秘书,蒋原本非常信任,晚上两个人讲话。陈布雷不知道讲了什么话,蒋打了陈布雷一个耳光。陈回去上吊自杀了。

陈布雷在两难处境中,选择了自杀。当时在国民党内部这样的人不少,由于政治斗争的残酷性,他们无法摆脱蒋的控制。"我跟了蒋介石一辈子,看着他要失败。我要是背叛他,共产党会欢迎我:看,蒋介石的亲信来了!但这不行,历史会把你写成一个反复无常的人。"

历史学者姚秀彦道出了他们内心的纠结。君臣观念和现代政治品质,在中国一直是混为一谈的,至今没有理出头绪。在现实中,"贰臣"从不被"看好",下场都暧昧、凄惨。所以鲁迅说,中国少有"抚哭叛徒"的英雄。其实所谓"叛徒",有的是心无愧怍的。《红楼梦》中贾宝玉骂的有道理,所谓的忠臣,有的也是为暴君殉葬,以全"名节"。所以"名节"这个事,也是虚的,有很自私的成分。那些敢作敢为的天下英雄,是在"名节"之外的。

姚学长的夫君参加滇西会战,立功受奖,后来卷入内战。

> 我先生他一直打仗。我先生就奇怪了,怎么总是这个计划还没有发下去共产党就知道了?到最后才知道,蒋介石开的高层会议共产党的亲信参加了。你想想怎么能不失败?

立碑与存史

1946年5月4日,西南联大在昆明召集最后一次大会——结业典礼。梅贻琦常委宣布:"国立西南联合大学结束。"全场同学唱起了校歌"万里长征……"。而后人们去到后山坡上,为西南联大纪念碑揭幕。

碑是两面刻的,一面是纪念文字,一面是从军学子名录。沈克琦先生曾对我说过,此碑号称"三杰碑"。他提道:"闻一多、唐兰的篆额,罗庸的书丹。"碑背面的从军名录,是数学系教授刘晋文的书丹,而正面碑文,则是赫然有名的冯友兰院长的撰文,一篇熠熠生辉的传世之作。

哲学史家任继愈先生说,当年人们讨论过这篇碑文:"是油印后发给大家讨论的,联大那时候文史专家很多,当时发给大家看,有意见可以提提,一致通过。这都是现实的感受,发自内心的。"宗璞先生回忆父亲冯友兰时,说:

> 在胜利的时候,我们就住在西仓坡五号。他和母亲一间房,书桌也摆在那儿,写东西都是在那儿写的。胜利以后,大家都非常高兴,他就很忙。那时候有各种各样的事情,回家也比较晚。平常他就晚上写作。他写作碑文的时候,我看到的,细节我不记得了。我知道那个是碑文。

这篇碑文为什么成功?我认为是因为它"写大不写小"。虽然写的是学校史,其实是民族史上的一页。任继愈说:

> 西南联大校碑讲的是一个学校八年的经过,实际上是反映我们祖国整个抗战的概貌,也是这么一个过程。先是有困难,慢慢经过艰苦的奋斗,最后达到了胜利,取得圆满的结果,跟预期的情况基本上是一致的。不但我们学校如此,我们的政治大局,军事上的斗争也是这样过来的。

冯友兰先生在碑文里先追述中国的历史地理方面的独特性:

> "我国家以世界之古国,居东亚之天府,本应绍汉唐之

第七章 北归

余烈，作并世之先进"，这个话概括得很好。再接下来，"今日胜利国家有旋乾转坤之功，而联合大学之使命以抗战相始终"，就把学校的命运和国家的命运结合起来了。

然而讲三个学校联合后所创造的新学风：

"文人相轻自古而然，有人所言，今有同慨。"这三校里面各有各的传统，各有各的长处。这三校里面，没有发现"文人相轻"这个问题，而是得到了切磋、互相促进这么一个好处。"各异之学风，八年之久，合作无间，同无妨异，异不害同，五色交辉，相得益彰，八音合奏，终和且平。此其可纪念者二。"这个说得很好。

一千个人都唱同一个调子的话，未必就是反映实际情况，但是有不同的声音，倒是促进学术的进步：

再就是联大学术民主的风气。学校的政治民主，这里面讲得也很好。"转移社会一时之风气，内树学术自由之规模，外来民主堡垒之称号"，这个称号是名不虚传的，是符合实际的。"违千夫之诺诺，作一士之谔谔，此其可纪念者三也。"这是第三点。

第四点，过去的南渡，过了江以后就慢慢萎缩、衰退，回不来了。他说："晋人南渡其例一也；宋人南渡其例二也；明人南渡其例三也。"可是我们抗战的南渡又回来了，而且是胜利地回来了。这点是很不容易的。"乃能于不十年间，收恢复之全功"，底下那句我觉得很好："庾信不哀江南，杜甫喜收蓟北。此其可纪念者四也。"这个讲得非常好，非常透。

校碑文章出来以后，联大师生们都觉得很受鼓舞。

晋人南渡、宋人南渡、明人南渡，这三个南渡，一个是外来力量入侵,一个南渡是当时政府内部的不团结、不振作,是腐败让它造成这个结果。但是我们的抗战不是这个样子,是敌人打进来了,我们全国人民奋起抗战,得到这么一个结果。庾信《哀江南赋》,他是怀念江南、思念江南,他回不去了,这是庾信很凄凉的一个结局,不是一个悲壮、胜利的结局。岳飞那句"还我河山"更是宋人之虚愿,愿望是这样,不但不能收复失地,岳飞自己命都搭上了。这也算一个很悲惨的结局。明朝逐渐地萎缩,永历帝一直跑到缅甸,后来当了战俘,把他交回来,吴三桂把他杀死在昆明。这都是政府的力量滑坡的结果,往下滑,不是一个昌盛的局面。可是西南联大跟我们的国运是一样的。

抗战胜利以后,中国取得了联合国常务理事国的资格。从被迫地抗战,从很弱小的国家,到胜利后变成世界上五大国之一。"战胜国,就是很理直气壮的,很自豪的感觉。我们受降,日本人的武器交出来,这点是很扬眉吐气的。"

冯先生的碑文,对祖国的赞美充满历史的哲理与诗情。尤其是他道出了中华文明与其他文明的深刻差异:

> 世界的文明古国有几个,四大、五大,且不说。比如,希腊、罗马、古埃及、古巴比伦,那都是很悠久的国家。它们是有古无今,古代有了,中间衰落了,接不上。后来这几个强国,英国什么的,特别是美国,它是有今无古。美国历史,二百多年以上,就讲到欧洲去了,不是它的历史了。本地历史就讲到印第安人的历史,也不是它的历史。只有中国的历史是从古到今连绵不断,这点我们中国学术界的人,包括世界上都是这种看法。

> 世界几大文明,像巴比伦,一片荒漠,现在的伊拉克

就是那个地方，出点石油。而我们，从古到今都在这个舞台上。中华民族在黄河流域和长沙流域的大片土地上。这是我们中华民族的一个舞台，政治舞台，也是文化舞台。我们创造的华夏文明就是在这个地方，统治者可以换不同的民族，有汉族，有非汉族，但是这个历史是继续的，是没有中断的。我们的《二十四史》《二十五史》，这个朝代是相连续的。它并不是这个成了以后否认那个。它是连续不断、一脉相承这么下来的。这也是世界特异的，很值得自豪。

冯友兰敏锐地吸取和归纳了这八年中有关联大的两个经典创作：罗庸先生所作校歌词《满江红》是联大历程的精彩概述。冯先生几乎是引用式地纳入了词文。这也更加引发联大师生的认同感。而"南渡"历史典故的提出，来自陈寅恪先生诗《蒙自南湖》。碑文借助了史家的力度，表现了冯友兰的睿智。

"南渡自应思往事，北归端可待来生。"对于汉民族失败的历史，在世家兼史家的陈寅恪这里，积累太多太厚了。悲凉的浓雾使他难以摆脱。陈先生说"来生"才可能看到"北归"。这也与他个人的身体状况有关。这场抗日战争，其实与所谓的三次"南渡"完全不是一回事。任继愈："因为过去的历史是中国内部的问题。""南渡"三例，南来北去，最终不过是一种民族融通。汉文化与汉文字照旧，宗祠与律制照旧，《二十四史》照旧延伸。其实对于中华民族而言，在《二十四史》之内是谈不上"千秋耻"的，真正的耻辱和危机来自鸦片战争，之后若干的侵华战争，割让土地，搜刮黄金，瓜分中华。

抗日战争是怎样胜利的？至今大陆人民很多是模糊的。有一个熟人对我说："我从前以为抗日战争就是《小兵张嘎》，还有《地道战》，最近才知道国民党也打日本了。"而我赴台湾时，有老校友对我表示："不承认国民党军队在抗日战争中的功绩，死不能瞑目。"

我想说的还有一个观点，这就是抗日战争显示了中国成为世界格局的重要部分，人们应该认识到，它的命运和进程再也不是孤立的了。许多人曾经讳言这一点，仿佛不是中国人独立打败日本，就不光彩。其实这是陈旧之见。在当时中国凭借自己的力量要想打败日本，是有难度的。这不是自尊心的问题，是客观实际，并没有什么羞耻和不可见人的。应该说，当时许多国家都存在不可能独立支撑保卫战的难题。即使是最强的美国，只它一个也不可能打败德意日的结盟。

当时的形势是：每个被侵犯的国家必须顶住来犯的侵略军队，拖住它们，从而结成一条战线，消耗法西斯的实力，最后到达反攻时刻。中国光荣地完成了它的任务，坚守八年，从不言降，中国军队和人民抵抗和拖住的日军是数量最庞大的法西斯力量。如果没有我们，那么欧洲战场和苏联战场的格局都是不可思议的，是不可能顺利发展的。任继愈说：

> 自从鸦片战争以后，中国变成世界的一部分，这是世界的总形势决定的。打败日本有中国的力量，也有外国的力量，加起来才把德国、日本打败的。放到大的环境里头，我们就总的势力是占优势的。这是新时代旧时代看历史不一样的地方。

那年在北京，从美国来的陆迪利学长告诉我，他明天飞往昆明，后天飞回美国。我问他，何以如此匆匆？他说："就是去看一看那块西南联大纪念碑。"

大陆开放后，来到这块碑前的人络绎不绝，踪影不定，行色匆忙；留心的人稍加打听，就可以知道：那里面不少龙虎之辈，非同寻常的人物。一天，一位老者跪倒在碑前。后来他留下了墨迹："当年戴罪去，今日负荆来。春城欣巨变，悔愧泪盈腮。——重来昆明瞻仰烈士墓有感 沈醉 己丑夏于昆明。"沈醉，一部小说《红岩》令他家喻户晓。中国半个世纪以来，龙虎之斗，可谓是一半出自黄埔军校，又有将近一半是出自西南联大的吧。他们回来看这块碑，就是回来看历史，看他们亲身经历的那一段抗战史。当一切都人是物非，尤其是当历史的记载被消解和混淆之后，只有这块石碑挺立着，证实着那曾经发生过的中华民族故事，证实着大学的不屈服和学子的血战沙场。当昆明市的许多抗战纪念碑、远征军烈士碑等被捣毁时，这块西南联大纪念碑有幸保存下来。

中华民族是讲"人治""德治"很长久的东方国度，而在"法治"方面落后于西方。这么多年了，我们一方面没有能够建立完善的法治，另一方面在"人治""德治"上反而下滑。很重要的一个原因就是历史混乱，《二十五史》《二十六史》没有继续完成，没有一个真实和清晰的记载。

历史对于中国人其实非常重要，所谓"以史为鉴"，并不只是文人的事情，整个民族的道德都是通过历史的反射建立起来的。实际上中国存在一个参与社会治理的重要因素，我称之为"史治"。历史是过去和现在社会的监督者，是惩罚和表扬的权威者。在中国，就是帝王，也害怕被历史拷打。人们都面临历史的考问。史学的作用重大，肩负对一个民族的责任。

朱家骅昔在南京任中央大学校长时曾经说过："一个大学的学风，以文学及史学两系为枢纽。"在当今，史学的意义远远超出了学术与教育界，关系到整个民族的道德重建。有识之士都认同：真实的历史是战胜愚昧、暴力、非理性的武器，是中国走向民主化和现代化的铺路石。

诗人罹难

自民国以来，暗杀成风。但闻一多之死，震惊天下，也加速了蒋家王朝的崩溃。在政治斗争中，那些没有被赋予党派使命的人，更具有人格魅力和感召力。闻一多参加了民盟。但是他在遇难前坚持抗争,并不是由于组织派遣,而是发自个人义愤的举动。

他抗议无辜者的遇难,在"一二·一运动"的血雨腥风中,进行人道与人性的公众发言,从而自己也成为遇难者。在死亡的威胁面前他以诗人的气概卓立,而不做政治式的潜逃。他的不走,不退缩,出自一种人格的力量与担当。

有人强调说,极度贫困使闻一多思想左倾。但是,极度贫困不可能使一个人舍弃生命。闻一多是清华大学的教授和知名学者,胜利后复员北归,生活即将扭转。这是显而易见的。他在牺牲之前有着完满的职业、事业、家庭、友人、学生和爱好,更有着对抗战胜利最坚韧的等待和热望。

闻一多并不是被生活贫困"逼上梁山"的。相反,他舍弃了看得见的好日子和血浓于水的一大家子人,独立出列,与压倒整个中国的黑暗抗争。在"七七事变"的时候,闻一多给妻子写信,就说过这样的话,宁愿因抵抗而家庭逃难,不愿意再苟安下去。他对国家和民族的关心与热爱,是在家庭之上的。这种品质,现在已经被大多数学人放弃了。闻一多之死向学界与世人展现了他罕见的人格力量。这种人格力量,从那时到现在都殊为罕见。因此他也得到人们最多的悼念和追忆。

我和闻一多的子女们约见,是在北京门头沟画家村,闻一多第三子闻立鹏的画室寓所。因为那里有闻一多的灵堂。那天来的有闻立雕、闻立鹏、闻铭三位和他们各自的伴侣。闻立鹏说:

> 去年是1999年,是我父亲正好诞辰一百年,正好是澳门回归。所以我们想,"家祭无忘告乃翁"。澳门回归这一天。三十多口人在北京举行这样的一个家祭,把最重要、最好的消息,告诉我们父亲。

当他们齐唱《七子之歌》的时候,我忽然感到,闻一多历来对"灵肉之说"有所重。我还有一个触动:爱国诗人、民主斗士,这两者,在闻一多先生这儿是合璧的。在过去,学潮一贯是被称为爱国民主运动的。可在今天这个时代里,似乎"爱国"与"民主"已经不是同一回事了。很多自命为民主斗士者,并不提倡"爱国",他们只谈民主。而另一些倡导爱国的人,亦反对讲"民主",他们认为民主有碍于国家,这很困惑,值得探讨。

"一二·一运动"后,联大复员,形势急转直下,白色恐怖更厉害了。三校北回,学生作为民主力量的中坚,也都一批一批走了。闻立雕:"他们临走的时候,有一些学生到家里来,说:外面有传说我们走了以后,民主力量就要受到影响。闻先生是不是跟我们一起走?这样路上有个照应。"外面传说要四十万元收买闻一多的人头。闻立雕说:"国民党那些标语在街上。这一条、那一条,说什么闻一多组织暴动,闻一多组织杀人公司。那些我都亲自看到了。"

闻一多的两个儿子随着复员的汽车北回了。闻立雕:

> 我们家也要回到北平,但是当时的飞机票很难买。我们家经济也不可能拿那么多钱出来,所以就提前走。我父亲遇难的时候,我和我哥两个人不在场,我们在重庆,当时在场的是大妹、小妹,还有大哥。大哥受伤了,当时小妹十三岁。

闻铭,闻一多的长女,仪态娴雅,表达细腻。她当年跟随父母一直留在昆明,亲历了父亲的遇害经过。闻铭说:

> 那个时候,空气比较紧张,形势比较严峻。联大学生最后一批 11 日早上走,晚上李公朴伯伯就被暗杀了。那时,我跟我父亲住在一间房子里。半夜时候,有学生敲门,外面下着雨,有 1 点多钟。我睡着又醒了,听到他们在说话,说李伯伯被暗杀了。一听,我父亲当时就要走。

来人说,闻先生不要去,李先生在医院里正在抢救,你要去的话,可能特务对你要下手了,特务已经布置好了。闻夫人也说,等天亮了再去。大家拉住了，不让他去。闻一多在床上等着，天一亮，穿上衣服就走了。到医院的时候，李公朴已经牺牲了。闻一多回到家里，没有说话。夫人给他端来一杯热茶。整个早上，不断有人来说："第二号就是你，闻先生你要特别小心。可别出去了。"

可是闻一多天天在外头。天一亮就出去，吃饭的时候，家人才能见到他。有一个女特务经常来捣乱，她手拿着《圣经》，一直走进屋子，一边说，一边骂："不改悔的话，你就要命在旦夕。你跟着共产党跑，要做饿死鬼。"这事后来登在《民国周刊》上。闻铭说："我父亲他也知道，他从外面一回来，我们就跟他说，他毫不畏惧，我们给他看那恐吓信，看完以后往那儿一扔，该出去还出去。"他视死如归。闻一多当时对妻子有一段话，少为人知：

> 现在就好像一条船在海里遇到了大风。这个时候，就需要我们在船里的人，把舵掌握好，才有可能船不翻，达到彼岸。我们也撒手不管，就任凭风浪吹打。在这种情况之下，我不坚持不行。

闻一多对自己要求一向非常高。这是一种人格的要求。这令人想起谭嗣同。"彼岸"，正是一个光明与民主的社会理想。这与他《红烛》诗中所喊出的要唤醒世人的灵魂，捣毁牢狱，创造光明，是一致的。

家里时常有人来，说："黑名单上有你。"有的人还送一套西装，说："闻先生你化装走吧，说那边有篱笆，你从那边出去，跑出去。你不出去，肯定就得暗杀你。"闻铭说："后来那西装还搁在那个椅子上。可是我父亲一点没有畏惧，还照常出去。"

闻一多的夫人这时候心脏病犯得特别厉害，她一天都心神不定，希望先生早点回来。闻铭说："中午回来了，大家在一起吃饭，这会儿工夫她稍微安定一会儿。吃完饭我父亲又出去了，她就又处于担心状态。她跟我说，她的心都跳到口里来了。"

第七章 北 归

7月15日那天，闻一多出去开李公朴死难报告会，他去之前没有告诉家人。当天晚上，闻夫人到潘光旦夫人那里去，闻一多回来以后，找到潘先生家里去。潘光旦夫人劝他，说："你不要往外跑了，万一有什么事，你看看你太太都成什么样了，已经都没有人色了。"因为闻一多喜欢吃潘夫人炒的江南的菜，她说："我给你做好吃的，给你炒好的菜，你别出去了。"闻铭说：

> 第二天我父亲还照常出去了，在那个会上发表了最后一次讲演。这些事情我母亲都不知道。我父亲回来以后，把手杖往门上面一挂，冲我母亲一笑说：你放心吧，回来了。我爸爸对人特关心，他的感情特别细腻，他在这种情况下，对妈的关怀、爱护特别让人感动。

闻一多承受危险而不愿家人受惊，即使是已经走到了死亡的门口。这一天他作了讲演，他不告诉妻子，但是他跟长子闻立鹤说了。他说："今天会上我讲演了，特务真多，是同学们把我送回来的。"

那次会，本来大家说好了，不让闻一多讲演的。闻铭说：

> 我父亲，那么多同志劝他，他也答应了，说：好，我不说话。但是当会场上，他看到李伯母讲不下去了，李伯母悲愤交加哭泣了；特务一点人性没有，还在那儿捣乱，吹口哨。我父亲实在气愤不过，拍案而起，就上了讲台，发表他气壮山河的最后一次讲演。

他所迸发出的大勇、正气，正体现了中国知识分子传统的傲骨。他绝对地鄙视"明哲保身"："国家糟成这样，再不出来讲话，便是无耻的自私。"

诗人就这样从"春江花月夜"走向了屈原的大美。

讲演以后，他知道死亡是更近了。闻铭说："他下午休息了一会儿，还照常出去了，开了记者招待会，在会上跟记者控诉法西斯的暴行，宣扬民主运动。就是这个会回来的时候遇难的。"闻一多交代长子闻立鹤，一会儿到《民主周刊》社去接。闻立鹤一个人到周刊社门口去了好几次。他觉得不对劲。那个街道是一个菜市，人来人往的，那天一个人没有，特别安静。当接到父亲往回走的时候，闻立鹤买了一份晚报，他觉得这下没有什么事情了。

但父子俩走到离家一二十步的地方米仓，几个特务从后面就出来了，向闻一多开枪，当场就把他打倒了。闻立鹤赶快扑到他的身上去。一边大叫："特务杀人了！"西仓坡上没有人，闻立鹤趴在父亲身上。中弹后，他就滚到地面去了。特务又冲闻一多开了十几枪。闻铭说：

> 我们听到了枪响，就什么都明白了。一下子都往外跑。腿不动，根本就不听使唤了。跑到门口一看，一个横一个竖，躺在血泊里，我一下扑到我父亲身上去，我们叫他的时候，眼睛已经闭上了，但嘴唇微微动了一下。妈妈抱着他，血流了一身。嘴唇由红变紫然后发乌，这也明白了，我父亲恐怕是不行了。我大哥，在那边还睁着眼睛，大哥的眼睛一辈子我都忘不了，充满了仇恨的眼睛。

闻立鹤腿上中了枪，离静脉很近。"我母亲这边抱着爸爸，那边叫着大哥，慢慢地围了一些人，没有一个人敢伸手帮助，我们也知道，那里面有特务，没有人敢伸手。"忽然人群里有人叫起来了：特务来了！人群一下子散了。就剩闻家这几个人，老的小的。没法把中弹的闻一多拖起来。

当人群又围了上来时，里头有两个挑夫。闻铭的母亲说了好多好话，恳求他们，后来他们借了一个床。闻铭就跟着挑夫，一路小跑，把父亲送往医院。"用这个床把我父亲抬到大医院去。挑夫已经小跑了，还觉得他们走得不快。一路上，那血滴答，直往下滴。一路上都是我父亲的血液。"

到医院的门口了,从医院里出来两个学生,一看,说:这怎么回事? 一听是闻一多,就帮着把人抬到急诊室里。"过来两个医生,医生一翻眼皮,就说不行了。"闻铭的母亲带着小的妹妹,回家取钱。家里存了点钱,是准备买飞机票用的。"我母亲赶到医院时,我父亲早死了。我父亲的遗体,从急诊室抬出来,旁边正好有一个甬道,我父亲的遗体躺在上面,遗体的血都流到花坛里。我母亲一看这种情况,就搂着他,当时她就晕倒了。"闻立鹤被送到重病号病房去了,这时来了不少人,多数是联大学生。学校也知道了,派人到医院去。

闻铭将染着父亲鲜血的泥土装在袋子里,带回了北平。

> 我父亲和我哥哥在昆明被害的地方,当时流的血把那块土渗透了。我跟我妹妹,找黑布缝一个袋子,到门口跪着把那些血土收集起来,装在袋子里,后来离开时,我们把它带走了。我们的第二故乡昆明,留下了我的父亲和哥哥的鲜血。五十几年了,我那时候是十四岁,我妹妹九岁多。

闻一多,一个在人格上追求进步与不断完善的人。他从一个浪漫的新月派诗人,一位留学法国的印象派画家,转型为一位《楚辞》研究学者,一位古典文学教授,他在广阔的学术领域应该还有很多开拓。而最后,一个沉浸于爱与家庭中的丈夫与父亲,毅然拍案成为民主斗士。

是谁下令杀害闻一多的,现在似乎还有争议。但蒋介石对于胜利后的中国实行特务统治,这一点是闻一多被害的背景和必然。不管蒋本人是否下了手谕,闻一多的死,他是第一罪人。台北姚秀彦女士说:

> 闻一多老师,最有名的诗人。闻一多老师下午2点钟在大街上被杀,明目张胆地在大街上被杀。闻一多就是被蒋介石的特务给杀害了。当天晚上我们的老师都赶紧找个小皮

包，小皮包里装着衣服到哪儿去？美国领事馆！那时候领事馆里有特权，本国人一般不敢进的。蒋介石失去了知识分子的拥护呢，原因很多。闻一多的事情就是一个代表。

为了民主自由进行拼死斗争，绝不退却，这是闻一多最后的人格标志。1945年5月4日，在纪念五四运动大游行后，闻一多演讲："'五四'过去二十六年了，我们大半个国家还在受苦受难。我们今天第一要民主，第二要民主，第三还是要民主！没有民主不能救中国！没有民主不能救人民！"1947年10月4日，在上海举行李、闻追悼会，罗隆基仍然强调民主：

> 民主是由坐牢、流血牺牲而得来的，这也是民主的代价……刚才潘公展先生说，我们究竟要英美的，抑或苏联的民主？我是研究法律的，这个我可以代表我的同志答复，他们要的是老百姓都能活命，能自立，能过人的生活。老百姓不能活，没有自由的国家是不民主的。
>
> 杀死一个人并不就是杀死他们所追求的信仰。因此，可以杀死他们两位，而不能杀死民主。

校歌传神

在1938到1939年间，西南联大校委会决定按教育部要求，拟一首校歌。而今，无论是在北京还是在台湾，每逢西南联大校友集会时，都要唱校歌："万里长征，辞却了五朝宫阙。"因为老人们嗓子干哑了，有时会放一个磁带，大家跟着唱。令人更觉沧桑。每唱这支歌，老学长们都神情肃穆，毕恭毕敬，一副学子的模样。

朱光亚原来是联大合唱队的，我请他唱校歌时，他马上从座位上站了起来，笔直地，双手着裤缝，目视前方，然后庄严地唱——"万里长征"。

有一年杨振宁到昆明旧校址,站在西南联大纪念碑的前面,他应校友的邀请,也唱了校歌。

我见过当年的校歌歌谱,它有如一张传单,传遍联大八年,学子人人都唱。在台北,姚秀彦学长一直保存着校歌的歌谱。联大学子们热爱他们的校歌。因为它与众不同,记录着他们的人生。

姚秀彦说:"清华的校歌没有联大的校歌好。清华是'西山苍苍,东海茫茫',很空洞啊。苍苍啊、茫茫啊,有什么样啊。"这话只有姚学长能说,因为她就是清华人。别人岂敢冒犯清华?

> 现在的清华校长,原来在一块儿上课。清华,大家知道,是厨房吃饭,学校完全免费。所以我们中午一起吃饭。我跟他很熟的。我说,校长啊,我们今年清华的教授有几位得奖,恭喜啊。他说那你要恭喜他啊,不要恭喜我啊。答复得真好。我说句不客气的话,清华校歌没有联大校歌好。他说,没关系,你只管讲,那个校歌不是我写的。

如此学子,如此校长,泱泱也清华。"西山苍苍,东海茫茫"其实并不空洞,是"有容乃大"的气象。姚学长说:

> 联大校歌不得了啊。那是整个的近代史的一个缩影。"万里长征,辞却五朝宫阙",暂时停留在衡山湘水,又成离别,大家分别到了西南。这个校歌就是整个历史和抗战的一个缩影。"绝徼移栽桢干质,九州遍洒黎元血。"九州到处是老百姓的血。"尽笳吹,弦诵在山城。"这就转过来了,这个调子是《满江红》,一下就转过来了。原来那首是宋朝岳飞写的,他是骂了"靖康耻,犹未雪,臣子恨,何时灭",这是原来的那一首。那我们现在就改了,很强韧。原来那一首是悲观的。"千秋耻,终当雪,中兴业,须人杰。"我们这个校歌,把古代的历史和抗战统统包括在内。气质高傲,不像

原来的《满江红》很消沉，很可怜。

姚学长在台湾新竹清华大学任历史教授。她送给我她的文章《论族群的融合》，视野非常大。这不仅是在做历史学术，更是为台湾现实社会提供一种最需要的文化养料。那一次见面后不久，她就去世了。可以说这首校歌是她至死不忘的，终生热爱的最美好的东西。

联大校歌，蕴含抗战和期待，这是学校和民族的根。西南联大台湾校友会捐资，在新竹清华大学立了一个联大校歌碑，放在学生饭厅里。校歌碑状若顽石，非常古朴。西南联大的学生，都把自己看作是这所学校永远的莘莘学子，耄耋之年，不改其道。无论是载誉环球，还是经历曲折，校歌成了他们"天涯共此时"的认同心曲：这是一个独特的历史现象。

曾经有过可以寄托灵魂与理想的大学。它宁静而永恒的魅力在四海散发着余韵。从精神的层面上讲，这是一所没有解散的学校。比起今天那些高楼林立的大学，它更加牢固地存在于这个世界上。今日我们已无校歌。大学失去了他们各自的历史和独特传统，"千人一面，千部一腔"的时代已经很久。现在的学生把大学当作一个门槛，急于要那一张文凭。而管理者把学校当作一种经营场地，是物流、人流、信息流的集散地。大学的个性、特征和那种家园情感已经淡化消失。

在这样纷扰混浊的世界上，忽然，这首几近神圣的联大校歌也发生了"作者风波"。在采访中，有几位参与了联大校歌创作过程的人们，我听到他们顺便提及此事。联大外文系教授杨业治说：

> 拟校歌的时候，开始我没有参加。1939年我在教"中古文学史"，没有时间。那个时候有两三个人写了校歌的谱。一个叫马约翰，一个叫沈有鼎，是我的朋友。还有一个是张清常。这三个人分工是各有不同的。词是叫谁写的？罗庸，中文系的，罗庸是写词的。大家都觉得不太满意。所以朱自

> 清先生就写信到广西去，他的一个学生，西南联大的，他会音乐，请张清常写谱。最后，我参加会，决定哪一个谱最好。结果我是赞成张清常的那个谱。但是词还是罗庸的《满江红》，经过是这样的。

杨业治老先生也关注到当今的"校歌之争"：

> 后来冯友兰先生觉得这个词是他作的，不是罗庸作的。他曾经作过一个校歌歌词，他作的词和清华的那个校歌词很是"文明"的那种，不是很古典的。他搞错了，认为是他作的，冯宗璞坚持是他作的，结果在晚报上登了。那么，张清常也否定。冯先生也老了，记不清了。

谈到校歌产生过程的，还有冯钟芸先生。她说：

> 西南联大校歌也试唱过一次，大家听一听，我去听过，张清常指挥。大家觉得满意，就通过了，就听过一次。那是罗常培先生约我们去听的，词是罗庸写的。……因为当时在昆明的时候，我们家在楼下，我伯父冯友兰住在楼上。当初那个校歌，最早几个人讨论的时候，是在他家里。那时候还叫我们姊妹几个去唱这首歌，唱这个调。有这么一档事，还弄了一个简单的乐器。因为我们家里有一个曼陀林，去实践的就是我们姊妹几个，没有别人。

我以为，关于"联大校歌歌词作者是谁"，根本就形不成争议。冯友兰先生，作为西南联大文学院院长的权威地位，西南联大纪念碑文作者，在联大文界声望赫赫。难道说，会在这个他所热爱和奉职的校园内，受到压抑，被篡夺著作权？这不可能。

第八章

两　岸

　　台湾省自1895年4月17日，中国甲午海战清朝失败后，被迫割让给日本。至1945年10月25日中国抗日战争胜利后，由日本归还中国。(《英国大百科全书》中文版第7期词条："台湾")

　　当时代从"清朝"更迭为"民国"，国人并没有忘记被割让的台湾。出身中国著名世家的陈寅恪将自己的女儿取名"流求"，表达了中国人民"绝不放弃"的国土情怀。这与闻一多先生"七子之歌"异曲同声。

　　台湾复归中国，是抗日战争胜利的一个重要成果，对于中华民族有重要的历史意义：它意味着雪洗"甲午战争"的耻辱；它标志着推翻封建王朝的中国人民已经爆发出巨大的爱国热情，所以能够承受艰苦卓绝的抗战，从而使世界承认了自己国家的独立性与尊严。

　　然而由于国共内战，人们的注意力被转移，当时对"台湾回归"没有给予足够的重视与认识。很快地中国就进入了"两岸对峙"的漫长年代，以致内地的人们对台湾收复后的过程一直是隔膜的。

　　"两岸"成为大陆和台湾的特指：一个特殊的地理和政治分界；而"一个中国"的原则却是双方共同遵守的默契。至2008年，共产党与国民党重建合作，台湾与大陆的关系跨入一个新格局。今日之台湾，对于中国非常重要，它的意义不只在国防与军事上是"不沉的航空母舰"；台湾和内地不同的发展模式，表明中华民族在振兴之路上的探索。

早在1945年抗战胜利后，远在昆明的西南联大就有毕业生分配赴台，参加政府接收；至1948年国民党撤离大陆，西南联大几位校长和一些著名学者、学子随之登岛。联大学人在岛前后总数约三百人。他们致力于去除"日本化"，投身土地改革、振兴农业、重建教育，对台湾的经济起飞和政治民主化，发生了不可取代的作用。这些在大陆都鲜为人知。

在大陆，西南联大则为新中国的建设储备了一批高端人才，这在过去那个被国际世界封锁的时代弥足珍贵，其中最突出的是对"两弹一星"工程的巨大贡献。在日本人狂轰滥炸昆明的二十年后，新中国爆炸了第一颗原子弹。在爆炸原子弹的命令书上签字的，就是当年的西南联大学子邓稼先。此外在人工合成胰岛素等重大科技成果的突破方面，联大人也起到最骨干的作用。

而在1957年，联大学子李政道、杨振宁获得诺贝尔物理学奖，他们由此成为最先来往于两岸的科学家。西南联大学人一直是两岸联系纽带的中坚力量。台湾的学人们在历史的波涛中显示出"本是同根生"的民族血脉和不可分割的凝聚力。

邓稼先："人杰"与机制

邓小平说："如果60年代以来中国没有原子弹、氢弹，没有发射卫星，中国就不能叫有影响的大国，就没有现在这样的国际地位。"1999年，大陆对"两弹一星"有功人员举行了隆重授勋，在二十三位功臣中，有八位是联大的教师和学生。他们是：赵九章、郭永怀、陈芳允、屠守锷、杨嘉墀、朱光亚、王希季、邓稼先。

"这些人，都是一个人就代表着科学进程中'一个台阶'的宝贵人才。有时候失去他们中的一位，中国原子弹等重大工程就会迟缓很多日子。"当空气力学专家郭永怀在空中遇难时，邓稼先曾经这样沉痛地说过。这是一批成长于战时大学的学子们，1949年后，他们从海外毅然归国，撑起了大陆和平的天空。正是他们这代人为新中国创造的功绩，使人们重新认识到，战时大学在八年战火中坚持"弦诵"的价值。

我见到朱光亚时，他和妻子住在一栋警卫严密的小楼里。他告诉我，为了不给人们增添麻烦，他基本上不出门。虽然也很想回到云南去看一看昔日上学的地方。他们夫妇把听音乐作为消遣。朱光亚说：

> 1949年中华人民共和国成立了，新中国诞生了。我们当时比较要好的少数同学，专门找一个地方庆贺了一番。那个时候我已经萌发了愿望，同时我学业已经结束，学位考试都完了，所以就非常想回来。

朱光亚为我们拿出一些在美国留学时期的照片。其中一张，留学生们在林间围坐野餐，而朱光亚站在中间读一封从大陆寄来的信。

> 1950年初，我是三四月份回来的。那时感觉到要快点回去。一方面有家庭的关系，那时候我还没有对象呢。我的父亲年老，希望我回来；主要是感觉新中国成立了。我们当时有一个小的集会，大家的情绪很高。在美国时研究生搞同学会，我也曾经在同学会跟大家一起讨论。不少同学都觉得，应该学完了赶快回去。成立新中国了，应该投身到自己的国家里面，为自己的国家、自己的人民做一点事，尽我们的一份责任。

我到过王希季的家，他是云南人，被誉为中国的"火箭之父"。中国的第一代火箭和卫星都是他设计的。王希季从联大毕业后，怀着

第八章 两 岸

科学救国、科学强国的理想,先后投身军工制造业和电力工业,后来也留学美国。归国后,他最早提出了中国必须争夺"天疆"的理念。

我访问郭永怀的妻子李佩,她也是联大学生。李说,当年留学生们常在她家开会,商量归国的事情。郭永怀非常坚定。为了能够顺利回国,郭永怀不惜烧掉自己历年的研究资料,他说"最重要的东西都装在脑海里了"。

任之恭教授回顾战时岁月时曾经说:"我常常为没有获得直接的成果而沮丧。然而,由于看到昆明经历了战争的青年科学家的力量和潜能,我觉得有一种难以用语言表达的丰富经验和极大满足。"

邓稼先,西南联大学子,抗战胜利时留学美国,后毅然归来,为中国原子弹工程贡献直至牺牲。他的思想、经历和奉献,正是那一代学子的优秀代表。

邓的夫人许鹿希,是北大校友、"五四"前驱许德珩的女儿。许、邓两家是世交。邓稼先归国后,在两个高级知识分子家庭之间,诞生了一个轻松宽裕的小家庭。命运的改变从1958年8月开始。许鹿希说:

> 1958年以前,邓稼先在中国科学院原子能研究所做副研究员。那时候调动工作,把他调到二机部,二机部是核工业部,做理论部主任。调动那天,钱三强先生跟邓稼先说:"国家要放一个大炮仗,要你做这个工作,怎么样?"邓稼先听了这句话,心里就咯噔一下,马上就明白了,这个大炮仗就是原子弹。他当时就问,我能行吗?钱先生跟他讲了一些道理,他就服从调动。当时家里负担很重。两个孩子很小,两边的父母都有病。邓的父亲是肺病,母亲有哮喘病。
>
> 他就跟我说了这么一句话,家里的事,他不能管了,都靠我了。那时候我三十岁,邓稼先三十四岁,那是1958年。

> 我们的孩子一个四岁,一个两岁。可是我看他那么坚决,我就说我支持你。

邓稼先的人生之路从此走上了这样的三步棋:抛妻离子,步入险境,死而无憾。

> 后来我们俩谈了很久,他谈了很多日本人怎么欺负中国人的事。他说什么我听着。之后,他就突然一句话:"我今后的生命就交给今后的工作了,为了干好这件事,就是为了它死了也值得。"他说这句话,我就掉眼泪了。

参加国防项目,有"六不准"。诸如:不准与亲友联系通信,不准告诉他们自己的去向,不准发表学术文章,不准参与学术活动……等于这个人就消失了,不存在了。因为要失去个人的学术活动,有的人就中途不干了。许鹿希对我们说,参加这个国防工程的前后有十多万人,有许多人得了白血病,有人失明。他们没有得到任何补偿。

献身于这样一个荒野上的事业,成败不知。进入那个疯狂的"文革"年代后,还随时可能获罪。邓稼先就这样义无反顾地去了。家属都不知道他在哪里,通信、联系也要通过组织。杨振宁后来说:"如果稼先再次选择他的途径的话,他仍会选择他所走过的道路。"

当邓的母亲病危的时候,他是不知情的。因为事前他已经同意这样的组织约束。许鹿希说:

> 第一颗原子弹爆炸成功的时候,邓稼先在新疆的罗布泊基地,看判读结果。他们的党委书记就给邓稼先一张飞机票,说你赶快回北京,那时候才告诉他,他母亲病危。在这以前,我怎么样也没办法把他搞回来,他领导说,有非常重要的事情。他母亲病中已经昏迷很久,难以维持了,就在医院等着。
>
> 吉普车准备好了,加满了油,两个司机,轮流开车。从

第八章 两 岸

>罗布泊，新疆的戈壁滩上，开车到乌鲁木齐的飞机场，飞到北京西郊军用机场。下飞机后，把他直接带到医院，让他看他母亲最后一面。
>
>在他母亲床旁边，放着一张新闻公报，那时候叫"号外"。他父亲、母亲才知道他是干什么的。

邓家父母此时的心情，是焦虑与欣慰兼有之。当年，邓稼先在日寇占领下逃离北平，去昆明考西南联大，父亲邓以蛰对他说过："孩子，要学科学，学科学对国家有用。"建立中国国防，这是几代人的愿望。杨振宁说："邓稼先是中国几千年传统文化所孕育出来的有崇高奉献精神的儿子。"杨认为，美国的"原子弹之父"在中国是不可能成功的，因为中国的情况太特殊，需要付出的东西太多，已经超出一个科学家所能，只有邓稼先这样无私的朴实的人才能做到。

在邓稼先这一批人的身上，积淀太深了；不仅积累着中国现代最高科技的力量，更寄托着几代人和整个民族不甘凌辱，独立自强的希望，所以他充满了自我牺牲的精神。许鹿希回忆：

>过了几天，中科院的副院长严济慈先生到我父亲家。严先生跟我父母都是留法勤工俭学时的朋友，很熟的。严先生到我家里，我爸爸就说，搞出原子弹来太好了。他问严先生：是谁有这么大本事把中国原子弹搞出来了？严济慈先生就笑得要命，哈哈大笑，说："你问我？你去问你女婿去啊。"这句话才真正把这个事给挑明了。这时，我们全家人才知道邓稼先是搞原子弹的。

邓稼先在1985年得癌症，发现的时候，已经很晚了，他1986年去世。许鹿希给我看一张照片，是杨振宁到病房最后看望老友，两人站在一起，年龄较小的邓却显得如此苍老和虚弱。这时邓的嘴角上带有血丝，全身大出血，不久就逝世了。而另外几张，是邓稼先当年在美国时与杨振宁的合影，邓是那么高大帅气，英姿勃勃，明显比杨要年轻。照片中邓稼先与杨振宁的弟弟在做一种滚球游戏。邓稼先早逝的主要原因是他的身体大量地接受辐射，遭到核污染。许鹿希：

> 邓稼先在1958年8月接受任务的时候，他已经下决心为这个事业不惜一切。我了解他的心情。因为我们受过日本鬼子的侵害。对他生命最大一次的威胁是：我们曾经失败过一次。有一次一颗弹从飞机上掉下来的时候，应该是拿降落伞慢慢落，落到一个高度；可是没有降落伞，它是自由落地，又有风吹，它就跑得很远，完全摔碎了。摔碎的弹片，大概有半个足球场那么大一个弹片，全摔碎了。当时是"文革"刚刚完，那个降落伞没有造好。等到这个倒数起爆的时候，没有蘑菇云，没有响动。到底这个核弹哪去了？派了很多防化兵去找。可是防化兵不认得那个摔碎的弹片。邓稼先就亲自去找。

每一次爆炸之前，要专家签字。一般都是邓稼先亲自签字。签字就是他对祖国负责。而这一次，邓稼先签好字以后，这个弹没响。许回忆："基地的领导说，老邓，你不能去，你比我的兵值钱。他说这么恳切的话，让邓稼先不要去。邓稼先当时顾不了这些，立刻上了吉普车就走了。跟邓稼先一起上吉普车的，有二机部的赵副部长。"

吉普车在那个戈壁滩上到处找，大致知道方向。邓稼先一下子看到了摔得很碎的一大片。他就对赵副部长说："你们停住，你们进去没用。"把别人都隔在外面，他自己去。

> 他进去，弯着腰，一步一步在地上找。他一下子就找到了摔碎的弹片。他当时什么也不顾了，他就用手把那个东西捧起来。这是有非常强的放射性物质，对人的损害是不得了的。一看，他就知道没有核爆炸，只是摔碎了。他退回来，

第八章 两 岸

跟赵副部长说：平安无事。

中国人所谓"不入虎穴，焉得虎子"。而邓稼先此状更危于"虎穴"。他是用生命在对抗核辐射。事后查清，是降落伞出的问题，不是邓所负责的方面出的问题。这一次留下来了照片：

> 就是这张照片，高个子的就是邓稼先，矮个子的就是赵副部长，他们戴着白帽子、白口罩，穿着白衣服、白裤子，站在戈壁滩上。这个是他退出来了。忽然要求拍一张照片，手捧着弹片，以后身体就非常坏了。

邓稼先当时主动提出拍一张照片，他知道这就是他的生死极限。其实现场所有的人也都知道这个分量。这令人想到"我不入地狱，谁入地狱"之类殉道的话。这件事情一说出来就引起了我们摄制组强烈的震动。一个核武器研究的总负责人，亲临现场自己去接受致命的核污染。为什么邓稼先这么重要的科学家要亲自去现场遭受这样的核辐射？

邓稼先所处的那个时代和环境，不允许人们进行科学的判断和分析。他和自己的科学家团队时常处于被"批斗"和入"学习班"的冲击中，有一次学习班还打死了一名炸药专家。核试验随时会被无理停止。许说：

> 科学是允许试验、失败、找出原因、再改正、再失败、再找出原因，最后才成功的，没有说那么顺利，一次就成功的，不能说一点弯路不走；走一点弯路就说你是"反革命破坏"，说你是"反动学术权威"。那时候不讲理，利用完全不懂的一些年轻人乱喊，失败就说是破坏。

在住院的最后日子里，邓稼先对自己的事业进行了最后的交代。

> 当时国际上别的核大国核武器已经到了理论极限，这核武器差不多到了一个极限就不能再做了。这个时候别的核大国就

会压中国，不让中国再做。中国必须赶在没有签订"核禁试"之前，也把中国的核武器达到理论极限。他在病床上向中央写了一封建议书——在他以后中国核武器应该怎么样发展。

1996年7月29日，在邓稼先逝世十周年那天，中国做了最后一次核试验，第四十五次。挑这一天，就是一种纪念。第二天，1996年7月30日，《人民日报》大字标题"中华人民共和国政府申明，中国从今天起，暂停核试验"。中国在联合国合约上签字了。

邓稼先的最后留言是："我死而无憾。"这句话，令坚强者流下更加坚强的眼泪。

那天在邓家小屋，采访结束时，有人问到"奖杯"，许鹿希的嘴角上出现一丝不易察觉的表情，她始终没有拿出这东西来。她珍重的是这个小屋里的每一件遗物。她让我们一一地拍摄了邓稼先的眼镜、茶杯，还有电话和折叠椅。许鹿希有一股气概，不愧名门之后。她懂得邓稼先的人生追求。

在这个简朴的小屋里，我想到了中国古老的传说"铸剑"：当铸剑人的女儿跳进熊熊大火的熔炉中，宝剑得到"人"的祭献，而铸造成功。这就是传世的莫邪宝剑。一个民族要有自己的防身宝剑、正义之剑，这把剑也是用报国志士的生命铸就的。邓稼先是为这个民族而生的志士。许鹿希说："没有一个国的核武器是一批科学家干完原子弹的。干完原子弹、干氢弹，干完氢弹、干……我知道别的国家都是换人的。邓稼先他们是从头干到尾，干一辈子。所以这一辈子对他来说，是一个沉重的负担。"

西南联大校歌里唱出："中兴业，须人杰。""人杰"，并非只是有一技之长，或有数技之异者。他是"知其不可为而为之"，是"虽千万人，吾独往矣"的英雄。苦难的中国，是人杰辈出的国家，这份最可贵的资源，不是金元可以交易的。

我时常在想这个问题：中国与美国有着完全不同的"立国"基础。美国靠最先进的机制和金元霸主的优势来结构这个国家，它的人才和资源是从全球各个地方，通过市场的竞争网罗而来的。所以美国必须保证它永远处在发展的前沿和高端，它才会有这种吸附的力量。一旦失去这个优势，情况很难预料。

而中国，近代史上数百年之久都一直在最糟糕的体制中挣扎。它是靠着本土的人们对于这个民族的挚爱和信念，自觉地付出与献身来维持和度过危机的。中华民族的存在与发展的力量，源自它深层的文化精神和凝聚力。那些坚守本土，与自己民族在一起同进退的"人杰"，对于中国的生存功不可没。

在世界上很多弱小民族落后地区的历史上，都会产生这样的"人杰"，他们有如圣贤一般的道德光芒和献身的精神，感召和引领着那些不幸的人们。例如：印度的甘地、南非的曼德拉、缅甸的昂山素季。他们与自己的群体之间差距非常大，有如神与凡人。相反，在那些机制比较合理的发达国家，如欧美，则不太会有这些超群人物；即使是国家首领，也不过是一个单纯的政治人才而已，在个人道德方面并不完整。因为他们是靠机制做保障的，领袖人物受到制约，即使有些缺陷也无伤举国利益。在这样的社会里，领导与群体的素质，基本上没有多大差距。

"人杰"是一种奇迹，却往往是对个人幸福和人生的违背，"人杰"为总体而牺牲，拯救在苦难中的国家和地区。而"人才"则比较正常和自然，他们是以维护个人权益为原则的，他们属于"市场"与交易。正常社会的道德，应该不是以牺牲个体生命与生活为要求的，正常的道德只是对于人与社会关系的规范。

我又开始思考，在"机制"与"信念"之间，事情的发展并不是绝对的，二者也在发生着转换与互动的关系。一个好的机制，好的生存发展环境，会令人们发生好的信赖之情和信仰，它所提升的是全民的普及的一种道德规范。而一个恶劣的机制，却会毁灭人们的信念与情感，结果是总体的道德滑坡，即使出现个别的献身英雄，也难挽救大局。正如胡适所说，有好的机制，才能保证好的道德。

傅斯年："风骨"的演进

在日本占领五十年后，台湾文化遗留了"后殖民"的许多问题。学校与社会大量使用日语，台湾民众在漫长的"皇民化"与"去中国化"的文化濡染下，沉淀在他们血脉中的故土、母国文化已经渐次模糊了。联大人何兆武先生，在1946年曾经在台北建国中学任教。他对当时台湾岛上的日本化状况深有感触。

> 到了台湾以后，你就感觉是到了异国，到了另外一个国家，而不是在中国。比如说我们在中国，从南边到北边，东边到西边，你看还是中国啊。虽然风土有点不一样。可那时的台湾，简直完全是外国了。因为它的文字，到处的文字都是日文，什么商店的商标，都是日文。他们的语言，我们也不通。他们有时候说本地的话。它那是经历了五十一年的"皇民化"，就是把台湾人变成日本的皇民。

何先生介绍，在台湾收复初期，出报纸是两个版，一个日文版，一个中文版。一下子来中文的，他们看不懂，只能是慢慢地转变了。而当年台岛面对最大的难题，就是人心，人的精神面貌，人的灵魂归宿。日据时代五十一年，祸及两代人，等于是把台湾人民的灵魂与文化给撕裂了。在长达五十一年的日据时代，生活在那个时代的台湾人曾经感到永远不会再回到祖国了。日本人要求他们穿和服、说日语，企图从灵魂里去除中华文化的烙印。

刘长兰学长来台后在女中教书。她告诉我，当年，她的学生去欢迎宋美龄，都不敢抬头看。宋女士非常和蔼，告诉她们要抬起头来，并上前抚摸女孩的脸，问她几岁了。台湾女生从前去欢迎日本人，是不容许抬头，更不许看的。完全不把她们当人，只是工具。从这件小事可说明当时台湾人民的地位和心态。

上岛后，许多有识之士致力于转变老百姓的这种奴化心理和文化状态。在历史转折关头，杰出人才的眼光投向，往往就是时代发展的方向。原北大副校长魏建功发起了"普通话运动"，历史系教授钱穆倡导"国学运动"。"普通话运动""国学运动"使台湾人民在语言、文化上重归祖国母体。联大历史系学生刘绍唐创办了《传记文学》刊物，以国学、国粹、国史教化人民与青年，并为收集和保存民国史做了贡献。这对于日据后的台湾时代，对于现在主宰着台湾命运的少壮一代，是关系千秋大计的。联大学人是台岛上这场民族文化复兴运动的领袖和骨干。

刘长兰学长回忆当年她在台大校园里遇见了匆匆而过的刘绍唐。刘绍唐的神情非常兴奋，告诉她，台大图书馆已经决定收藏《传记文学》。他说："这下好了，《传记文学》不会流失了。"

在台时，我寻找刘绍唐的遗孀，她年事太高，已经离开了社会圈子的活动，无从联系。我后来在北京大学图书馆"台湾室"看到了全套的《传记文学》。这应该是对刘绍唐最大的宽慰和纪念吧。

台北市的主要大街都以"忠孝""仁爱"命名，在日月潭我还看见了一座"文武庙"，关公与孔子合住一院，这是创造性的文化组合。可见当年光复之后，人们为重塑台岛民族魂的苦心。今天北大已经向台湾招生。第一位台湾籍的北大学生曾对我说："如果没有'普通话运动'，今天我就不可能考上北大。"

当年日本人也知道，要想永久霸占台湾必须从教育开始，奴化青年一代，培养出他们所需要的"皇民"。台湾大学，前身是日本七所帝国大学之一，它的校歌是日文的，宣扬效忠天皇。在占据台湾后，为了长久地霸占和掠夺，日本制定了愚昧人民、蒙蔽青年的教育方针，这就是在大学只设工科，而文、理科缺失的原因。

光复之后，重建台湾社会，基础来自教育。教育是关系子孙万代的根本。一切社会的希望在青年，台湾的青年如果没有尊严，台湾的未来就没有尊严。在台大校史馆里有一面橱窗"台大校长治校理念"，第一名就是傅斯年，照片颇具风神，文字如下：

> 傅斯年　　任期（1949.01—1950.12）
>
> 性格勇决果断，于动荡的年代，能极力稳定闲杂的校务，开创台大自由、自主与学术独立的校风，为台大树立不凡的典范与奉献的精神。

傅斯年执掌台大时间不到两年，使这所昔日的"台北帝国大学"发生了天翻地覆的变化。这有点像一个奇迹。他做了些什么，采取了哪些措施，就这样永久地奠定了台湾大学健康的灵魂基础？

在橱窗里还有一张剪报文字《傅斯年与台湾大学——不被世人所知的几项往事》，当时我们拍摄下来，不料回来后，字迹无法辨认。展橱中有当年他和一些著名教授学者的照片。台北易君博学长说出了一个要害，除了校长本人的精神面貌，教授队伍也决定了台大的风气。

> 台湾大学早期是日本人打了一点底。过后傅先生来了以后，那个风气就改了。里面有个照片，姚从吾先生、毛子水先生、傅崇文先生都是台大的教授，都是一起跟傅斯年先生过来的，完全照着北京大学的传统来管理台湾的高等教育。那就变成一个传统，所以大家都知道，台大有个名字叫作"小北大"，都是照着北大的传统来办的。

傅斯年和当年的一批北大教授，他们的人格力量、文化引导，唤醒了台大的中国心，使得曾经是日本帝国大学的台湾大学，重新恢复了民族的尊严。

秋风扫暑热,岛上落风雨。穿越满园秋树,路过一座木亭,我们去祭奠傅斯年校长。这里叫傅园,旁边一所中学叫傅中。可见台湾大学纪念傅斯年先生的深意。一般人不知,这位前历史语言研究所所长,曾经是五四运动当天的学生游行总指挥。而在抗战时期,傅斯年曾数次揭露行政院院长孔祥熙和宋子文的腐败无能,由此而得"傅大炮"之名。在北平光复之后,傅斯年回到北大代理校长。他曾经亲自下令将昔日的老师周作人逮捕起来,令当时的人为他的大义凛然而震动。将这样的一位校长,派去接手日本化最深重的当年"帝国大学",人们称之为"妙笔"。傅斯年是专为拯救台大而赴岛的。他到台的时候,南京政府还没有崩溃,国共正在激战之中,后来我看到王汎生所著文章中说:"人们怀念傅斯年,不仅因为他从大陆争取来许多有名望的教员,而且也因为他不允许政府高官获得教授职位。这在政治权力干预学术事务的年代是非同寻常之举。1950年后,每当高级官员利用他们的政治影响来获得教授的职位时,傅斯年就会被当作抵抗的堡垒,而屡屡被引述。"

权力侵犯学界与学术,造成腐败,今天已经是大陆高校的严重溃疡。当体制还没有改变时,傅斯年以一人之骨力抵挡特权,保护校园的纯洁,形成壮大的局面,而终于到达今天台湾大学独立于政治之外的崇高地位。可见大学与学人的尊严,也是必须用自己的风骨来抗争赢得的。台湾大学后来有了台湾"小北大"的称号。台大校长李嗣涔说:

> 台大从傅斯年校长开始,基本上保持了一个态度,就是学术的独立自主,不受政治干扰。这是很重要的。另外就是我们永远走在社会的前面。意思就说,台大做了什么呢,其他的就跟上来。比如说,校园民选校长,在台湾也是台大开始的,在1983年左右就开始了。其他地方就跟着做。我们

> 常常对社会发出一些我们的看法，促成社会的进步。所以台大在整个社会上是扮演一个进步的角色。当然，我们大学最主要的目的还是教学卓越、研究卓越，然后再加上服务社会。所以在各方面台大都扮演了一个很重要的角色。

台大这情景有点像当年我上学的时候，北大做什么，其他的大学就跟着做。北大首开"舞禁"，北大的女孩最先披长发，北大首开演讲竞选之风气，北大为体育比赛欢呼游行，等等。一切青年人所向往的进步的东西，当年都是从北大先开始，当年的社会对北大也有一种景仰和追随。

傅斯年开创的台大之风，为台湾的社会前进开辟了一个引航的坐标系。台湾大学此后培养出了一批批热心社会改革的人才。在推动台湾社会的民主化进程和体制改革中，台大的人才是最多的。李嗣涔说：

> 主要是它（台大）的人才，它培育的人才各式各样，在社会各个行业中变成那个行业的中坚、精英，甚至领袖。我想，这才是对这个社会真正最大的贡献。看看台湾的各行各业，它里面扮演领导者的角色，扮演精英的角色，很大一部分都是我们台大的毕业生。因为这个精英的素质决定了这个行业的兴衰。所以，这一点是我们台大对台湾这个社会最大最大的贡献。

蒋梦麟从前对自己和傅斯年有一个讽喻，提出了"功狗"和"功臣"之说。意思是说，他替蔡元培代理校长，而傅斯年替胡适代理校长，可是管理北大的功劳都挂在了蔡和胡的头上，可为功臣；而蒋与傅却只是"功狗"，得不到名分，也不是旗帜。如此，傅斯年重振台湾大学，成为一面旗帜，对于台大他是一位有名有分的"功臣"，圆了这个笑谈。易君博说：

> 一个社会最重要的基础就是教育。教育方面，西南联大

第八章 两岸

> 对台湾的贡献很大。第一位是傅斯年先生接收台湾大学。傅斯年先生是西南联大的教授,他做了台大的校长,所以台湾的教育,渐渐都以台湾大学作为标杆了。台湾大学就是在西南联大的教授、西南联大的思想扶持之下而成长起来的。傅斯年领导的风气对于其他学校影响很大。当时台湾是四个学校:第一个是台湾大学,第二是师范学院,第三个是台中工学院,第四个是台南理工学院。四校都有西南联大的教授,所以对台湾的教育推动很大。

当年那一批随国民党败退台湾的知识分子,后来都发生反省。以胡适为代表的一类人,要进一步学习西方民主体制。他提出创办一个刊物,作为自由主义的阵地,《自由中国》由此而生。易君博说:

> 傅斯年对台湾来讲很重要。在傅先生的领导下发展了自由主义思想。其中有一个殷海光,殷海光是西南联大哲学系的研究生毕业。他跟傅先生是合起来办了《自由中国》。现在台湾所有的民主、所有的自由,都是从那时候开始争取来的。殷海光是联大同学,对于台湾今天思想的影响很大。现在大陆很多人也看他的书,他在香港也是非常知名。

在胡适、傅斯年之后,坚守《自由中国》阵地的是他们的学生殷海光。台大教授柯庆明说:"殷海光在台大生活中最重要的是,他参加了胡适和雷震主办的《自由中国》。《自由中国》在当时,几乎是台湾唯一的自由主义刊物,在各方面都产生了很大的影响,而当中文章写得最多、批判最犀利的,就是殷先生了。"

傅斯年逝世较早,但他的人生随着时代的需要而凸显出的一种人文风骨,被人们传颂,成为傅的重要标识与贡献。从"五四"始,傅斯年就开始以爱国主义为主体,反对官僚腐败政治,反迫害,保护学生运动。到台湾后,他彰显民族尊严,重建台岛的民族自信心,后来又扶持后辈殷海光，宣传与坚持自由主义信仰。

我以为，"风骨"与信仰是有直接关系的。一个有风骨的人，他的信仰必然是以个人尊严为基础的。而一个不容许人们保持风骨的信仰，必然是不人道和违背人性的，应当质疑。

在傅斯年和胡适逝世后，出身于联大的殷海光便失去了保护，从此他独自面对更加专制的国民党政府，在台湾社会最黑暗的年代里，表现出威武不屈的气概。从傅斯年到殷海光，有一种对于传统"风骨"的继承和演进。殷海光说："一个知识分子的使命，就是让人民不要受欺骗。"在这个意义上，他已经将中国传统文化中特有的气质风骨，向"普世价值"的广阔意义上沟通了。

"风骨"在演进，这是中国文人坚守良知，从捍卫个人尊严扩张到人类尊严的一大进步。傅斯年以"风骨"著称。人们爱说他的二三事。在这位考古学者的社会阅历中，连贯地展示着"风骨"这种可贵的气质。这是傅斯年对于现代中国文化和中国社会的特殊贡献。傅斯年毕其一生，全面地诠释了文人风骨对于现代进步的意义。

蒋梦麟：阳明山祭

蒋梦麟墓在阳明山。有一位义务守墓人为蒋校长守墓。我们与他相约在山脚相见——余致力先生，台湾人，"国大"代表，他戴着一顶骏马奔腾的旅游帽，一望而知是"挺马"派——支持国民党马英九。他带来了一些西南联大资料和蒋梦麟的著作《西潮》。他对我们说：

> 在初中时代，我就开始读蒋梦麟先生的书《西潮》。我在十四岁时就非常喜欢他，因为他文章的内容，讲中国的命运，非常感人。到了十五岁进入国立师大附中，我们老师是西南联大的校友，他是河南人。他介绍我们看罗家伦校长的《新人生观》，这两本书对我影响很大。我后来从政，就是受

这两本书启发。

> 我常常在附近爬山,他们的坟墓很零乱,没有人来管理。只有一些他们的学生在打扫。蒋先生的子孙来过,他们都住在国外,一年会来扫墓一次。我作为一个忠实读者,他们两本书影响我一生,那我就来照顾他们的坟墓。

蒋校长登岛后致力于台湾农业振兴,然而无数受惠于他的农村和人民可能根本不知道他的墓地和他这个人。来看守墓地的人是一位读者,从《西潮》受到感召而踏上从政人生。可见精神文化的影响之深远。

在余的带领下,我们很快找到了蒋梦麟的墓地,旁边是他的女儿蒋燕华墓。台湾此行,我所见的胡适、傅斯年、梅贻琦、吴大猷诸墓,都是在学校旁边,有学子陪伴相守,有学府相映相依,而蒋梦麟校长因为中途转而从政,落得荒凉,不由让人喟叹。

摆上花篮,山风劲吹。我低头祈念,表达学子的敬意。风声渐停,一行人称奇。在蒋校长墓地上,我捡起了一颗圆石,后来我把它投进了北大未名湖中:校长,回校园吧。

我也去了山上罗家伦校长的墓地,在那墓碑上面刻了罗家伦的一首词,大意是说要像防备匈奴一样地防备俄国人。当年这些校长,都有一副关心国事的心肠。

阳明山原来是台湾的名人、要人的墓葬之地。许多为大陆人所熟知的著名人物,如胡宗南、阎锡山皆葬于此地。现在台湾不允许土葬了。山上昔日气派的墓地群,如今几乎尽成无主之坟。当年的豪杰将相,真的是"一抔黄土湮没了"。一群人在这里作了千秋之伴,同上望乡台。阳明山上,功名与战争都已经平息,只剩下一片思乡的哀叹。落日西照,不由想起"日暮乡关何处是,烟波江上使人愁"。好在那些曾经在抗日战争中守土有功的史实,正在得到大陆文史界与民众的认可。阳明山上诸公,纵然埋骨隔海峡,亦可相约,魂归故里了。

台北联大校友冯钟豫先生赠我一本由台湾"经济部"水利处编印的《台湾水之源——台澎金马水库坝堰简介》。其中有关于石门水库的介绍："石门水库位于桃园县境淡水河最大支流汉溪上，行政区跨大溪、龙潭、复兴三乡镇，原建库主要标的为灌溉与防洪，目前其调节供应公共给水之功能愈显重要。主要供应台县、桃园县及新竹县湖口乡之公共用水。"

1948年，国民党大批军政要员和各色人士登岛，台湾人口骤增，资源问题突出。首先面临的就是农业基础不能支撑，粮食不够吃，这更加激化了台湾本地人和外省人的矛盾。直至今天，台湾社会政治群体的重要差异，依然派生于台湾当地原住民与上岛的大陆人的关系。而修建石门水库，当年就是为了解决大陆人登岛后发生的台湾"吃饭问题"。石门水库可以解决农业灌溉，增加水稻种植面积，将台湾北部这一带变成一个产粮区。当年这个务实的急迫工程，是由原西南联大常委之一、北大校长蒋梦麟先生来主持和负责的。在工程上具体设计和负责的，则是原西南联大、清华大学水利专业的学子冯钟豫。

冯钟豫对我说："石门水库的设计，也可以说我是参加过。因为工程的意见常常是累积的，在石门水库的最后一段，是梦麟先生在那儿兼主任委员，推动这个事情。"冯学长早期负责设计过石门水库，后来设计过高雄港那样宏伟的现代化大港。而他当初来台是为了修复战时被损毁的电力设施：

> 我在美国培训后，回国直接到了南京，南京当时资源委员会下面有水利发电工程总处，因为战时台湾的电力被破坏得很厉害。台湾电力公司要修复这些发电的设施，恢复供电，力量不够。那时候主要的人才不在台湾，所以台湾电力公司就向水力发电工程总处向资源委员会要求，希望能够有人来支援。南京就派了一批人过来。那是1947年的冬天，

> 我从南京经过上海,坐船到基隆下来。

蒋梦麟对于工程是一个外行的人。冯说:

> 蒋先生这个人实在了不起。我给你举一个例子:他每个星期六,因为他在兼差,每个星期六上午9点,乘车子到石门水库工地。他告诉我:"我找工人多的地方下车,我下来以后站在那儿看。我虽然不懂工程,可让这些人知道主任委员来了,主任委员关心这个工作。……我也不懂工程,我也不管。工程事情我找一位叫顾文魁的人替我管,管理的工作交给一位叫徐乃的来管。他们有问题来找我,没有问题就做下去。我每个星期六到工地来。到了我那个办公室,让助理打个电话,给总工程师,给管理的执行长,告诉他们说是主任委员来了。就说这句话,他们有问题来找我,我来解决,帮忙解决。他们没有问题,他们一直做下去。就这样子,什么事我都做得非常的顺当。"

在往台南去的路上,我们绕道而行,专程看了石门水库,可谓"春水碧如蓝",石门水库使得桃园县更像世外桃源,现在这里成了旅游景区。到了这里都一派潇洒。这是"前人种树,后人乘凉",一个学者,一位校长,竟然也能够指点河山,造出功在千秋的水库来,可是在石门水库的文字记载里,却没有提到蒋梦麟一个字。

那一天,台北学长湛淳霈先生来到我住的福华会馆。八十多岁的老人,大清早,拎着一大兜的水果。他说:"这是我一早去专门给你们挑选的。因为你们不知道在什么铺子里可以买到品质好的,你们也不会挑味道,不懂品种。一定要吃,台湾水果是世界有名的。"在每一小袋水果里放着一张小字条,上面写着每种水果的名称。湛学长说:

> 台湾的现代化从无到有,联大人在里面是有贡献的,蒋梦麟先生是一个。这就是蒋梦麟先生的贡献。我告诉你:我

> 带来的不是台湾的水果,是蒋梦麟先生对台湾的贡献。意义在这里。你哪个水果没吃过?你吃个葡萄试试看。台湾有这个葡萄已经够好了。

他就这样来表达对我们远道而来的情意和对蒋校长的赞誉。

摄制组在台北街头偶然地发现了"台湾土地改革纪念馆"。我们立即寻访。馆长林英彦先生介绍:"台湾光复当初,我们推行的第一步土地改革是'公地放租'。因为台湾当初接收了很多日本人的财产,包括土地,还有公有土地,那么这些土地先出租给这个农民。这个'公地放租'之后,我们就第二步实施'三七五减租'。"在当时"农复会"的策动下,从1949年起,以和平渐进的方式,进行了一场较为彻底的土地改革。

"农复会",当初名称叫"农村复兴委员会",是美国政府支持台湾做农村复兴的工作。所以当初一些土地改革的事情,由农复会指导。农复会做了很多农村的改良,比如说,农业要机械化,那么补助农民买机器,补助农村做这个农产加工的设施。比如说,以前农民割了稻子,都在自己的平面晒或者在路边晒,现在都是用所谓的烘干机。这个不是农民买得起的。地方乡镇公社没有那个钱,农复会补助设农业生产设施。还有牛、鸡、鸭的防疫,品种的改良,等等。

蒋梦麟利用自己与美国方面的关系所组建的中美农业复兴联合委员会,简称"农复会"。这就是他为台湾农业做贡献所搭建的一座平台。"农复会"参与了台湾的土地改革,并从水利建设和品种改良等各方位为台湾农业的复兴做出巨大贡献。"农复会"还帮助台湾农民成立了普遍的农会。农会是政府实施农业政策的重要助手,协调沟通政府和农民的关系。冯钟豫先生说:"等石门水库做得差不多了,他就把我给弄出来。到了'农复会'做事,做了一段。所以有的时候我们就两边兼了。"

然而在台北土地改革纪念馆的橱窗里，我却没有找到关于"农复会"创办人蒋梦麟先生的记载。看来，台湾也和大陆一样，多年来忙碌于政治权力的更迭，对于经济与建设的历史记载却荒废了。加之蒋梦麟校长算是"半路出家"，学者、学院出身后来从政，职场转换，人缘和业绩的积累难免中断，因此找不到记载了。

近年来，在大陆报刊见到一些关于蒋梦麟到台湾之后的情况，然而却是着眼于他的最后婚姻悲剧，如何被一位绝色女人将他晚年的财产掠走，晚年病羸，等等。可能这是内地人当下的一种趣味偏好吧。学者季羡林不也就是这样被媒体炒作成一个巨大财富的拥有者，而泯灭了关于他的人性和品格的内容？

纵观蒋梦麟一生，并非"财色"之人也，所谓艳遇的故事不应该作为他的归宿。他到台湾后对这个岛做出的巨大贡献，非别人能够取代，作为一个学界出身的文科型官员，蒋梦麟卓越的社会行政才能和识见，兴农的思想与情怀，以及回到土地，回到乡村与半生职业造成的巨大反差，和在花甲之年后所创建的业绩和事迹，足以载入史册。

易君博学长说：

> 西南联大对台湾的贡献是什么？当时来到台湾的人大概是两百万。西南联大有两百人，所以很少。可是在这些少数人中，有几位西南联大的老师对台湾的建设是不可磨灭的。第一位，是我们三个校长中的一位，蒋梦麟先生。蒋先生是北京大学校长，西南联大的常委之一。来到台湾，他是"农复会"的委员，这个"农复会"是为农村改革做贡献的。台湾经济增长，在几十年当中的表现不错，最重要就是由于农村的改革，农村有了购买力，有了购买力之后，经济才能够增长。蒋梦麟先生在这方面的贡献是不可磨灭的。

中国古语曰："君子不器。"从前的北大人有这个气质和特点。在蒋梦麟的身上体现了"五四"风雨对那一代知识分子的洗礼，凡天下事，莫不以为己任。笔者一生为命运所逐，也爱干些跳槽越门的事情，并且行事往往不从陋规陈俗，也往往能够得其逞。不过从自觉性和事业的规格来说，远逊于蒋校长矣。

永远的梅校长

在新竹清华大学内，有一个梅园，梅贻琦校长安息在此。许多联大学子都向我表示过，梅校长是他们最敬佩的人。任继愈在临终前几日对我说："我最佩服梅校长。"季羡林在最后的日子，还向我讲述梅贻琦的口头禅。梅贻琦是他们在自己的最后人生时刻耿耿于怀的校长。他们两位还亲笔书写了祭奠的文笔，托我敬献于梅园陵墓。

2009年中秋前夜，我终于来到梅园祭奠梅校长。

坚韧、专一与无私的品格，是梅贻琦最突出的个性特质。种植梅花正是对他最好的象征与纪念。四百株梅树植于一园，这令人想起北京清华园内甲所的那一树孤梅。在大陆，没有一个大学校长在逝后能够享有如此美好和永存的纪念。梅校长与清华园不弃不离，终成定局。

梅园内有月涵亭，以梅贻琦之字命名。在亭畔我采访了青年学生赵振良。他是台北人，在"清大"电子工程所念硕士。大陆的北大、清华、复旦以及武汉大学等，他都曾经作为交流学生去过，也去过美国的几所大学。赵振良年轻潇洒，谈吐有深度。在他的身上看不到那种"小岛文化"的拘泥。他说：

> 梅花是我们清华一种吉祥的花，在每年一二月的时候就会开满，吸引我们清华学子来到这个梅园。观赏梅花之外，也感念一下梅校长建校时候的那个感觉。我觉得那是一种人文的培养。清华大学能够有这样的业绩、成果，我觉得都是

必有前人。除了做研究之外，也可以想想，前人给我们的是什么。我们应该留给后代什么？以这样的方式去感谢一下以前的人，就像梅校长这类的人。

走进新竹清华，不由令我暗暗吃惊，因为似曾相识。这里有着跟北京清华大学相同模样的清华门；有一片被朱自清先生咏叹过的"荷塘月色"。我们到时，那一池荷塘，花期刚过，隔碧叶看得见白衣的女学生在捧书。

新竹清华大学在台湾简称"清大"。清大校长陈文村说：

整个"清华"样样都是跟北京清华一样的。比如说，我们很重视体育。以前在北京清华有个马约翰，每天早上起来都要跑步。这边我们，一进来有个大草坪，跟北京清华都差不多。可以说，我们所有的设施，都按照北京清华那个构想来再建这个学校。

我们老师宿舍就称甲所、乙所。我1998年到大陆，才知道他们也是甲所、乙所，都有。把学生住的地方叫斋，这边就也叫斋，都一样。可以说，这边刚开始的时候都是去模仿清华的样子。

现在校训还是一样，校徽有点不同，基本上一看，大家有时候会混淆。我们的校歌现在还是一样，我们还是唱"西山苍苍，东海茫茫"。

"清大"是北京清华大学的一个袖珍版，恐怕全世界也找不到这样的两个大学。建校者这样设计，仿佛是简单的模仿复制，而其实在他内心中潜藏着很多话。梅贻琦虽属理工科专业出身，但他自己亦能作诗。他将这对故土对清华的深沉思念，投注到新竹清华大学的建制中。信念和感情，就是最大的文化。他用这"何其相似乃尔"，表达了一生的难言之意。在中国流传有上千年的一句诗"本是同根生"，正适合此情此景。

清大教授杨儒宾先生在与我见面时，用《史记》中司马迁描述名将李广的两句话来形容梅校长："桃李无言，下自成蹊。"而我想说，梅校长不比"桃李"，他是"有言"的，这一座"清大"，就是他所有的语言、清芬和果实。陈文村校长说：

> 他在新竹建校，是1956年。当初是"老总统"蒋中正把他邀请回来。那时候要发展一些原子科学的和平用途，就创立这所学校，开始就是原子科学方面。所以我们现在清华还是台湾唯一训练原子科学的基地。原子科学的用途非常多，医药方面，还有能源等等。现在台湾已经有百分之二十的能源电力是靠核能发电的。这些从业人员都是靠新竹清华培养的，现在各个厂长几乎都是清华的。所以贡献蛮大的。

自1950年，梅贻琦出任华美协进社常务董事。清华大学在美的全部庚款就由这一机构管理。当初国共两边的政府都想到了这笔款，都邀请过梅贻琦。到1955年，梅贻琦终于将这笔巨大的款项带到台湾，亲自选址，在新竹建造了一所清华大学，继续完成他为国为民研究学术和造就人才的理想。"清大"的校友会许明德理事长说：

> 当初设校的时候，梅贻琦校长的贡献最大。他真的是竭尽心力，因为那时候各方面都难，比方说，在财务方面也有很多困难，还有在师资方面，梅校长把这些问题一一解决。尤其在师资方面，梅校长从国外请了很多当时的大师，像吴大猷或者是孙观汉，这些原子科学的大师，或来台湾做短期的讲学；像孙观汉，他从美国回来，担任原子科学研究所的所长，就这样把这个学校一直这样带下来。在八年的研究所里面，研究所的学生也出了很多的人才，像李远哲，获了诺贝尔奖的李远哲先生，就是从清华大学原子科学研究所毕业的。

在教育落后的台湾岛上再造一个清华园，梅贻琦以七旬高龄事事躬亲，从寻找校址，到国外延请名师，他依然将目光投向了当时国际最高科技前沿，以极大的远见卓识建造了原子炉。陈文村校长说：

> 他作为一个教育家会成功，因为他真正的是兼容并济。大家都知道，蔡元培是兼容并济的。梅先生有个很大的长处，他不仅在政策上，在行事风格上也是这样。很多人都可以看出他有个特点：他在主持会议的时候，他自己的意见不会特别强，可他很会让每个人去表达意见，然后他综合出来。因为知识分子的个性都太强，知识分子最难调，所以很难有个共识。但是梅先生有个很大的长处，就是他的意见不强，所以共识很容易达成，那就容易推动民主。所有跟他能相处的人最后都会觉得愉快。我想是他的一个很大的特点。

老校友们不只一个人这样讲，梅校长主持校务会议，先报告讨论的问题，然后等大家发言。最后他说，就按某某先生的意见办吧。这样结束。陈说："现在大家都知道注重人格教育，梅先生这点是非常的明显。大家对他的一个评议，非常的一致。就是没有人会说，他讲过的话不算数，他的言行相当的一致。他自己注重道德人格，这是毫无问题的。他自己的人格，他会去实践。这么久而久之，你想十年也许一致，那么二十年、三十年、五十年都一致的话，那这个感染力一定很强。"

梅贻琦的生平与办学理念受欧美开放之风的影响甚重，然而他的个性却俨然是中国气度，洋溢着东方文化的涵养。这也是他能够在忧患中成就大业的一个综合素质。

在"清大"苏格拉底书屋，杨儒宾教授向我赠送《梅贻琦文集》。这其实就是梅先生的日记。十分简练，就像是一本办事手册。正好与几年前梅祖彦先生送给我的大陆出版的《梅贻琦日记》内容衔接了。

纵观中国教育界，梅贻琦属于既有人格学养，又有治校才能，有教育理念能付诸实施的；在艰辛时刻以德服人，为众不疑的旷世奇才与学校领袖。西南联大存在九年的艰难而辉煌的历史，与梅贻琦不可分割，换一个人不行。他在清华的一次演讲中所提出的："所谓大学，非有'大楼'之谓也，乃有'大师'之谓也。"半个世纪以来，已经成为人们思考教育成败的重要理念。

其子梅祖彦说：

> 反正他终生献身教育事业，这个信念他很早就有了。在整个过程里面，他在信念上没有动摇过，历尽千辛万苦一定要把这个大学办好。

我从甲所的几枝寒梅点点，来到台湾新竹的梅园四百株。我看到，梅贻琦穿越人生无数的困乏、漫长的孤独，完成他的使命。中国人对梅花历来有"君子"之评，隆冬绽放，不与诸芳争春色；独立傲雪，秉性坚贞不二；疏影横斜，暗香浮动，无言之中，将美好呈于世人。

现在大陆的报刊挺喜欢登一些民国时代的人物写照，不过很流于表皮。对于梅贻琦这位一生保持低调的教育伟人，总是渲染一些"儒雅""绅士"一类的作风，而对于他人格的深刻性、坚毅性和他穿透政治"坚守大学"的崇高理念，谈得很不够。想来是社会之风，大概就是对于历史也持一种玩味态度，而丢失了"史鉴"这一严肃的民族传统。易君博说：

> 他是办事举重若轻，很沉稳，不讲话。几十年来清华大学培养那样多的人，他也不张扬，来到台湾做的事情也不张扬，也不大出名。无声无响就办了"清华大学"；而且"清华大学"一办起来，以后很快就和台湾大学并驾齐驱了，超过了政治大学，超过了司法大学了。确实是很不容易。
>
> 他亲自看"清华"地址，把这个"清华"一步一步完

联大群社宣传队合影

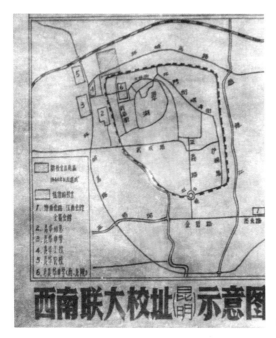

联大（昆明）校址图

联大训导处 1939 年度工作大纲

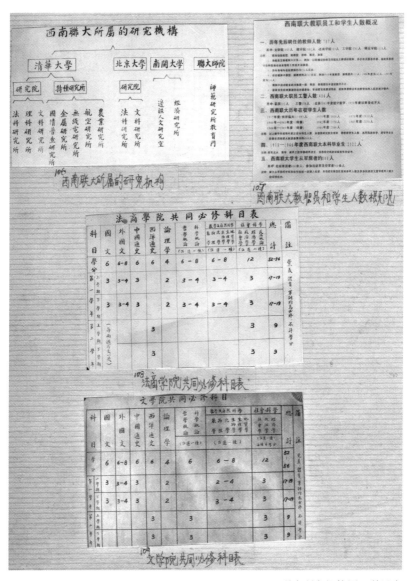

联大研究机构图、科目表

联大一瞥

梅贻琦夫人韩咏华女士

熊庆来

芮沐

赵忠尧

入学时的郝诒纯

郝诒纯在古巴马埃斯特罗山考察（1964年）

年过半百，仍风尘仆仆于新疆野外（1974年）

朱光亚夫妇

冯钟芸入学照

邓稼先和许鹿希

联大民主墙

《国是宣言》

被毁后联大校门

四烈士

"一二·一"学生游行队伍经过青云街

烈士墓地

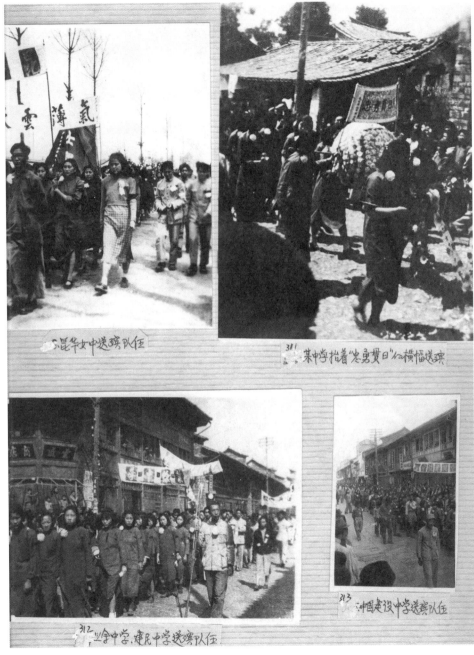

送殡队伍

孔令晟（台湾，左一）

刘长兰（台湾）

柴之棣（台湾）

刘孚坤（台湾）

姚秀彦(台湾)

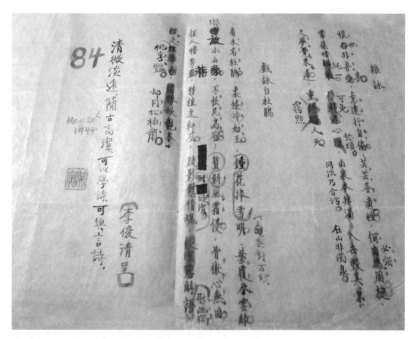

李俊清(台湾)保留的吴宓所批阅的作业

傅斯年墓

祭扫胡适墓,左为季羡林先生委托作者的献词,右为任继愈委托作者的献词

台湾"中央研究院"

最后的送别（与姚秀彦女士）

善起来，这个园子当时没有，是他办的。他请国外的教授回来，他做很多事情，但是一点不张扬，好像大家不知道这样一个人一样。这就是"清华"很多人都佩服他的原因。自己有一种风格。

中年梅贻琦在大陆打造了一流清华，晚年他到台湾缔造新竹清华。清大校长陈先生说："他的一生就只为清华服务，从他求学，一直到后来当校长，到过世，就只是为清华。"

许明德先生说："清华人把梅贻琦校长和清华是画上了等号的。我们一谈到梅贻琦就谈到清华，一谈到清华就是梅贻琦。所以我们有句话是说，梅贻琦是清华永远的校长，永远的校长。"

1962年5月19日，梅贻琦病逝台北，他最后患的是前列腺癌。梅祖彦对我说过这段往事。当时治疗他父亲的病症，用的方法是注射少女的血液，他揣测可能是为增加雌性激素的作用，在台的许多女大学生都争相为梅校长献血。后来梅祖彦赴台，很感谢这些曾经为父亲献血的少女，他见到了其中的几位。她们对他说，能为梅校长做过这点事感到荣幸。

最先来往于两岸的人

在台北，易君博学长说起一个话题：最先来往于两岸的人。易君博说：

> 在1979年以前，有两个人是例外，可以到大陆，也可以到台湾。那就是杨振宁和李政道。杨振宁和李政道是真正可以去大陆、来台湾，两边都受欢迎的。他们是两岸交流的先锋，也是西南联大的校友。我们今天能够到这里来，是他们的努力，我们才有机会见面；是我们的两位获诺贝尔奖奖金的西南联大校友，能够使两岸交流在1979年以前就开始

了。这个值得我们纪念。

"最先来往于两岸的人",正是吴大猷先生的两位学生。易学长说,"有时就是吴先生叫他们过来的"。而吴大猷自己也在李政道的陪同下,访问过大陆。他们师生都为两岸的缓和与沟通,做出过贡献。

吴大猷继胡适、傅斯年之后接任台湾"中央研究院"院长。我访问到王震邦教授,他是吴大猷在台最后岁月的朋友。王教授说:

> 他跟胡适之先生,在他当院长的时候,有一个接触。这个接触就使政府为了发展科学,也要请胡先生回来讲学。回来既是为"中央研究院",也是为台湾大学教育,培养人才、提出建议,要进行一种科学的长期发展。这就变成政府的一个政策。这个政策在"总统府"有一个研讨会,在"行政院"有一个"国家科学发展委员会",今天简称为"国科会",由政府拨一定额度的研究经费,投入台湾基础科学的研究。吴先生就一直是推动的、提供建议的、具体制定政策的指导人。

在美国的时候,吴大猷与蒋介石一起看电影,晚上冷了,蒋脱下身上的袍子给吴穿。吴大猷有一个身份是"总统资政"。他与蒋之间有一件事情,鲜为人知。这就是吴大猷曾经劝说蒋介石不要在台湾搞原子弹。

1964 年 10 月 16 日,大陆爆炸了第一颗原子弹,美国立即向蒋介石提出,要台湾也搞原子弹,一切不足由美国提供。在大陆制造原子弹的这一批科学家中,有很多人是吴大猷的学生。而美国建议在台湾搞原子弹,其目的显然是加剧两岸的对抗。蒋介石本来是想发展核子武器的,吴大猷先生就写信给蒋,说:第一台湾养不起;第二,对两岸关系一定会更恶化。王震邦说:

> 蒋先生那时候想发展核武器,吴先生就写封信给他,说不能发展,台湾养不起。而且你发展了也没有意义。这样就停下了。当时想叫新竹计划。为什么叫新竹计划呢?很简

单,清大有一个原子炉,重水式的原子炉,希望这边做一个起点。吴先生就认为极其不可为。这时他写信了,这个信在台湾的《传记文学》有发表,他也做了一些解释。

蒋最终接受吴的劝告,没有搞核武器。

朱光亚对我说过,在得知吴大猷病危的消息后,因为他的职务无法去台湾,他打电话到美国,请李政道代他向吴老师转达慰问。据吴大猷女儿的文章回忆,李政道从美国赶到台湾时,吴大猷已经昏迷一周。就在李推开病房门的那一瞬间,吴大猷忽然睁开了眼睛。李政道来到床前,拉住老师的手,吴流出了眼泪。这是心灵的感应,这对师生情同父子,是西南联大的一段佳话。

李政道在北京中关村设有一个物理研究所。2000年,我如约在那儿采访他。李政道说:

> 我想吴先生最重要的,就是他为人正直,做学问非常严谨。整个台湾科技的进步,跟吴先生是有极密切关系。他在60年代到台湾去,那个时候他在美国教学,假期时候去,那时候整个台湾,物理有博士学位的,在教学里和在工作中的,一共就两位。你可以想象,台湾很大的,有物理博士学位的一共才两位。台湾高等学生的水平几乎是空白。所以他建议对"中央研究院"进行改变、提高,建立"国家科学指导会",受到种种的重视。现在台湾科技是相当强的,这可以说是吴先生非常重要的贡献。他敢说敢做,他对中国传统的文学也很有研究,他也开过一个课,是在美国开的,讲中国的文学历史。

吴大猷对于宏观教育方针政策非常关注和参与。台湾的留学制度,就是他首先提出的。李政道说:

> 台湾当时很怕人才外流,而吴先生他是坚持"不要怕",

> 要把台湾建设起来，人是会流回来的。他的意思就是人才的流动是正确的。台湾刚开始念物理的博士学位就两位，学生念完了以后，他做什么？他没有机会。想到外面去深造，就像水流一样的，他应该出去的。所以吴先生说，你不要怕，台湾以后自己提高了，人就会流回来的。

吴大猷认为，现在放人出去，他们的能力强了；一方面必须把台湾自身科学技术要搞好，你把自己搞好，人自然就会回来。这和水流一样。"事态发展是两点：第一，你让年轻人出去，年轻人在学识上有深究，对他好，对整个世界的学问也是好的；第二，台湾同时有一套研究改革的方法，把自己提高，这些年轻人自然会吸回来的。他是长期建立一种形式。"

中国在"文革"后面临"人才断层"的局面，李政道回国向邓小平建议，建立"博士后"制度。李政道说："出发点是很简单的。当初没有联大跟浙大老师们的保护，给我机会，我今天就没有现在的成就。每一个年轻人的成就，跟当时吸收到的营养、阳光直接相关。我是这样被培养出来的。现在我想用自己的努力，也培养下一代、再下一代。"

制造条件，使得中国年轻的学者得到更好的发展。答案还是一样，与世界沟通。"所谓提高，有几个内容，比如博士制度。假如要回来，你要有'博士后'，在本国政府的规定和扶持下要有自然科学基金，中国科学中心设在北京。事实上我也是模仿吴先生在台湾做的方法，就是开放，你必须集合再吸收。"

联想到现在的大陆，一大批"90后"都在忙着出去。其实这也与国内现行教育现状有关。年轻人得不到正常的发展，他们当然要趁着年轻寻找机会。现在的国外并不遥远，人们都居住在一个"地球村"。他们的选择并不会损害国内的发展。正如吴大猷在台湾所预见的，再过若干年后，当国内也进步了，海外的留学者成熟了，他们会回来的。那么,我们的社会将会得到一次换血的机会。我认为中国非常需要这种机会。

人们一直在慨叹,西南联大的盛况不再重现。这个事情除了体制,"人"是非常关键的。试想我们的大学自从1949年以来,所培养的就是一批"学苏联"的封闭型的人,"文革"后虽然开放了,但这些主持学校的骨干基础已经确定。后来大批的工农兵学员留在大学,其中大部分人也努力深造,可是基础不是努努力就可以弥补的,观念也是早期奠定的。而西南联大以及当年一批民国大学的杰出与活跃状况,基本上取决于自"五四"之后大批寻求救国之路的知识分子出去后又大批返回,办学办报,启蒙人民、教导青年,并将欧美的民主体制和风气带回到了学校,所以才开创了"教授治校"等模式。

让年轻人出去吧,这就是开放,这就是未来的希望。

对于当时大学在扩大化发展,李政道强调说,不要把"精"的传统给破坏掉:

> 当你把每个大学都要变大、扩大,必须考虑到怎么使它"精"。这个"精",对于一个学校和学风非常重要。它有一个传统。事实上在最高层次上的教育是跟学徒一样,它不能一个人教一百个人,不行的。"博士后"这个制度,实际上就是从"精"这方面来看。因为小平先生问,博士也是很博了,你为什么还要有"博士后"这个观念?我说,这个博士是从中国古代的一个名称翻译过来的。
>
> 简单讲,在大学里面,老师教课,老师最后考试,老师是每个考试的题目也知道的,答案也知道的。你能用老师教的方法,答得对,你大学就毕业了。到研究院以后,老师也给你指导、辅导一些题目,可是这些题目,老师只知道方向是好的,答案老师也不知道。然后你去做研究,找出一个

答案来，老师跟同行评审，这个答案是好的，你就得博士的学位。但更重要的是要"找方向"，怎么找方向？这是属于"博士后"，完全独立的，你就自己变成老师了，必须独立找方向，然后再找答案，那就是"博士后"的工作。从精的方向，必须有流动，这就产生了博士后流动站，这是小平先生接受的。当时就有四站，现在已经相当普遍了，这是办得非常成功的。"博士后"不光是物理、化学了，它在人文方面也是一样的，它最后都要培养独立的学者，使他变成能够独立选方向工作的学者。

沈克琦先生告诉我，为了安排第一批中国出去的留学生，李政道亲笔写了二百多封信给那些国外的大学，都是他和夫人亲自寄出的。而这批出去的年轻人，因为不适应环境，有一点小事就找李先生。李政道从不厌烦，总是耐心地帮他们解决，鼓励他们完成学业。从向最高层的邓小平建议，到亲自安顿中国留学生，李政道的宏博与仁厚，世人所知甚少。

我问了李政道一个问题：请谈谈您与杨振宁博士的合作。他说："我与杨博士的合作已经圆满结束。"此君子风范也。

由于李政道的母亲和弟弟都在台湾，他在台湾的时间较长，因此西南联大台北校友会是把他作为台湾校友的。2010年夏天，我在中关村得到了李政道博士为电视片《西南联大台湾录》的题词。李先生成为我们这部未完成的台湾纪录片的顾问。

北大曾经为李政道准备了住宅，希望他回来度晚年。这是燕南园陈岱孙先生的旧宅。院子里有陈先生的塑像。李政道说，这不能移动。那天在中关村，秘书告诉我，由于李博士年迈多病，所以回到大陆的时间也少了。我感觉，李政道先生是不愿意给国内的人们添麻烦。

谒胡适之路

2009年9月，我登上台湾岛。三日后，谒胡适墓。"中央研究院"对面小山上就是胡适公园。可是我来到这里，走过的路却是那么漫长。

胡适与北大是不可分的。抗战初始，长沙临时大学曾经任命胡适为文学院院长，因其赴美国做大使而未能到达。胜利后，胡适又任北大校长。从学界系统而言，我是北大中文系的学子，胡适算是我的校长和系主任。但还有一份渊源：在我的人生中，血脉与文脉上同我最亲近的两个人，他们都与胡适关系深厚。一个是父亲，一个是季羡林。我先要替他们谒胡先生之墓。

在我成长的年代，社会上正弥漫着对胡适的诬蔑之词。我们读不到胡适自己的文字，却先就被动地要接受那些对他的指控。所幸，我有一位耿直的父亲，是他使我自幼对于喧嚣之声心存戒备。我父亲没有出国留学，由于抗战的缘故，他得以成长于云南地方一个最开放的年代。父亲所投身的金融界，是世界性的先进行业。他自修文史，好学勤思，成为一个有见地的人。在后来的人生里，无论社会如何声势滔滔，他总保持着自己的情愫与观念，其中包括对胡适的景仰。

在我入小学之前，父亲教我查"四角号码"字典。我家有一大本字典叫《王云五大词典》。父亲说。编这个四角号码的人跑到台湾去了，他非常聪明，把中国方块字编成数字，这是一个大贡献。我喜爱四角号码，父亲常让我们姐弟比赛，我总是第一名。而《新华字典》我觉得查起来不顺手，而且内容太浅。"文革"中我家的《王云五大词典》被抄走了。我从此失却了查字典的乐趣。

1978年我考入北大，父亲要我进校后做的第一件事情，就是：去找《胡适文存》来看。他说："你到北大，就要看那些一般大学没有的书。你去图书馆,库存的孤本,一定有《胡适文存》,上面有他说的杜威主义、实验主义。其实与那些对他的批判不同,这是他真正的思想。"父亲跟我讲这些话,他是等了很久的。等我长大,等我考上北大,等一个时代的到来。他要我拨开迷雾,认识一个真实的胡适。我一向信父亲,我渴望寻找真实。

我从学生食堂拿了两个馒头就进图书馆,因读《胡适文存》必须在"孤本室",图书馆里头的最小间。我一面看,一面摘录。老实说,一开头,我有些失望,因为胡适的文字并不是我想象的那样文采飞扬,而是平和,如家常话;但是读下去,我就感受到一种心灵的澄凝,触发了我内心那种细腻思维的活跃。我开始认同胡适,他讲的是最真实的方法和看法。这深度的启迪,不是那些精彩文章可以比拟的。

这次阅读对我很重要,注入了理性和冷静。"多研究些问题,少谈些主义"影响了我的后来人生。

我父亲是一个怀才不遇的知识分子,身跨两个时代,在民国和新中国,他都奉行"君子不党",终身恪守个人尊严和个性自由的法则。他常对我说:"一个人被压迫可以反抗,但如果自己压迫自己,就无救了。"甚至他告诫我:"家庭也不能强捏合。"他反对为了所谓"群体"而扼杀自由。晚年的父亲酷爱书法,他说过一句话:"我写字就是为了自由。"

中国需要更多这样的自由基因。这样的人也许比某个专业的专家更为可贵。正如胡适的自由主义思想,比他在各个学术门类中开创的专业观点,更值得在中国社会中传播一样。"争你自己的自由就是争国家的自由。争你自由的权利就是争国家的权利。因为自由平等的国家不是一群奴才建造起来的。"胡适这些话对于我们今天的困扰无疑是当头一喝。

我进北大即与季羡林先生结识,前后三十多年,关系深厚。他曾对我讲过鲁迅,讲过胡适,讲过他的恩师陈寅恪,讲时神情谦恭。他说，他们都非常爱护年轻人。季羡林那一代人提及胡适和鲁迅，并没有今人那种"势不两立"的意思。那个时代是包容的，文章上的犀利，并不意味着人际关系的紧张对立。

我们从今天看来，鲁迅与胡适其实有很多共同处——一是旧学深厚，无论口号是"攻击国粹"还是"保存国粹"，其实他们对国粹都是持分析态度的；其二，他们两位有很多东西都是来源于深厚的国粹底子的；还有，两位都挚爱这个民族，不屈服于强力暴政。最后，他们在自己的一生里都从未终了思索，和对自由的追求。

北大郝斌跟我讲过他陪季羡林去台湾的事。他说，当时邀请一来，季老马上就答应了。说明他心里有事，想去。到了台湾，季老就提出要去谒胡适墓。那天，郝斌跟在他后头。季老上前就恭敬地朝着胡先生的墓地三鞠躬，然后回头对跟在后面的郝斌说："鞠躬！"语气很严厉，容不得半点商量。这在季老是很少有的。郝斌于是也鞠躬。后来郝斌跟我说："他不叫，我也是要鞠躬的。因为他在我前头，我意思得等他行礼退下，我再上前行礼。不料季老那么性急。他怕我不行礼。"

回来之后，季羡林写了《站在胡适墓前》的文字。这埋藏在他心中已久的感情终于宣泄。《站在胡适墓前》是最早在大陆向这位思想家公开致敬的文字。季羡林是一个有心灵底线的人。大陆多少年来对胡适的漫骂，他沉默不语。但该守望的东西，他没有丢掉。季羡林在辞世前数月写下了祭奠胡适的亲笔文字，托我带去台湾。

父亲和季老将这段情缘传递给我。与其说，我的父亲与导师都对胡适情有独钟，不如讲，中国知识分子对胡适的思慕与考量从未停止过。

解放初期，大陆新政权曾经向住在美国的胡适发出邀请。但胡适没有回应，而是去了台湾。于是大陆发动了轰轰烈烈的批判胡适的运动。在北大，在胡适曾经担任校长的影响最深的著名大学，很多人写了违心的文章，说了违心的话，这些东西还出版成册。这是一种低级的政治报复，用来对付一位思想家，一位学者，一位引导过中国新文化影响过几代人的精神领袖，这种做法只是降低了报复者自身。而对于大批违心的参与者，这无异于精神上的背叛，是痛苦和不堪回首的。

我们这一代人没有赶上那个批判胡适的时代，但对于胡适先生的谩骂，有很多的渠道，将烙印打进青年人的脑海里。在台北时我想起了在大陆风行影响几代人至深的小说《青春之歌》。这部小说对胡适先生的妄评，实在令人汗颜。

胡适墓地，秋色澄明。我鞠躬几次，代表我的父亲和导师那份深埋于心底不变的敬仰之情，也代表大陆那些不公正的妄议者和激进无知的青年。我想写一篇文章《在台北想起林道静》，对这位当年的青春偶像进行一番清理。

《青春之歌》里塑造的林道静对于书斋中的学者生活、学者性格完全不了解。林道静对学人的鄙视是肤浅无知的。学者的个性历来多元。他们多数是爱国的、专注的、不受党派引导的。我自己的父母，当年也属于这一类信奉"读书救国""君子不党"的知识分子人群，一生不变。谒胡适墓，涌现在我们脑海里的，是关于现代中国文化与命运的思考对话；是五四运动以来，那些最有意义的命题；还有，一个中国文化人对于生命轨迹和社会精神的反思责任和坚持。

在漫长的时间里，大陆中国"重鲁迅"而"排胡适"。这有政治原因。但大陆上下对鲁迅较亲近，还有文化感情的因素。鲁迅那种从黑暗中国底层发出的，压抑的表达，与其乡土气息极重的语感、语境，都很贴近老一辈国家领导人的个性。他激烈的思想，"掀翻一切人肉宴席"的呐喊，也符合革命的暴烈行为。而胡适，西化的思想者，一个文化绅士，他的做派、用语、个性都与毛泽东等革命家相去极远。他不主张激烈的政治暴力革命，而是要改良社会。这在某个政治家看来，他便是蒋的忠臣。然而大陆人多不知道，他到台湾后，反对蒋政权的专制政治，努力培养自由主义。

有人说："曾经困扰过胡适和鲁迅的问题依然困扰着我们，这是中华民族的悲哀。"而我以为，恰恰这并不是悲哀，而是希望。我们曾经生活在漫长的"没有问题"的岁月里，那才叫悲哀。能够重新回到胡适与鲁迅的思考层面，是历史的幸运。回到胡适与鲁迅，即是重新回到五四运动的起点。

胡邦定，一位在中共上层领域工作的联大校友，他亲身领受过胡适校长的民主风度和宽容性格。他告诉我，当年学校从昆明复员回到北平，大学校园内曾经发生过"黄白之争"。因为学生补贴不同，从南方回来的学生和在北平的学生待遇不一。胡邦定他们吃黄米饭，而另外一部分学生吃白米饭。胡邦定作为学生代表去找过胡适，这个问题平和地解决了。毕业时，胡邦定又找胡适，他要到《大公报》去工作，需要校长的推荐。胡适知道他是左派学生，但仍然为他写信。并不在感情上加以排斥。

世人只知，宋美龄在抗战时期赴美，以声情并茂的演说感动美国人，并在白宫受到罗斯福的接见，为中国争取"美援"。然而，胡适作为中国大使，在关键时刻，果敢顽强，运用"大智慧"促使美国停止与日本谈判的事迹，却鲜为人知。胡适自己不张扬，国民党方面也没宣传。"二战"前期，苏联曾经与德国法西斯联盟，瓜分弱国的利益。美国在未被侵犯前，也有类似举动，企图牺牲血战了四年的中国，与日本和谈。当大使胡适闻知日本谈判代表到来，立即逼迫美国国务卿赫尔出示与日本的和谈草案。他立刻怒不可遏。他一面紧急求见罗斯福，一面争取英国首相丘吉尔的支持。1941年12月7日，罗斯福约见胡适，表达对日本绝不妥协的态度。胡适刚回到使馆，就接到罗斯福电话，珍珠港被日军偷袭。美国投入战斗。以至于美国史学家查理·毕尔认为："胡适是导致珍珠港事件的'祸首'。"以上事实，在《胡适日记》中皆有记载。胡适促进了世界反法西斯战线同盟的确立。胡适出任驻美大使，违背了他"学者不进官场"的信念。为了拯救危难中的祖国，胡适的信念也不是一种僵化的"洁身自好"。

台北"中央研究院"胡适故居像是一所风雨庐。它令我想起杜甫的《茅屋为秋风所破歌》。馆长潘先生告诉我，因为屋漏，台湾多雨，胡适常常半夜起来覆盖他的书籍。这所故居是蒋介石当年专门出资为胡适修建的。当年资金不够，由"中央研究院"补足。这些现在还陈列在外廊上的简易桌椅，胡适当年就是在这里接待来访者和学生、同事们的。开始是胡适夫妇住在这里。夫人江冬秀爱打麻将。胡适觉得，这与"中央研究院"的氛围不相谐。于是将夫人送到城里去住。

蒋介石的礼遇并没有改变胡适的思想方向，他与雷震等创办《自由中国》，并与傅斯年一起扶持青年自由主义领袖殷海光。胡适曾以南宋诗人杨万里的绝句《桂源铺》题赠雷震："万山不许一溪奔，拦得溪声日夜喧。到得前头山脚尽，堂堂溪水出前村！"他对自由民主在中国的前景永远是充满信心的。

在抨击专制体制的同时，胡适也要求人们在心态与个性上进行调整。体现出他作为一个人文学者的全面观。在胡适纪念馆里，我看到，曾经发出"宁鸣而亡，不默而生"的胡适，在新年试笔中写下了"容忍比自由还要重要"的警句。胡适深刻地感到，要迎接自由与民主的到来，人们必须以更博大的襟怀，去学习容忍，感受"容忍"的重要。

在赴台之后，胡适与傅斯年等一批知识分子并没有停止他们的追求探索，"风骨"与"自由主义"等个性与信念，到他们的晚年都达到了一个高峰，并进入了世界性的思想文化范畴。而与此同时，大陆上他们的同代人却在"反右"及"文革"中被摧残和变形。以胡适为代表的一批登岛知识分子,在他们的最后岁月里进行了最有启示价值的思考,完成了他们那一代人的任务和理想。

像胡适、傅斯年、吴大猷这一类知识分子,我称他们为"行动的学者"。恩格斯曾经说过,书斋里的学者只是二流的人物。他们不是。他们在时代的浪潮中勇于实践自己的思想信念,建树务实的社会成果。他们直接介入了有关政府的管理、大学的格局、社会的体制等等充满挑战性的大事件、大工作和大举措中,并且留下了闪烁着他们思想智慧光芒的业绩。

这是那一代学人的巅峰,今天的人们无可攀及。甚至今天的学者,无论是台湾还是大陆的,对于他们所留下的巨大精神遗产,尚未能把握、整理,更谈不上继承了。

在他们身上,可以看出"五四"时代对于中国知识分子的宏观塑造:跨越东西方的学术涵养,与"家国天下"的中华传统完美结合为一体。他们是我们的骄傲。

这就是人们总要来谒胡适墓的深刻原因吧。

附　录

任继愈先生写过一篇《〈西南联大启示录〉观后感》。当时他说:"不发表,是给你看的。"我谨遵师命。但后来我觉得,这么有分量的文字,应该让它留传于世。

任先生还有一篇《西南联大课余学术报告会》,发表在一个内部刊物上。他也曾专程影印与我,一并收录于下:

《西南联大启示录》观后感

任继愈

看过这一套光盘,印象很深刻。它记载的这段历史,都是自己亲身经历过的,事情的前因后果,我是见证人。当年亲历者多已逝世,少数健在者也都进入耄耋之年,而且住地分散,有的行动不便。张曼菱以她锲而不舍的精神,克服种种困难,使这一工程得以完成,令人感动。她是靠着西南联大的精神制作这部作品的。

西南联大与我国抗日战争相始终。这所大学在颠沛流离中创建,在日寇飞机轰炸的间隙中上课,以极简陋的仪器设备从事研究工作,不但办下来,而且办得有声有色。这个大学在短短八九年中为中国革命锻炼了大批革命骨干，为新中国的建设造就了大量的优秀人才。西南联大的成就，在国内外各学科前沿开拓了新领域，在国际上也处在世界前沿地位。联大师生们的成绩是在半饥半饱的状态下完成的。

这五集记录光盘，没有堆砌的辞藻，没有大话空话，而是以真实取胜。半个世纪前的生活画面重现在人们的眼前时，依然那么活泼有力，激动人心。西南联大群体的成员都是一些普通人，干的是一些平凡的事，在这些人身上体现了中华民族的伟大品格。他们不等待有了条件才工作，而是创造条件来开展事业。艰难的八九年间，他们出色地完成了一个高等学校承担的任务，以昆明当时的条件，做出那样的成绩来，并有所发明创造，称为举世无双并不过分。生活中的一鳞半爪，连缀起来，集腋成裘，蔚为大观。当年师生的言行片断构成一串耀眼明珠。

这部纪录片，没有中心人物，不借助宏大外景，只是聚集了当年师生艰苦日常生活的某些片断，使人看了目眩神摇、惊心动魄，有时义愤填膺。它的效果已经说明这套纪录片的成功。

办学的目的是培养建国人才。建设国家，首先要爱这个国家，必须是关心民族命运的爱国者。联大师生有不同的政治立场，有左的，也有右的，中间群众也占了很大的比例。他们政治立场虽有分歧，共同的信念是爱国、保卫国家，抵抗外来侵略者，争取民族独立。这种情况与当时抗战时期的总形势和中华民族的历史使命是一致的。国民党军队台儿庄大捷，联大师生奔走相告，欢呼庆祝。

第一流大学，教学与科研并重，两者相辅相成互相促进。西南联大不但做到了，而且这两方面都处于各个学术领域的前沿。当时选送出国的留学生，到了国外也是尖子。这说明西南联大早已与国外一流大学接轨。

西南联大理工科的成就，早已引起广泛的注意，很多人耳熟能详。像我国"两弹一星"的研制开发群体，联大人占了相当比例，"原子弹之父"也出在联大。诺贝尔奖的获得者杨振宁、李政道，当年青年数学明星陈省身、许宝骤、华罗庚，物理学方面的周培源、吴大猷、赵中尧，化学方面的曾昭抡、杨石先等等，已为人所共知，不必一一列举。人文科学、社会科学方面，西南联大教师们的成就在全国也是领先的。这一点似乎人们注意的不多，现在补充说一说。比如闻一多研究《诗经》《楚辞》，功力深厚，他利用西南地区民族民俗的活化石，使他的学术造诣开了新生面。语言学大师罗常培利用云南少数民族地区的特殊条件，开辟了少数民族语言研究新领域，为我国培养了新一代的民族语言研究人才，如马学良、傅懋绩等人都成为国际知名的专家。新中国成立了民族语言研究所，基本队伍是这一时期培养成长起来的。后来为少数民族创制新文字，这批专家成了主力军。熊十力的《新唯识论》（语体文本）是这一时期完成的，洪谦是介绍维也纳学派的第一人。贺麟系统组织西洋哲学名著编译，为新中国造就了西方哲学翻译人才，商务印书馆的西洋哲学名著系列主要是这一批力量完成的，系统介绍黑格尔哲学，贺麟有开山功劳。金岳霖的《知识论》是他在联大的讲稿，他的哲学著作《论道》是他跑警报时在山坡上构思完成的代表作。汤用彤的《汉魏两晋南北朝佛教史》出版半个多世纪以来，国内外还没有一部著作可以取代它的权威地位。钱穆的《国史大纲》出版的扉页上写着"谨以此书献给抗战的百万将士"，这部中国通史成为各大学首先选用的教材。历史系雷海宗讲授中国通史，结合他丰富的世界史知识，把中国古代史放在世界历史的大范围内来观察。他上课只带几支粉笔，不带讲义书本，能将历史事件、年代讲授得准确无误。陈寅恪带了一包袱书，从不翻看，娓娓讲来，令人忘倦。西南联大不采用当时教育部规定的《党义》教材，以《伦理学》取代国民党的"党义"课，全国只有西南联大一家。化工系的教授陈国符是造纸专家，他在西南联大百家争鸣的气氛中研读《道藏》，他公开讲演过《道藏源流考》，后来成了道教研究专家，他的造纸专长反倒被掩盖了。百家争鸣的学风西南联大盛行。罗庸讲"唐诗"，第二年闻一多也开"唐诗"。闻一多讲《楚辞》，第二年罗庸也开《楚辞》。两人的风格、内容各异，同学受益很多。沈有鼎为哲学系开《周易》课，只有三五个学生来听讲，闻一多也坐在学生中听讲。郑昕开"康德哲学"课，数学系教授程毓淮也来听课。陈寅恪讲"佛典翻译文学"，中文系、历史系、哲学系的助教、讲师多来听课，本科生不多，遂有"教授的教授"的称号。联大工学院的学生有的走好几里路到校本部听文科的课。学生中跨系听课现象蔚成风气。一年级国文课，全校共同必修。共十来个班，讲课的教师中有李广田、沈从文、余冠英等十来位教师，讲授各有特色。这种气氛也只有西南联大才能做到。百家争鸣，学术民主，不但在同辈中盛行，师生之间也不乏这种宽容求是的事例。历史系王玉哲在北大历史系二年级时，对傅斯年研究《齐物论》的文章提出不同意见。傅斯年在西南联大担任北大文科研究所所长，招研究生，王玉哲想报考，又怕傅老师对他有芥蒂，后来报考了，也被录取了，师生相处得好。杨振声指导研究生写论文，学生迟迟写不出，杨约他谈话。原来他的观点与杨先生观点不尽一致，怕导师通不过。杨振声告诉他，只要言之成理，持之有故，尽可写成论文。师生完全相同，学术怎能发展？学术面前，只重证据，不论资格。当时青年研究生杨志玖看到欧洲一位著名汉学家著文说，"马可·波罗没有到过中国"。杨志玖用过硬的原始材料驳斥了这位汉学家。迄今为止，关于马可·波罗在中国的活动，杨志玖的观点已成为定论。

抗战后半段，日本发动太平洋战争，美国派来志愿空军驻昆明，日寇飞机不大敢来空袭，上课时间比较正常。中缅公路修通后，昆明成了对外交通的通道。联大有时邀请归国过路的名人讲演，我记得的有顾维钧、焦菊隐、徐悲鸿，出国作战、在缅甸密支那城全歼日本侵略军的杜聿明，等等。不同社团组织的歌咏、诗朗诵、话剧等也很活跃。师生们生活艰苦，精神生活却十分活跃丰富。

抗战胜利后，日本投降，西南联大解散。三校各回原址办学，生活条件、教学条件都有了显著改善。三校分开后，各立门户，日子过得还不错，总感到似乎还缺少点什么。西南联大的形象长期留在人们记忆里，历久弥新。

看《西南联大启示录》感到不足和遗憾的是，这一工程启动迟了几年。陈岱孙、周培源等老一辈先生先后谢世。今天能够提供信息的见证人，都属于西南联大第二代。这个损失已无法弥补。如果再迟几年，这第二代见证人越来越少，即使有像张曼菱同志这样的热心人，怕也难以拍摄了。

西南联大课余学术报告会

任继愈

西南联大学术空气很浓，学术讲演几乎天天都有，有时一天还不止一场，有文艺的、学术的、时事的。还有些文艺表演，如诗歌朗诵、音乐欣赏等，活动多在白天。我在西南联大期间有选择地参加。

徐悲鸿谈画

徐悲鸿先生由欧洲经苏联回国返母校，过昆明，联大学生会请他讲演。他讲了在苏联参观苏联红军卫国战争画展。他说，苏联卫国战争调动全国各界的爱国热情，艺术也充分发挥了它的积极作用。苏联画展组织者动员了全国有名的不同流派，拿出作品参展。大量的作品是描写红军抗击德国纳粹的战争。也有些风景画家，没有画过红军卫国战争的作品。为了使画展丰富多彩，表明全苏联流派一致的团结精神，尽量动员艺术界更多成员参加。当画展组织邀请这些老画家拿出作品时，一位老画家生气地说："没有，都给钉上木板了。"（因为当年苏联革命成功后，有些极左的行为，把不是直接表现革命的绘画作品封闭起来，教学的宗教故事画用木条钉上，谢绝参观，曾引起一些画家的不满！）经动员者一再劝说，这位风景画家拿出一幅乡村风景画。徐悲鸿先生在展览会上看了这一幅画，题名"绿舞"，一棵大树屹立在田野上，树叶迎风飞舞，生动极了。恰好有几个青年参观者也在欣赏这幅画，问解说员："这大树和房子很好，画上怎么不见红军啊？"解说员机敏地说："你不是看见树后这所房子吗？红军隐蔽在房子后面啊！"

徐悲鸿先生有一幅古代寓言画。明清之际中国社会上流行一首歌谣："他人骑马我骑驴，中怀怏怏恨不如，回头又看推车汉，心下一时稍舒齐。"大意说，有人看到别人骑马，自己骑驴，心中不平衡，回头又看见推车汉子，大汗淋漓地推车上坡，心中的不平衡又缓解了好多。这首歌谣在于说明每一个人的生活水平，总是"比上不足，比下有余"，教人"安分守己"，并没有什么"革命性"。苏联的画家同行们看到这幅推车图，他们虽不懂汉文，却很欣赏画中的推车人两臂肌肉丰满凸起，很有力量，称赞把劳动人民的精神画出来了，要求赠给国家美术馆收藏。徐悲鸿先生答应了。解放后，我有几次去苏联，曾向有关方面打听徐悲鸿这幅推车图是否还在。他们说，展品经常轮换，一时很难查找了。很遗憾没有亲眼看一看徐悲鸿先生的这幅推车图。

焦菊隐谈"二战"时期的英国人民

纳粹德国首先发明飞弹（后译为导弹）V1、V2，利用它攻击伦敦，造成大量居民伤亡，建筑被毁，危及交通，市内道路通行天天改变。当时伦敦一家大百货公司遭到飞机袭击，屋顶炸穿，被开了天窗，但仍照常营业。公司门口布告：Open As Usual. 第二天又被炸了，屋顶的破洞更大了。百货公司又公告：More Open As Usual. 英国人民巧用 Open 这个双关语：More Open 既表示对敌人的蔑视，又体现伦敦市民的幽默性格，遭炸而不气馁。居民生活用水、食物均按定量配给。洗澡规定只能放半盆水，无人监督，市民都能自觉遵守。丘吉尔七十岁生日，配给部多发给半磅茶叶，附言说，为了祝贺您的生日。像丘吉尔这位英国战时最高统帅也并不比一般市民特殊。

法学院一位教授在昆中北院做世界形势报告，分析德苏不会开战，有四条根据，先讲了两条，中间休息二十分钟。恰好这时街上报童叫喊"号外"，"号外"，"德苏开战了！"主讲人颇感尴尬，宣布下半不讲了。提前结束。其实，世界风云变幻莫测，一介书生仅根据报刊、文献提供的有限信息资料去做判断，结论有误完全可以理解。后来"二战"记载德国出兵进攻苏联，连斯大林还判断失误，何况远离实际的东方学者？这位教授照常被学生们爱戴。

学术讲演

西南联大人文学科专家云集，学术风气活跃。北大文科研究所罗常培教授积极组织领导。联大还有许多学术社团组织，也经常开展各种学术活动。我听过的学术讲演，现在记得清楚的有汤用彤先生的"言意之辨"；向达先生的"唐代俗讲考"；介绍唐代的寺院培养一批能言善道的僧人，以讲故事的方式，向群众宣传佛教信仰，讲述因果报应,听讲者听得入迷。冯友兰先生讲"禅宗思想方法",说禅宗的认识论用的是"负的方法",用否定的词句表达要肯定的意义,以非语言的行为表示要表达的意义。"说就是不说"。讲演散会时,天气转凉,冯先生带了一件马褂,穿在身上,冯自言自语地说:"我穿就是不穿。"这部分内容收入了他的《新知言》一章里。贺麟先生讲"知行合一新论",对王阳明的"知行合一",孙中山的"知难行易",有所发挥。低层次的"知"和低层次的"行"是合一的;高层次的"知"和高层次的"行"是合一的。他说大学教授运用大脑,是大学教授的"知行合一",舞女运用大腿,是舞女的"知行合一"。主持讲演会的汤用彤先生宣布散会时说:"我们运用大脑完了,也该运用我们的大腿了。"《知行合一新论》收入他的《会通集》。

化工系陈国符先生在德国专攻造纸,他业余常翻阅我国道教全书《道藏》,有一次讲演会上他讲《道藏源流考》,这是他探索道教的开始。他这项业余爱好从此一发不可收拾,后来逐渐深入,其成就和影响超过了他的化工造纸专业。他开辟的新蹊径受到国内外同行的称道。他讲一口乡间浓重的常熟方言,不好懂,喜欢用强调副词"交关",讲一两句,就出现一次"交关"。有一位听众,散会后走在路上还喃喃地说:"他的话交关难懂。"

西南联大的学术讲坛,也吸引了外省学者的兴趣。重庆中央大学历史系黎东方教授到昆明讲"三国历史讲座",租用省党部的讲堂,售票讲演,送给联大历史系教授们一些票。姚从吾、郑天挺等先生都去听过,我也分得一张票。为了适应广大听众的趣味,黎东方教授讲历史故事时,经常加进一些噱头。讲三国时期吕布与董卓的矛盾,把《三国演义》的一些情节加以演绎:"吕布充当董卓的侍从武官,住进相府。吕布就在客厅支了一张行军床,这样与貂蝉见面的机会多了,随便谈谈三花牌口红的优劣,谈得很投机……"由于黎东方善于随时加进一些"调料",他的讲演上座率不错。听说他在重庆讲演也很受欢迎。我只听过他一次讲三国。在回来的路上,与姚从吾先生随走随聊。认为用这种方式向一般市民普及历史有长处。但这只有黎东方教授特有的天才能办到,我们学不了。

这些琐事,说也说不完,只可作为茶余饭后闲谈凑凑热闹。事隔六十多年,记忆犹新,愿与西南联大校友分享逝去的生动活泼的一段生活。

访谈人物列表

一、教师

陈省身:清华数学系教授
　　　　美国数学所所长、著名数学家
杨业治:清华西语系教授
　　　　北大教授
芮沐:西南联大法律系教授
　　　北大教授
费孝通:西南联大社会学教员
　　　　中国社会学开创者
董树屏:清华大学机械系教员
　　　　清华大学机械系主任
吴征镒:清华大学生物系助教
　　　　著名植物学家

二、学生(依入学年序排列)

任继愈:北京大学1934级哲学系

西南联大 1940 级研究生

西南联大 1943 年助教

国家图书馆馆长

孔令晟：北京大学 1935 级化学系

台湾警察总署负责人

冯钟豫：清华大学 1935 级土木系

台湾水利专家

刘长兰：北京大学 1936 级英语系

台湾嘉义女中教师

余树声：长沙临时大学 1937 级外语系

西南联大 1938 级外国语文学系学生

个旧中学教员

申泮文：南开大学 1937 级化学系

南开大学教授

郑林庆：清华大学 1936 级物理系

转西南联大 1937 级机械系

清华大学教授 摩擦力学专家

杨振宁：西南联大 1938 级物理系

1941 级研究生

诺贝尔物理学奖获得者

郝诒纯：西南联大 1938 级历史系转地质系

获"李四光地质学"奖

冯钟芸：西南联大 1938 级中文系

北京大学教授

许渊冲：西南联大 1938 级外国语文学系

北京大学教授、翻译家

郑敏：西南联大 1939 级哲学系
　　　　"九叶派"诗人
　　　　北京师范大学教授

沈克琦：西南联大 1939 级物理系
　　　　北京大学物理系主任、北大副校长

熊秉明：西南联大 1939 级哲学系
　　　　旅法艺术家

郑道津：西南联大 1940 级（叙永班）物理系学生
　　　　个旧中学校长

柴之棣：西南联大 1941 级机械系
　　　　台湾著名企业家

朱光亚：西南联大 1941 级物理系
　　　　"两弹一星"功臣

邹承鲁：西南联大 1941 级生物系
　　　　中国"胰岛素合成"专家之一

李曦沐：西南联大 1941 级历史系
　　　　国家测绘局局长

王希季：西南联大 1942 级机械系
　　　　"两弹一星"功臣、中国"火箭之父"

王汉斌：西南联大 1942 级中文系—历史系
　　　　人大常委会副委员长、中国立法"第三人"

梅祖彦：西南联大 1942 级机械系
　　　　清华大学教授（梅贻琦之子）

易君博：西南联大 1942 级政治系
　　　　台湾"内务部"负责人

张友仁：西南联大 1943 级经济系学生

　　　　　北大教授

赵宝煦：西南联大1943级工学院转政治学系

　　　　　北京大学教授

李政道：西南联大1944级物理系

　　　　　诺贝尔物理学奖获得者

李俊清：西南联大1944级英语系

　　　　　台湾领导人蒋经国秘书 东吴大学教授

姚秀彦：西南联大1944级英语系

　　　　　新竹清华大学教授

刘孚坤：1944级化学工程系转哲学系

　　　　　台湾政治大学客座教授

彭珮云：西南联大1945级社会系

　　　　　人大常委会副委员长

湛淳霈：西南联大1945级政治系

　　　　　台湾海关税务局长

三、集体

闻一多子女：闻立雕、闻立鹏、闻铭

朱自清儿子：朱乔森

邓稼先夫人：许鹿希

李佩（1928— ）：郭永怀夫人。

"一二·一运动"骨干

李曦沐：西南联大1941级历史系学生。曾用名李晓，"一二·一运动"参与者。

李凌：西南联大1942级学生。"一二·一运动"参与者。

王刚：西南联大1942级历史学系学生。又名王树勋，"一二·一运动"参与者。

严宝瑜：西南联大 1944 级外国语文学系学生。"一二·一"运动参与者。

张友仁：西南联大 1943 级经济系学生。"一二·一"运动参与者。

黎章民：西南联大 1942 级外国语文学系学生。"一二·一"运动参与者。

张敬凤：西南联大 1940 级生物学系学生。"一二·一"运动参与者。

王力夫人：夏蔚霞

冯友兰女儿：宗璞

赵元任女儿：赵如兰、赵新那、赵来思

潘光旦女儿：潘乃旦、潘乃穆

江泽涵儿子：江丕权、江丕栋

赵忠尧女儿：赵维志

贺麟女儿：贺美英

四、相关学者：

季羡林：北京大学东语系教授，东方文化学者

2018 年 6 月 26 日
于昆明

后记：一本"活书"

辛卯立秋，我将此书的部分草稿，寄给三联书店的李昕总编，请他帮助推敲。他看到子夜，翌晨来电话说："这是一本大书，奇书。想不到那么多的东西都可以放进去。"

奇书，大书，这是友人的期勉。写一本"活书"，是我实在的自信与把握。我所走过的路程，和渡过的那条海峡；那些面孔和诉说，是一部活着的书。架子上的书，是大家都能够翻看的。而这本"活书"，只是我看到了。把它写出来，别有一种好处。那些活着的当事人的"讲述"，就是这本书的基础。

1998年秋，我赴京。时值季羡林"米寿"贺典，我说，我要做西南联大的事。问他行不行？他上下打量着我，说："你行。你是北大的，又是云南人，你可以做。"

这是"门户之见"，但内在的道理很深。季羡林的这种睿智卓识，在我以后的阅历中体验出来了。一个人在不在某段历史，与它的某种渊源关系，是天设地造的。作为北大学子和昆明籍人，我与西南联大有着虽是细枝末节，却不可更逾的缘分。凭借着这缘分，我自然而然地走近了这段历史，走进了这个人群。

我所采访的联大人都称我为"学妹",正如我在北大被下面年级的同学们称为"师姐"一样,这是校园的氛围,有一种血脉的认同。我是在内心里把他们当作"学长",也是如此称呼的。这种氛围在联大人中一直保持着,见面要叙长幼。到了台湾,那班老先生们非常客气,竟一律地也称我为"学长"。在他们圈子里,对具有学校血脉的年幼者,也以"学长"称之。

　　所以在这本书中,我保留了"学长"这个称呼。因为正是有这校园感情的维系,在这氛围下,才有了这些采访。这种"活着"的关系,也是这本书的特点。

　　从科学界的巨星、国学大师、鸿儒泰斗到笃实淳厚的谦谦老者;从心存使命的诚朴志士到贤淑的教授夫人;有气势若虹的奇女子;还有那些饱受冤屈的名门之后,以及被历史遗忘,湮没在芸芸众生中的不幸者,我们一见如故。因为他们都在云南生活过。

　　本地出身的云南领导人普朝柱说过:"如果没有西南联大,云南的发展要推迟二十年。"他的青年时代在南下流亡青年创办的长城中学度过。而这本书里的那些历史事件,从京华鸿儒到边地乡绅,从远征军到"一二·一",从大陆到台湾,都有我的师友和亲人在参与。

　　到一个地方去,如果没有私下里的谈话,那么永远是隔着一层的。我在台湾采访联大学长时,感受到他们执著的历史情结,这里面有一种"孤痛",与台湾当代社会的精神层面是难以对接的。

　　对于"台独",他们比一般人更加反感强烈;而对于国共联合抗战的历史过程,他们急迫地期待着一种认同。很多老人平时都是少言寡语的。儿女说,不是我们来,他们不会讲这么多。在台学长们想要倾诉的,远不只是那一段抗战回顾。孤独、老迈、流离、拔根而去的人生,对故园的无限眷恋之情,使他们有着深隐和难言的,独属于那一个人群的痛楚。无论他们的个人命运是顺畅还是曲折,生活的状况是高扬还是低抑,他们的殷切和难言之痛,是我在以往对西南联大学人的采访中没有遇到过的。以往采访的大陆学长们也有痛,但就其人数,与社会的沟通程度,可谓是"痛而不孤"。

寻访西南联大的活人口述史,这个过程眼看就要走完了。而我的思考还在半路上,没有达到完成。这不是一个人一本书可以完成的。我现在写的这本书,似乎只应称作"感受录"。

在寻觅中,我感受到,历史对于中国人的巨大教化和敦促作用,以及历史的泯灭所带来的民族性格的崩坍。

中国的"法治"在世界发展史上是落后于西方的。我们这个民族很大程度上是依靠"德治",而历史就是"德治"的重要基石,历史往往以传说和故事的形式在民间流传,影响远胜于经学。

在日本悍然入侵的巨大灾难面前,那个时代的著名学人无不以历史作为自己行为的典范,从而使他们自身又成为社会民众的典范。失去历史的记载会使这个民族失去方向,失去操守的依托。故于右任先生诗曰:"莫教青史尽成灰。"今天,许多人都在做民国史和抗战史的抢救发掘工作。这是精神文化的寻根。

我的另一感受是:教育是灵性和理性的产物,而不是生产车间式的流程。中国古人说:"百年树人。"教育是一个广泛的普遍于社会各个角落的任务。所有的人,只要是在社会中活着,他每天都在接受教育,并且用他自身的灵性和理性在梳理这些外在的教育内容,决定吸收什么。而高等教育,是高等灵性和理性的产物。一个不重视和关注人们性格和灵魂的地方,是不会有真正意义上的教育的。那种"教规"随时都可能被接受者背离。一个不讲理性追求的地方,也不可能有真正的教育,那只会是蒙昧与驯化。

这些感受与思索是鲜活的,是每天都由发生在我们身边的若干事件若干叹息在表现和表达着的;是行之可见,思之不尽的。

这本书不好写。我与李昕君讨论多次。他提出：用任继愈先生的题词为宗旨，以随感和思想为主线，来整理这些庞杂的活资料。这是条好思路，只是我做得很不够。低谷徘徊时，他一直于百忙中勉励、建议。完稿后，责编卫纯加入切磋，提出许多更加具体的建议。与三联的合作使得这本书诞生，并提高了品质。

三联书店是我与父亲两代人所神往的书籍殿堂。经历世纪风云，它去而复生；在当今的文化语境中，还能如此纯粹；这也是一个奇迹，是中国文化人的幸运。在三联出书是许多文化人的宿愿。然而在今天，出书的快乐感却大大降低了。我们的书会有社会成果吗？这直接关系到写书人的价值感。

浏览今日书店，人文书类大大萎缩了。看书店，就知道今天的中国人注重什么。建筑、房屋装修、服装化妆、饮食烹调、性事、求职，等等，每一个类型的书都超过人文类。中国人已经不爱读书了。我去过一些布置舒适的人家，几乎找不到可以读书的角落。

那些呕心沥血写出的书，即便在小圈子内有人读了，对社会也影响不大。这已经不是一个由人文精神引领的社会。物欲笼罩这个民族，方向被人们忘却。知识者的成果不能体现于现实中。

但人们还是要写，因为播下去的是种子。如果连这些野草蔷薇般的文字都没有了，那么社会的精神就彻底消亡了。

在我做此事的漫长时光里，北大的导师、师兄师弟们给予我援手。西南联大北京校友会会长沈克琦先生，一直在支持我。北大郝斌、赵存生、赵为民、郭海、马建钧先生等是"始作俑者"。中文系同窗李维一学友，为我开启了登上台湾岛的大门。因为西南联大的缘故，我踏入了与母校北大一墙之隔的清华校园。清华李存信（已逝）、庄丽君、邓卫、潘际銮、孙哲先生，还有徐葆耕教授（已逝）都热情地帮助过我。南开大学领导刘景泉曾派人配合我的工作。在海峡彼岸，西南联大台湾校友会会长柴之棣先生、新竹清华大学校友会理事长许明德先生，为我联结起在台校友的纽带。

自 2004 至 2008 年之间，我双目几乎失明。北大同乡王益兄患难中施以援手，为我安排医治，乃重获光明。感念深谊，能不奋蹄？

2009 年夏，任继愈、季羡林二位导师同日而逝。他们一直在看着我做这件事。从他们身上，我得到的是一种"根性上"的教诲。

此书算是对所有襄助者的一个交代吧。

2012 年秋分，于昆明

增订版后记：精神的历史是不会过时的

《西南联大行思录》一书从 2013 年出版，至今五年，已十二印。

今年春天，编辑卫纯告诉我要做新版，重新设计封面，我想到的是有几处修正，补充：

补充了"长沙大辩论"，这是不应该遗漏的。

《行思录》的历史内容从二百人的口述中挑选，多年琢磨，形成了一部较完整的西南联大历史。每一段历史都有当事人讲述，形成一个历史的框架。

因此增加一个"采访人物列表"。

近些年，不时有青年人与我打招呼，说他们在中学就读了这本书，从中获得成长。

有位记者说，她在大学时读到《西南联大行思录》，毕业后成为见习记者，终于可以在西南联大的校庆纪念日来采访我了。

每次回到北大校园，知道有很多的学弟学妹都读这本书。从这本书出发，他们走向历史深处，有时候还给我提供那些我不知道的信息。

每年的暑假，北大都会有学弟学妹们来到昆明，与我相聚一堂，讨论共同的历史传统。

我发现，这一段战火中图存的民族史，对港澳台的同学有特别的意义和吸引。因为他们身处于历史上民族分裂的鸿沟激流中，迫切地渴望寻求到自己的本源。

任继愈先生说过："学史以明志。"早期的北大、清华，直至西南联大，无分文理，大学一年级是一定要学历史的，中国史、中国文学，这是基本的学养。

"读书以养志，交友以励志"这两句话，是郑天挺先生当年在昆明给学生作讲座时，最经常的题目。这也是大学生活的价值所在。

我想杜撰一句："交游以励志。"人在青年时代要有壮行壮游，大好河山，名胜与贫寒之地俱要去领受。这样对于将来要干什么，怎么干，扩大现实的视野，是很有好处的。

长沙临时大学的"步行团"，就是一个范例。

时常有青年人从上海、从长沙跑来昆明，寻访旧地，也与我相约，谈他们的心得和困惑。

这也是我写作的目的，与青年们分享我曾经的精神成长，分享那些支撑着我心灵的恒久力量。

钱穆先生曾说：在人和人之间，假如没有心灵的传递，那种学问是假的。

在对西南联大历史的发掘与抢救中我深感到，只有以"情怀"为引领，才能将历史带回现实的社会。

知识分子的历史，是以"心悟"作为传承的。

"对应现实，直达人心"，历史才重新产生力量。这才是学术与学理的生命力。

哲学史家任继愈先生曾把佛教的六祖慧能与玄奘做过一个比较。

慧能是一个打柴担水的驻寺僧人，玄奘是那个时代的留学生，得到朝廷的支持，名气很大。然而慧能成为佛门六祖禅宗，而玄奘不过是一个大翻译家。

因为，慧能将佛教哲理加以创新，他指出"一切源自人的内心"，使得佛教具有了新的现实意义，吸引了更多的众生，推动了佛教的传播，也提升了佛教的哲学思想。

任先生还对我说："文史哲的分家，是为了授课的必要。在现实中都是交织的。分开只会是相互削弱。"

由于家父好学，这种"文史哲"相交融的过程，对于我是从"人生识字"就开始的。

我在写作中从不"分家"。这是一种返璞归真的文化生态，符合人们认识社会思考历史的规律。这样写出来的作品切近读者，切近青年。

社会需要西南联大的历史与故事，渴望得到一种人文精神的滋养。

西南联大的历史已经走出了北大、清华、南开三校范围，成为当今社会的一份宝贵资源。

然而，在许多对西南联大的热议中，我以为要有一个总体的评估，不能无限夸大。

对于中华民族而言，国难当头，"气节"与"联合"是最重要的精神长城，抵抗和支撑。

早在民国政府做出南迁的具体方案之前，文人学者以及企业主们都在采取个人的方式对抗与撤离。

"七七"之前，东北流亡的人群就已经入关，如萧红、萧军这样的作家把民族危亡的呐喊传遍了内地。

"起来！不愿做奴隶的人们"，这是整个民族的呼声。

"南迁"是整个民族的选择，是从心灵中发出来的选择。与传统的"气节"一脉相承。

陈省身曾对我说："当年留学生回国参与抗战的意义，首先是一种精神上的贡献。"

不要孤立地研究西南联大，尤其不要把它神话和拔高。而要把它当作一扇打开那个时代精神的大门。

战争毕竟是毁灭性的，很多人才就在战争环境中摧残了，如陈寅恪失明，如典籍流失。

在昆明那样的环境也不可能做什么科学实验，所以西南联大也没有博士生。

那些后来做出杰出贡献的人物，他们是在接受西南联大本科教育之后，又对接到了国际上更高的学院去深造的。并不是从西南联大一毕业就是"人才"。

随着时代进步，科技的进步与成就已非当年可比；愈加显出光芒的是西南联大的精神史，精神的价值是永远不会过时的。

2018 年 6 至 8 月　昆明寓中